부동산을 공부할 결심

초판 1쇄 발행 | 2022년 11월 7일
초판 13쇄 발행 | 2024년 7월 16일

지은이 | 배문성
펴낸이 | 이원범
기획·편집 | 어바웃어북 기획편집실
마케팅 | 안오영
표지·본문 디자인 | 강선욱
본문 일러스트 | 김성규

펴낸곳 | 어바웃어북 about a book
출판등록 | 2010년 12월 24일 제2010-000377호
주소 | 서울시 강서구 마곡중앙로 161-8(마곡동, 두산더랜드파크) C동 1002호
전화 | (편집팀) 070-4232-6071 (영업팀) 070-4233-6070
팩스 | 02-335-6078

ⓒ 배문성, 2022

ISBN | 979-11-92229-14-0   03320

내온의간
침아괴
마찾붕시

배문성 지음

부동산을 공부할 결심

어바웃어북

변곡점인 지금 이 순간,
부동산시장에 관한 서사를 읽어야 할 시간

철학자이자 소설가, 알랭 드 보통(Alain de Botton)이 TED에서 강연한 "온화하고 부드러운 성공철학(A kinder, gentler philosophy of success)"은 개인적으로 손에 꼽는 명강의입니다. 일부 내용을 요약하면 다음과 같습니다.

사람들이 두려워하는 건 타인의 판단과 비웃음이다. 그런데 이러한 비웃음을 가장 착실히 수행하는 곳이 바로 언론이다. 신문을 펼쳐보면 언제나 비웃음과 조롱이 빠지질 않는다. 이걸 해소할 수 있는 대안은 뭘까?

바로 '소설(서사)'이다! 소설은 한 인간이 어떻게 실패하는지를 보여준다. 그리곤 동정심이 허용된다. 그런데 요즘 언론은 어떠한가? 내가 신문사에 가서 고전 비극에 대한 이야기를 전했더니 몹시 흥미로워 하며 셰익스피어 〈오셀로〉의 헤드라인을 이렇게 뽑더라. "사랑에 미친 이주민, 상원의원의 딸을 살해하다!" 심지어 오이디푸스 이야기의 뼈대를 이야기해줬더니 "엄마와의 섹스는 눈이 멀 정도로 황홀했다!"라고.

소포클레스의 비극 〈오이디푸스 왕〉을 읽으면 우리는 오이디푸스의 운명에 대해 안타까워하고 그의 슬픔에 공감하게 된다. 우리는 소설(특히 비극)을 읽을 때 어떤 교훈을 체득한다. 햄릿을 '패배자(loser)'라고 하는 건 말도 안 된다. 그는 실패하긴 했지만, loser는 아니다. 이것이야말로 소설이 우리에게 주는 메시지이며, 소설을 읽는 매우 중요한 이유라고 생각한다."

얼마 전까지만 해도 역대급 상승장이 지속된 만큼 벼락거지가 된 무주택자들을 비웃는 분위기가 지배적이었습니다. 언론에서는 연일 공급절벽, 전·월세가 폭등, 신고가 갱신 등을 다루며 무주택자로 남아있으면 큰일 난다는 식의 기사를 보도했지요. 하지만, 2022년 하반기부터 분위기가 급반전하자, 실거래가 급락 사례, 대출금리 폭등, 역전세난 등에 초점을 맞춰 이제는 영끌족과 다주택자가 큰일 났다는 기사를 내보내기에 바쁩니다. 결국 인터넷이나 미디어를 통해 단편적인 부동산 정보들을 접하다보면 그때 그때 조롱의 대상이 달라지고 이들을 비웃는 댓글들이 난무할 뿐이지요. 왜 이런 '비극'이 발생했고, 피해자들은 어찌해야 하는지에 대한 성찰과 해법을 찾아보기 힘듭니다.

흔히 급변하는 장세에서는 예측보다 대응이 중요하다고 하는데, 원인을 모르거나 잘못 알고 있다면 대응 또한 불가능하지요. 실시간 집값과 정부정책 등의 정보는 언론 기사를 통해 구체적으로 파악 할 수 있습니다. 하지만 도대체 무엇이 '벼락거지' 혹은 '영끌족'이라는 피해자를 양산하는지 그 원인을 파악하는 것은 쉽지 않은 일입니다.

피해자를 조롱하기보다는 교훈을 얻고 한 단계 성숙해지려면 알랭 드 보통이 지적한대로 '소설'을 읽는 게 효과적입니다. 이 책은 부동산가격 변화의 흐름을 '공급-금리-유동성-타이밍'의 '기-승-전-결'로 엮은, 일종의 서사적 구성을 따랐습니다(다만 익히 아는 내용은 스킵하거나, 흥미로운 소주제만 따로 읽어도 부담이 없도록 편집의 묘를 함께 살렸음을 밝힙니다).

역대급 상승장이 지속된 만큼 그간 수많은 부동산 책이 쏟아져 나왔습니다. 그 중 일부는, 내가 이렇게 해서 자산가가 되었으니 나처럼 하면 경제적 자유를 얻을 수 있다는 메시지를 대놓고 전하기도 합니다. 하지만 희로애락과 흥망성쇠 중 반쪽의 경험만 서술했다면, 그 성공방정식이 지금도 앞으로도 계속 유효할지는 의문입니다. 금리인상과 더불어 주식, 채권, 암호화폐 시장에서 목도하듯 부동산 또한 쉽지 않은 환경으로 접어들었음은 분명합니다. 상승장에서는 '야수의 심장'으로 최대한 지르는 게 성공방정식이겠지만, 하락장에서 똑같이 하는 것은 패가망신의 지름길입니다. 어찌 보면 기나긴 자본주의의 역사 속에서 부자의 숫자가 제한적인 건 대부분 성공과 실패를 나란히 반복해온 아픔의 기록일지 모릅니다.

경험은 그 자체로 자산이 됩니다! 상승장에서 벌었던 경험만 간직하는 것 보다는 상승장에서 벌지 못했거나 하락장에서 잃어본 경험을 두루 겪어보는 것이 자산시장을 바라보는 시각을 한층 성숙하게 한다고 믿습니다. 필자는 2008~2015년간 신용평가회사에서 건설업종을, 2016년부터 국책은행에서 여러 산업과 해외 금융기관의 심사평가 및 여신업무를 담당했습니다. 이 과정에서 나름의 분석과 판단에 근거하여 아파트를 비롯한 다양한 자산에서 진퇴를 경험했지요. 이에 절반의 성공, 절반의 실패라 할 수 있는 음과 양을 모두 겪어본 내공을 담아 다음과 같은 '결심'으로 글을 쓰게 되었습니다.

첫째, 일반 직장인을 위한 부동산 책을 쓰고 싶었습니다.
필자의 경험상 직장에 묶인 입장에서 집을 사고파는 일은 굉장한 에너지가 소모되는 과정이었습니다. 주 업무가 건설업 담당이다 보니 당연히 부동산 관련 책과 보고서도 자주 읽곤 했는데, 상당수는 읽으면서 이런 의문이 들었습니다. "저자가 제시한대로 틈나면 임장을 다니고, 이것 저것 사고팔고 할 수 있을 정도로 생업을 뒤로한 채 부동산에 몰입할 수 있을까?" 업자가 아니고서야 본업에 충실한 직장인이 비규제 지역을 찾아다니고, 분양권 전매와 갭 투자 회전율을 높이며 차익을 얻는 식으로 주식투자하듯 부동산에 몰입하기는 거의 불가능합니다. 통계상 우리나라 가구의 평균적인 주택보유기간은 약 10년으로 장기적인 관점을 요하며, 집을 사고파는 횟수를 늘리는 게 자산 증가에 반드시 도움이 되는 것도 아닙니다.

둘째, 금리인상과 인플레이션의 시대, 내러티브도 달라져야 합니다.

상승장에서 대세를 이루고 목소리가 커진 전문가들은, 집값 안정화에 실패한 정부 실책을 공급 부족 프레임으로 비난하는 데 몰두한 나머지 금리와 부채의 중요성을 지나치게 간과해 왔습니다. 그간 언론과 SNS를 통해 전달되는 부동산 전문가들의 의견은 이상하리만치 '금융(부채와 금리)'이 수요를 좌우한다는 점을 무시하고 있습니다. 가령 절대 다수가 서울 요지의 신축 아파트를 원하는데 (정부가) 그에 대한 공급을 등한시했기 때문에 집값이 치솟는다는 얘기를 귀에 못이 박히도록 접했을 것입니다. 그런데 마포래미안푸르지오(2012년 분양), 고덕래미안힐스테이트(2014년 분양), 경희궁자이(2015년 분양) 등은 한동안 미분양의 수모를 겪었습니다. 서울 내 입지가 우수한 신축 대단지 아파트가 현 시세보다 10억 원 이상 저렴하게 공급되었는데 왜 외면당했던 걸까요? 그 당시에는 대한민국 사람들이 서울 주요 지역 내 신축 아파트를 원치 않았었는데, 불과 몇 년 사이 의식과 성향이 완전히 바뀐 걸까요?

주택은 원자재처럼 우리 삶에 필요한 필수재이기에 당연히 공급이 중요하지만, 대부분 레버리지(차입)를 동반한다는 점에서 수요 측의 금융을 무시할 수 없습니다. 어쩌면 이미 너무나 많은 사람들이 레버리지 매수에 동참 중인 시점에서는 공급보다 금리가 부동산시장의 분위기를 좌우할 공산이 큽니다.

셋째, 무주택자의 조바심을 덜고 싶었습니다.

다수의 부동산 책자는 입지가 좋은 아파트를 사두면 '기-승-전-우상향' 식으로 결국 오를 거니까 사놓고 기다리면 된다는 메시지를 담고 있습니다. ① 장기로 보면 대한민국 역사에서 부동산 하락은 제한적이었고, ② 단기로 봐도 정부의 실책이 공급 부족으로 이어져 상승이 불가피하다는 근거가 주를 이룹니다. 특히 모두가 언제나 사고 싶어한다는 욕망을 근거로, '서울 아파트 우상향'에 대한 믿음을 강조합니다. 이러한 논리 앞에서 조정이나 폭락을 입에 담는 건 극히 무엄한 것이고, 실제로 오랜 기간 틀렸기 때문에 조정가능성을 뒷받침하는 논리도 부정되었습니다.

그렇다면 조정장에서도 무주택자들은 집값이 다시 오를까봐 여전히 조마조마하며 '똘똘한 한 채'를 사기 위해 부채를 최대한 끌어 모으고, 다주택자는 세금, 이자 등 제반비용 부담을 내려놓고 다시 찾아올 우상향을 편히 즐기면 되는 걸까요? 기업분석도 대략 10년치 시계열 자료를 분석해봐야 감이 잡히는데 사이클이 긴 부동산은 더더욱 그러합니다. (이 책에서 언급했듯이) 10년 전에는 특별한 금융위기나 소득 붕괴가 있던 것도 아닌데 서울 최선호 지역 신축 아파트들도 4년 넘도록 장기 조정을 겪으며 고점 대비 30~40% 가량 하락했습니다. 왜 그런 일이 발생했는지, 현 시점에서 재발하거나 더욱 심각할 가능성은 없는지 등을 살펴보는 것은 여러모로 의사결정에 도움이 될 거라 믿습니다.

우리는 대선을 통해 1번과 2번으로 나누어진 민심을 확인할 수 있었습니다. 갈등 양상은 SNS를 통해 확연히 드러났는데, 동일한 언행을 두고 한쪽은 자화자찬, 다른 쪽은 비난과 조롱하는 양상이 끊임없이 이어졌지요. 어떤 해명을 하고 진실을 밝힌들 우리 편은 선하고 유능하고, 저쪽은 악하고 무능하다는 프레임을 씌운 채 눈과 귀를 닫았습니다. 2인의 후보 중 어느 한쪽으로 기울지 않은 유권자도 적지 않았을 텐데, 양쪽에서 접하게 되는 정보들은 너무나 극단적이어서 합리적인 판단에 장애물이 되곤 했습니다.

어느덧 '주택'이라는 주제도 그런 영역에 들어서 있습니다. 집값이 급등하다보니 '벼락거지'라는 신조어가 생기듯 주택의 유·무로 계층을 만들어냈지요. 최근 대선은 '부동산 대선'이라 불릴 정도로 주택가격과 정당지지도간 상관관계가 매우 높게 나타나기도 했습니다. 각종 미디어를 비롯한 SNS에서는, 동일한 현상을 두고 상승론자와 하락론자가 '수요'라는 민심이 어디로 흐를지 저마다 반대로 해석하며 '쟤는 틀렸고, 내가 맞다'식의 주장을 펴는 데 여념 없습니다. 이 또한 중립적 입장의 실수요자에게 혼란을 가중시킬 뿐입니다.

극단적인 주장에 지친 시장참여자 입장에서는, 하루하루 상승론과 하락론에 얽매이며 조바심을 내기보다는, 시장을 좀 더 입체적으로 바라보고 '공부'함으로써 좀 더 객관적이고 냉철한 혜안을 통해 주택시장에서 현명하게 기회를 포착할 수 있습니다. 무엇보다 부동산에만 매몰되기보다는 다른 시장과 산업으로 확장해 공부하다보면, 주택이란 자산이 얼마나 다양한 분야와 얽히고설켜 있는지를 깨닫게 됩니다. 한 채에 수억에서 수십억에 이르는 집값의 오르내림이야말로 한두 가지 이유로 설명할 수 없기 때문입니다. 이 책에 채권/주식/암호화폐 시장, 인플레이션, 환율 등 일견 부동산과 무관해 보이는 주제가 등장해 의아할 수도 있지만, 내용을 찬찬히 살피다보면 우리 동네 집값이 단지 집주인의 호가나 공인중개사의 맞장구로 결정될 수 없음을 수긍하게 됩니다.

부동산시장의 상승기 초입에 주식 애널리스트들이 진입하여 시장과의 소통을 풍요롭게 이뤘듯이, 변곡점이라 판단되는 지금 이 순간, 리스크 분석 중심의 경력을 쌓은 필자(크레딧 애널리스트)도 이 책을 소통의 창구로 활용하여 다양한 시각을 공유하고 싶습니다. 부디 이 책이 부동산시장의 거대한 변곡점에서 무주택자와 유주택자 모두에게 유용한 도구가 되었으면 하는 바람입니다.

'가을의 전설'로 물드는
여의도에서

C O N T E N T S

| 프롤로그 |

변곡점인 지금 이 순간, 부동산시장에 관한 서사를 읽어야 할 시간 ········ 004

🏠 ⋯› 부동산과 시장을 좀 더 깊이 공부할 결심

CHAPTER 1 • 공급
네 머릿속의 지우개와 말할 수 있는 비밀

01 무엇이 집값을 좌우하는가?
'공급'의 함정에 빠진 집값에 대한 심각한 오해 ······················· 016

02 너희가 피(P)맛을 알아?
공급의 Q가 아닌 P×Q를 생각하기 ····························· 024
🏠 전세가격이 오르내리는 진짜 이유가 궁금하다면? ····················· 031

03 공급절벽인가, 공급폭탄인가?
서울과 대구의 아파트 공급 사례 살펴보기 ························· 032
🏠 '착공'과 '분양'의 개념, 정확하게 이해하기 ······················· 045

04 무주택자를 절벽으로 내모는 것들
아파트 공급에 관한 언론 기사의 함정 ·························· 046

05 잘못 아는 것은 병이다!
근거 없는 집단믿음의 오류, 그리고 균형 찾기 ······················ 052

06 집값은 변해도 변치 않는 너
매매가격지수 실태보고 [1] : IMF 때 집값은 얼마나 떨어졌나? ··············· 056

07 집값 통계의 배신, 그 대안을 찾아서
매매가격지수 실태보고 [2] : 대단지 신축 아파트 실거래가로 대체하기 ··········· 063

08 정부는 거들뿐, 공급을 좌우하는 건 따로 있다!
알고 보면 영향력이 제한적인 정부정책 ························· 070

09 '내집마련'해 주겠다는 달콤한 공수표
정권별 시한부정책의 한계 ······························· 078

10 정부와 맞서지 말라? 시장과 맞서지 말라!
정권별 매크로 환경과 부동산정책 기조 돌아보기 ···················· 084

11 집값의 향방을 가늠하는 2개의 나침반

부동산 가격추이 분석 [1] : '2×2 매트릭스'로 생각해보기 ·············· 092

🏠 공급과 유동성, 인구와 소득 변수에 대한 고찰 ··················· 102

12 금리가 낮을수록 작은 변화에도 시장이 민감한 이유

부동산 가격추이 분석 [2] : 기업신용평가 모형과 채권의 볼록성 ·············· 104

🏠 달동네는 어떻게 확 뜰 수 있었나? ··················· 110

─────── CHAPTER 2 • **금리** ───────

인플레이션의 중심에서 '고금리'를 외치다!

13 금리가…… 어떻게 변하니?

채권의 가격은 시장금리와 반대로 움직인다 ···················· 114

14 아는형님들, 금리로 우정에 금 가나?

금리 인상과 인하가 시중 유동성과 투자수요에 미치는 영향 ···················· 120

15 애덤 스미스의 다이아몬드를 바라보며 아침을

돈의 희소성을 좌우하는 금리의 속성 ···················· 130

16 부동산투자로 인플레이션을 방어한다굽쇼?

인플레이션과 투자에 대한 조급증 ···················· 136

17 500일의 썸머와 WINTER IS COMING

계절의 변화를 의미하는 금리의 움직임 ···················· 144

18 전세, 네 안에 채권 있다!

채권의 속성으로 분석한 아파트가격 추이 ···················· 154

🏠 집값의 거품은 어느 정도이고, 얼마나 더 떨어질까? ···················· 164

19 집값을 잡기 위해 걸리버가 된 미 연준

한국 vs 미국, 집값과 주거비가 물가에 미치는 영향 ···················· 168

20 얼마면 되겠니, 갖고 싶은 너의 가치는?

주식과 금의 속성으로 분석한 아파트가격 ···················· 176

🏠 누군가에게는 신앙이었던 자산들 ···················· 184

21 '마침내' 종교적 신념의 '붕괴'

　　　가치저장수단으로 살펴보는 아파트가격 형성의 메커니즘 ················· **186**

　　　🏠 다시 짚어보는 공급 확대 키워드 ······································· **196**

22 기세와 함께 춤을(현자타임을 추억하며)

　　　우리나라 자산시장의 가격변동성이 심한 이유 ························· **200**

23 내릴수록 집 사고 싶어지는 금리의 마력

　　　금리가 집값에 미친 영향 분석 ·· **206**

24 아파트가격은 풍선을 타고

　　　유동성 풍선효과, 지방의 사례 ·· **220**

　　　🏠 거품의 진행과정 : 폭락은 폭락의 요건이 갖춰진 뒤 발생한다! ········ **227**

25 금리인상에 얽힌 서로 다른 추억

　　　초두효과로 바라본 금리인상의 실체 ····································· **230**

　　　🏠 토지보상금이 집값 상승의 주범일까? ································ **239**

━━━━ **CHAPTER 3 • 유동성** ━━━━

그 많던 돈들은 누가 다 먹었을까?

26 전세냐 월세냐, 그것이 문제로다!

　　　전·월세를 둘러싼 미묘한 신경전 ·· **242**

27 가장 완벽한 계획은 무계획이다?

　　　'임대차2법'이 왜곡한 전·월세 시장 ····································· **254**

　　　🏠 대선 결과에 부동산 투영하기(종부세와 '임대차2법') ················ **266**

28 아직 만난 적 없는 너를 찾고 있어, 너의 원리금은?

　　　유동성 리스크의 의미와 똘똘한 한 채의 위험 ························· **268**

　　　🏠 부실의 사각지대 '개인사업자대출' ·································· **277**

29 서서히 물들다 파도처럼 덮친다!

　　　영구채라 여겼던 전세보증금의 반격 ····································· **280**

　　　🏠 초저금리, '임대차2법'과 갭 투자 비중[2020~2021]

　　　　　vs 금리상승과 상생임대인제도[2022~2023] ······················· **296**

30 소 잃기 전에 외양간 고치기

　　금융선진화를 위한 고난의 길 ································· **298**

31 한·중·일 부동산 삼국지

　　한국과 중국이 전 세계 임대수익률 꼴찌인 이유 ················· **312**

CHAPTER 4 • **타이밍**

'그래서 언제?': 저점 Buy the Dip 을 기다리며

32 너의 미소가 나의 계좌를 녹아내리게 할 때

　　공급자 시그널 [1] : 소비자잉여 관점에서의 건설사 실적분석 ······· **322**

　　🏠 부동산과 제2금융권의 화양연화 ······················· **330**

33 형님이 기침을 하면 아우는 독감에 걸린다

　　공급자 시그널 [2] : HDC현대산업개발이 적자를 기록할 때 ········ **332**

34 개인투자자의 봄날은 간다

　　크립토 겨울에서 겪었던 악몽의 데자뷔 분석 ················· **338**

35 사랑의 반대말은 무관심이다

　　수요자 시그널 [1] : 수요자의 외면이 극에 달할 때 ············ **346**

36 가장 인기 있는 것이 가장 먼저 비싸진다

　　수요자 시그널 [2] : 서울 최선호지 신축 아파트의 반등 초입 ······ **352**

37 잃어버린 균형감각을 찾아서

　　휘둘리지 않고 부동산 경기순환주기 이해하기 ················ **358**

38 하락장의 두 얼굴, 그 해 우리는

　　단기 조정인가, 장기 침체인가? ·························· **368**

39 패자의 귀환, MEAN REVERSION을 기다리며

　　환율은 부동산에 어떤 영향을 미칠까? ····················· **380**

　　🏠 국가신용도와 부동산의 물고 물리는 위기 ················ **390**

│에필로그│ 무엇이 그들을 전사(戰士)로 만들었을까요? ··············· **392**

Chapter 1

공급

네 머릿속의 지우개와
말할 수 있는 비밀

- 검증되지 않은 부동산 정보 가스라이팅에서 벗어나기 -

오랜 기간 서울 및 수도권 주요 지역 집값의 전례 없는 상승세를 뒷받침하는 주 논리는 '공급 부족'이었습니다. 2022년 들어 급락세를 보이는 일부 지역과 달리 서울의 집값은 비교적 견조한 것을 두고 '공급 부족'에 따른 차별화로 해석하며 조정시 '줍줍'의 근거로 제시됩니다.

물론 주택 공급은 부동산시장에서 매우 중요한 이슈입니다. 하지만, ① 공급지표인 착공 및 입주 물량은 서울/수도권 집값이 약세였던 이명박정부 시기에 가장 적었고, 문재인정부 시기에는 상당히 높은 수준이었다는 것(다수의 머릿속의 지우개), ② 그토록 공급의 중요성을 강조하지만 정작 근거로 삼는 향후 입주물량 통계는 엉망이라는 것(말할 수 있는 비밀) 등에 비춰보면, 알려진 바와 달리 공급은 가격을 좌우해온 결정적인 요인이라 보기 어렵습니다. 선동적인 정보에 휘둘리지 않기 위한 첫걸음으로 부동산시장의 맥거핀(MacGuffin)*이 되어버린 '공급'의 실체부터 파악해 보겠습니다.

* 영화 등의 줄거리에서 중요하지 않은 것을 마치 중요한 것처럼 위장해서 관객의 주의를 끄는 일종의 트릭

무엇이 집값을 좌우하는가?

_ '공급'의 함정에 빠진 집값에 대한 심각한 오해

문재인정부 집값 폭등의 원인으로 '공급 부족'이 지겹도록 지적되었습니다. 그런데 정작 데이터를 살펴보면 그때 그때의 공급물량과 아파트가격 간에 상관관계가 거의 없다는 사실을 아시나요? 공급물량이 가격을 좌우한다는 잘못된(!) 상식의 문제점부터 짚고 넘어가겠습니다.

"무슨 소리야, 경제학의 기본 개념도 몰라?
모든 가격은 수요와 공급으로 결정되는데!
한동안 오르지 않던 집값이 이렇게 계속 급등하는 건
공급이 부족해서잖아! 도대체 어디서 약을 팔아!"

경제학의 기본 원리를 팔아뭉개는 소리

글을 쓰면서도 첫 장부터 엄청난 반발을 예상해 봅니다. 집값 안정을 위해 '꾸준한 공급'은 당연히 매우 중요한 요소입니다. 하지만 다수의 언론보도를 비판 없이 받아들여 공급물량 변수에만 집착하다 보면 정작 중대한 것들을 놓치게 된다는 사실부터 가장 먼저 이야기해야 할 것 같아 이 책의 첫 번째 주제로 삼았습니다.

아파트가 공급되는 과정은, 크게 '인·허가 → 착공(공사 시작) → 준공(공사 완료)' 순으로 이어집니다(34쪽). 인·허가된 물량이 언제, 얼마나 착공될지는 불

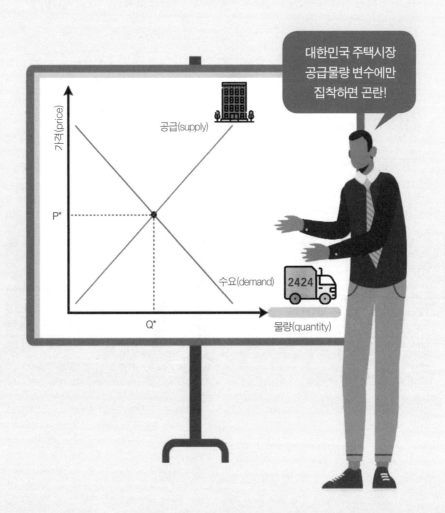

분명합니다. 인·허가를 통과해도 부동산 경기가 좋지 않으면 사업이 계속 미뤄져 착공이 장기간 지연될 수 있기 때문입니다. 하지만 일단 착공된 물량은 2~3년 뒤면 준공되어 집주인 또는 세입자가 입주할 수 있습니다. 고로 아파트 공급과 관련하여 인·허가물량은 불확실한 선행지표, 착공물량은 확실한 선행지표, 준공물량은 동행지표라 할 수 있습니다.

따라서 과거의 공급물량이 얼마였는지가 궁금하다면 과거 연도의 준공물량(입주물량)을 참고하면 되고, 가까운 미래의 공급물량이 궁금하다면 착공물량을 살피면 됩니다. 착공에서 준공까지 2~3년이 소요되는 점을 감안하면, 내년도 입주물량은 1~2년 전 착공물량 수치로 유추할 수 있겠지요.

그러면 공동주택 중에서 비중이 크지 않은 다세대와 연립주택을 제외하고, 아파트를 중심으로 '장기 평균 및 최근 3년 서울/수도권/전국 착공물량', 그리고 '서울/수도권과 지방의 착공물량 추이'를 차례대로 살펴보겠습니다.

장기 평균 및 최근 3년 서울/수도권/전국 착공물량

자료: 국토교통부

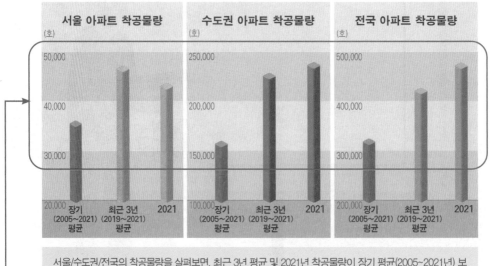

서울/수도권/전국의 착공물량을 살펴보면, 최근 3년 평균 및 2021년 착공물량이 장기 평균(2005~2021년) 보다 큰 폭으로 증가했다. 가까운 미래에 아파트 공급물량이 부족하지 않음을 유추할 수 있다.

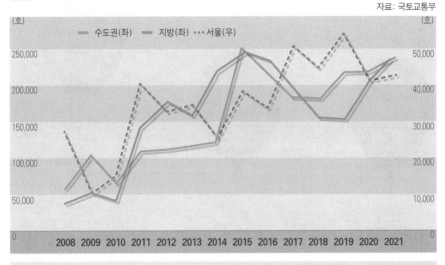

수도권/지방/서울 착공물량 추이

자료: 국토교통부

(호) 수도권(좌) ― 지방(좌) ···· 서울(우) (호)

250,000 — 50,000

200,000 — 40,000

150,000 — 30,000

100,000 — 20,000

50,000 — 10,000

0 — 0

2008 2009 2010 2011 2012 2013 2014 2015 2016 2017 2018 2019 2020 2021

전국/수도권/서울 지역 연도별 착공물량은 2009년 이후 추세적으로 증가하고 있다. 착공물량이 과거보다 늘어났으니 입주물량도 순차적으로 증가했고, 가까운 미래의 입주물량 또한 과거 대비 많은 수준임을 짐작할 수 있다.

언론에 소개되는 전문가 의견은 입주물량의 변화가 집값에 영향을 준다는 코멘트가 주를 이룹니다. 가령 서울 아파트는 입주절벽이니 집값이 오를 수밖에 없다, 대구 아파트는 입주폭탄이니 당분간 조정이 불가피하다는 식입니다. 절벽 아니면 폭탄이라니 용어가 참 살벌하지만, 일단 팩트부터 체크해 보도록 하겠습니다. 정부에서는 2005년부터 준공(입주)기준으로 공급 통계를 다루고 있는데, 각 정부별 서울/수도권 아파트 준공물량 통계를 살펴보겠습니다 (20쪽 첫 번째 표).

서울/수도권 아파트가격은 이명박정부 시절 하락·침체, 박근혜정부 들어 회복·상승, 문재인정부에서 폭등하였습니다. 사실 아파트가 원자재였다면 이 정도로 공급이 증가할 경우 아파트가격은 문재인정부에서 오히려 폭락했어야 합니다. 20쪽 두 번째 표를 보면, 공급의 선행지표인 인·허가와 착공 물량 기

🏢 서울/수도권 아파트가격 추이

이명박정부 하락·침체

박근혜정부 회복·상승

문재인정부 폭등

문재인정부에서
아파트 공급물량이 이전 두 정부에 비해
월등히 많았음에도 오히려
아파트가격은 폭등했다.

🏢 각 정부별 연평균 아파트 준공물량

단위: 호

구분	(A) 이명박정부	(B) 박근혜정부	(C) 문재인정부	C/A-1*	C/B-1**
서울	33,537	29,885	44,527	32.8%	49.0%
수도권	134,439	139,925	198,813	47.9%	42.1%
전국	250,036	278,425	395,364	58.1%	41.5%

자료: 국토교통부

* C/A-1 : 이명박정부 대비 문재인정부의 연평균 아파트 준공물량 증가율
**C/B-1 : 박근혜정부 대비 문재인정부의 연평균 아파트 준공물량 증가율

🏢 각 정부별 연평균 아파트 인·허가 & 착공 물량

단위: 호

구분	(A) 이명박정부	(B) 박근혜정부	(C) 문재인정부	C/A-1	C/B-1
인·허가(서울)	38,009	35,173	45,624	20.0%	29.7%
인·허가(수도권)	176,660	189,061	207,580	17.5%	9.8%
인·허가(전국)	314,035	417,043	405,503	29.1%	-2.8%
착공(서울)	25,114	33,114	46,864	86.4%	41.4%
착공(수도권)	88,953	177,273	207,300	133.0%	16.9%
착공(전국)	178,862	392,033	396,794	121.8%	1.2%

자료: 국토교통부

준으로도 문재인정부 시절 아파트 공급이 더욱 확대된 것으로 파악됩니다. 그런데 아파트가격이 이명박정부 시절 약세를 지속했고, 반대로 문재인정부 들어 폭등했다는 것은 공급 이외에 중요한 요인이 분명 존재한다는 것이겠지요.

무엇이 수요자의 조울증을 악화시켰을까?

'가격은 수요와 공급이 결정한다'는 경제학의 기본 원리에서 가격 상승의 원인을 공급 부족으로 몰아가려면 '수요가 일정해야 한다'는 가정이 성립해야 합니다. 주택에 대한 수요는 임대와 매수로 나뉘는데, 임대는 실수요를 반영하고, 매수수요는 실수요 외에 투자수요도 포함됩니다. 통상 투자수요는 꾸준하기보다는 시장참여자들이 가격 상승을 예상할 때는 한없이 커지고, 하락이 전망되면 급속히 사그라지는 게 특징입니다.

가령 주가지수가 상승하는 시기에는 주식시장에 고객예탁금과 거래대금이 증가하고, 반대로 주가지수가 횡보 및 약세를 기록하게 되면 고객예탁금과 거래대금이 감소합니다. 이는 "이얏호~ 기다리던 조정이 왔구나!"하며 하락기에 매수하려는 수요보다는 "여긴 투자해봐야 떨어지기만 하고 돈도 못 버는 걸"하며 외면하거나 도망가는 수요가 훨씬 많다는 것을 의미합니다.

그렇다면, 주택수요가 일정하다는 가정 자체가 무리 아닐까요? 우리가 알고 있는 가격과 연도별 입주물량(공급) 정보를 토대로 가상의 수요곡선을 그리면 22쪽 그래프와 같습니다. 정작 공급이 적었던 이명박정부 시절은 대부분 집을 사려하지 않아 지금보다 가격이 매우 낮았고, 2014년 이후 회복되다가 2017년에 문재인정부 들어서면서 폭등세를 보였습니다. 무엇이 그토록 수요자의 조울증을 악화시켰을까요?

아시다시피 문재인정부에서는 집값 급등의 주범으로 '다주택자'를 지목하고

아파트 준공물량과 가격을 감안한 가상의 수요곡선

자료: 국토교통부

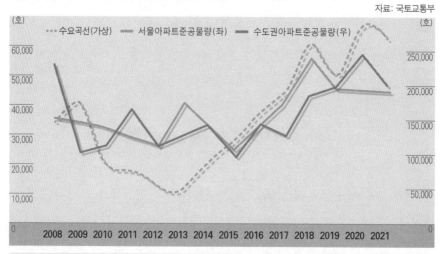

이미 알려진 공급과 가격정보를 통해 아파트가격이 약세였던 이명박정부 시기에는 '공급＞수요', 아파트 가격이 폭등했던 문재인정부 시기에는 '공급＜수요'로 가상의 수요곡선을 그려본 것이다.

이들의 수요를 차단하고자 노력했지만, 결과적으로는 집값을 잡는데 실패했습니다. 다주택자는 수요를 자극하는 집단 중 일부일 뿐 근본 원인은 아니었던 것입니다.

집값을 쥐락펴락하는 '관심법'과 '무관심법'의 마법?!

시장에 관심이 집중될수록 수요는 흥분합니다. 증오보다 무서운 게 무관심이라고, 아무도 관심을 갖지 않으면 수요는 사그라지기 마련입니다(346쪽 '사랑의 반댓말은 무관심이다' 참조). 언론, 금융권, 다주택자, 마음 급한 2030 등 모두가 이전보다 부동산시장에 대한 관심이 커진 결과, 끝없이 흥분한 수요는 장기 평균을 상회하는 공급물량 정도는 가볍게 뛰어넘었고 이는 집값 급등으로 이어졌습니다. 그렇다면 무엇이 시장의 관심을 이토록 부동산으로 이끈 것일까요? 앞으로 한동안 부족하다는 입주물량? 주간 단위로 몇 퍼센트가 올랐다는 지역별 부동산가격 정보? 매번 달라지는 정부정책? 등등 매일 쏟아지는 부동산 관련 기사에서 주로 다루는 이와 같은 테마가, 실은 잘못되었거나 근본적인 문제가 아님을 이 책의 첫 번째 챕터에서 살펴보겠습니다. 아울러 유동성을 좌우하는 '금리'야말로 수요를 움직이는 본질적인 요인에 가깝다는 내용을 제2장에서 다루고, 현 상황을 분석한 결과 왜 부동산시장이 유동성 리스크와 집값 하락을 피하기 어려운 국면에 처했는지를 제3장에서 설명하겠습니다. 그리고 제4장에서는 장기간 부동산가격이 하락하는 국면에서 집을 살만한 타이밍을 가늠할 수 있는 시그널에 대해 조명하겠습니다.

현재 부동산시장은 금리의 변화로 인해 점차 '관심에서 무관심'으로 변하는 변곡점을 맞이하고 있습니다. 향후 무관심이 깊어질 대로 깊어진 순간, 그때 찾아오는 매수의 기회를 놓치지 않았으면 합니다.

| 철퇴를 맞은 다주택자의 비애 |

"아파트 수요에 마구니가 끼었구나, 여봐라 누가
 수요를 이렇게 만들었느냐? 누가 이랬는가 말이야?"
"……다주택자 때문이옵니다."
"뭐? 다주택자?
 그들의 머릿속에 마구니가 가득찼구나.
 어서 철퇴를 가져와라!"

_ 이미지는 드라마 〈태조 왕건〉 중에서

02 너희가 피(P)맛을 알아?

_ 공급의 Q가 아닌 P×Q를 생각하기

자본주의 시스템에서 부자 1인과 서민 1인의 수요가 완전히 다르듯이, 공급도 강남구에 있는 주택 1채와 강북구에 있는 주택 1채는 동등하지 않습니다. 공급이 정말 중요한 통계라면 이러한 질적 차이를 감안하여 입체적으로 분석해야 하겠습니다.

"당시 사람들의 측정수단은 개별 주식의 가격이었던 셈이다. 내가 처음으로 갖게 된 측정도구는 시가총액이다. 1989년, 나는 시가총액을 기준으로 주식을 골랐다. 주식시장에 시가총액이라는 단어가 등장한 것은 1995년 이후의 일이다. 아무도 가르쳐주지 않았지만 나 스스로 시가총액이라는 것을 깨닫고 계산해서 주식을 사는데 적용했다. 내가 시가총액이라는 개념을 터득할 수 있었던 것은 나 자신에게 본질적인 질문을 한 덕분이다."

_〈강방천의 관점〉 중에서

수요는 인구와 소득, 공급은 주택수와 주택가격의 함수

"기업의 시가총액이라는 기본 개념이 우리나라에 1995년 이후에나 등장했다고? 그렇다면 그 전에는 기업가치를 오직 주가에만 연동하여 생각했단 말이야?"

필자가 주식시장을 접하기 시작한 2000년대 초반만 해도 시가총액[주가×발행주식수] 개념이 일반적이었기에 앞에서 인용한 강방천 대표의 책에 나온 구절이 굉장히 의아하게 다가왔습니다.

부동산시장은 여전히 '공급'이라는 중요한 변수를 논할 때 '수량(Q, Quantity)'만을 강조합니다. 물론 '1가구 1주택', '인구 1,000명당 주택수' 식으로 흔히 인구와 주택수를 매칭하게 되니 수량 자체도 중요한 정보입니다.

그런데 우리가 부동산시장에서 주목해야 하는 것은, 바로 '가격의 변동'입니다. 대학 입학이나 취업 경쟁률마냥 단순하게 정원 대비 인원을 따지는 것과는 차원이 다르다고 하겠습니다.

'가격' 요소를 좀 더 주의 깊게 관찰하려면, 수요는 '인구와 소득', 공급은 '주택수와 주택가격'을 함께 살펴봐야만 합니다. 가령 인구만 따지면 서울시는 1992년 1,097만 명을 정점으로 2021년 974만 명까지 줄었으니 주택 수요도 감소해야 하고, 또 수요가 줄었으니 집값도 떨어져야 합니다. 하지만 인구와 별개로 소득이 증가했기 때문에 집값이 상승할 수 있었지요.

마찬가지로 전체 준공(입주)물량이 다소 줄어들더라도 상급지의 매우 비싼 아파트 입주물량이 늘어난다면, 전반적인 임대료(전·월세가) 하향압력은 오히려 더 커질 수 있습니다.

주식시장에서 LG에너지솔루션이나 피코그램이나 똑같은 1종목이지만, IPO(상장)가 주식시장에 미치는 여파는 하늘과 땅 차이인 것과 같은 이치입니다. 즉, 주택수(Q)만 논할게 아니라 '주택가격×주택수(P×Q)'를 살펴봐야 합니다. 기업의 실적을 파악할 때 '몇 개(Q) 팔았는가?'보다 '매출액(P×Q)이 얼마인가?'가 더 중요하듯이 말입니다.

공급물량 중에서 유독 비싼 물량을 주목해야 하는 이유

실제 사례를 살펴보겠습니다. "입주장에 장사 없다"라는 말이 있듯이, 특정 시기에 아파트 입주물량이 많으면 전세가는 조정을 받게 됩니다. 특히 비싼 아파트가 많이 공급될수록 효과는 더욱 뚜렷해집니다. 특정 시기에 새집에 입주 가능한 세입자수와 가용현금은 제한적인데, 이를 크게 초과하는 신규 전세물량이 공급되면 수급문제로 인해 전세가(임대료)가 낮아지는 게 일반적입니다. 또한, 고급 브랜드 제품의 가격이 떨어지면 저렴한 하위 브랜드 제품도 순차적으로 가격을 낮춰야만 팔리듯이, 강남의 전세가가 하락한다면 강남보다 입지가 떨어지는 지역 아파트의 전세가도 이전보다 낮춰야 세입자를 구할 수 있겠지요.

2008년부터 2020년('임대차2법' 시행으로 전세가격이 혼탁해진 2021년은 제외)까지 정부별 서울지역 전세가격 증감률을 살펴보면, 이명박정부(2008~2012) 연평균 5.3%, 박근혜정부(2013~2016) 연평균 4.9%, 문재인정부(2017~2020) 연평균 1.4%로 주택가격 상승률과는 완전히 다른 양상을 보임을 확인할 수 있습니다. 27쪽의 두 그래프를 비교해 살펴보면, 이명박정부 기간 중 2008년을 제외하면 사실상 전세가격이 계속 급등했다고 볼 수 있는데요. 2009년 이후 한동안 고가 아파트 입주물량이 매우 적었다는 점이 특징입니다. 가령 전세가격이 10.8% 상승한 2011년의 경우 서울 아파트 전체 입주물량은 전년 대비 49%나 증가했으나, 고가 아파트 입주물량은 2년 연속 가장 낮은 수준을 유지했던

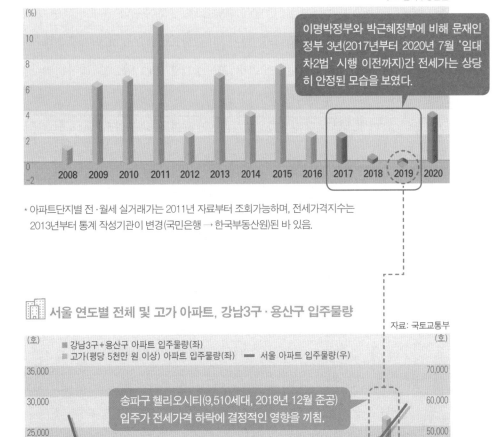

🏢 서울 연도별 전세가격 증감률 (전년 대비)*

자료: 한국부동산원

이명박정부와 박근혜정부에 비해 문재인 정부 3년(2017년부터 2020년 7월 '임대차2법' 시행 이전까지)간 전세가는 상당히 안정된 모습을 보였다.

* 아파트단지별 전·월세 실거래가는 2011년 자료부터 조회가능하며, 전세가격지수는
  2013년부터 통계 작성기관이 변경(국민은행 → 한국부동산원)된 바 있음.

🏢 서울 연도별 전체 및 고가 아파트, 강남3구·용산구 입주물량

자료: 국토교통부

- ■ 강남3구+용산구 아파트 입주물량(좌)
- ■ 고가(평당 5천만 원 이상) 아파트 입주물량(좌) — 서울 아파트 입주물량(우)

송파구 헬리오시티(9,510세대, 2018년 12월 준공) 입주가 전세가격 하락에 결정적인 영향을 끼침.

* 이 그래프는 ① 서울 아파트 전체 입주물량(꺾은선) ② 2022년 초 시세 기준으로 평당 5천만 원 이상인 고가 아파트 입주물량(노란색바) ③ 고가 아파트 중에서도 특히 가격대가 높은 강남·서초·송파·용산구 아파트 입주물량(연두색바)을 나타낸 것으로, 연도별 단순 입주물량(Q) 뿐 아니라 가격(P)이 비싼 아파트 입주물량도 함께 파악할 수 있다.

점을 고려하면 전세가 폭등이 수긍이 갑니다. 반대로 2016년 이후 한동안 고가 아파트 입주물량이 예년 대비 많은 수준을 유지하다보니 전세가도 안정된 흐름을 지속한 것으로 분석됩니다. 특히 전세가가 유일하게 하락세를 기록한 2019년은 송파구 헬리오시티(9,510세대, 2018년 12월 준공) 입주가 결정적인 영향을 끼쳤다고 볼 수 있습니다.

2008년은 단지별 5천 세대가 넘는 잠실 엘스, 리센츠, 파크리오가 1개월 간격으로 준공되며 강남3구 입주물량만 2만 세대에 달했던 역대급 입주장으로 확인됩니다. 혹자는 2007~2008년의 잠실 엘리트레파 약 2.5만 세대와 2009년 반포 자이 & 래미안퍼스티지 약 6천 세대 입주가 2010~2013년 서울 집값 약세를 이끌었다고 언급하는데, 이들 아파트단지의 시가총액(P×Q)을 감안하면 집값 안정화에 대한 기여도를 무시할 수는 없겠습니다.

집값이 약세일 때는 무주택자가 매수를 관망하게 되면서 전세로 수요가 몰립니다. 이 경우 이명박정부 시절 그랬듯이 집값과 전세가격의 방향성은 반대로 전개될 수 있습니다. 반대로 집값이 강세일 때는 전세를 끼고 집을 사는

2021년 말 기준 112㎡(34평) 실거래가가 21~23억 원에 달한 고가 아파트 헬리오시티 9,510세대가 2018년 말 준공, 2019년 초 입주하면서 당시 서울시 전세가 하락에 큰 영향을 끼친 것으로 추정된다.

'갭 투자'가 성행하다보니 전세가격 상승이 집값 상승으로 이어집니다.

가령 A씨는 9억 원에 전세를 놓고 있는 집을 15억 원에 팔고 싶어합니다. 갭이 6억 원에 달하기 때문에 가용현금 5억 원을 보유한 매수 대기자 B씨는 호가(15억 원)에 살 수가 없습니다. 전세가가 10억 원으로 오르게 되자 마침내 B씨는 가용현금으로 A씨의 집을 살 수 있게 됩니다. 그렇게 전세가 상승이 유효 수요를 창출한 것입니다.

2020~2021년경 전세가격 상승이, 같은 기간 집값 상승의 요인으로 지목되는 이유입니다. 그러니 반대로 고가 아파트 공급이 확대되어 전세가를 낮출 수 있다면 집값 하락에 기여할 수 있겠지요.

여기까지 살펴본 바에 따르면, 강북구 입주물량 2만 세대보다 강남구 입주물량 1만 세대가 주택가격 안정화 측면에서 영향력이 훨씬 크다고 예상해 볼 수 있습니다. 이러한 특성은 2023년 이후 서울 부동산시장이 유동성 리스크를 피하기 어려운 근거가 되는데요. 공급(제1장)과 금리(제2장)를 다룬 뒤 유동성을 다루는 제3장에서 좀 더 구체적으로 살펴보겠습니다.

입주예정물량 정보를 근거로 집값을 전망하면 곤란한 이유

가까운 시일 내에 집을 구입할 계획이 있다면 한 가지 더 주의해야 하는 것이 바로 '연간 입주예정물량에 대한 전망'입니다. 특정 지역의 연간 입주예정물량을 근거로 집값이 상승하거나 하락할 것 같다는 전망에는 다음과 같은 문제점과 한계가 있습니다.

  [1] 시가총액(P×Q)이 아닌 수량(Q)만 감안하고 있습니다.
  [2] 지역을 지나치게 한정하고 있습니다. 이를테면, 서울 강북 또는 서

남권 지역과 경기도 판교, 과천, 위례 등을 비교하면 일반적으로 수요자 입장에서 후자를 더 선호하고 또 집값도 비쌉니다. 서울 비선호 지역 입주물량이 감소하더라도 위에 언급한 경기도 최상급지 입주물량이 증가한다면 서울 집값 안정에 오히려 더 효과적일 거라 예상할 수 있습니다.

[3] 1~2년치 입주예정물량 정보만 다루고 있습니다. 현 시점으로부터 3년 뒤 입주물량이 얼마가 될지는 누구도 예측할 수 없습니다. 또한, 주택 멸실물량은 당장 올해에도 얼마나 될지 예상할 수 없습니다. 멸실물량은 재건축·재개발이 확정되어 기존 거주자를 이주시키고 철거하는 물량을 가리키는데요. 사업장별로 재건축·재개발 일정이 언제 확정될지 알 수 없어서 멸실물량을 정확하게 추산하기가 어렵습니다. 시행사와 건설사들이 보유한 사업지들 중에서 올해 얼마나 분양할지, 재건축·재개발 조합원들이 얼마나 추진력을 높일지는 시장 여건과 사업 주체들의 선택에 달려있기 때문입니다.

[4] 언론에서 보도하는 입주예정물량 통계 자체가 매번 실제와 크게 다릅니다. 이것은 46쪽 '무주택자를 절벽으로 내모는 것들 : 아파트 공급에 관한 언론 기사의 함정'에서 자세히 살펴보도록 하겠습니다.

통계에 따르면, 집을 사면 평균 10년가량 보유하는 것으로 나타납니다. 그런데 고작 1년 뒤 입주물량 감소를 근거로 집값이 오를 것 같아서 매수한다는 생각은 다소 경솔해 보입니다. 아파트는 주식처럼 매매가 쉽지 않다는 점을 감안하면 더더욱 그렇습니다.

전세가격이 오르내리는 진짜 이유가 궁금하다면?

Q 장기간 전세가격과 공급의 관계를 살펴보니, 단순히 '아파트가 몇 채 공급되었는지'보다는 '비싼 아파트가 얼마나 공급되었는지'가 중요하군요! 그런데요, 이해가 될 듯하면서도 갸우뚱해져요. 비싼 아파트가 많이 공급될수록 전세가격이 떨어지는 이유를 한 번 더 설명해주세요.

A 무언가가 비싸다는 건 모두가 그걸 갖길 원하고 희소하기 때문입니다. 우리나라에서 서울대 입학점수가 가장 높을 수밖에 없듯이 말입니다. 학생수는 일정한데 특정 시기에 서울대가 입학정원을 확 늘렸다고 가정해보겠습니다. 그러면 학업성취도(시험점수)가 낮은 학생도 서울대 입학이 가능해지겠지요. 아울러 서울대보다 선호도가 낮은 대학교는 순차적으로 입학점수가 낮아질 테고 말입니다. 선호도가 낮은 대학의 정원이 늘어나는 것보다 서울대 정원을 늘렸을 때 미치는 여파가 확실히 더 크겠지요. 이를 아파트시장에 대입해보면, 시중의 자금규모(학생수)는 큰 변화가 없는데 특정 시기에 강남 아파트 입주물량(서울대 입학정원)이 확대될 경우 임대료 하락(입학점수 하향)과 그 여파(선호도가 낮은 대학 입학점수의 순차적인 하향)를 상상해 볼 수 있겠습니다.

Q 하지만 학생수가 많이 증가한다면, 대학정원이 늘더라도 더 치열해질 수 있는 거잖아요?

A 맞아요. 앞에서 학생수가 일정하다는 가정을 세웠듯이, 시중에 돈(자금)의 규모도 비교적 일정하다는 가정이 필요해요. 나중에 상세히 다루겠지만 금리가 변하지 않는다면 시중의 자금규모도 크게 변하진 않습니다. 금리가 낮을수록 대출이 쉬워져서 시중에 풀리는 돈이 늘어나고, 반대로 금리가 높을수록 대출보다는 저축을 하려니 시중의 자금규모는 감소하지요. 따라서 좀 더 엄밀하게 따지려면 대학정원뿐 아니라 대입준비를 하는 학생수도 살펴봐야하듯, 아파트 공급물량뿐 아니라 시중의 자금규모를 좌우하는 '금리'를 함께 살펴야겠습니다!

Q "이제 알겠어요. 그런데 전세가격과는 별개로 집값이 오르내리는 이유는 도대체 왜일까요? 흔히 집값과 전세가격의 차이를 갭(gap)이라고 하는데, 이명박정부 시기에는 갭이 굉장히 작았지만, 문재인정부 때는 갭이 아주 크게 확대되었잖아요."

A 그건 임대수요(전세)보다 투자수요(매수)가 치솟았기 때문이지요. 임대수요는 대학정원과 학생수처럼 1:1로 매칭이 되지요. 1명의 학생이 2개의 대학에 재적할 순 없잖아요? 마찬가지로 한 가정은 집 한 채에 거주할 뿐 두 집, 세 집 살림을 할 순 없습니다. 하지만 매매시장에서는 한 가정이 여러 채의 집을 소유하는 게 가능합니다. 내가 거주할 집이 아니더라도 가격이 오를 것 같으면 매수하는 투자수요는 실수요와 꼭 일치하는 건 아니니까요.

공급절벽인가, 공급폭탄인가?

03

_ 서울과 대구의 아파트 공급 사례 살펴보기

서울지역 아파트의 공급절벽에 대한 믿음이 어느 때 보다도 공고해진 상황입니다. 리스크는 일단 제대로 파악해야 대응할 수 있는 법인데, 다수가 잘못 알고 있다면 정보의 비대칭으로 인해 리스크가 커질 수밖에 없지 않을까요? 주택시장에서 혼재되고 있는 공급의 개념을 제대로 이해하는 것만으로도 실상을 파악하는 데 큰 도움이 됩니다.

집값 급등으로 인해 무주택자의 분노가 어느 때보다 높아지면서 누군가를 탓하고 싶은 마음도 커졌습니다. 하필, 이전 정부에서는 2017년 국토교통부장관이 "사는 집 아니면 파시라"라며 집값 급등을 막기 위해 여러 차례 수요 억제정책을 내놓았으나 실패를 거듭합니다. 국토교통부장관의 주장을 듣고 집을 팔았거나, 집을 사지 않았던 이들의 분노가 폭발할 수밖에 없습니다.

공급절벽은 팩트일까?

문재인정부의 부동산정책에 대한 질타의 목소리가 커졌던 것에 맞춰 부동산 전문가들은 언론 등을 통해 대략 다음과 같은 네 가지 논평을 무한반복해왔습니다.

[1] 정부는 시장을 이길 수 없다.

[2] 가격은 수요와 공급으로 결정된다.

[3] 공급이 부족하기 때문에 집값이 오른 것이다.

[4] 정부의 정책이 실패한 이유는 공급을 틀어막은 채 수요억제정책만 내놓았기 때문이다.

결국 '(특히 서울은) 공급이 부족하다'는 게 사실 아닌 사실이 되어 버렸고, 왜곡된 시장 정보에 대한 일반인들의 믿음은 갈수록 굳어졌습니다. 상황이 이러하다보니 국토교통부에서 데이터에 근거하여 '실제로는 그렇지 않다'는 반론을 제기해도 밑도 끝도 없이 거부당하는 지경에 놓였습니다. 오히려 공급절벽으로 인해 무주택자들은 앞으로도 주택 구입에 곤란을 겪을 수밖에 없다며 불안감을 조성하는 여론(언론기사)이 끊이질 않았습니다.

그런데 오직 공급만이 집값을 좌우할까요? 앞에서 살펴본 대로 연도별 입주물량과 집값은 상관관계를 찾기 어려운 만큼 공급만 탓할 순 없습니다. 이에 대해 일각에서는 "문재인정부에서 공급을 틀어막았기 때문에 '미래의 공급'이 부족하므로 집값이 오르는 것이다"라고 주장하기도 합니다.

그렇다면 '미래의 공급'은 확실히 부족한 걸까요? 그 실마리를 찾기 위해 아파트시장에서 '공급'을 어떻게 이해해야 하는지 그 개념부터 살펴보도록 하겠습니다. 언론을 비롯한 전문가들이 제각기 다른 '공급' 개념을 들이대니 혼란만 가중되기 때문입니다.

실제로 언론 기사에 자주 등장하는 ① 인·허가, ② 분양, ③ 착공, ④ 준공, ⑤ 입주 등 다섯 가지 개념은 모두 '공급'의 범주에 들어갑니다. 이 다섯 가지 단계를 1번 타자 '인·허가'부터 5번 타자 '입주'까지를 공급이 완성되는 야구게임에 비유해 살펴보도록 하겠습니다.

인·허가와 실제 공급물량이 차이가 크게 나는 이유

공급게임의 1번 타자 '인·허가'는 정부에서 해당 토지에 집을 지어도 된다고 주택건설을 승인한 물량으로 공급의 선행지표 역할을 합니다. 다만, 인·허가를 받고나서 실제 주택건설을 하는 시기는 제각각입니다. 또한 인·허가 이후 사업성이 없다고 판단되면 주택건설을 포기하는 경우도 적지 않습니다. 따라서 인·허가 물량만으로 '앞으로 예상되는 공급물량'을 파악할 수는 없습니다. 그런데 흥미로운 건 공급게임은 일반 야구게임과 룰이 조금 다릅니다. 1번 타자인 인·허가가 출루해야만 그다음 타자들이 타순에 설 수 있고, 인·허가가 아웃당하면 다음 타자인 분양과 착공은 타선의 기회가 없습니다. 다만, 1번 타자인 인·허가가 출루하더라도 2번 타자인 분양을 한동안 타석에 올리지 않을 수도 있기 때문에 인·허가 정보만으로는 공급게임이 언제 끝날지 알 수 없습니다.

공급의 진정한 선행지표, 분양과 착공은 본래 한몸이었다. 그런데……

우리나라의 주택 판매는 선분양이 일반적이기 때문에, ① 인·허가 이후 ②분양 → ③ 착공 → ④ 준공 → ⑤ 입주로 이어지는 타순이 견고했습니다. 즉, '②분양'을 하고나면 곧바로 '③ 착공'에 들어가고, 대략 2~3년 뒤 공사가 완료되면 지자체로부터 '④ 준공' 승인을 받고 수분양자 및 세입자가 통상 2~3개월의 입주기간 내 '⑤ 입주'하는 것이 일반적인 공급과정입니다. 2번 타자인 분양이 출루하면, 2~3년 내에 5번 타자인 입주까지 완료되면서 게임이 종료되는 것이 확실한 공식이었습니다.

이렇듯 분양과 착공, 준공과 입주가 거의 같은 시기에 이뤄지다보니 '분양 = 착공', '준공 = 입주'라는 등식이 성립한 것이지요. 모든 건설현장은 거의 예외 없이 착공 후 일정 기간(주로 2~3년)이 지나면 준공되니 분양물량은 입주물량의 확실한 선행지표였습니다.

아주 드문 사례이긴 한데, 건설사가 분양을 실시한 이후 미분양이 많다는 이유로 분양을 취소하는 경우도 있긴 합니다. 이 경우 2번 타자인 분양을 건설사 스스로 강판시킨 것이니, 2번 타자를 다시 등판시켜야만 게임이 재개되며 후속 타자들도 타선에 올라설 수 있습니다.

분양가상한제 이후 더 이상 한몸이 아닌 분양과 착공의 타선 변경

착공도 하기 전에 선분양을 하는 이유는 간단합니다. 분양부터 실시하고 수분양자로부터 계약금과 중도금을 수령하여 공사비를 충당하기 위함이지요. 그런데 2020년 7월부터 서울 및 경기도 일부 지역(과천, 하남, 광명 등)을 대상으로 '분양가상한제'가 부활한 이후, 재개발·재건축 방식의 공급이 일반적인 서울시에서 '분양 직후 착공'이라는 공식이 깨지고 말았습니다.

분양가상한제 적용 지역에서는 분양을 늦출수록 분양가를 높일 수 있다보니 착공시점보다는 준공시점과 가까운 시기에 분양을 실시하는 경우가 많아졌다.

분양가상한제에서 분양가는 [택지비+건축비+적정이윤]으로 구성됩니다. 재개발·재건축사업 주체인 조합원 입장에서는 분양가가 높을수록 이익인데, 택지비(공시지가)는 매년 오르니 분양시기를 늦출수록 분양가를 높일 수 있게 됩니다. 이에 대다수 재개발·재건축 조합원들이 착공을 먼저 하고, 분양을 나중에 하는 방식을 선호하게 되면서 착공은 했지만 분양을 하지 않은 사업장이 많아진 것입니다.

즉, 여전히 대부분의 일반분양사업에서는 2번 타자는 분양, 3번 타자는 착공의 타선이 견고한데, 서울 재개발·재건축사업에서는 착공을 2번 타자로 올리고 분양을 언제 타선에 올릴지는 알 수 없게 된 것입니다.

선분양이 아닌 선착공의 시대,
새로운 타선을 받아들이지 못하는데서 발생하는 혼란

과거에는 부동의 2번 타자인 분양물량을 참고하면 향후 2~3년 뒤 입주물량을 예측할 수 있었습니다. 하지만 지금은 분양이 언제 등판할지 알 수 없으니 선행지표로서 의미가 퇴색해버렸습니다. 재개발·재건축 사업장이 많은 서울에서는 새로이 2번 타자로 등극한 착공물량만이 2~3년 뒤 입주물량을 추산할 수 있는 선행지표가 되었습니다. 물론 일부 재건축 사업장에서 조합원과 건설사 사이의 갈등으로 인해 공사가 지연되는 경우, 착공 이후 입주까지 걸리는 기간이 다소 늘어나기도 하겠지만, 공사가 영원히 중단될 수는 없으니 착공을 타선에 올린 사업장은 결국 입주까지 완료하면서 공급게임은 마무리되기 마련입니다.

그런데 언론에서는 새로운 2번 타자 착공물량은 무시하고 여전히 분양물량만을 입주물량의 선행지표로 보도하다보니, 다가오는 현실과 커다란 괴리가 생길 수밖에 없는 것입니다.

재개발·재건축 조합원들이 착공을 먼저 하고, 분양을 나중에 하는 방식을 선호하게 되면서 착공은 했지만 분양을 하지 않은 사업장이 많아졌다. 특히 서울지역 재개발·재건축 사업에서는 착공을 2번 타자로 올리고 분양을 언제 타선에 올릴지 정하지 않은 경우가 적지 않다.

1번타자
인·허가

2번타자
분양

경우에 따라
순서가 바뀌기도 함.

3번타자
착공

과거에는 부동의 2번 타자인 분양물량을 참고하면 향후 2~3년 뒤 입주물량을 예측할 수 있었다. 하지만 지금은 분양이 언제 등판할지 알 수 없으니 선행지표로서 의미가 퇴색해버렸다.

5번타자
입주

4번타자
준공

알려진 공급물량이 실제 공급물량 맞아? 서울의 사례

국토교통부에서 제공하는 서울의 연도별 주택분양과 아파트 착공물량 통계를 살펴보겠습니다.

통계상 주택분양물량에는 아파트 외에도 연립/다세대 주택도 포함되기 때문에 일반적으로는 2013~2016년처럼 주택분양물량(A)이 아파트착공물량(B)보다 많은 편(A>B)입니다. 그런데 유독 문재인정부(2017~2021)에서 아파트 착공물량(B)이 주택분양물량(A)보다 상당히 많음(B>A)을 알 수 있는데, 특히 2021년에는 그 차이가 무려 3.4만 호에 달합니다. 이것은 앞에서 언급한 대로 분양가를 높이기 위해 착공부터 실시하고 분양시기를 미룬(선착공·후분양) 재개발·재건축 사업장이 많다는 것을 의미합니다. B가 진정한 입주예정물량인데 언론 및 민간통계 어플에서는 A만 입주예정물량으로 다루고 있으니, B가 A보다 클수록 많은 사람들이 예상치 못했던 입주물량도 그만큼 많이 쏟아져

 서울 연도별 주택분양물량 & 아파트착공물량 추이

자료: 국토교통부

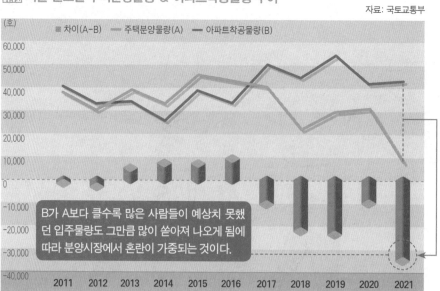

B가 A보다 클수록 많은 사람들이 예상치 못했던 입주물량도 그만큼 많이 쏟아져 나오게 됨에 따라 분양시장에서 혼란이 가중되는 것이다.

나오게 되는 것입니다.

분양을 하지 않으면 입주일자를 확정하기 어렵습니다. 그래서 '아실', '호갱노노' 등 언론에서 많이 참조하는 민간 통계 어플에서는 입주의 선행지표로 분양물량만 집계하고 착공물량은 도외시하는 것 같습니다. 하지만 앞에서 밝힌 대로 이미 착공한 현장들은 예정보다 다소 지연될 수는 있을지언정 결국 완공됩니다.

그렇게 확실한 공급예정물량이 수백, 수천도 아닌 수만 호에 달하는데, 많은 사람들이 참고하는 언론과 부동산 전문 어플에서 이를 놓치거나 무시하는 것은, 정보 비대칭을 초래해 시장 혼란을 가중시킬 위험이 있습니다.

특히 착공은 했으나 아직 분양을 하지 않은 사업장은 반포, 개포, 둔촌 등 서울 내 최선호입지 물량들이라는 점에서 단순한 공급량(Q)뿐만 아니라 시가총액 기준의 공급(P×Q) 측면에서 더욱 큰 충격을 예고하고 있습니다.

단군 이래 최대 규모 재건축사업이라 불리는 둔촌주공이 조합원과 건설사 간의 갈등으로 인해 분양시기가 지연되다 보니, "너도나도 분양 미루기, 서울 공급가뭄 우려"(《서울신문》 2022.4.21.), "멈춰버린 서울 분양, 공급가뭄 지속되나"(《MTN》, 2022.4.21.), "공급가뭄에 서울 집값 불안"(《매일경제》, 2022.4.21.) 등의 보도가 잇따르며 공급절벽의 불안을 심화시키고 있습니다. 그러나 앞에서 밝힌 대로 분양시기가 입주일자를 좌우하지 않으며, 착공을 시작한 사업장은 이변이 없는 한 대략 3년 정도면 준공되어 공급되기 마련입니다. 헌데 기사만 살펴보면 분양이 늦어질수록 공급도 지연된다는 잘못된 인식이 생길 수도 있습니다. 이미 이주를 마친 조합원과 공사를 진행 중인 건설사 입장에서는, 공사비/이주비 관련 이자비용 부담과 자재가격 상승 추세를 감안하건대, 공사기간을 단축하는 것이 상호 이익을 극대화하는 것입니다. 고로 조합원과 건설사 간 분양가/공사비 등을 둘러싼 잡음은 발생할지언정 이미 착공된 재건축사업장이 장기간 지연될 가능성은 언론에서 우려하는 것만큼 크진 않다고 볼 수 있습니다.*

2023년 이후 강남3구 입주예정물량

자료: 각 구청별 재건축 주택건설사업 현황 자료(2022년 6월 말 기준)

지역	단지명	세대수	입주예정시기	분양 여부
강남 청담	청담르엘	1,261	2024	×
강남 대치	푸르지오써밋	489	2023.05	○
강남 삼성	홍실아파트 재건축	419	2024	×
강남 개포	프레지던스자이	3,375	2023.02	○
	디에이치퍼스티어아이파크	6,072	2024.01	○
서초 반포	르엘신반포파크애비뉴	330	2023.06	○
	래미안원베일리	2,990	2023.08	○
	래미안원펜타스	641	2024.01	×
	신반포메이플자이	3,307	2024.01	×
	디에이치클래스트	5,388	2025~2026	×
	래미안프레스티지	2,091	2025~2026	×
서초 방배	디에이치방배(5구역)	3,065	2025	×
	래미안원페를라(6구역)	1,111	2025	×
	포레스트자이(13구역)	2,275	2025~2026	×
강동 둔촌	올림픽파크포레온	12,032	2023.08*	×
송파 문정	힐스테이트이편한세상	1,265	2024.06	×
송파 잠실	래미안아이파크	2,636	2025	×
	잠실르엘	1,859	2025	×
2023~2024 입주예정물량		32,811		
2025~2026 입주예정물량		18,425		
합계		51,236		

* 공사 지연으로 2024년 상반기 완공 예상.

왼쪽 표는 강남3구에서 이미 착공에 들어갔거나 이주를 마친 재건축 사업장으로, 입주예정시기가 다소 지연될 수 있지만 결국 2023~2026년 내 공급될 물량으로 이해하면 되겠습니다.

2008~2020년간 강남3구·용산구의 연평균 입주물량은 7천 세대 이하이며, 가장 많았던 2008년이 약 2만 세대, 가장 적었던 2011년과 2017년은 3천 세대 이하였습니다. 이를 감안하고서 표를 보면, 2023년부터 강남3구에서 역대급 물량(P×Q)이 공급된다는 것을 알 수 있습니다. 공급절벽과 공급폭탄 중 무엇을 걱정해야 하는 시점일까요?

하락세로 돌아서니 등장한 공급폭탄론 : 대구의 사례

모 부동산 전문위원은 2020년 12월 언론사 기고문에 공급 부족, 저금리를 테마로 "5대 광역시 중 부산과 대전, 대구의 상승 추세는 유지될 것으로 전망된다. 세종의 집값은 지속해서 상승할 가능성이 크다"고 언급한 바 있습니다. 이밖에 과거에 나온 기사들을 살펴보면, 대구의 강력한 집값 상승은 공급 부족에 기인한다는 분석이 많았습니다.

대구는 지방 대도시 중에서도 특히 문재인정부 들어 집값 상승폭이 매우 컸던 지역입니다. 그런데 2021년 하반기부터 조정을 받기 시작하자 언론에서는 일제히 공급폭탄으로 인한 조정을 경고하며 '역시 공급 확대만이 집값을 잡을 수 있다'는 근거 사례로 활용되고 있습니다.

---

* 일부 언론에서는 둔촌주공 재건축 사태를 과거 공사가 상당기간 지연되었던 '트리마제' 사례와 비교하기도 한다. 트리마제는 '지역주택조합사업'이며 시행사 부도 이후 두산중공업이 사업부지를 인수하고 민간시행방식으로 완공된 사업장이다. 반면, 둔촌주공은 '재건축사업'으로 공공성이 강조되는 '도시정비법'이 적용되고 있으며, 민간시행방식으로 바꾸려면 인·허가 절차부터 다시 받아야만 한다. 즉, 조합과 시공사 모두 원만한 합의 외에 해결책은 제한적이기 때문에 트리마제의 사례와 동일 선상에서 비교하기는 어렵다.

🏢 대구 연도별 주택분양 및 아파트 착공, 준공 물량 추이 (단위: 호)

구분	2011	2012	2013	2014	2015	2016	2017
분양(주택)	11,295	15,163	21,084	27,467	15,984	14,617	6,656
착공(아파트)	4,685	11,290	21,675	25,032	15,156	12,910	10,792
준공(아파트)	8,663	2,723	11,582	9,311	18,098	28,224	19,247

구분	2018	2019	2020	2021	장기 평균 (2011~2021)	최근 3년 평균 (2009~2021)
분양(주택)	22,988	28,053	30,652	26,651	20,055	28,452
착공(아파트)	22,044	27,164	35,905	29,397	19,641	30,822
준공(아파트)	17,043	9,414	17,540	15,286	14,285	14,080

🏢 지역별 아파트 장기 평균(2005~2021) & 최근 3년 평균 입주·착공 물량 (단위: 호)

자료: 국토교통부

구분	전체	수도권	서울	인천	경기	지방 소계
장기 평균 준공물량	310,954	149,901	38,236	15,111	96,554	161,053
최근 3년 평균 준공물량	368,891	192,820	49,688	12,755	130,377	176,070
장기 평균 착공물량	319,251	157,005	35,211	18,199	103,595	162,246
최근 3년 평균 착공물량	423,406	224,527	46,222	36,690	141,614	198,879

구분	기타 광역시	부산	대구	광주	대전	울산	세종
장기 평균 준공물량	62,044	19,828	15,734	10,958	8,425	7,100	10,669
최근 3년 평균 준공물량	64,849	25,763	14,080	12,367	7,026	5,612	7,984
장기 평균 착공물량	60,459	19,174	16,513	10,239	7,704	5,829	9,120
최근 3년 평균 착공물량	85,034	24,468	30,822	10,402	13,087	6,254	3,911

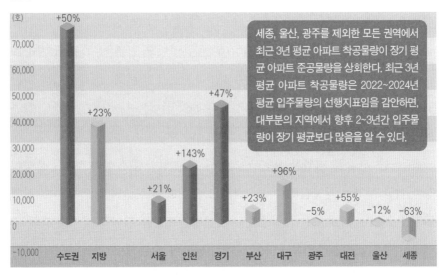

지역별 최근 3년 평균 착공물량과 장기 평균 입주물량 차이

(호)

세종, 울산, 광주를 제외한 모든 권역에서 최근 3년 평균 아파트 착공물량이 장기 평균 아파트 준공물량을 상회한다. 최근 3년 평균 아파트 착공물량은 2022~2024년 평균 입주물량의 선행지표임을 감안하면, 대부분의 지역에서 향후 2~3년간 입주물량이 장기 평균보다 많음을 알 수 있다.

수도권 +50%, 지방 +23%, 서울 +21%, 인천 +143%, 경기 +47%, 부산 +23%, 대구 +96%, 광주 -5%, 대전 +55%, 울산 -12%, 세종 -63%

왼쪽 상단 표는 국토교통부에서 제공하는 대구지역의 연도별 주택분양, 아파트착공 및 준공물량 통계입니다. 서울과 달리 대구는 분양물량과 착공물량 간 차이가 비교적 크지 않습니다. 따라서 분양정보만 파악해도 2018년부터 예년 대비 분양물량이 크게 늘었으니 향후 입주물량이 증가한다는 것은 충분히 알 수 있었습니다.

그런데 대구의 아파트 값은 2021년 상반기까지 상승세를 지속했고, 이렇게 가격이 상승하는 기간 중에는 언론에서 공급폭탄 우려를 별달리 제기하지 않았습니다. 오히려 앞에서 예로 든 것처럼 공급 부족으로 인해 '상승 추세가 유지될 것'으로 전망하는 전문가 의견을 담은 기사들이 나왔습니다.

통계에서 드러나듯이, 대구는 2019년 아파트 입주물량이 약 9천 세대로 예년 대비 적긴 했습니다. 하지만 2018년 이후 분양/착공 물량이 급증하는 양상을 보면, 2019년 공급 부족을 이유로 가격이 오른다고 부추기는 행태는 비합리적입니다. 결국 2021년 상반기까지 대구의 집값이 상당한 강세를 보였다는 것은 정작 수요자들도 공급예정물량 같은 것은 신경 쓰지 않았거나, 향후 공급이 많다는 언론보도는 찾아보기 어려운 와중에 공급절벽이라는 잘못된 키워드에 휘둘린 결과로 보입니다.

42쪽 하단 지역별로 아파트의 장기(2005~2021년) 평균 입주 및 착공 물량과 최근 3년(2019~2021) 평균 입주 및 착공물량 통계표를 비롯해, 43쪽 지역별 최근 3년 평균 착공물량과 장기 평균 입주물량 간의 차이를 나타낸 그래프도 함께 살펴보겠습니다.

세종, 울산, 광주를 제외한 모든 권역에서 최근 3년 평균 아파트 착공물량이 장기 평균 아파트 준공물량을 상회하고 있습니다. 최근 3년 평균 아파트 착공물량은 2022~2024년 평균 입주물량의 선행지표임을 감안하면, 대부분의 지역에서 향후 2~3년간 입주물량이 장기 평균보다 많은 것을 알 수 있습니다.

생각건대 대구 이외에 공급폭탄 이슈와 무관한 기타 지역*들도 집값이 약세를 보이고 있다는 점에서 단순 공급물량 뿐 아니라 긴축기조(금리인상, 대출규제)가 전방위적인 영향을 주고 있다고 봅니다. 다만, 집값이 강세인 기간 동안에는, '공급이 부족해서 오르는 것'이라는 해석만 반복하고, 그토록 공급을 강조하면서 정작 향후 공급물량이 확대되는 상황에 대해서는 미리 언급조차 되지 않았던 실태를 대구의 사례에서 확인할 수 있습니다.

일반적으로 인기 있는 상품일수록 향후 공급이 감소한다고 알려지면 미리 확보하려는 수요로 인해 가격이 오르고, 반대로 공급이 많아진다고 예상되면 매수심리가 약화되어 가격 안정화로 이어집니다. 그런데 다수가 인지하는 바와 달리 서울을 포함한 대부분의 지역에서 향후 2~3년 이내 입주예정물량은 장기 평균 입주물량을 크게 상회하고 있으니, 정보의 비대칭만큼 리스크도 확대된 상황으로 보입니다.

---

* 반면, 대구와 함께 대표적인 집값 조정 지역으로 거론되는 세종의 경우 2012년부터 입주물량 통계를 산출 중인데, 최근 3년 평균(2019~2021년) 아파트 입주물량과 착공물량 모두 장기 평균(2012~2021년) 입주물량 대비 상당히 적은 편으로 나타났다. 그런데 일부 언론에서는 세종의 집값 하락을 두고 입주물량 증가를 탓하기도 한다.

'착공'과 '분양'의 개념, 정확하게 이해하기

Q 분양가상한제를 실시한 이후에는 서울에서 착공은 했지만 아직 분양을 실시하지 않은 사업장들이 많은데, 이 사업장 물량들이 언론이나 민간 어플에서 제공하는 미래 공급물량 통계에서는 빠지고 있다는 거군요?

A 착공에 들어가면 2~3년 뒤에는 입주물량으로 공급되는 게 확실한데, 분양이 미뤄진다는 이유로 마치 공급이 영원히 없을 것처럼 말하는 건 잘못된 거지요. 예를 들어 지금까지 분양된 물량만을 기준으로 내년 입주물량이 1만 세대인 줄 알았다가 실제로는 3만 세대가 쏟아진다면 얼마나 당혹스럽겠어요.

Q 그렇지만 최근 둔촌주공 사례처럼 착공은 했지만 아직 분양을 하지 않은 사업장들은 공사가 계속 지연될 수 있는 거 아닌가요? 원래 2023년 8월 입주를 목표로 했지만 조합원과 건설사 간 갈등이 격화되면서 공사 중단까지 되었다는데……

A 예정보다 몇 달 정도는 지연될 수 있지만 1년 이상 장기간 지연되긴 어렵다고 봅니다. 이미 착공된 사업장들은 철거를 완료하고 조합원들이 이주비를 지원 받아서 어딘가에 이주한 상태에서 새 집이 완공되기를 기다리는 상황이거든요. 조합원 입장에서는 공사가 지연될수록 새 집에 입주하려던 계획에도 차질이 생기고 무엇보다 이주비와 공사비에 대한 이자비용 부담이 계속 커지게 되지요. 건설사도 공사기간이 늘어날수록 원가부담이 높아져서 공사수익이 줄어들게 됩니다. 요즘 금리와 자재가격이 엄청 오르고 있잖아요. 게다가 건설사 입장에서는 조합원과 다툼이 격화될수록 언론에서도 자주 다뤄지니 이미지에 타격을 받게 되지요. '조합원과 심하게 싸우는 건설사'라는 이미지가 붙게 되면, 다른 재건축·재개발 현장을 수주하는데 걸림돌이 되거든요. 그러니 양쪽 모두 공사를 빨리 끝낼수록 이익인 건 마찬가지겠습니다.

Q 그렇다면 언론에서는 분양이 미뤄지고 공사가 중단되는 상황을 두고 공급절벽을 이야기하지만, 양측 모두 돈이 걸린 문제인데다가 공사를 빨리 끝낼수록 이익이니 마냥 늦어지기 보다는 적정 시점에서 타협하고 공사가 완료될 거라고 기대해볼 수 있겠군요!

04 무주택자를 절벽으로 내모는 것들

_ 아파트 공급에 관한 언론 기사의 함정

"서울은 공급절벽이라 아파트가격이 계속 오를 수밖에 없다"는 언론 보도는 무주택자에게 불안감을 조성합니다. 언론에 소개되는 전문가들이 일관되게 주장하니 그저 팩트로 받아들이게 됩니다. 하지만 그간 보도되어온 입주예정물량 관련 기사는 실제보다 지나치게 과소한 수치들이 소개되었고 결과적으로는 언제나 틀렸다는 사실을 아시나요? 부동산 매수 시점을 저울질하는 과정에서 잘못된 정보가 잘못된 선택으로 이어질 수 있음은 두 말할 나위 없습니다.

"지금 안 사면 나중에 더 올라요! 공급이 없다니까?"
"…… 근데 정부는 공급이 부족하지 않다던데……"
"에이, 정부 말을 믿어요? 집값도 못 잡는 정부를?"
"…… 그래도 통계는 정부가 집계하는 거 아니에요?"
"신문 기사들을 좀 보세요. 다들 내년부터 공급이 반토막 난다고 절벽이라잖아요!"

〈조선일보〉, 2021.7.27.

서울 아파트 '입주절벽'…… 2년 후 3분의 1로 줄어든다

- 부동산 빅데이터 민간물량 분석 -

서울 아파트 연도별 입주물량

서울 아파트 인·허가 추이

자료: 국토교통부

올해 연간 기준으로 서울에서 새로 입주하는 아파트 물량이 작년의 절반 수준에 불과하고, 2022~23년 입주 예정인 아파트물량은 올해보다도 30~40% 더 적을 것으로 나타났다. 작년 7월 말 계약갱신청구권(2+2년)과 전·

향후 2년간 서울 구별 아파트 입주 물량
2021년 7월부터 2023년 12월까지 집계

자료: 아실

월세 상한제를 담은 '주택임대차보호법' 시행 후 '전세대란'이 극심한 상황에서 전셋집 공급의 숨통을 틔울 수 있는 새 아파트 입주마저 대폭 줄어들면서 무주택 세입자의 주거 불안이 더 커질 것이란 우려가 나온다. 부동산 전문가들은 "문재인정부 출범 초기 '주택 공급은 충분하다'며 쏟아낸 각종 규제가 서울의 '입주절벽'을 부추겼다"고 지적하고 있다……(중략)

대체로 앞쪽에서 소개한 기사를 접하면 처음부터 끝까지 숙독하는 사람보다는 "서울 아파트 '입주절벽' 2년 후 3분의 1로 줄어든다"라는 헤드라인과 눈에 띄는 그림을 확인하는 것에 그치는 사람들이 많습니다.

신문에 보도된 그림에 자료출처로 명기된 '아실' 앱을 설치한 뒤 2021년 7월부터 2023년 12월까지 서울 아파트 입주물량을 검색해보니 해당 기사와 숫자가 일치합니다. 그런데 필자가 알고 있는 수치 정보와 너무 달라서 '호갱노

🏢 아실(좌)과 호갱노노(우)의 서초구 아파트 공급 통계

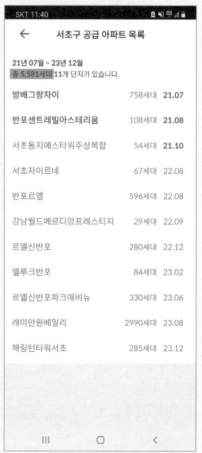

노'라는 부동산 정보 어플로 같은 기간을 검색해보니 차이가 상당합니다. 단적인 예로 같은 기간 서초구 입주물량만 비교해 봐도 아실은 1,148세대, 호갱노노는 5,581세대로 나옵니다.

세부 내역을 살펴보면, 방배그랑자이의 경우 호갱노노는 758세대, 아실은 256세대로, 아실은 일반분양물량만 집계했습니다. 호갱노노는 래미안원베일리 2,990세대를 반영했지만 아실에는 아예 누락되었습니다. '부동산 빅데이터 플랫폼'이라는데 어떤 알고리즘을 썼는지 궁금합니다. 일부는 일반분양만 반영됐다는 변명을 할 수도 있겠으나 래미안원베일리처럼 널리 알려진 대단지 아파트가 통계에서 완전히 빠져있고, 심지어 일부 샘플만 뒤져봐도 일반분양물량도 전체물량도 아닌 정체불명의 수치들이 발견됩니다.

통계로 시계열 분석을 하려면 과거와 미래의 데이터 기준은 일관되어야 하는 게 기본입니다. 하지만 과거의 입주물량은 해당 연도의 전체 준공물량을 써놓고 미래의 수치는 일반분양물량만 반영하거나, 조만간 완공될 게 확실하지만 아직 분양은 하지 않은 물량을 제외하거나, 심지어 공공주택물량은 모른다고 빼거나 하여 일관성 없이 과소한 수치를 산정하고서 '과거 대비 3분의 1로 감소'라고 호도하는 건 지나칩니다.

그렇다면 호갱노노는 믿을 수 있을까요? 이 어플도 아직 분양을 하지 않은 단지는 통계에서 제외했기 때문에 향후 입주물량이 과소 추산되어 있습니다. 가령 필자가 사는 동네만 해도 아현2구역(아현아이파크SK뷰, 1,419세대) 공사가 상당히 진척되어서 2023년 입주에 차질이 없는데, 2023년까지 마포구 입주물량이 호갱노노에서는 '0세대', 아실에서는 '234세대'라고 나옵니다.

필자는 신용평가사에서 건설업을 담당하던 연구원 시절부터 10년 넘도록 민간기관에서 '향후 주택공급물량'을 추산하는 통계를 살펴봐왔습니다. 그런데 민간기관의 통계는 과소 추산하는 오류를 적지 않게 범하고 있습니다. 그동안 발표한 통계 자료를 점검해보면, 실제 공급물량과 비교했을 때 엇비슷하게라도 맞춘 적이 거의 없어서 당혹스러운 적이 많았습니다.

다음은 2020년을 불과 20여 일 앞둔 2019년 12월에 나온 기사입니다. 기사에서 밝힌 2020년 입주물량 전망을 실제와 비교하며 팩트체크해 보겠습니다.

서울 내년 아파트 입주물량 5년 만에 줄어든다

서울 집값 상승세 확산 가능성
2021년엔 2만여 가구로 '반토막'
'過공급' 동남권 물량 감소 폭 커

내년부터 서울 새 아파트 공급이 감소세로 돌아선다. 서울 입주물량이 줄어드는 것은 2015년 이후 5년 만이다.……(중략)……부동산 전문가들은 내년 입주물량 감소가 집값 불안 요인이 될 것으로 예상했다. 전셋값이 상승하면서 집값을 더 밀어 올릴 것이란 예상이다.

"서울 입주물량이 줄어드는 것은 2015년 이후 5년만이다. 부동산114에 따르면 내년 서울 아파트 입주물량은 올해 4만3,006가구 보다 2.3% 감소한 4만 2,012가구로 집계됐다."

팩트체크 ▶ 2020년 서울 아파트 입주물량은 2019년 45,630세대보다 24.4% 증가한 5만6,784세대로 2005년부터 정부에서 준공물량을 집계한 이래 최대치를 기록했습니다.

"내년 하락 전환을 시작으로 후년(2만1,739가구)엔 반 토막 날 것으로 예측됐다."

팩트체크 ▶ 2021년 서울의 아파트 입주물량은 4.1만 호 정도로 반토막과는 거리가 멀었습니다.

이 밖에도 언론에 보도된 수많은 사례를 검증해본 결과, 아파트 공급물량을 지나치게 과소 추산한 기사들로 넘쳐납니다. 이렇듯 언제나 매번 크게 틀리는데도 불구하고 '민간기관이 발표한 입주예정물량 통계를 나중에 검증해보니 순 엉터리'라는 논지의 기사를 본적이 없습니다.

휴대폰과 컴퓨터를 통해 인터넷을 끼고 사는 일상에서, 수많은 광고배너들은 사람들에게 구매충동을 자극합니다. 헤드라인을 통해 접하는 인터넷 기사들은 간혹 광고배너와 다르지 않게 느껴지곤 하는데, 아파트 공급물량을 다룬 기사들이 대표적입니다. 이런 기사들은 일반인에게 배경지식을 형성하면서 투자 의사결정에 적잖은 영향을 끼치는 것으로 판단됩니다. 게다가 개인 블로그나 유튜브 채널도 아닌 권위 있는 언론사의 기사라면 혹시 모를 오류에 대한 크로스 체크는 고사하고 기사 내용을 무비판적으로 수용하기 쉽습니다.

잘못된 부동산 통계 기사는 주택 구입을 희망하는 무주택자들에게 적지 않은 혼란을 초래합니다. 공급절벽이라는 과장된 분석이 무주택자들을 절벽으로 내몰고 있는 건 아닌지 모르겠습니다.

05

잘못 아는 것은 병이다!

_ 근거 없는 집단믿음의 오류, 그리고 균형 찾기

투자의 세계에서는 때때로 내가 아는 게 맞다고 우기기보다는 다수가 어떻게 이해하고 있는지를 파악하고 받아들이는 자세도 필요합니다. 다만 다수가 믿는 정보가 사실과 다를 경우에는 시간이 걸리더라도 결국 균형을 찾아가기 마련입니다.

필자는 취미로 명리학을 공부한지 좀 되었는데요, '삼재(三災)', '손 없는 날', '윤달' 등은 명리학에서도 근거가 없어서 미신으로 치부하는 것들인데도 불구하고 우리 실생활에 적지 않은 영향을 미치고 있습니다. 가령 이사를 반드시 '손 없는 날'에 해야 한다는 어르신의 말씀을 듣느라 더 비싼 이사비용을 치른 적이 있는데, 이런 말도 안 되는 것을 신경 써야 하느냐고 술사분께 투덜댄 적이 있습니다. 이에 술사분께서 "명리학적 근거는 없지만, 다수가 그렇게 믿고 받아들인다는 것 자체가 중요한 것이다"라고 해주신 말씀이 상당한 울림을 주었습니다.

투자 손실을 초래하는 잘못된 집단믿음 : 안랩 주가 사례

술사분의 답변은, 내가 뭔가를 좀 알더라도 대중이 그것을 받아들이지 않는 한 유용한 정보가 아니고 투자를 하는데 있어서는 거꾸로 대중의 생각이 무엇인지를 헤아려보는 게 중요하다는, 소소한 깨달음을 얻는 계기가 되었습니다.

아무튼 (검증되지 않은) 집단믿음은 종종 터무니없는 현상을 초래하기도 합니다. 이를테면, 우리나라의 출생자수는 1996년 이후 내리 감소하는 와중에 세 차례 의미 있는 반등이 있었는데요. 그 유명한 2007년 황금돼지 정해년과 2000년 경진, 2012년 임진 두 용띠해입니다. 같은 시기에 중국도 난리였다고 하지요. 특정 띠가 더 잘 산다는 것은 논리도 증거도 없지만 대중은 '이게 좋다더라' 하면 거기에 이끌려 출산과 같은 중대사도 따르는 것입니다

주식시장에도 비이성적인 행태가 하나의 패턴으로 굳어지는 경우가 종종 발견됩니다. 대선 때마다 급등세를 연출하는 안랩 주가가 대표적이라 할 수 있습니다. 사실 안랩 자체는 영업실적과 재무구조가 견실한 회사인데, 안철수 씨가 개인 최대주주라는 점 때문에 정치 테마주의 대명사가 되고 말았습니다.

과거 이미 두 번이나 급등한 뒤 급락한 경험이 있었으니, 설마 또 그럴까 싶었는데 지난 대선 때도 똑같은 패턴이 반복되었습니다. 안철수씨의 정치적 성과와 안랩의 주가 사이에 강한 상관관계가 있다는 대중의 믿음이 주식시장에 투영된 것이지요. 급기야 이를 역이용한 외국계 기관투자자도 생겼는데요. 언론 보도에 따르면 JP모건은 안랩 주식을 사들인지 3거래일 만에 처분(보유지분 5.38% → 0.79%)하여 108억 원의 차익을 실현한 반면, 매도 시기를 놓친 개미들은 큰 손실을 보게 되었다는 후문입니다.

사실 미신은 검증할 수 없는 것일 뿐 특별한 손해로 이어지는 경우는 드문데, 투자에 대한 잘못된 믿음은 예상치 못한 손실을 초래할 수도 있습니다.

지난 대선 때 안철수씨의 정치적 성과와
안랩의 주가 사이에 강한 상관관계가
있다고 여기는 다수 개미 투자자들의
잘못된 믿음을 역이용한 JP모건은,
안랩 주식을 사들인지 3거래일 만에
처분(보유지분 5.38% → 0.79%)하여
108억 원의 차익을 실현한 반면,
매도 시기를 놓친 개미들은
큰 손실을 보고 말았다.

우리 돈 먹어서
배부르냐?

매도 시기를 놓쳐 큰 손실을
입은 개인투자자

JP모건의 CEO 제이미 다이먼

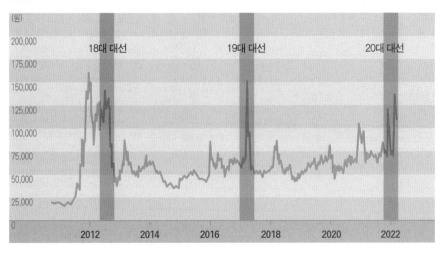

안랩 주가 추이

(원)
200,000
175,000
150,000
125,000
100,000
75,000
50,000
25,000
0

18대 대선   19대 대선   20대 대선

2012   2014   2016   2018   2020   2022

길고 긴 상승장은 승자의 내러티브로 완전히 재편되었고, 그런 부동산시장의 커뮤니티에서는 서울은 한동안 공급절벽이고, 금리는 부동산가격에 별 영향을 미치지 못한다는 믿음이 매우 강했던 것으로 파악됩니다. 게다가 정부가 규제를 하면 할수록 집값은 오히려 더 오른다는 공식까지 만들어졌습니다. 다수가 그렇게 믿는다는 것은 분명 그 자체로 중요한 정보입니다.

하지만, 앞으로 마주하게 되는 이벤트들이 다수의 믿음과는 상당히 다를 때는 결국 균형을 찾아가는 흐름을 보이지 않을까 생각해 봅니다.

집값은 변해도 변치 않는 너

_ 매매가격지수 실태보고 [1] : IMF 때 집값은 얼마나 떨어졌나?

"'IMF 사태' 당시 1998년 한 해 동안 전국의 집값은 12.4% 내렸다."

"2021년 전국 집값 상승률은 15%로 2002년 이후 19년 만에 최고 상승폭이다."

집값의 향방을 알고 싶을 때, 분석의 첫걸음은 가격에 대한 정보를 파악하는 것입니다. 그런데 언론을 통해 보도되는 집값 상승률/하락률 정보는 믿을 수 있는 통계일까요? 여기서 말하는 집값이 무엇인지, 매매가격 통계는 어떻게 산출하는지 알아보고 그 한계와 대안을 살펴보겠습니다.

KBS-1TV의 〈진품명품 쇼〉나 히스토리 채널의 〈Pawn Stars(전당포 사나이들)〉를 보면 물건의 소유자가 먼저 희망가격을 언급하고, 전문가가 등장하여 면밀히 살펴본 뒤 감정가를 제시합니다. 그런데 전문가의 감정가는 레퍼런스일 뿐, 시장에서 거래되는 가격은 상당히 다를 수도 있습니다.

유동성이 떨어질수록 파악하기 어려운 적정가격

주식이나 암호화폐는 실시간으로 거래가 이뤄지기 때문에 "지금 비트코인 시세가 얼마지?", "SK하이닉스 어제 종가로 얼마였지?" 등의 질문에 정확하게 답할 수 있습니다. 하지만 〈진품명품 쇼〉에 등장하는 물건들은 주식처럼 거래가 빈번하지 않기 때문에 적정가가 얼마인지 파악하기 어렵습니다.

흔히 유동성(liquidity)은 시중에 풀린 돈의 양을 뜻하는데, 필요한 시기에 손실 없이 현금화하기 쉬울수록 '유동성이 좋은' 혹은 '유동성이 높은' 자산이라 합니다. 현금과 요구불예금은 유동성이 가장 높고, 〈진품명품 쇼〉 등에 등장하는 골동품은 거래가 쉽게 이뤄지지 않으니 유동성이 매우 떨어집니다.

부동산은 주식이나 암호화폐 보다는 유동성이 낮고 골동품이나 미술작품 보다는 높습니다. 같은 부동산이라도 아파트는 빌라나 단독주택 보다 유동성이 높고, 토지는 주택보다 유동성이 낮습니다. 이처럼 유동성은 상대적인 개념이고 자산별로 상이한데, 유동성이 떨어질수록 '지금 당장 내다팔면 현금으로 얼마인지'를 추산하기 어렵습니다.

"고흐 작품값이 천문학적이란 건 알지?"

"물론이지. 근데 유동성이 엄청 떨어진다는 사실도 알아?"

"얼마에 파시려고요?"_전당포 주인

"37만5천 달러쯤 생각하고 있어요."_고객

"전문 감정가의 의견을 들어볼게요."_전당포 주인

"수집가가 산다고 하면 31만 달러쯤 할 거에요."_전문 감정가

……〈거래 밀당 대화 중략〉……

"20만 달러에 거래하시죠."_전당포 주인

〈전당포 사나이들〉의 전당포 주인(릭 해리스)이

감정가의 반값을 제시하며 입버릇처럼 하는 말,

"팔리는데 시간이 오래 걸려요. 그동안 관리비도 나가고……

암튼 구매자를 찾기가 쉽지 않을 겁니다."

_ 이미지는 〈전당포 사나이들〉 중에서

주식이나 암호화폐는 거래가 빈번하게 이뤄지니 현금화하기 쉬운 것인데 이는 매도 호가와 매수 호가의 차이가 크지 않다는 것을 의미합니다. 반면 〈전당포 사나이들〉의 예시처럼 골동품이나 미술품은 적정가에 대한 견해가 제각각이다보니 전문가의 감정가를 참고하더라도 매도자와 매수자 사이에 호가 차이가 커서 거래가 영원히 이뤄지지 않을 수도 있습니다. 또한 유동성이 떨어지는 자산의 매매는 중개인의 도움을 필요로 하기 때문에 거래비용이 높다는 점도 특징입니다.

실거래가 외에 전문가 추정가격이 반영되는 매매가격지수

우리나라 주택가격의 국가 공인 통계기관은 한국부동산원인데요. 아파트는 주간, 주택은 월간 단위로 '매매가격지수'를 발표합니다. 주식은 거래량이 풍부하다보니 실거래가만으로 매일 가격지수를 쉽게 산출할 수 있지만, 주택은 거래량이 현저히 떨어지다보니 실거래가만으로는 주간, 월간 단위의 매매가격지수를 산정할 수 없습니다. 대단지 아파트의 경우 규격화된 평형별로 거래도 활발한 편이라 대략적인 시세 파악이 용이하지만, 나홀로 아파트는 거래량이 현저히 떨어지고, 단독주택과 연립주택은 물건의 형태마저 제각각입니다. 게다가 비교적 거래가 빈번한 아파트도 실거래가는 2개월 이내에 신고하도록 되어있다보니 주간 단위로 산정하는 통계에 곧바로 반영되기 어려운 문제가 있습니다.

이에 한국부동산원 조사관은 거래사례를 참조하되, 거래사례가 없는 경우 거래 가능성, 중개업소 및 거래정보 사이트 조사가격 등을 참작하여 적정가격을 추산합니다. 즉, 〈진품명품 쇼〉나 〈전당포 사나이들〉에 등장하여 '이건 얼마다'라고 의견을 제시하는 전문가 역할을 하는 것인데, 호가 정보는 많은 반면 실거래

[단독] 〈머니투데이〉, 2022.03.29.

집주인 호가 = 집값?…… 인수위, 부동산 통계 들여다본다

한국부동산원·KB부동산시세 통계 적절성 검토
일주일 단위 집값 공표는 우리나라가 유일
집값 자극하는 호가 위주 통계→실거래가격 기준 대전환 필요

"집값 급등기에 집값을 도리어 자극하고 있다"는 비판을 받아온 부동산 통계가 윤석열정부에서 새롭게 바뀔지 주목된다. 실제 거래된 가격(실거래가)만이 아닌 집주인 호가(부르는 가격)가 반영된 가격을 기준으로 통계가 만들어지고, 전 세계에서 유일하게 일주일 단위로 통계를 공표하면서 '통계가 집값을 왜곡하는 부작용'을 바로잡아야 한다는 지적이 나오고 있다.

가 정보가 미미한 경우 어쩔 수 없이 호가 중심으로 시세를 반영하겠지요.

가령 표본 아파트단지 물량이 두 달 전까지 10억 원에 거래되었다가 거래절벽이 이어지던 중 7억 원의 실거래가가 1건 발생한 경우, 매물을 보유한 다른 집주인들은 '우리는 10억 원 이하에는 절대 안 팔아요'하며 호가를 내리지 않는다면 10억 원 언저리에 가격이 유지되는 것으로 판단할 소지가 있습니다. 하지만 몇몇 사람들이 비트코인을 1억 원 이하에는 팔 생각이 없다고 해서 비트코인의 가치를 1억 원이라고 매길 수 없듯이, 매도호가를 중심으로 적정 가격을 추산하는 건 무리가 따릅니다.

KB국민은행, 부동산114 등 민간업체의 경우 협력 부동산 중개업소의 중개사들이 평가하는 시세정보를 바탕으로 지수를 작성합니다. 이러한 평가 기반 지수는 평가자의 주관이 개입될 수밖에 없는데, 거래량이 매우 적거나 가격이 크게 변동하는 경우 평가자가 이를 그대로 반영하기보다는 가격추세를 평탄화(smoothing)하는 경향이 있어서 실거래가와 상당한 차이가 발생할 수 있습니다.

2006년부터 시행된 실거래가 신고제도

부동산 매매계약 허위 신고시 처벌 규정을 둔 실거래가 신고제도가 도입된 것은 2006년 1월 1일부터입니다. 그 전까지는 실거래가보다 낮은 다운계약서를 쓰는 게 관행이었을 정도이니 가격정보가 혼탁할 수밖에 없었겠지요. 우리나라의 주택매매가격지수는 1986~2002년은 KB국민은행 통계, 2003~2011년은 KB국민은행 표본을 변경한 방식, 2012년 이후는 한국감정

주택매매가격지수 (단위: 2021.6 = 100*)

자료: 한국부동산원

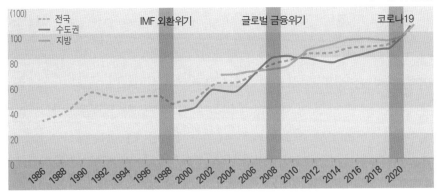

* 2021년 6월 주택매매가격을 100으로 했을 때 해당 시점(각 연도 12월) 주택매매가격의 비임.

주택매매가격증감률*

자료: 한국부동산원

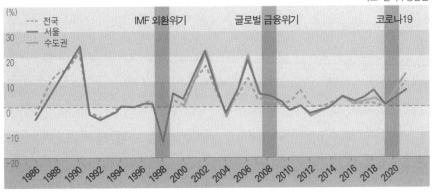

* 각 연도 12월 주택매매가격지수의 전년 대비 증감률

원(현 한국부동산원) 표본으로 작성되다보니 장기 시계열을 살펴보기에는 일관성이 부족합니다. 또한, 한국부동산원에서 조사하는 표본(아파트 35,000호, 연립 다세대 6,350호, 단독 4,820호)이 적다는 점, 때때로 표본을 교체한다는 점도 일부 한계로 거론됩니다.

이제 우리나라 주택/아파트 매매가격지수는 ① 전문가 추정가격이 반영되는 점, ② 제대로 된 실거래가 통계는 2006년 이후에서야 취합된 점을 감안하고서 61쪽 그래프를 살펴보겠습니다.

61쪽의 두 그래프는 한국부동산원에서 제공하는 우리나라의 주택매매가격지수와 전년 대비 주택매매가격증감률입니다. 국가 공인 통계이다보니 가장 흔하게 인용되는 그래프입니다. 주택매매가격지수를 보면 지난 35년 중 IMF 외환위기 시절 잠깐 꺾였을 뿐 안전하게 우상향하는 모습입니다. 게다가 1998년 IMF 외환위기 당시 하락률은 13% 수준에 불과하며, 글로벌 금융위기가 발생한 2008년에도 별다른 충격을 받지 않은 모습입니다. 코로나19 확산 이후에는 오히려 집값이 더더욱 강세로 가는 흐름이니 1997년 아시아 금융위기 이외의 외부 충격은 국내 부동산에 하등 악재가 되지 않는 모습입니다.

하지만 실거래가를 기준으로 반추해보면 IMF 구제금융 이전 2억3천만 원이던 은마아파트(102㎡ : 31평형) 가격은 1억2천만 원까지 내려가며 강남 대단지 아파트들도 대부분 반토막을 기록했습니다. 2006년 15억 원에 달했던 도곡렉슬 112㎡(34평)은 2008년 4분기 글로벌 금융위기 당시 9.4억~9.8억 원으로 급락했고, 이후 저점 대비 30% 가량 반등한 뒤 재차 하락하여 2012년에 다시 9억 원대를 기록하는 등 커다란 변동성을 보였습니다. 다수가 선호하는 강남 대단지 아파트들의 가격 변화가 이러했으니 다른 지역 아파트들은 말할 것도 없겠지요. 조금만 실상을 살펴봐도 IMF 구제금융 당시 12~13%의 집값 하락률, 글로벌 금융위기가 벌어진 2008년에도 (+)를 기록한 매매가격증감률이 현실과 얼마나 다른지 체감할 수 있습니다.

집값 통계의 배신, 그 대안을 찾아서

07

_ 매매가격지수 실태보고 [2] :
대단지 신축 아파트 실거래가로 대체하기

주식시장에서는 INDEX나 섹터지수를 활용한 ETF 투자가 가능하지만, 주택시장에는 그런 상품이 없습니다. 삼성전자 투자에 관심이 생기면 삼성전자의 실거래가격 정보(차트)를 살펴보듯이, 결국 내가 관심 있고 살고 싶은 지역의 주택 실거래가 동향을 파악하는 것이 우선입니다. 대단지 아파트 실거래가와 매매가격지수를 비교하면서, 대단지 아파트 실거래가를 중심으로 분석해야하는 이유를 살펴보겠습니다.

마트에서 생필품을 사다보면 똑같은 물품을 사는데 작년보다 30~40%는 가격이 오른 듯한 느낌입니다. 그런데 정부에서 발표하는 소비자물가지수(Consumer Price Index, CPI)에 따르면 고작 3~4% 올랐다고 합니다. 이는 정부가 국민을 상대로 사기를 치고 있는 게 아니라, 내가 장을 보면서 구입한 물품과 소비자물가지수를 구성하는 물품의 구성이 현저하게 다르기 때문입니다.

전국 주택매매가격지수는 주거용 부동산의 소비자물가지수

> "전국적으론 집값 하향 안정…… 부동산 문제는 자신 있다"
>
> 〈동아일보〉 2019.11.20.

> "문 대통령 '집값 안정' 발언에 야권 잇따라 비판"
>
> 〈MBC뉴스〉 2020.8.11

"어쩜 이렇게 현실을 모를 수가……"라는 분노가 치미는 건 당연했습니다. 당장 내 삶에 커다란 영향을 주기에 지대한 관심을 쏟고 있는 건 서울 특정 지역 아파트가격인데, 정부는 국가 공인기관인 한국부동산원에서 산출하는 전국 주택매매가격지수를 토대로 서로 다른 얘기를 하는 것입니다. 즉, 전국 주택매매가격지수에는 강남의 아파트뿐 아니라 한적한 농가의 단독주택들도 포함되니 주거용 부동산의 소비자물가지수와 같은 역할을 한다고 볼 수 있습니다.

🏢 2020년 연간 소비자물가상승률

헉!
배추(41.7% ↑), 양파(45.5% ↑),
돼지고기(10.7% ↑)……
모두 엄청 올랐는데 소비자물가는
고작 0.5% 상승했다고?

| 농·축·수산물 +6.7% | 공업제품 -0.27% | 전기·수도·가스 -1.4% | 서비스 +0.3% | 생활물가지수 -0.4% | 신선식품지수 +9.0% |

소비자물가 0.5% 상승

자료: 통계청

그렇게 현실과 동떨어진 얘기를 한다고 비난하지만 언론에서도 선택의 여지가 없다보니 한국부동산원의 통계를 주로 보도합니다. 대표적으로 주간 아파트가격동향이 흔히 다뤄지는데, 주간 단위 상승률이 0.3%라는 기사를 보면서 "지난주 10억 원이던 우리 아파트를 이번 주에는 10억300만 원에 팔 수 있게 되었구나"라고 받아들일 수도 없고, 아파트를 주간 단위로 사고팔며 단타를 칠 수 있는 것도 아니니 개인 차원에서 큰 의미를 둘만한 정보는 아닙니다. 내가 치킨집을 차리고 싶거나 운영하고 있다면 육계, 유지, 주류 등 연관된 품목의 가격추이를 관찰·분석하는 것이 유효하지, 온갖 다양한 품목이 혼합된 소비자물가지수는 참고는 하되 우선시할 필요가 없는 것과 마찬가지입니다.

GIGO를 피하기 위한 고육지책, 대단지 아파트 실거래가 분석

지역별 아파트 실거래가는 2006년부터 취합되다보니 장기 시계열을 살펴보고 분석하려면 기존의 다른 통계를 활용하는 수밖에 없습니다. 따라서 다수의 부동산 책자와 보고서에서는, 민간통계로서 권위 있는 KB국민은행 또는 부동산114 자료를 주로 활용하고 있으니 현실과는 다소 동떨어진 분석일지도 모르겠습니다.

컴퓨터 프로그래밍과 관련하여 "Garbage In, Garbage Out"(GIGO)이라는 용어가 있는데, 이는 '불필요한 정보를 입력하면, 불필요한 정보가 출력된다'는 의미입니다. 애당초 가격추이 정보가 현실과 괴리가 있다면, 아무리 정밀한 분석을 한들 결과 또한 현실과 다를 수밖에 없습니다.

그런 아쉬움을 보완하고자 이 책에서는 매매, 전·월세 분석에 있어서 서울 및 주요 지역의 대단지 아파트 실거래가 데이터를 주로 활용하였습니다. 어차피 개인의 입장에서는 주간 혹은 월간 단위로 전문가 감정가격이 얼마나 변했는지를 파악하는 것보다, 실제 거래되는 가격이 중·장기에 걸쳐 어떤 흐름을 보였는지를 살펴보는 것이 주효합니다.

그런 차원에서 기업 재무분석도 10여 년의 시계열을 확보하여 살펴보는 게 의미 있듯이, 이 책에서는 실거래가 신고제가 실시된 2006년(전·월세가 실거래가는 2011년부터 반영) 이후로 10~15년 내외의 시계열이 확보된 아파트를 표본으로 삼았습니다. 지방의 경우 인구의 한계로 1천 세대가 넘는 대단지 아파트가 드문 편인데, 최대한 세대수가 많은 아파트를 살펴보려 했습니다.

무엇보다 약 2천 세대 이상의 대단지 아파트는 단일 평형 당 거래량이 비교적 풍부하여 시세를 대표할 만하며, 아울러 신축 아파트의 경우 구축과 달리 수리 여부에 따른 가격 차이가 발생하지 않아 가격정보의 일관성을 확보할 수 있습니다.

이를 바탕으로, 오른쪽 그래프에서 서울 강남구 도곡렉슬(2006년 1월 완공, 총 3,002세대) 111A형(673세대)의 2006~2014년간 가격추이와 같은 기간 서울 및 강남구 아파트 매매가격지수를 비교해 보겠습니다.

한 눈에 비교해 봐도 대단지 아파트가격의 실거래가와 아파트 매매가격지수 통계 간 차이가 크다는 것을 알 수 있습니다. ① 우선 2006~2008년 말 구간을 볼까요? 도곡렉슬 실거래가로 대표되는 서울 선호 지역 아파트가격은 2006년 하반기에 피크를 찍은 뒤 상당한 조정이 있었습니다. 대략 고점 대비 30% 넘게 하락했지요. 하지만 아파트 매매가격지수는 같은 기간 계속 상승하다가 2008년 하반기 들어 소폭 하락했습니다. ② 2009~2014년 구간에서 도곡렉슬 집값은 2009년 10억 원에서 13억 원대로 반등 후 2011년 이후 상당폭 하락해 다시 10억 원 이하를 기록하는 등 매우 높은 변동성을 보였습니다. 하지만 해당 기간 아파트 매매가격지수는 2012년 약간의 하락 외에는 매우 안정적인 모습이지요.

실상은 당시 최고가 신축 아파트의 대명사인 도곡렉슬의 하락세가 저 정도

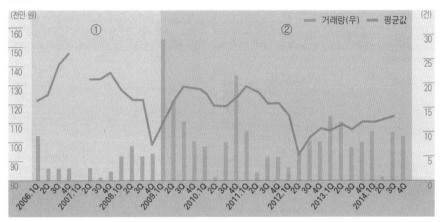

🏢 강남구 도곡렉슬 실거래가 추이(2006~2014)

🏢 서울 및 강남구 아파트 매매가격지수(2006~2014)

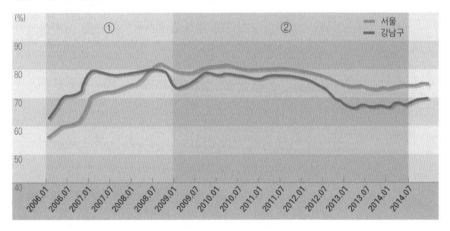

였으니 구축 아파트는 거래 자체가 실종된 양상이었으며, 투기 수요가 강한 재건축 아파트의 경우 변동성과 하락 폭이 더욱 심했습니다. 같은 시기 강남구 대치동 은마아파트 112m²(34평형)의 경우 2006년 하반기 13~14억 원 → 2008년 금융위기 발생 이후 7.5~8억 원(40% 이상 하락) → 2009년 들어 10억 원 내외로 회복(30% 상승) → 2012~2013년 다시 저점 수준인 7~8억 원을 형성하는 등 재건축 기대를 품은 연식이 오래된 아파트일수록, 대형평형 아파트일수록 실거래가 하락폭이 컸습니다.

위 그래프는 부산지역에서 선호도가 높은 대단지 아파트 실거래가 그래프입니다. 최고가를 기록한 2021년 6~9월에 비해 2022년 3월 기준 실거래가가 이미 20% 이상 하락한 것을 확인할 수 있습니다. 그런데 부산지역의 매매가격지수는 2021년 9월 102.7, 2022년 3월 104.8로 오히려 소폭 상승했습니다. 선호도가 높은 지역의 대단지 아파트 실거래가가 저렇게 하락했는데, 부산지역 전반의 주택가격이 오히려 소폭 상승했다는 건 납득하기 어렵습니다.

2022년 4월 초 기준 래미안장전 116A형의 최근 실거래가는 9억 원대이나, 호가는 과거 최고가 수준인 12~13억 원에 분포하고 있고, 더샵센텀파크 1차의 경우 매도호가가 16억 원에 달하며 최근 실거래가와 4억 원이나 괴리를 보이고 있습니다. 주식시장이었다면 단순 매도호가 따위는 의미 없고 실거래가만이 가격 정보로 남을 텐데, 현존하는 부동산 통계는 매도호가가 중요하게 반영되고 있습니다. 하지만 매도자 우위의 상승장에서는 가장 높은 실거래가가, 매수자 우위의 하락장에서는 가장 낮은 실거래가가 실질적인 지표 역할을 합니다.

이처럼 실거래가 변동 폭 및 추이는 한국부동산원, KB국민은행 등에서 발표하는 아파트/주택 매매가격지수 및 증감률과 상이한 편인데, 앞에서 밝힌 대로 거래량이 매우 적거나 가격이 크게 변동하는 경우에 상당한 차이가 확인됩니다. 해당 기간에 주택을 보유한 사람들에게는 생생한 기억으로 남아있겠으나, 뒤늦게 주택시장에 관심을 두면서 공식 통계만 살펴본 이들로서는 간과할 수밖에 없는 부분입니다.

한참 늦은 감이 있지만 이러한 문제점을 인지하고서 서울시에서는 실거래가 기반의 주택가격지수를 개발하겠다고 밝혔는데요. 빠르면 2023년부터 자료가 발표될 예정입니다. 제대로 된 가격 정보를 바탕으로 부동산시장참여자 사이에서 원활한 소통의 원동력이 되길 기원합니다.

지금까지 한국부동산원과 KB국민은행 매매가격지수가 실거래가와 괴리가 큰 이유를 집중해서 살펴봤습니다. 그렇다고 개인의 입장에서 두 기관의 발표 통계를 완전히 무시해도 좋다는 의미는 아닙니다. 한국부동산원 통계는 국토부, 한국은행 등 각종 정책을 집행·연구하는 기관에서 폭 넓게 활용하고 있으며, KB국민은행 기준 매매가는 금융기관에서 주택 관련 대출 집행시 근거 자료로 사용되고 있습니다. 비록 실거래가와 괴리가 있다는 구조적인 한계를 내포하지만 정부정책 및 부동산 대출과 관련하여 지대한 영향을 미친다는 점에서 간과할 수 없는 통계이기도 합니다.

08

정부는 거들뿐, 공급을 좌우하는 건 따로 있다!

_ 알고 보면 영향력이 제한적인 정부정책

일반적인 주택 공급은 정부가 아닌 시장이 주도하는 구조로 집 값이 오르면 확대되고, 집값이 하락하면 위축되는 양상입니다. 다만, 재개발·재건축의 경우 조합원의 의지가 공급을 주도한다 는 점에서 여전히 민간 중심이라 할 수 있지만, '도시 및 주거환 경정비법', '서울시 조례(용적률/건폐율)' 등 법령이 사업성을 좌 우함에 따라 정부의 정책 또한 결코 무시할 수 없습니다. 헌데 재개발·재건축 이슈를 한 꺼풀 벗겨보면 정부의 규제 완화가 공급 확대로 이어지는 경로에 상당한 불확실성이 상존합니다.

우리나라는 민간이 주택 공급을 주도하는 구조입니다. 신축 아파트 공급 의 주 동력은 서울과 비서울이 다른 특성을 보이는데요. 비서울지역의 경우 '아파트가격 상승 → 건설사/증권사 등 부동산사업 주체의 수익성 개선 → 건설사의 신축 아파트 공급'으로 민간 주도의 공급 선순환이 작동합니다.

공공은 가라! 민간이 주도한다!

앞에서는 주로 아파트를 중심으로 공급물량에 얽힌 오해를 풀어봤으니, 여기에서는 아파트 외에 단독·연립·다세대 등도 포함하는 '건축법'상 주택의 공급물량 추이를 통해 살펴보겠습니다.

〔1〕 **2008~2013년** : 수도권 주택가격 침체기로 건설사들이 주택 공급을 축소한 시기입니다. 다만, 지방 대도시의 경우 2011년부터 주택가격이 반등하여 수도권과 디커플링되다보니 지방 착공물량은 상당한 회복세를 보였습니다. 해당 기간 연평균 주택착공물량은 수도권 16만호, 지방 16.6만 호였습니다.

〔2〕 **2014~2021년** : 수도권 주택가격 회복 및 상승기로 주택사업 수익성이 개선되면서 주택 공급이 확대된 시기입니다. 다만, 지방의 경우 2017~2019년 집값이 약세로 전환되면서 수도권 대비 착공물량이 급격히 줄어든 모습입니다. 하지만 2020~2021년 저금리에 기반한 주택시장 호조세 덕분에 수도권·지방 모두 주택 공급이 다시 늘어난 양상입니다. 해당 기간 연평균 주택착공물량은 수도권 29만 호, 지방 27만호로 2008~2013년 대비 엄청난 규모로 공급이 확대되었습니다. 즉, 전국적으로 아파트를 포함한 주택 공급이 많았던 것은 '가격 상승에 기반한 시장의 힘'이 주된 요인이었다고 볼 수 있습니다.

이처럼 전반적인 집값 하락으로 주택사업 수익성이 악화되는 시기에는 건설사/시행사들이 착공을 미루면서 공급이 줄어들고, 집값 상승으로 수익성이 개선되면 공급이 확대되는 것입니다. 물론 세종시, 수도권 신도시와 같은 대규모 공공택지개발은 정부가 주도하여 공급의 숨통을 틔우는 역할을 하지만,

결국 이들 사업지에서도 한국토지주택공사(LH) 보다는 각종 민간 건설사들이 분양 및 착공 시기를 조율하며 아파트 공급을 주도하게 됩니다.

2014~2021년 기간 과거 대비 상당한 공급 확대에도 불구하고 집값이 높은 상승세를 기록한 것은 '불타는 수요의 힘'을 공급만으로 억제할 수 없었다는 것이고, 이는 역으로 공급이 늘어난다 해서 집값이 하향 안정화될 거라는 단순 추정 또한 할 수 없음을 의미합니다.

재개발·재건축에서 정부와 조합원 간 줄다리기

신축 아파트 공급의 주요한 축인 재개발·재건축 사업의 위축 또는 지연을 두고 정부와 조합원 중 한쪽만 탓할 수는 없습니다. 일반적으로 집값이 회복·상승세를 보일 때 조합원들의 사업 추진 의욕도 높아지니 집값이 오를 때 공급이 늘어난다는 원칙을 크게 벗어나진 않습니다. 다만 이 과정에서 분양가상한제, 재건축초과이익환수제 등의 규제가 조합원들의 사업 추진 과정에서 사업성의 눈높이를 맞추는데 걸림돌이 되는 것도 사실입니다.

정권과 상관없이 재개발·재건축 사업은 상당히 어렵고 오랜 기간이 소요된다는 것이 통념인데, 비슷한 시기에 설립되었어도 조합원별로 어느 수준에서 만족하고 타협하는지 여부에 따라 착공시기가 제각각이니 일부 재건축 사업장이 지연되는 것에 대해 지나치게 정부 탓만 할 수도 없는 일입니다. 가령 사상 최고가 재건축사업임이 분명한 '반포주공사업'이 문재인정부에서 본격화된 것을 감안하면 정부의 정책이 특별히 재건축을 틀어막았다고만 보기도 어렵습니다.

조합원들이 바라는 대로 규제를 완화하면서 사업 추진을 독려할 경우, 공급 측면의 부작용도 예상해 볼 수 있습니다. 같은 조건 하에서 A사업 조합원들은 분양을 진행하는데, B사업 조합원들은 용적률 상향, 기부채납 축소 등 사업성을 높일 수 있는 방안을 요구하는 상황을 가정해보겠습니다. 정부가 B사업 조합원의 요구를 들어주게 되면 해당 사업장의 공급이 빨라질 것으로 예상됩니다. 하지만 '말 잘 들었던 우린 뭐야?'라며 푸념하는 A사업 조합원들의 박탈감과 더불어 '역시 떼쓰면 더 얻어낼 수 있구나', 'A처럼 호구되지 말고, B처럼 버티자'라는 학습효과로 인해 다른 재건축 사업장들은 더더욱 지연될 가능성도 있습니다.

필자의 개인적인 생각일 뿐이지만, '재건축이 활성화되는 시점 및 보유 주택을 매각하는 시점'은 '개인투자자가 주식이나 암호화폐를 파는 시점'과 심리적으로 유사한 측면이 있다고 봅니다. 기존 보유자들은 가격이 계속 오를 경우, 앞으로도 계속 오를 것 같다는 전문가 의견을 실은 언론 보도가 이어지는 시기에는 꽉 움켜쥐고서 팔지 않습니다. 그런데 호되게 하락 및 침체기를 겪게 되면 '본전만 보면 다 팔아버리고 싶다'는 마음이 들게 되지요. 주식 및 부동산시장에서 장기간 하락·침체 이후 반등 초입에 상당한 거래량을 동반하곤 하는데, 손실구간의 고통이 심했던 기존 보유자가 매도하는 경우가 많기 때문입니다. 실제로 서울의 경우 집값이 전고점이었던 2006년 기준 연간 14만 호를 상회했던 아파트 거래량이 2007~2013년 연평균 6만 호 수준으로 급격히 침체되었다가, 강남 및 주요 지역 집값이 전고점인 2006~2007년 수준을 회복한 2015년에 거래량이 폭발한 것으로 파악됩니다.

가락시영, 고덕주공, 개포주공 등 대단지 재건축들이 2009~2013년의 암흑기를 거치고 회복기가 찾아온 2015~2016년에 쏜살같이 분양을 실시했던 것도, 긴 침체기를 겪었던 암울한 기억으로 인해 기다리던 광명이 찾아온 순간 이때다 하고 털어버리는 심리가 아니었을까요? 그리고 그때 속도를 냈던 재건축들이 바로 2018~2020년 공급 확대의 주역이 되었지요. 집값이 더욱 급등한다는 확신이 있었다면 위의 단지들도 분양가를 더욱 높이기 위한 버티기로

🏢 서울/수도권 아파트 거래량 추이

자료: 한국부동산원

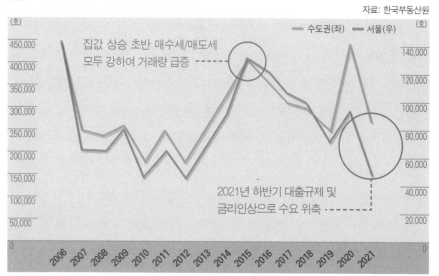

서울/수도권 집값이 전고점이었던 2006년 기준 연간 14만 호를 상회했던 서울 아파트 거래량이 2007~ 2013년 연평균 6만 호 수준으로 급격히 침체되었다가 강남 및 주요 지역 집값이 전고점인 2006~2007년 수준을 회복한 2015년에 거래량이 폭발한 것은, 호되게 하락 및 침체기를 겪다보니 '본전만 보면 다 팔아버리고 싶다'는 심리가 커졌던 것으로 분석된다.

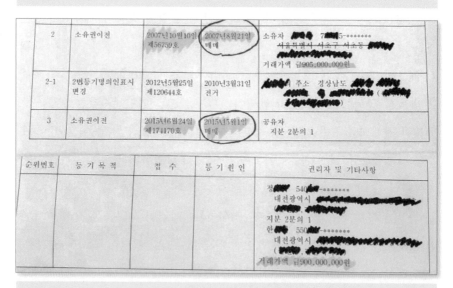

소유주 A는 반포 미도아파트를 2007년 9억5백만 원에 매수한 뒤, 2015년 9억 원에 팔았다. 2022년 초 실거래가는 26억 원이 넘는다. 매입 당시 입지 최상의 아파트로 견조한 가격 상승을 기대했지만, 오히려 장기간 침체에 빠지자 기진맥진한 소유주 A로서는 본전만 보면 팔아버리고 싶은 마음이 간절하게 작동한 듯하다.

들어가면서 공급이 지연되지 않았을까 싶습니다.

가락시영(헬리오시티) 조합원들은 2015년 평당 2,650만 원에, 개포주공 2단지 (개포래미안블레스티지) 조합원들은 2016년 평당 3,760만 원에 분양을 했었지만, 상승장이 지속되다보니 이보다 입지가 열위한 사업장들도 더 높은 분양가를 바라며 추진이 지연됩니다. 가격이 계속 오르는 상황에서는 누구나 더욱 욕심이 날 수밖에 없으니, 2009~2013년 같은 힘든 시기가 다시 와줘야 랜드마크 대단지 재개발·재건축 공급이 가속화될 수 있다는 역발상도 가능해 보입니다.

요약하자면, 비서울지역의 경우 공급은 정부의 정책보다는 민간, 즉 시장의 힘이 압도합니다. 한편, 서울지역의 경우 재개발·재건축이 주가 되다보니 정부의 영향력이 분명 돋보이긴 하지만, 시장의 분위기에 연동되는 조합원들의 추진력이 보다 관건이라 하겠습니다.

재건축 공급과 용적률 이슈에 얽힌 우여곡절

일각에서는 입지가 우수한 신축 아파트에 대한 열망으로 집값이 급등한 것이니, 재건축사업의 용적률을 높여서 서울 요지 공급물량을 확대하자고 주장합니다.

그런데 이와 같은 주장은 현행법상 진행 중인 재건축 공급이 오히려 지연되는 효과가 발생할 수 있다보니 현실화하는데 많은 어려움이 따릅니다.

재건축 조합 설립 이후 아파트 입주까지의 여러 복잡한 단계 중 중요한 포인트는 76쪽 그림과 같습니다.

절차가 원활하게 진행된다는 가정 하에서 ①에서 ⑤까지 다음 단계로 넘어가는데 대략 1년 정도는 소요되며, 이 과정에서 각종 소송이 발생하면 기약 없이

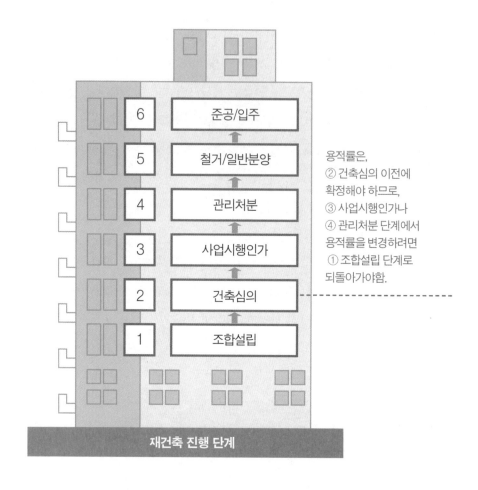

6	준공/입주
5	철거/일반분양
4	관리처분
3	사업시행인가
2	건축심의
1	조합설립

용적률은,
② 건축심의 이전에
확정해야 하므로,
③ 사업시행인가나
④ 관리처분 단계에서
용적률을 변경하려면
① 조합설립 단계로
되돌아가야함.

재건축 진행 단계

지연되곤 합니다. 그런데 용적률은 ② 건축심의 이전에 확정해야 하기 때문에, 용적률을 변경하려면 ③~④ 단계까지 진행된 사업지들도 ① 단계로 초기화되어야 합니다.

가까운 과거에 실증 사례가 있습니다. 우리나라 법적상한용적률은 3종 일반주거지 300%, 2종 일반주거지 250%이지만, 서울시는 '서울시 조례'에 의거해 이보다 낮은 용적률을 적용했습니다.

법정상한용적률보다도 낮은 용적률을 적용해오던 서울시가 2010년부터 임대 아파트 기부채납 등의 대가로 법적상한용적률을 받을 수 있게 합니다. 이

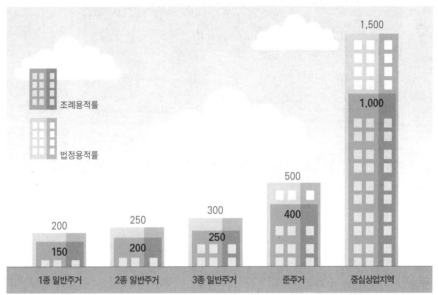

서울시 용도지역별 용적률 추이

조례용적률
법정용적률

200
150
1종 일반주거

250
200
2종 일반주거

300
250
3종 일반주거

500
400
준주거

1,500
1,000
중심상업지역

자료: 서울시 지구단위계획 수립기준, 단위: %

에 ④ 단계에 있던 재건축 사업지들도 ① 단계로 초기화되어 용적률을 다시 받는 절차를 진행하느라 재건축 공급(분양)이 지연되었고, 2012~2013년 서울시 아파트 입주물량은 역사적 최저치를 기록했습니다.

결국 정부의 정책기조가 공급에 미치는 경로는 상당한 불확실성이 상존하기 때문에 규제 강화 또는 완화를 두고 호재냐 악재냐 하는 이분법적인 잣대로 판단할 수 없습니다. 집을 사야할지 팔아야할지 고민이 시작되면 온갖 요인들이 신경 쓰이기 마련입니다. 특히 언론에서는 부동산 관련 정부정책을 자주 다루다보니 이에 흔들리게 되지요. 하지만 집값이 상승 일로일 때 정부의 규제 강화를 두고 대다수의 전문가와 언론에서는 '정부는 시장을 이길 수 없다'고 했습니다. 그렇다면 반대로 집값이 하락세일 때도 정부가 규제를 완화한다고 한들 큰 효과를 기대하기 어려운 법입니다.

09

'내집마련'해 주겠다는 달콤한 공수표

_ 정권별 시한부정책의 한계

부동산 관련 기사에서 정부의 정책을 다루는 경우가 많다보니 집값에 가장 많은 영향을 미치는 요인으로 정부의 부동산정책을 떠올리게 됩니다. 지난 대선 당시 가장 주목 받았던 이슈도 부동산정책이었고, 정권이 교체되면 부동산 업황과 추세가 달라질 거라는 기대가 이만저만 아니었지요. 정부정책의 경로는 크게 '공급', '유동성', '세금'을 통해 영향을 미치게 되는데요. 공급과 유동성은 결국 시장에서 민간이 대세를 좌우한다는 점, 그 밖에 세부적인 정책은 정권별로 '시한부'라는 점을 상기할 필요가 있습니다. 정부의 정책이 중요하지 않다는 게 아니라, 개인이 집을 사고파는 의사결정을 하는데 지나치게 영향을 받을 필요는 없다는 것입니다.

예전에 MBC〈세바퀴〉프로그램에 출연한 방송인 사유리 씨는
홍콩, 영국, 한국, 일본의 남자를 사귀어봤다고 밝혔고,
그 중 최악의 남자가 누구냐고 묻는 질문에 이렇게 답했습니다.

"에휴, 그놈이 그놈이에요!"

정권이 교체되면 급변하는 부동산정책

사회초년생 시절 맡게 된 건설업 분석을 이명박 대통령 재위기간과 함께하다 보니 당시 정부정책을 중요하게 체크하곤 했습니다. 이명박정부 주택정책의 상징은 '보금자리주택'이었고 특별법으로 제정된 것이니 정부가 무주택 서민을 위해 2018년까지 150만 호(임대 80만 호, 분양 70만 호)를 공급할 줄 알았습니다. 그런데 이게 박근혜정부로 넘어가자마자 중단되더군요. 집권 여당은 그대로 유지되었는데도, 대통령이 바뀌니 전임자의 유물은 법으로 정한 것까지 폐기한 것입니다.

박근혜정부는 '뉴스테이'를 내세우며 기업형 임대주택으로 전환을 모색했습니다. 한 번 속지 두 번 속느냐는 심정으로 이것도 다음 정부에서는 없어지겠구나 싶었는데요. 역시나 정권이 바뀌자마자 뉴스테이 추진단은 폐지되고 공공지원 민간임대로 탈바꿈합니다.

문재인정부는 주택임대사업자제도를 시행했다가 폐지하네 마네하며 오락가락하였고, 숱한 부작용을 양산한 '임대차3법'은 윤석열정부에서 대폭 손질될 예정입니다.

통계상 아파트는 한 번 사면 평균적으로 10년 가까이 보유하는데, 정부정책의 아젠다는 5년마다 크게 바뀌고 같은 정부 내에서도 혼선을 빚으며 유야무야되기도 합니다. 최근 정권교체 기간에 주택 거래량이 크게 감소한 것도, 정권 바뀌면 또 어떻게 바뀔지 모르니 지켜보자는 심산이 컸던 것으로 보입니다.

양도세, 취·등록세 등 세금정책을 살피며 되도록 세금을 아낄 수 있을 때 매매하는 것은 합리적이지만, 그 외 임기와 함께 시한부일게 빤한 정부정책을 신경써가며 주택을 매매하는 것은 주식으로 치면 단타를 치는 심리와 비슷한 것 같습니다. 가령, 이명박정부의 보금자리주택사업은 '공공이 저렴한 가격에 주택을 장기간 공급한다'는 것이니, '앞으로 계속 집값이 떨어지겠구나'라고 판단하며 해당 시기에 집을 파는 게 옳은 결정이었을까요?

우리는 좋든 싫든 대통령을 5년마다 새로 맞이합니다. 그때마다 부동산정책과 관련하여 새로운 정부로부터 나오는 말은 똑같았습니다.

"전면 재검토!"

마치 상대방의 전여친/전남친의 흔적을 다 지워버리겠다는 일념마냥 이전 사람의 것은 모두 잘못되었으니 내가 싹 바꿔버리겠다는 추진력을 보입니다. 그렇게 정권이 바뀔 때마다 뭔가 새롭거나 변형된 것을 추진하지만 이랬다가 저랬다가 하는 통에 혼선과 불신이 쌓이게 됩니다. 반복 경험하다보면 결국 사유리 씨와 같은 말이 나오게 됩니다.

"에휴, 그 놈이 그 놈이에요."

집값에 미치는 영향력에 한계가 있는 정부정책

대출규제 등 시중 유동성에 영향을 미치는 정책 이외의 각종 부동산정책은 집값의 장기 상승 또는 침체의 대응 방편으로서 본디 후행하는 데다가, 국내 경제의 성장과 안정이라는 요소를 우선하기 때문에 집값의 추세를 전환할 정도의 영향을 미치지는 못하는 편입니다. 역대 정권별 정책과 집값 추이는, "집값이 자꾸 오르니 규제를 강화했고(노무현정부, 문재인정부), 반대로 집값이 내려가니 규제를 완화했다(이명박정부, 박근혜정부 초기)" 정도로 해석할 수 있겠습니다.

한편, "규제를 강화하니 집값이 오르고, 규제를 완화하니 집값이 안정화되었다"는 주장은 인과관계를 뒤바꾼 것으로 보입니다. 정권교체 초기 '규제 완화'라는 키워드가 등장할 때마다 집값이 들썩인다는 보도로 이어지는데, 집값이 급등하는 상황에서 규제 완화까지 했다면 불길에 기름을 붓는 것처럼

| 문재인정부의 부동산정책을 희화화 한 댓글 |

집권 1년차
모두가 강남에 살
필요 없다.

집권 2년차
모두가 서울에 살
필요 없다.

집권 3년차
모두가 아파트에 살
필요 없다.

집권 5년차
월세가
나쁜 게 아니다.

집권 4년차
임대주택이
나쁜 게 아니다.

상승세가 더욱 폭발적이지 않았을까요?

집값을 잡겠다고 공언해놓고 오히려 폭등시켰으니 정부의 무능을 원망할 수는 있지만, 투자는 감정적으로 대응해서는 곤란합니다. 특히 문재인정부 말기에는 무주택자들도 '정부의 정책 시행(from 무능한 정부) = 집값 상승'이라는 공식을 가슴에 품고서 분노의 매수를 하는 듯한 양상이었는데요. 어떠한 자산이든 매수 버튼을 누르기 전에 가격 변동의 원인에 대해 냉철하게 분석하고, 해당 요인이 변할 가능성은 없는지 등을 따져봐야 제대로 대응할 수 있습니다.

🏢 역대 정부 대표적인 부동산정책과 추진 경과

박근혜정부	**철도위 행복주택**	후보 시절 20만 가구 공급을 내세웠지만 취임 후 14만 가구로 축소. 부지도 도심 내 유휴부지 및 공기업 미활용 부지 등으로 수정.
이명박정부	**도시형 생활주택**	건물 간격, 주차 공간 확보 완화 등으로 대규모로 공급됐으나, 주거 환경 슬럼화 야기.
노무현정부	**종합부동산세**	정권이 바뀌고 이중과세 논란이 일면서 사실상 폐기.

2021년 상반기 국내 주식과 암호화폐가 급등할 때 가격 상승의 주된 요인은 역사상 최저 수준의 금리에 있다고 분석했다면, 매수를 하더라도 금리가 상승세로 돌아설 경우 얼른 팔겠다는 전략을 세우고 대응할 수 있습니다. 하지만 왜 오르는지에 대한 냉철한 분석이 없었다면 2022년 달라진 금리 환경에서 주가가 엄청나게 빠지는 이유를 알지 못한 채 손실을 온 몸으로 맞으며 당하게 됩니다.

남녀가 연애를 하다보면, "얘가 왜 이러지?", "얘는 왜 이리 문제가 많을까?" 하며 당사자에 대한 불만을 토로하지만, 실상은 누굴 사귀더라도 성별에 따른 차이가 모든 문제의 근간을 이루고 있음을 깨닫게 됩니다.

다음 항목에서는 각 정부별 부동산 가격과 정책에 영향을 준 매크로 환경을 간략하게 살펴 볼 텐데요. 큰 틀에서 내가 돈 버는데 방해가 되지 않았으면 하는 시장참여자들의 마음과 국가경제 전반의 성장과 안정을 도모하기 위해 그때그때 달라지는 정부의 부동산정책 스탠스 사이에 끊임없이 마찰을 빚는 과정으로 이해하면 좋겠습니다.

정부와 맞서지 말라?
시장과 맞서지 말라!

_ 정권별 매크로 환경과 부동산정책 기조 돌아보기

문재인정부에서 집값 급등의 원흉으로 다주택자와 투기꾼을 지목하고 잇따른 부동산정책이 '다주택자와의 전쟁' 성격을 띄다보니, 정부는 주택 수요자를 괴롭히는 반시장적인 존재라는 프레임이 씌워진 것 같습니다. 하지만 필자가 생각하기에 부동산시장에서 "정부에 맞서지 말라"의 속뜻은 "정권에 상관없이 모든 정부는 유주택자의 편이니 집을 팔지 말라"인 것으로 이해하고 있습니다. 정권마다 변하는 정부정책의 속성을 감안하면, 그보다 거시적인 측면에서 정부 위에 시장이 있으니 정책 변화도 시장의 눈으로 바라볼 것을 권합니다.

정권을 막론하고 정부마다 내놓는 경제정책의 아젠다는 '성장'과 '물가안정'을 도모하는 것인데요. 한동안 저성장·저물가가 고착화되다보니 정책의 무게중심은 주로 '성장'을 향해왔습니다. 성장의 두 축인 수출과 내수 중 수출이 잘 되는 시기에는 무리하게 내수활성화를 도모할 필요는 없습니다. 다만, 수출이 부진할 경우 이를 보완하기 위해 내수를 진작해야 하는데 가장 효과적인 방법은 부동산을 활성화하여 건설 등 유관 산업의 수혜를 도모하는 것입니다.

정부가 일부러 부동산시장을 침체시켜
집값을 떨어트릴 이유는 없다!

우리나라에서 수출 산업이 고용에 막대한 기여를 하듯이, 부동산 관련 산업 종사자 규모도 상당하기 때문에 어떤 정부라도 부동산을 일부러 침체시켜서 내수를 붕괴시키려 할리 없습니다. 이러한 프레임으로 각 정부별 부동산정책을 돌아보면, 어떤 사명감이나 철학이 지배하기보다는 '성장'을 위한 도구로써 여건에 따라 달라졌음을 확인할 수 있습니다. 즉, 언제나 '성장'이 우선이고 이를 어느 정도 충족하여 '안정'을 돌아볼 여건이 될 때야 비로소 금융 불균형을 해소할 만한 처방(금리인상, 대출규제 등)이 있었음을 확인할 수 있습니다. 이하에서는 각 정권별 대외 여건이 부동산정책에 어떤 영향을 미쳤는지를 살펴보도록 하겠습니다.

🏢 역대 정부별 경제성장률 및 코스피지수 추이

⭕⭕⭕ 코스피지수(단위: 포인트, 연말 종가 기준)　◼◼◼ 경제성장률(단위: %)

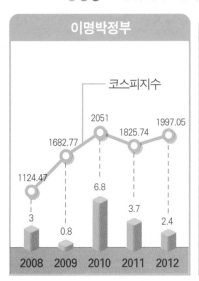

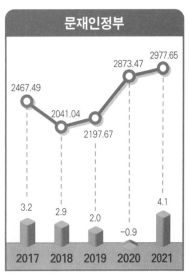

이명박정부 (2008~2012)

대외 여건에 따른 수출 호조로 부동산 안정화 도모 가능

이명박정부 재임기간 중 유럽 재정위기, 미국의 신용등급 강등과 같은 대외
적으로 혼란스러운 이벤트는 있었지만, 중국의 대대적인 투자기조와 일본 엔
화 강세에 힘입어 차화정(자동차·화학·정유), 배철수(조선·철강·해운)로 일컫는
중후장대 산업이 수출 호황을 이끌었습니다. 이들은 고용과 지역경제에 미치
는 효과가 큰 업종들이고 당시 코스피에서도 해당 업종에 속한 업체들의 상
승세가 두드러졌지요. 즉, 우리와 경제적 접점이 많지 않은 유럽에서는 난리
가 났지만 가까운 한·중·일 관계에서는 수혜를 입던 시기였습니다.

이처럼 중후장대 산업의 수출 호조 덕분에 성장동력을 확보하다보니, 인플레
이션에 대응하기 위해 2010~2011년 중 다섯 차례나 금리를 인상할 수 있었
고 내수를 위해 무리한 부동산 활성화를 도모하기보다는 건설사 및 저축은행
구조조정과 서울·수도권 집값 연착륙에 중점을 둘 수 있었습니다. 해당 시기
부동산정책은 참여정부 시절보다 다소 완화되었지만 수도권과 지방을 이원
화하여 수도권은 집값 안정을 위한 보금자리주택 공급을, 지방은 미분양 해
소를 위한 각종 지원책을 실시했습니다.

| 재임기간 수출액 및 수출증감률 |

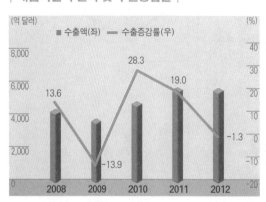

| 기준금리(2008~2012) |

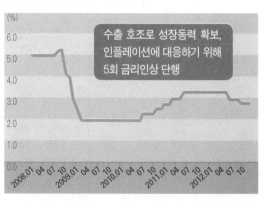

박근혜정부 (2013~2016)
불황 타개를 위한 가계부채 주도 부동산 활성화 정책

재임기간 중 이명박정부 시절 수출 효자 산업이던 자동차, 석유화학, 철강 등 주력 산업의 부진으로 역대 최장인 19개월 연속 수출 감소(2015년 1월~2016년 7월)를 기록했습니다. 특히 조선·해운업의 끝 모를 불황으로 한진해운 법정관리, 대우조선해양 워크아웃 등 거대한 구조조정 이벤트까지 발생했지요. 내부적으로는 세월호 참사, 메르스 사태 등 소비심리 위축까지 겹치자 불황을 타개하기 위해 기준금리를 총 여섯 차례 인하(2013년 1번, 2014년과 2015년 각각 2번, 2016년 1번)했으며, 2014년 7월 취임한 최경환 경제부총리는 그 유명한 "빚내서 집사라"며, 부동산 부양을 통한 내수진작(소비증가)을 도모했습니다. 재임기간 중 기준금리를 6번이나 내리고도 코스피지수는 제자리걸음을 할 정도로 당시 전반적인 경제 여건은 상당히 위축되었습니다.

결과적으로 집값 상승과 더불어 건설/건자재 등 부동산 연관 산업은 침체를 벗어났으나, 가계부채가 빠르게 확대되면서 성장잠재력이 둔화했습니다. 다만, 정부부채 증가를 최대한 통제하면서 공기업 부채 감축에 힘쓰는 등 재정건전성을 도모한 결과 우리나라 국가신용등급은 역대 가장 높은 AA를 보유하게 됩니다.

| 재임기간 수출액 및 수출증감률 | 기준금리(2013~2016) |

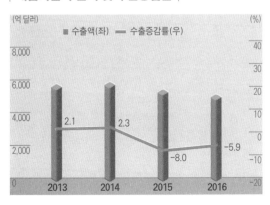

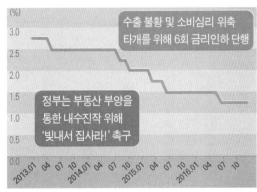

문재인정부 (2017~2021)

재임기간 중 부채 주도의 내수활성화 도모

2017년 11월과 2018년 11월 두 차례에 걸쳐 기준금리를 인상하기도 했으나, 2019년 미·중 무역분쟁으로 인한 수출 감소 및 성장 둔화로 인해 2019년 7월과 10월 두 차례 금리인하, 이후 코로나19 팬데믹으로 1.25%였던 기준금리를 0.5%까지 낮추게 됩니다. 주로 서울지역과 다주택자의 수요를 억제하는 핀셋규제가 강도 높게 시행되었지만, 2019년부터 성장이 둔화되자 잇따른 기준금리 인하, DSR 도입 연기, 신용여신 및 전세자금대출 확대 기조 등 부채 주도의 성장을 암묵적으로 지원한 결과 전국적인 집값 폭등으로 이어졌고, 내수 진작과 더불어 부동산 관련 업종은 역대급 호황을 누리며 수출 부진을 보완하게 됩니다.

뜻밖에도 팬데믹 이후 선진국의 강력한 경기부양 노력이 우리나라의 반도체/내구재 수출 증가로 이어져 2021년 견조한 성장세를 시현합니다. 여타 선진국보다 빠른 시점인 2021년 8월부터 3회에 걸쳐 기준금리를 인상하고 가계부채 총량 규제, 차주단위 DSR 확대 등 가계부채 안정화를 도모하게 되는데, 이는 결국 수출 기반의 성장이 받쳐주었기에 가능했던 조치들로 판단됩니다.

재임기간 수출액 및 수출증감률		기준금리(2017~2021)

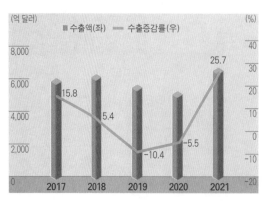

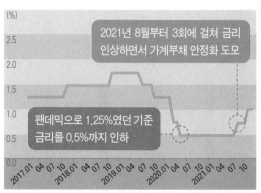

부동산시장에서 "정부에 맞서지 말라"의 속뜻이
"집을 팔지 말라"인 이유

정부로서는 경제성장이 최우선 과제라는 점, 부동산이 내수경제에서 차지하는 비중이 높다는 점을 감안하면, 모든 정부는 가능한 한 집값의 점진적인 상승 또는 최소한 횡보를 바라지 내수 붕괴를 초래할 인위적인 폭락을 원할 리 없습니다.

집값을 잡으려면 이런저런 핀셋규제로는 어림도 없고 결국 긴축을 단행해야 하는데, 내수 위축이 우려되다보니 수출 주도의 성장이 양호할 때나 긴축이 가능해집니다. 앞에서 언급한 대로 이명박정부 및 문재인정부 재임 중 수출 호황일 때에야 비로소 긴축(금리인상, 대출규제 등)을 통한 집값 안정 효과가 발생했지요.

'집값을 잡겠다' 혹은 '집을 팔라'는 거친 레토릭에도 불구하고 정부는 내심 유주택자의 편이 될 수밖에 없는 것입니다. 문재인정부 초기 서울 아파트가격이 상승세를 이어가자 언론에서 온갖 비판이 있었지만, 지방 아파트는 비교적 안정적인 흐름이었으니 단지 서울 아파트가격을 잡기 위해 강력한 긴축을 했다가 경기침체를 초래하는 우를 범하고 싶지 않았을 것입니다. 이쯤 되면 다음과 같은 돌발질문이 예상되네요.

"그렇다면 정부의 뒷배를 믿고 아무 때나 집을 사면 되겠군요? 어차피 정부는 집값 폭락을 원치 않을 테고, 여차하면 또 부채 주도의 부양책을 쓸테니까요."

일견 맞는 말이지만, 수출 중심의 우리나라 경제는 대외 여건에 휘둘릴 수밖에 없다는 점, 현 시점은 전례 없는 글로벌 인플레이션의 시기라는 매크로 상

역대 정부별 국가채무 증가 폭 (단위: 조 원)

김대중정부(1998~2003)	85.4
노무현정부(2003~2008)	143.2
이명박정부(2008~2013)	180.8
박근혜정부(2013~2017)	170.4
문재인정부(2017~2022)	410.1

2000년 이후 한국 및 주요국 가계부채·국가부채 추이

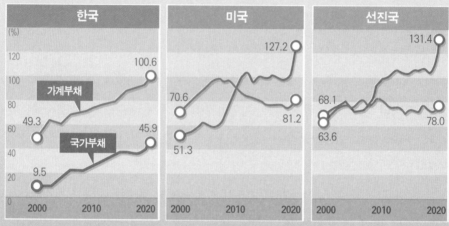

한국
(%)
120
100   100.6
가계부채
80
49.3
60
국가부채   45.9
40
9.5
20
0
2000   2010   2020

미국
127.2
70.6
81.2
51.3
2000   2010   2020

선진국
131.4
68.1
78.0
63.6
2000   2010   2020

* 국내총생산(GDP) 대비 가계부채·국가부채 비율 기준(2020년은 3분기 기준)
  자료: 국제결제은행(BIS), 국제금융협회(IIF)

황을 상기해야 합니다. 미국이 강한 긴축을 실시하면 우리 여건이 어떻든 간에 상당 수준 따라가야 한다는 것입니다. 혹시 모를 한·미 기준금리 역전에도 외국인 투자자금 이탈을 방지하려면 원화가치가 안정적이어야 하는데, 인플레이션으로 인한 무역수지 적자 및 재정부담 확대 가능성을 감안하면 녹록치 않은 상황입니다.

우리나라는 팬데믹 기간 중 내구재/반도체 수출국가로서 수혜를 입었으나, 역으로 원자재 인플레이션 시대에는 수입물가 상승으로 인한 피해가 불가피합니다. 또한, 급격히 확대된 정부 및 가계부채는 위기 발생시 자금 유출에 취약한 여건을 형성합니다.

인플레이션 부담 없이 미국이 완화 기조를 장기간 유지했던 과거에는 수출이 부진할 경우 내수 진작을 위한 부채 주도의 부동산 활성화가 가능한 정책적 수단이었으나, 이제는 거대한 인플레이션과 함께 끝이 어디인지 모를 긴축에 돌입해야 하는 상황이 되었습니다. 우리 정부가 예전처럼 성장을 위해 완화적 기조로 전환하게 되면 인플레이션의 폐해 및 투자자금 유출 등의 심각성이 더욱 부각되는 상황이라 당장은 수요를 위축시켜서라도 인플레이션을 완화하는데 초점을 둬야하는 것이지요. 즉, 정부가 집값 하락을 원치 않더라도 시장은 당분간 긴축을 해야 할 때라고 명령하고 있으니 정부정책 보다는 금리의 변화를 봐야하는 시점인 것입니다.

안타깝게도 러시아의 우크라이나 침공 이후 글로벌 인플레이션 이슈는 더욱 심각해져서 채권시장의 금리는 빠르게 상승하는 중입니다. 헌데 부동산 전문가를 위시한 언론은 새 정부만 바라보며 주로 재개발·재건축과 대출 관련 규제 완화 여부에 주목하고 있으니 집값 향방의 번지수를 잘못 찍고 있는 느낌입니다.

집값의 향방을 가늠하는 2개의 나침반

_ 부동산 가격추이 분석 [1] : '2X2 매트릭스'로 생각해보기

가격은 다양한 사람들의 심리가 투영되면서 변화하기 때문에 사회과학의 영역이며, 자연과학처럼 'A이면 B이다'식으로 절대 법칙을 내세울 수 없습니다. 즉, "과거에는 A이면 B였는데, 이번 에도 그럴지는 모르겠다" 혹은 "과거에는 A이면 B였으니, 이번 에도 높은 확률로 그렇지 않을까?"라고 답할 수밖에 없습니다. 이번에는 그런 한계를 감안하더라도 길잡이가 될 만한 지표를 제시하면서 향후 집값의 방향성을 가늠해 보고자 합니다.

"잘 들어두세요! 남자는 외모! 외모가 전부랍니다! 어차피 남자들 본성은 전 부 거기서 거기니까 내면 따윈 신경 쓸 필요 없어요. 외모 반반한 남자들 액 세서리처럼 달고 다니는 것이, 여자로서 누릴 수 있는 최고의 사치이자 행복 이랍니다. 아시겠어요?"

_ 만화 〈무적특수교〉(김은정 지음) 중에서

한 가지 변수가 '만능해결사'라는 미신

집값 급등을 두고 '이게 다 공급 때문이다.' '공급을 늘리는 것만이 해결방안이다'라는 주장을 들을 때마다 도입부에서 인용한 만화의 한 장면이 생각납니다. 자극적인 호소력이 인상적이지만, 맞는 말은 아닙니다. '남자는 외모가 중요하다'는 말이 전적으로 틀리다고 할 수는 없지만, '외모가 전부랍니다'는 말이 잘못되었음은 모두가 공감할 것입니다.

앞에서 다룬 대로 아파트 입주물량은 집값과 심한 엇박자를 보였고, 입주물량이 구조적으로 증가하는 시기에 집값이 크게 올랐으니 공급 증가로 가격 급등을 막기에는 역부족이었습니다. 공급이 부족하다는 레토릭은 '미친 듯이 급증하는 수요를 감당하기에는 부족하다'라면 합당하지만, '(누군가의 잘못으로 인해) 과거와 비교해서 부족하다'는 통계적으로 틀린 말입니다.

기업신용등급을 산출하는 신용평가 모형은 최소 5~6개의 재무지표를 변수로 활용합니다. 가령 "부채비율이 높아지면 신용등급이 떨어지는가?"라는 질문에 대한 답은 "그럴 수도 있고 아닐 수도 있다"인데, 부채비율이 높아지더라도 영업이익률, 이자보상배율 등 다른 지표가 개선되면 오히려 등급이 오를 수도 있습니다.

주가는 본래 다이내믹하게 움직이니 가늠도 안 되지만, 가격 예측에 비해 훨씬 단순한 기업신용평가 모형도 5~6개 계량지표를 입체적으로 감안하는데, 대다수 전문가들이 유독 주택가격에 대해서는 '공급량'이라는 하나의 변수만 강조합니다. 그런데 많은 사람들이 관심 갖는 자산의 가격이 한 가지 변수에만 좌우된다는 것은, 앞에서 인용한 만화의 한 장면처럼 자극적인 호소력은 있을지 몰라도 맞는 말이 아닙니다.

주가는 어느 하나의 변수와 정/반의 상관관계로 설명할 수 없습니다. 가령,

금리가 오르면 주가가 오를 수도 있고 내릴 수도 있으며 둘 다 설명이 가능합니다. 이처럼 하나의 변수만으로 방향성을 예측하는 것은 한계가 명확하기에 여러 변수(금리, 실적, 지정학, 테마, 정부정책, 유통물량 등)를 놓고 분석을 시도하지만, 변수가 많을수록 답을 내기 어려워지고 사람마다 해석이 달라지는 문제에 직면합니다. 결국 현 시점에서 가장 중요한 지표를 2~3가지로 좁혀서 분석하는 게 현실적인 방법론이 됩니다.

주요 변수들 중에서 극단값이 가지는 힘

기업신용등급은 채무상환능력을 지표로 나타낸 것이고, 신용등급이 낮을수록 부도율이 높다고 해석합니다. 신용평가사 또는 은행의 기업신용평가 모형은 최소 5~6개의 재무지표를 변수로 활용하는데, 한 가지 변수가 전체 신용등급을 좌우하는 경우도 있습니다. 다른 지표들은 두루 우수하거나 무난한데, 한 가지 변수가 유독 극단적으로 나쁘거나 악화될 경우 그것만으로 등급이 낮아질 수 있습니다. 재무모형은 과거 부도 사례들의 특성을 반영하여 만들어지는 것인데 실제로 극단값을 보인 기업들의 부도율이 높았고, 이러한 특성은 기업신용평가뿐 아니라 여러 상황에 적용 가능합니다.

[1] 정밀 검진결과 김씨의 신체기관은 대부분 건강한데, 딱 한군데 신장 관련 수치가 매우 위험한 것으로 확인되었습니다. 반면 이씨는 김씨보다 대체로 허약하지만 특정 부위에서 특별하게 위험한 수치가 관찰되지는 않았습니다. 둘을 비교해보면 김씨의 건강이 이씨보다 위험한 상황이라고 볼 수 있습니다.

[2] A라는 남자는 외모, 학벌, 직업과 소득 등이 엄청나게 뛰어나지는 않지만

2022년 3월 27일 윌 스미스가 아카데미 시상식에서

크리스 락의 따귀를 때린 사건. 윌 스미스는 차기작과

광고 캐스팅이 줄줄이 취소되었고,

아카데미 위원회는 당분간 시상 행사에서 그의 퇴출을 결정했다.

누구도 예상할 수 없었던 윌 스미스의 매우 '극단적인 행동'은

그의 커리어는 물론 그를 둘러싼 경제적 측면에서도 엄청난 파급효과를 초래했다.

윌 스미스의 사례는 여러모로 우수하더라도 한 가지 흠결이 지나칠 경우,

두루 평범한 것보다 위험하다는 리스크의 속성을 보여준다.

그런데 윌 스미스의 따귀 해프닝만큼 예측불가한 일이 발생하여

집값의 폭등 혹은 폭락을 좌우할만한 극단적인 변수가 무엇일까?

코로나19로 인해 기준금리를 0.5%까지 내릴 줄은 아무도 몰랐듯이,

2022년 들어 엄청난 인플레이션으로 인해 대다수가

예상치 못했던 수준으로 금리가 오르고 있다.

금리의 극단적인 움직임은 마치 투자자의 빰을 때리는 듯하다.

양호한 수준이고 여성을 대하는 성격도 무난한 반면, B라는 남자는 키 크고 잘생기고 직업도 전문직이라 소득도 상당하지만 가끔씩 여자를 때리는 폭력성이 발견됩니다. 이 경우 B의 이혼가능성이 A보다 높을 것으로 예상할 수 있고, 결혼 상대로서 B의 등급은 A보다도 낮아지는 것입니다.

[3] 연예/스포츠 직종에서 굉장히 잘 나가던 인물들이 마약·도박·폭행 등 크게 불미스러운 사건에 연루되면 뛰어난 재능과 업적에 상관없이 한 순간에 퇴출·강등되는 사례를 떠올려 볼까요? 광고주로서 장기간 계약할 연예인/스포츠스타를 선정할 경우 지금 당장 얼마나 잘 나가는지도 중요하겠지만, 아마도 극단값의 발생 가능성이 가장 신경 쓰일 것입니다.

주택가격의 방향성을 가늠해보는 가상의 모형

이해의 편의를 위해 주택가격의 방향성 결정모형을 아래와 같이 단순화하여 설명해보겠습니다. 대략 아래 5가지 변수는 집값의 향방에 영향을 미치는 요소로 자주 거론되는 요인들입니다.

> **주택가격의 방향성 =**
> 유동성(금리)×X_1 + 주택공급량×X_2 + 인구×X_3
> + 소득×X_4 + 정부정책(세금)×X_5 + 기타 등등

위 통계식에서 하나의 변수만으로 영향력을 좌우하려면 '극단값'을 넣으면 됩니다. 금리를 5%p 인상한다든가, 매년 보유세를 실거래가의 5%를 부과한다든가, 역병이 돌아서 인구가 20% 감소한다든가, 우리나라가 다시 IMF 구제금융을 신청해야할 정도로 경제가 망가져서 국민소득이 10% 이상 감소한다

든가 등등. 이런 식으로 극단값을 쓰면 한 가지 변수만으로도 집값의 방향성을 확실히 바꿀 수 있습니다. 하지만 딱 봐도 극단값을 쓰는 건 효과는 분명하지만 실현은 불가능에 가깝다는 것을 알 수 있습니다. 그래서 오직 공급만으로 집값을 잡을 수 있다는 주장도 그만큼 공허하게 들리는 것입니다.

다른 변수들은 변화가 미미한데 오직 공급변수 하나로 집값을 잡으려면 대체 얼마나 공급해야 할까요? 수십 년 동안 연 평균 4만 호 가량 아파트가 공급되던 서울에 연간 20만 호씩 지어내면 집값은 당연히 폭락하겠지요. 이는 '기준금리를 5%p 올리자', '보유세를 집값의 5%로 올리자' 같은 말만큼이나 현실과 거리가 먼 허무맹랑한 상상일 뿐입니다. 단순히 규제를 완화하고 사업을 독려한다고 해서 치솟는 수요를 잠재울 만큼의 물량이 단기간 내 폭탄처럼 공급될 리는 만무합니다.

인구, 소득 및 정부정책(세금) 변수에 관하여

일단 가상의 모형을 구성하는 요인 중 인구와 소득은 중요한 매크로 변수이긴 하지만 비교적 예측가능성이 높고 변동성이 낮기 때문에 평상시에는 덜 신경 써도 되는 지표라 할 수 있습니다. 물론 과거 IMF 구제금융과 같은 경제위기가 발생하면 소득이 크게 감소하면서 지대한 영향력을 미치겠지만, 이 경우 부동산가격만 문제될 일은 아닐 것입니다.

정부정책은 이보다는 복잡한 양상을 보입니다. 정부가 경제주체로서 부동산시장에서도 큰 역할을 하는 것은 맞지만, 부동산시세라는 큰 흐름에서 정부정책은 후행하는 측면이 있고 정권별로 수정·폐기되는 경우가 많은 점을 감안하면 대세를 좌우할만한 요소로 취급하긴 어렵습니다.

다만, 부동산뿐 아니라 모든 영역에서 세금 관련 정책은 수요에 영향을 미치

박근혜정부에서는 담뱃값·주민세·자동차세 등을 대폭 인상한 바 있으며, 연말정산을 소득공제에서 세액공제로 변경하면서 근로소득자의 세금 부담이 늘었다. 문재인정부에서도 각종 부동산 관련 세금이 증가했음을 부인할 수 없다.

정부로서는 극심한 조세 저항과 민심이반을 감내하며 올린 세금을 한시적으로 감면·완화할 수는 있겠지만, 저출산·고령화로 인해 정부지출 부담이 점차 확대될 수밖에 없는 우리나라의 인구구조 여건에서 세금부담을 영구적으로 낮추는 방향은 기대하기 어렵다.

는 중요한 요소라 할 수 있는데, 이 또한 강세장에서는 집값의 추세를 꺾을 만큼 강력하게 작동하지는 않았습니다. 과거 모 증권사 건설 담당 애널리스트인 A연구원은, "달라진 세금정책에 과도하게 신경 쓴 나머지 집값의 방향성을 오인했다"고 일종의 반성문을 페이스북에 올린 바 있습니다.

A연구원은, 보유세 부담을 크게 늘리는 정부정책(2018년 9.13대책)이 집값 상승을 억제할 것으로 전망했으나, 전반적인 부동산가격은 재차 상승추세를 기록하며 본인의 전망과는 반대로 가버린 것입니다. 다른 변수(금리인하를 통한 유동성 확대)가 미래 세금부담을 압도하는 추진력을 제공했던 것이지요.

다만, 그렇다하여 조세정책이 부동산가격에 하등 영향을 미치지 못한다고 볼 수는 없을 것입니다. 사람마다 중요하다고 생각하는 변수도 다르고, 변수별 가중치도 차이가 있으며, 무엇보다 주요 변수와 변수별 가중치는 시간에 따라 끊임없이 변할 수밖에 없습니다. 따라서 A연구원의 분석 결과가 당시에는 틀렸더라도 훗날 대중의 투자심리에 '세금' 변수의 가중치가 치솟게 되면 과거와는 다른 양상을 보일 것입니다. 강세장에서는 세금을 압도하는 수익을 창출하기 쉬울 것만 같기에 세금부담만으로 수요를 꺾기 힘들지만, 횡보/약세장에서는 충분히 수요를 약화시키는 요인이 될 수 있습니다.

매크로 관점에서 바라보면, 고령화가 빠르게 진행되고 생산가능인구가 감소하는 우리나라 인구구조상 세금부담은 점차 높아질 수밖에 없습니다. 세금을 올리는 것만큼이나 민심이반이 심한 게 없는데, 고령화에 대처해나가야할 재정부담을 감안하면 어렵사리 올려놓은 세금을 다시 낮추는 선택을 하기도 갈수록 힘들어진다고 봐야합니다. 게다가 세금의 변화가 극단값이 될 만큼 재정을 탄력적으로 운영하기 어려운 점을 감안하면, 세금 변수는 단기 수요를 좌우하기보다는 중·장기 다주택자 수요 약화에 기여할 전망입니다.

금리와 공급, '2×2 매트릭스'로 생각해보기

돌고 돌아서 결국 유동성(금리)과 공급 변수가 남았습니다. 자산의 가치는 화폐로 환산되고, 이에 따라 특정자산의 희소성을 좌우하는 공급량, 화폐의 희소성을 좌우하는 금리가 결국 펀더멘털 요소라고 볼 수 있습니다. 앞에서 '공급'에 매몰되지 말라는 주장은 공급이 중요하지 않다는 게 아니라, 가격의 방향성을 판단할 때는 공급과 유동성(금리)을 함께 봐야 한다는 것입니다.

사실 시중의 유동성을 좌우하는 것은 금리뿐만이 아니지만, 여기서는 금리상승은 유동성 축소, 금리인하는 유동성 확대로 단순화하여 전개하겠습니다 (금리와 부동산을 심도 있게 엮은 테마는 제2장에서 본격적으로 다룹니다).

"주가는 실적과 유동성 두 가지 엔진으로 간다." 한화투자증권 김일구 상무가 즐겨 쓰는 표현입니다. 기업실적 개선과 유동성 확대가 동시에 진행되면 정부정책이나 다른 요소가 비우호적일지라도 주가의 방향성은 상승세가 확실합니다. 반대로 실적 저하와 유동성 축소가 함께 진행되면 누군가 억지로 부양하려해도 주가는 결국 하락세로 갑니다.

문제는 '실적 개선 & 유동성 축소', '실적 저하 & 유동성 확대' 국면인데, 이 경우 둘 중에 변동성이 더 큰 요인이 방향성을 좌우할 것입니다. 실적은 약간 저하되더라도 급격한 금리인하로 유동성이 빠르게 확대된다면 주가에는 긍정적이라고 예상할 수 있습니다. 당장에 영업실적, 영업현금흐름을 창출하지 못하는 수많은 기술주들도 저금리 덕분에 폭등했었던 점을 상기해보면 되겠습니다.

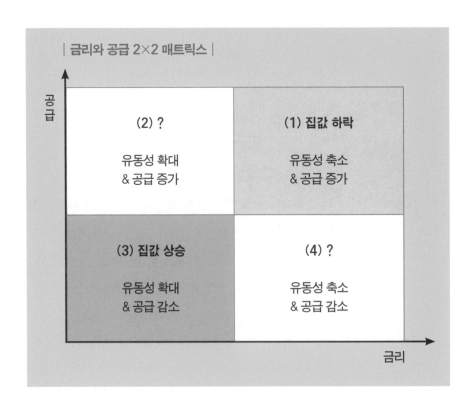

| 금리와 공급 2×2 매트릭스 |

공급

(2) ?
유동성 확대
& 공급 증가

(1) 집값 하락
유동성 축소
& 공급 증가

(3) 집값 상승
유동성 확대
& 공급 감소

(4) ?
유동성 축소
& 공급 감소

금리

말은 쉽지만 '금리와 공급 2×2 매트릭스'에서 2번과 4번에 속할 경우 가격의 방향성에 대한 판단은 쉽지 않습니다. 실제 사례는 어땠는지 정부별로 서울·수도권 아파트가격의 대세적인 흐름을 돌아보면 다음과 같습니다.

> (4번) 이명박정부 : 공급량 감소 & 금리인상 → 집값 하락
> (3번) 박근혜정부 : 공급량 감소 & 금리인하 → 집값 상승
> (2번) 문재인정부 : 공급량 증가 & 금리인하 → 집값 상승

윤석열정부에서는 '2×2 매트릭스' 기준 유동성이 축소되고 아파트 공급이 많아지는 (1번)의 길목에 있으니 하향압력이 강해지는 상황에 있습니다.

생각건대 마치 마법의 공식인 양 연도별 기준금리와 공급물량만으로 집값의 방향성을 완벽하게 설명할 수는 없습니다. 이번 항목에서 가장 중요한 변수로 삼은 '유동성'과 '공급'을 단순히 금리 변화와 착공·입주 물량만으로 단정지을 수 없기 때문입니다. 가령 문재인정부 시기에 아파트 착공/입주 물량이 장기 평균 대비 확대된 것은 사실이지만, 강남3구 재건축으로 인한 멸실, '임대차2법' 등은 공급 측면에 부정적인 영향을 미쳤습니다. 또한, 노무현정부에서는 기준금리를 2005년 말 3.75%에서 2007년 7월 4.75%로 1%p인상하던 기간 중에도 서울·수도권 집값은 대체로 강세를 보였습니다. 이는 소폭의 금리인상 정도로는 풍부한 유동성을 위축하기 어려울 정도로 경기 호황이 지속되어 '금리인상＝유동성 축소'의 공식이 기계적으로 들어맞지 않은데 기인합니다.

이렇듯 '지금의 금리인상 강도가 유동성을 위축시킬 정도인가?', '당분간 입주물량이 상급지 멸실물량을 상회하는 수준인가?' 등등 입체적인 판단을 요하지만, 기본적으로 유동성과 공급의 조합이 가격 변화를 주도한다는 점에는 변함이 없습니다.

공급과 유동성, 인구와 소득 변수에 대한 고찰

'금리와 공급, 2×2 매트릭스'를 좀 더 깊이 이해하기 위해서는, 경제학에서 중요하게 다뤄지는 '피셔의 화폐수량설'을 함께 살펴볼 필요가 있습니다. 미국의 경제학자 어빙 피셔(Irving Fisher, 1867~1947)는, 일찍이 "화폐공급량의 증감이 물가 수준의 등락을 정비례적으로 변화시킨다"고 하는 화폐수량설을 주장하였습니다. 화폐수량설은 아래와 같은 교환방정식으로 알려져 있는데요. 지금부터 부동산시장에서의 '금리와 공급, 2×2 매트릭스'와 어떻게 연결되는지 살펴보겠습니다.

$$M \cdot V = P \cdot Q$$
(M = 통화량, V = 화폐유통속도, P = 가격, Q = 생산량)

좌변은 시중에 도는 화폐의 총량, 오른쪽은 재화와 용역의 총 거래대금을 의미하는데요. 쉽게 말해서 재화와 용역(P·Q)이 거래되려면, 이에 상응하는 돈이 돌아야 한다(M·V)는 개념입니다. 위의 식을 변형하면 P = M·V/Q가 되는데, 가격(P)은 유동성(M)과 비례하고 공급(Q)과 반비례하게 되어 앞에서 소개한 '2개의 나침반, 2×2 매트릭스'와 동일한 결론에 이르게 됩니다.

피셔는 화폐의 유통속도(V)는 사회적 지불 관습에 따라 대체로 변하지 않으며, 총생산(Q)도 일정하게 주어진다고 가정했습니다. 이러한 가정을 반영하면 물가(P)는 오직 통화량(M)의 증감에 좌우되는데요. 경제학의 대가 밀턴 프리드먼이 남긴 말, "인플레이션은 언제 어디서나 화폐적인 현상이다"와 같습니다. 이러한 이론에 따르면 공급보다는 유동성이 가격 변화에 미치는 영향이 절대적이라 할 수 있습니다. 공급(Q)은 매년 부침은 있을지라도 결국 공급주체(건설사 및 금융권)의 손익에 따라 균형 수준에 수렴한다고 예상해 볼 수 있습니다. 많은 이익이 예상될 때는 공급을 늘리고,

반대의 경우 공급이 줄어들면서 호황과 불황의 사이클에서 평균 공급 수준을 도출할 수 있지요.

그렇게 공급량은 일정 수준 정해져 있다고도 볼 수 있는 것입니다. 이를 서울 아파트시장에 적용해보면, 기준금리 2.5~3.25% 레벨에서 연평균 3.4만 호의 입주물량이 공급되었던 이명박정부 시기와 비교하면, 입주물량이 33%나 증가한 연평균 4.5만 호에 달했으나 기준금리는 0.5%~1.75%로 낮았던 문재인정부 시기에 가격이 급등하는 양상도 설득력을 갖게 됩니다. 다만, 기준금리가 일정하게 유지되어 화폐 총량의 변화가 크지 않은 상황에서는 공급의 많고 적음에 따른 영향력을 무시할 수 없을 것입니다.

앞에서 설명했듯이 인구와 소득은 변동성이 낮고 예측가능성이 높기 때문에 집값에 미치는 영향력은 유동성과 공급에 비해 중요하게 다뤄지지 않았습니다. 하지만 출산율 0.7~0.8%에서 심각성이 드러나듯이 인구는 미래 부동산가격을 흔들만한 잠재적인 이슈입니다. 소득의 경우, ① 초고소득 기회요인 감소, ② 이자비용 증가에 따른 가처분소득 감소로 인해 당분간 부동산 수요에 부정적인 영향을 줄 것으로 보입니다.

초저금리가 만든 자금시장 호황 덕분에 부동산, 벤처기업 관련 종사자들의 보수는 일반적인 대기업 종사자들의 소득을 크게 뛰어넘기도 했고, 투자자들도 덩달아 큰 수익을 올렸습니다. 연간 성과·상여금 또는 주식 상장 등을 통해 얻는 수익이 수십억 원에 달한 사례가 어느 때보다 많았고, 이는 개인들이 강남의 랜드마크 아파트를 매우 비싼 가격에도 살 수 있는 여력을 제공했습니다. 그렇게 강남이 상한선을 끌어올리면 그 외 지역 아파트들도 순차적으로 따라오르는 양상이었지요. 하지만 긴축으로 인해 부동산, 스타트업 등 호황 업종과 주식시장이 빠르게 위축되면서 초고가 아파트를 구입 가능한 유효 수요 또한 매우 약해지는 것으로 판단됩니다. 그동안 집값 상승에 적잖이 기여했던 소득 요인이 당분간은 하락 부담을 가중하게 되는 것입니다.

금리가 낮을수록
작은 변화에도
시장이 민감한 이유

_부동산 가격추이 분석 [2] :
  기업신용평가 모형과 채권의 볼록성

돈을 빌릴 때 담보가 없거나 부족한 경우에는 '날 믿어달라'고 할 수밖에 없지요. 이를 '신용대출'이라고 하며, 통상 소득이 높고 빚이 없을수록 신용등급이 높아집니다. 극단값의 유무 및 극단적인 변화는 신용등급 산출과 변동에서도 중요한 역할을 합니다. 우리나라의 기준금리는 코로나19 확산 초기 0.5%까지 내린 이후 인플레이션에 대응하기 위해 빠르게 인상 중인데요. 최근 수년간 주택가격을 좌우하는 요인 중 가장 극단적인 변화를 보이는 변수는 유동성(금리)이라 할 수 있습니다. 이는 금리가 낮을수록 약간의 변화에도 가격이 크게 움직이기 때문입니다.

바로 앞 항목에서 '두루 평범하고 무난한 남자' vs. '외모와 능력이 뛰어나지만 화나면 여자를 때리는 남자' 등의 사례를 예시로 들며 후자가 훨씬 위험하며, 고로 결혼상대자로의 등급도 더 낮아진다고 설명했습니다. 이제 실제로 금융권에서 위험을 측정하는 방식이 어떻게 작동하는지 짚어보겠습니다.

104

집값에 가장 큰 영향을 미치는 주범을 찾아서

은행 등 금융기관에서 기업에게 담보 없이 신용대출을 할 때 가장 신경 쓰이는 게 뭘까요? 최악의 경우는 차주(돈을 빌려가는 기업)가 부도(default)가 나서 빌려준 돈의 전부 또는 일부를 못 받게 되는 것이겠지요. 그러니 차주가 원리금(원금과 이자)을 제때 잘 갚을 수 있는지 여부를 평가하게 됩니다. 과거의 부도사례 통계를 바탕으로 신용평가 방법을 고안하고, 부도가능성에 따라 신용등급이 매겨집니다.[*]

실제로 은행에서는 고객기업들의 재무등급을 산출할 때 아래와 유사한 다중회귀식을 사용합니다.[**]

$$\text{기업재무등급} = [\text{매출액성장률} \times X_1] + [\text{이자보상배율} \times X_2]$$
$$+ [\text{부채비율} \times X_3] + [\text{당기순이익률} \times X_4] + [\text{총자산회전율} \times X_5] + \text{산업 보정}$$

*위 서식에서 각 변수는 특정 은행의 모형과 무관하며 예시를 위해 임의로 정함.

각 재무지표는 1등급(매우 우수)부터 10등급(매우 취약)으로 급간이 나눠집니다. 예를 들어 이자보상배율이 10배 이상이면 1등급, 0.2배 이하면 10등급, 부채비율은 50% 이하면 1등급, 1,000% 이상이면 10등급 등으로 구간이 세분화됩니다.

A기업은 5개 재무지표가 모두 4등급에 속하는 반면, B기업은 4개 재무지표가 2등급, 1개는 9등급에 속할 경우 B의 신용등급이 A보다 낮게 산출됩니다.

---

* 우리나라 채권시장에서는 부도가능성이 거의 없는 최고 신용등급 AAA에서부터 채무불이행 상태를 의미하는 D까지, AAA, AA, A, BBB, BB, B, CCC, CC, C, D의 순으로 기업의 신용등급이 매겨진다.
** 국내 시중은행은 내부신용등급법을 사용하므로 등급 산정에 사용되는 공식과 변수는 은행별로 다르다.

다음과 같은 변화를 가정해보겠습니다.

- A기업은 5개의 재무지표가 전년 대비 약간씩 저하됨.
- B기업은 4개의 재무지표가 전년 대비 소폭 개선되었으나, 부채비율이 100%에서 300%로 급증함.

이 경우 A보다 B의 신용등급이 더 많이 떨어지게 됩니다. 비록 5개의 재무지표 중 4가지 항목이 소폭 개선되었다 하더라도, 1가지 지표가 극단적으로 나빠졌으니 5가지 지표가 약간씩만 저하되는 것에 비해 부도가능성이 더욱 확대되는 것으로 해석되는 것입니다.

우리가 공시 정보로 확인 가능한 기업신용등급(예: SK텔레콤 AAA, 현대건설 AA-등)은 신용평가사(한국기업평가, 한국신용평가, 나이스신용평가)에서 결정합니다. 신용평가사는 각각 5가지 내외의 사업/재무지표 산출값을 가중평균하여 모델등급을 산출하는데, 이 또한 극단값이 존재할 경우 모델등급 산출값에 큰 영향을 미칩니다. 참고로 국내 신용평가사의 평가방법론은 산업별로 상이하지만, 주로 사용되는 재무지표는 영업이익률(또는 EBITDA마진), 순차입금/EBITDA, 이자보상배율, 부채비율, 차입금의존도 등입니다.

이제 다시 앞에서 소개한, 주택가격의 방향성에 영향을 미치는 변수들로 구성된 가상의 통계식을 살펴보면 다음과 같습니다.

주택가격의 방향성 =
$$[\text{유동성(금리)} \times X_1] + [\text{주택공급량} \times X_2] + [\text{인구} \times X_3]$$
$$+ [\text{소득} \times X_4] + [\text{정부정책(세금)} \times X_5] + \text{기타 등등}$$

다른 변수들은 변화가 미미한데, 특정 변수의 변화 폭이 유독 크다면 바로 그 변수가 주택가격의 방향성을 좌우한 것으로 복기해 볼 수 있겠습니다.

〔정부정책〕 문재인정부에서 부동산 관련 보유세와 양도세를 강화하는 세법 개정은 분명 큰 변화였고, 주식시장처럼 악재를 선반영하는 곳에서는 나름 적지 않은 하향압력으로 작용했을 것입니다. 그러나 2018년 9.13대책 이후 ① 실제로 세액 지출 부담이 확대되기까지 일정 기간이 남아있었고, ② 최근까지 집값이 급등하다보니 앞으로도 세금부담 정도는 상회하는 견조한 상승이 이어질 거라는 기대심리, ③ 정권이 바뀌면 다시 완화되리라는 기대심리 등이 어우러져서 당장의 매물 증가로 이어지진 못했던 것 같습니다.

〔주택공급량〕 아파트 공급은 앞에서 다룬 대로 착공·입주 물량 모두 장기 평균 대비 증가하였으므로 그 자체만으로는 6년 이상 가격 상승을 유발하는 변수로 지적하기 어렵습니다.

〔유동성〕 필자의 시각에서 다른 변수와는 비교도 할 수 없이 가장 변화 폭이 컸던 변수는 유동성(금리)입니다. 박근혜정부 시절 기준금리는 2.75%에서 1.25%까지 낮아졌고, 문재인정부에서는 1.75%에서 0.5%까지 낮아졌습니다. 길게 보면 2012년 7월 3%를 고점으로 2020년 5월 0.5%까지 추세적으로 낮아진 것이고, 개인의 자금 기준으로는 '고작 2.5%p 하락이 극단적인 수준의 변화라고?'하는 의문이 생길 수 있습니다. 그런데 이게 얼마나 커다란 변화인지는 채권시장의 매니저/브로커, 기업의 자금담당자, 은행의 여신담당자 등은 충분히 공감할 것입니다.

채권의 볼록성, 금리가 낮을 때 가격 변화를 더욱 커지게 하는 요인

이해의 편의성을 위해 잠깐 '채권의 볼록성'이란 개념을 짚어보겠습니다. 이

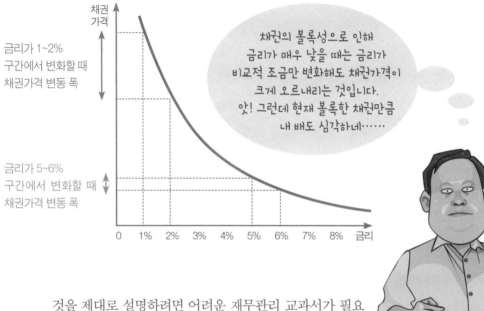

채권의 볼록성(convexity)

채권가격

금리가 1~2% 구간에서 변화할 때 채권가격 변동 폭

금리가 5~6% 구간에서 변화할 때 채권가격 변동 폭

0 1% 2% 3% 4% 5% 6% 7% 8% 금리

채권의 볼록성으로 인해 금리가 매우 낮을 때는 금리가 비교적 조금만 변화해도 채권가격이 크게 오르내리는 것입니다. 앗! 그런데 현재 볼록한 채권만큼 내 배도 심각하네……

것을 제대로 설명하려면 어려운 재무관리 교과서가 필요하기 때문에, 이 책에서는 간단하게 언급하겠습니다.

채권의 가격은 금리와 반대로 움직입니다. 금리가 내려가면 채권가격은 상승하고, 반대로 금리가 오르면 채권가격은 하락합니다. 그리고 금리와 채권가격은 직선인 선형관계가 아니라 원점에 대하여 볼록한 곡선 모양인데, 이를 '채권의 볼록성(convexity)'이라 합니다.

그래프 상에서 ① 금리가 2%에서 1%로 낮아지는 경우, ② 금리가 6%에서 5%로 낮아지는 경우, 둘 다 1%p 낮아지는 것인데요. 이때 채권가격은 ①이 ②보다 훨씬 많이 상승합니다. 반대로 둘 다 금리가 1%p 상승할 경우 1%에서 2%로 상승할 때 가격 하락폭이 훨씬 크다는 점을 알 수 있습니다.

만약 금리와 채권가격이 직선인 선형관계라면 어느 구간에서나 1%p 변동에 따른 가격변화 폭은 동일합니다. 그런데 채권의 볼록성으로 인해 금리가 매우 낮을 때는 금리가 비교적 조금만 변화해도 채권가격이 크게 오르내리는 것입니다.

이를 이자비용의 증감률로 생각해보면, 금리가 0.5%에서 1.5%로 1%p 상승하는 경우 이자비용은 무려 3배 증가하지만, 5%에서 6%로 1%p 상승하는 경우 이자비용은 20% 증가하게 되니 확연한 차이가 느껴질 것입니다.

2020년 초 코로나19 확산으로 심각한 경기침체가 예상되자 우리나라를 포함한 주요 선진국들은 제로 수준으로 금리를 끌어내렸었고, 2021년 하반기부터 인플레이션이 심화되자 역사상 최저 수준에서부터 다시 금리를 끌어올리기 시작했으니, 채권의 속성을 공유하는 자산들의 가격변동이 굉장히 심할 수밖에 없는 것입니다.

아파트도 채권과 같은 성격을 가진 자산이라는 점에서 최근 6~7년간 아파트가격 급등의 배후로 '금리'의 변화를 주목할 수밖에 없습니다. 그런데 아파트가 채권이랑 도대체 무슨 상관이 있을까요? 채권에 투자하면 정해진 기간마다 고정된 이자를 받게 됩니다. 아파트에 투자한 뒤 월세를 놓으면 매월 고정된 임대료를 받게 되지요.

물론 아파트는 채권 외에도 여러 금융상품의 속성을 가지고 있습니다. 하지만 높은 임대료를 받는 아파트일수록 비싼 아파트이듯, 고정된 임대료 규모는 아파트가격에서 매우 중요한 요소입니다. 따라서 경기침체나 인플레이션 등 거시경제 요인이 금리 변화의 방향성과 폭을 결정하면서 채권가격을 좌우하듯이, 아파트가격에도 상당한 영향을 미치게 됩니다.

부동산과 시장을
좀 더 깊이
공부할 결심

달동네는 어떻게 확 뜰 수 있었나?
- 가치를 좌우하는 극단값 유무와 해소 여부 -

이 책은 부동산(아파트) 투자를 거시적 관점에서 다루다보니 "어느 지역이 유망하다"는 식의 아파트 종목 추천을 하지는 않았습니다. 다만, 이번 항목에서 다루었듯이 집값에 영향을 미치는 가장 중요한 변수를 두 가지로 선정한 후 '극단값'이 존재할 경우 상당한 디스카운트 요인으로 삼는 분석방법을 주택 매수를 위한 입지 선정에도 응용해 볼 수 있습니다.

주택가격을 좌우하는 핵심 요인은 '교통'과 '학군'입니다. 물론 아름답고 깨끗한 자연환경, 대형 쇼핑몰과의 거리 등은 분명 삶의 만족도를 높이는 요인이지만, 교통과 학군에 비하면 집값에 미치는 영향력은 다소 떨어집니다.
'교통'은 흔히 CBD(광화문-시청), KBD(강남), YBD(여의도)로 약칭되는 주요 업무지구와의 접근성, 이들 지역으로 쉽게 통근 가능한 지하철 유무가 중요합니다. '학군'은 주요 대학 및 특목고 입시성과 그리고 학원 인프라의 접근성이 관건입니다. 결국 이 두 가지 요소의 정점은 강남이며 그 외 지역은 서열이 어느 정도 공고한 외중에 지하철 노선 연장이나 대규모 신축 아파트 입주 등 교통/학군 변수의 호재 여부에 따라 서열 다툼이 전개되는 것으로 볼 수 있습니다.
학군은 단순히 지역의 소득 수준이 높다고 좋은 게 아니라 소득 수준의 편차가 크지 않은 가구의 밀집 여부가 중요합니다. 분당, 일산 등이 웬만한 서울지역보다 학군이 좋았듯이 대단지 아파트들로 구성된 곳이 면학 분위기에 유리합니다. 과거 옥수·금호(성동구), 아현·공덕(마포구), 흑석(동작구) 등은 지리적으로 압도적인 교통경쟁력을 갖췄음에도 대단지 아파트의 양적 부재로 인해 학군은 저조한 편이었습니다. 이로 인해 교통에서는 밀리지만 학군이 양호한 타 지역(양천구 목동, 광진구 광장동 등)의 집값이 꾸준히 이들보다 높았지요. 즉, 목동과 광장동은 강남에 비할 수는 없겠지만 교통과 학군이 '중'에서 '중상' 수준으로 두루 양호했습니다. 반면, 옥수/금호와 아현/공덕은 교통은 '상', 학군은 '하' 수준으로, 학군의 열위가 주택가격을 제한하는 '극단값'이었던 셈입니다. 이는 집값에 상당한 디스카운트 요인으로 작용했습니다. 하지만 수년 전부터 재개발을 통해 대단지 아파트들이 입주하자 '극단값'이 해소되어 가면서 집값 상승률이 서울 내 다른 지역을 압도하게 된 양상입니다. 반대로 경기도 하남미사, 위례신도시 등 대단지 아파트가 밀집하여 양호한 학군의 잠재적 가치를 이미 갖춘 곳은 지하철 노선 연장 등 교통망 확충 여부가 집값 상승의 관건이 될 것입니다.

따라서 주택 매수시 기존의 교통/학군 인프라를 기준으로 교통망 확충 여부, 재개발·재건축 이후 학군의 개선 가능성 등을 우선적인 변수로 고려하고, 나머지 자잘한 변수(대형마트나 공원의 유무 등)를 후순위로 감안할 수 있습니다.

선진국 주요 대도시에서도 학군은 대부분 집값에 중요한 요인이지만 학령인구의 심각한 감소는 학군 변수의 중요성을 약화시킬 수도 있고, 일부 선진국의 경우 학군보다는 관광 수입에서 유리한 곳의 부동산가격이 우세하기도 하는 등 변화의 가능성은 충분합니다.

생각건대 투자에 정답은 없지만 가장 중요한 변수를 두 가지 정도로 압축하고 극단값의 유무와 해소 여부를 바탕으로 분석하는 방법론은 계속 유효할 것입니다.

90년대 드라마 〈서울의 달〉의 배경으로 유명했던 옥수동 달동네(옥수재개발 구역 일대)(위)와 재개발 이후 강남 3구에서도 이사를 올 정도로 부촌이 된 래미안 옥수 리버젠 전경(아래).

Chapter 2

금리

인플레이션의 중심에서
'고금리'를 외치다!

- 금리와 자산가격의 관계로 살펴본 부동산 인사이트 -

2022년 급격한 금리인상과 더불어 마침내 자산가격을 좌우하는 실세는 '금리'였음을 체감하고 있습니다. 실제 집값이 떨어지기 전까지 '집값은 공급이 부족해서 오른 것이기 때문에 금리의 영향은 제한적이다'는 의견이 많았습니다. 하지만 오랜만에 찾아온 금리인상기에서 우리가 목도하는 현실은 금리상승이 주식·채권, 부동산 등 자산가격에 전방위적인 영향을 미치고 있다는 것입니다. 금리와 자산가격 간 상호작용 원리를 이해하면 향후 부동산가격을 분석하고 전망하는데 큰 도움이 될 것입니다.

"훌륭한 조종사는 과거에 일어난 일을 평가하고
거기서 얻은 교훈을 적용하지.
우린 한계를 극복해야해. 그게 임무지."
A good pilot is compelled to evaluate what's happened,
so he can apply what he's learned.
Up there, we gotta push it. That's our job.

_영화 〈탑건〉 중에서

금리가······ 어떻게 변하니?

_채권의 가격은 시장금리와 반대로 움직인다

13

"채권의 가격은 금리와 반대로 움직인다. 금리가 오르면 채권의 가격이 하락하고, 금리가 내리면 채권의 가격이 상승한다."
이 말은 금융시장에서 상당히 기본적인 공식이지만 쉽게 와 닿지 않는 원리이기도 합니다. 여기서 말하는 '금리'가 금리(돈의 가격)를 의미하는 다양한 용어들 중에서 정확히 무엇인지 감을 잡기 어렵기 때문입니다.

생태, 동태, 황태, 먹태, 북어, 코다리, 노가리······ 모두 명태를 일컫는 이름들입니다. 필자는 이게 다 같은 물고기라는 사실을 직장인이 된 뒤에야 알게 되었는데요. 아마도 우리말을 배우는 외국인 입장에서는, '그냥 다 명태(얼린 명태, 말린 명태, 새끼 명태 등등)라고 하지 대체 왜 이렇게 다양한 이름들을 만든 거야? 누가 제대로 알려주지 않으면 같은 물고기인지 어떻게 알아?'라면서 푸념할 듯 합니다.

변하는 금리와 변치 않는 금리

금융용어에 익숙하지 않은 사람들에게 '금리'는 아마도 명태 같은 개념일 거라는 생각이 들었습니다. 이자율, 할인율, 수익률, 자금조달비용, 표면금리, 발행금리, 시장금리, 기준금리, 정책금리, 저금리, 고금리…… 등등. 금리를 나타내는 다양한 용어들 중에 심지어 '금리'로 끝나는 단어들도 각기 의미가 다르니 환장할 노릇입니다. 간혹 우리말이 어려울 때는 차라리 영어가 더 쉽기도 한데, 영어에서도 'interest rate', 'discount rate', 'rate of return', 'yield', 'cost of debt', 'coupon rate' 등등 단어만 보고 감을 잡는 게 쉽지 않은 것은 마찬가지입니다.

아무튼 돈의 가격인 금리를 제대로 이해하지 못한 채 부동산을 포함한 자산의 가치를 파악한다는 것은 어불성설이지요. 필자가 이번 항목에서 금리의 개념 설명에 방점을 찍고자 하는 이유입니다.

자, 일단 금리에 대한 이해를 위해 세상의 모든 금리는 '변하는 금리'와 '변치 않는 금리'로 나뉜다는 사실부터 짚고 넘어가겠습니다.

변치 않는 금리 : (특정 일자에 체결한) 표면금리, 이표금리, 발행금리

돈을 빌리며 연 5%의 이자를 주겠다고 약속하는 금리, A주식회사가 2017년 10월 21일 채권을 발행하면서 투자자에게 연 4%의 이자를 주겠다고 증권신고서에 명시한 금리, 1년짜리 정기예금을 가입했더니 은행에서 2%의 이자를 지급한다고 약관에 명시된 금리.

이들은 모두 '변치 않는 금리'입니다. A주식회사의 실적이 좋아지든 나빠지든 2022년 2월 16일 발행된 회사채 보유자가 받는 이자는 연 4%로 변함이 없고, 나중에 출시된 정기예금상품의 금리가 오르건 내리건 내가 가입할 당시 약정한 연 2%의 금리는 변치 않습니다. 이를 '표면금리', '이표금리', '발행금리'라고 합니다. 일반인들에게 익숙한 개념의 금리입니다.

변하는 금리 : 시장금리, 시중금리

반면, 국고채 3년물 금리가 몇 년 만에 3%를 돌파했다, 미국 10년물 금리가 어제보다 5bp 하락한 2.3%를 기록했다, AA-급 회사채 금리가 4%에 달한다 등등 주로 뉴스에서 접하며 시시각각 변하는 금리를 시장금리 또는 시중금리라고 합니다. 금융시장의 선수들은 흔히 '금리'라고 하면 이러한 시장금리를 먼저 떠올립니다. 금리는 '돈(자금)의 가격'인데, 금융시장에서 자금의 수요와 공급에 의해 돈의 가격도 시시각각 변합니다. 어제보다 오늘 금리(돈의 가격)가 올랐다는 것은 어떤 이유에서건 금융시장에서 자금에 대한 수요가 늘었거나 공급이 줄었다는 것을 의미합니다.

| 금리도 사랑도 변하겠다는데, 도대체 무슨 이유가? |

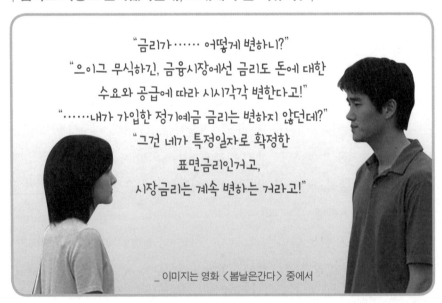

_이미지는 영화 〈봄날은간다〉 중에서

부자의 기준마저 바꿔버린 금리의 위력

채권가격과 반대라는 금리는 시장금리(혹은 시중금리)입니다. 채권을 발행할 때 확정하는 이자율(표면금리, 이표금리, 발행금리)은 채권자와 채무자간 특정일자의 시장금리를 반영하여 결정(계약)되고나면 더 이상 변하지 않지만, 시장금리는 매일매일 변하는 것입니다.

채권을 영어로 'fixed income'이라 하는데, 채권 발행시 이자율을 확정하기 때문에 발행자(채무자) 입장에서는 매년 고정된 금액의 이자를 지급한 뒤 만기에 원금을 갚고, 투자자(채권자) 입장에서는 매년 고정된 금액의 이자를 수령하고 만기에 원금을 돌려받게 됩니다. 이렇게 채무자 입장에서 지급하는 금액과 채권자 입장에서 수령하는 금액이 고정(fixed)되어 있기 때문에 시장금리가 변할 때마다 채권의 가격도 변하게 됩니다. 이해를 돕기 위해 재미있는 예를 들어 보겠습니다.

필자의 외삼촌은 육군 장성으로 예편한 뒤 군인연금을 받고 있습니다. 십여 년 전 외삼촌이 군인연금으로 월 400만 원을 받는다며 외숙모에게 "내 몸값이 무려 10억이야 10억! 당신은 나랑 같이 사는 것만으로도 10억 원을 갖고 있는 것과 다름없어!"라고 말하곤 했습니다. 당시 은행 예금의 금리가 대략 4~5%였으니, 10억 원을 넣어둬야 연간 4천만 원대의 이자수익을 얻을 수 있었습니다. 그러니 월 400만 원의 고정적인 현금흐름을 창출하는 본인의 몸값이 10억 원이라는 것은 상당히 합리적인 표현입니다. 외숙모 입장에서 남편은 월 400만 원의 고정된 수입을 안겨주니 내가 보유한 채권이라 할 수 있고, 채권(남편)의 가치는 10억 원인 셈입니다.

세월이 흘러 은행 예금금리가 1%대로 낮아졌습니다. 자금에 대한 수요가 줄거나 공급이 늘었기 때문입니다. 그런데 외삼촌은 변함없이 월 400만 원의 연금을 수령하고 있습니다. 이제 월 400만 원의 고정된 수입을 얻으려면 은행에 40억 원을 넣어둬야 합니다. 그냥 고정된 군인연금을 수령할 뿐인데, 이제 외삼촌의 몸값은 무려 40억 원이 되었습니다.

채권뿐 아니라 고정된 현금 유입을 제공하는 자산(장기임대계약을 체결한 빌딩, 선박, 항공기 등)도 fixed income이라 할 수 있으니, 이들도 시장금리에 따라 가치가 변한다고 개념을 확장할 수 있습니다. 장기간 월세가 변하지 않는다면 아파트 또한 채권(fixed income)에 견줄 수 있습니다. 시장금리가 내려가면 채권가격이 올라간다는 이치를, 고정된 연금을 수령하는 필자 외삼촌의 몸값으로 연결해보면 쉽게 이해할 수 있습니다. 필자의 친척들은 모두 외숙모를 부러워하고 있습니다.

이쯤에서 사회적인 현상과 연결 지어 눈치를 챈 사람도 있을 텐데요. 공무원, 교사, 군인 등은 재직 중에는 여타 직업군보다 소득이 적을지언정 은퇴 후 사망 시점까지 비교적 높은 연금소득을 안정적으로 유지합니다. 외삼촌의 사례처럼 시장금리가 낮아질수록 해당 직업군 출신의 몸값이 크게 높아지는 것입니다. 이제는 수차례 연금 개혁을 통해 기존 수급자보다 불리해져서 의미가 다소 퇴색되긴 했지만, 이들 직업군에 대한 사회적인 선망이 높아진 것도 시장금리의 추세적 하락 및 저금리 기조와 무관하지 않습니다.

전설적인 테니스 스타 비에른 보리(Bjorn Borg, 1956년생)가 과거 윔블던 5년 연속 우승 등 11개의 그랜드슬램 타이틀을 획득하며 기록한 통산 상금이 365만 달러(USD)인데요. 한화로 환산하면 약 47억 원입니다. 비에른 보리가 통산 상금을 은행에 예금해 두고서 오로지 이자 수입에 의존하며 살아간다고 가정해 보겠습니다. 1% 초반의 예금금리 여건에서는 월 400만 원의 현금흐름을 창출한다는 점에서 필자의 외삼촌과 전설적인 테니스 선수의 몸값이 같다고 볼 수 있으니 묘~한 기분이 드네요.

십여 년 전에는 20억 원 이상 보유하면 부자라는 인식이 있었는데요. 최근에는 100억 원은 있어야 부자라 할 수 있다고 하니 부자의 기준이 한없이 높아

진 것도 돈 값(금리)이 너무 싸졌기 때문인 것 같습니다.

자, 그런데 딱 1년 전 2021년 9월 말 1.5% 수준에 불과했던 국채(만기 3년) 금리가 2022년 9월 말 4.2%가 되었습니다. 예금금리도 단순하게 1% 초반에서 어느덧 4%가 되었다고 볼 수 있겠지요. 이제는 12억 원 가량만 예금하면 월 400만 원을 수령할 수 있으니 외삼촌의 가치도 급락한 셈입니다. 47억 원을 예금하는 비에른 보리는 무려 월 1,600만 원 가량을 수령하게 되네요. 이렇듯 돈의 가격인 금리가 오르면 현금보유자에게 유리합니다. 반면, 외삼촌의 사례처럼 고정적인 현금흐름을 창출하는 자산, 이자수익이 고정된 채권(fixed income) 및 고정임대수익이 발생하는 부동산의 가치는 하락하는 것을 알 수 있습니다. 결국 부동산의 가치를 고찰하려면, 금리와 반대로 움직이는 채권가격의 원리를 적용하는 것이 분석의 첫걸음입니다.

아는형님들,
금리로 우정에 금 가나?

_ 금리 인상과 인하가 시중 유동성과 투자수요에 미치는 영향

통상 '유동성이 풍부하다' 혹은 '유동성이 부족하다'는 말에서 '유동성'은 단편적으로 돈(통화)을 의미합니다. 금리를 인하하면 시중에 돈이 풀리고, 반대로 금리를 인상하면 돈이 회수된다는 것은 은행 시스템이 존재하기 때문입니다. 은행은 돈을 필요로 하는 가계와 기업에게 대출을 해주는 '여신업무' 및 여유자금이 있는 가계와 기업으로부터 예금을 받는 '수신업무', 이 두 가지를 주력으로 취급합니다. 은행을 통해서 시중에 어떻게 돈이 늘어나고 줄어드는지, 또 기준금리 인상/인하에 따른 예금·대출금리 변화가 투자자들에게 어떤 영향을 미치는지 짚어 보겠습니다.

드라마 〈미생〉의 욕망덩어리 상사맨 최전무, 웬만한 사람들은 '아는형님들'인 빌딩부자 장훈이, 그리고 건물주가 되고 싶은 상민이와 영철이는 기준금리 상승과 하락 국면에서 각자도생을 위해 어떻게 투자 수완을 발휘하는지 궁금합니다.

금리는 경제성장률을 반영하고,
경제성장률은 매력적인 투자처를 투영한다
: 프로젝트 및 지분투자(기업금융)의 예시

편의상 다음과 같이 가정하겠습니다.* ① 은행의 예금금리는 기준금리와 동일하다. ② 대출금리는 기준금리보다 1%p 이상 높은 변동금리이며, 돈을 빌리는 주체(차주)의 신용도에 따라 달라진다.

기업이 성장을 도모하거나 최소한 현상유지라도 하려면 설비를 확충하기 위한 시설투자, 또는 다른 기업이나 사업부문을 인수하기 위한 지분투자 등 투자활동이 필수적입니다. 기업마다 '여기에 투자하면 어느 정도의 수익률을 기대할 수 있을까?'라는 사업성 검토를 통해서 투자의사결정을 하게 되지요.

주식회사 '형님대우'는 200억 원의 현금을 가지고 있습니다. (주)형님대우 내부 직원들이 사업성 검토를 해보니 500억 원이 필요한 A프로젝트는 연간 5%, 1천억 원이 소요되는 B프로젝트는 연간 4%의 수익률이 기대된다고 가정해 보겠습니다.

〔기준금리=5.5%〕 (주)형님대우는 두 프로젝트에 투자하는 것보다 예금으로 얻는 이자수익이 더 높기 때문에 200억 원을 예금하게 되고, 그렇게 시중자금이 은행으로 흘러들어갑니다.

〔기준금리=3.5%〕 (주)형님대우는 4.5%에 차입이 가능하므로 은행에서 300억 원을 대출 받고 보유예금 200억 원을 합쳐서 A프로젝트에 500억 원을

---

* 예시를 단순화하기 위해 세금, 거래비용, 은행의 예대율, 복잡한 대출조건 등 현실에서 발생할 수 있는 중요한 요소는 제외하도록 한다.

투자하게 됩니다. 이렇게 은행으로부터 500억 원의 돈(자금)이 시중에 풀리게 됩니다.

〔기준금리=2.5%〕 ㈜형님대우는 3.5%에 차입이 가능하므로 은행으로부터 대출 1,300억 원을 받고 보유예금 200억 원을 합쳐서 A와 B프로젝트 모두 투자하게 됩니다. 기준금리가 3.5%일 때는 시중에 500억 원이 풀렸는데, 2.5%가 되니 시중에 1천억 원이 더 풀리게 되었습니다.

㈜원인터내셔널도 200억 원의 현금을 가지고 있는데, 자체적으로 사업성 검토를 해보니 A프로젝트의 수익률은 2%, B프로젝트의 수익률은 1%로 기대되었기 때문에 ㈜형님대우와 달리 대출을 받지 않았습니다. ㈜원인터내셔널 입장에서는 기준금리가 2.5%로 내려가도 예금을 하는 게 더 낫고, 무리한 대출을 받아서 투자하는 ㈜형님대우를 한심한 눈으로 쳐다보게 됩니다.*
이렇듯 저마다 판단이 다르기 때문에 누군가는 예금을 하고 누군가는 대출을 받습니다만, 금리가 낮을수록 더 많은 투자기회를 가질 수 있기 때문에 시중에 풀리는 자금이 풍부해집니다.
이제 ㈜원인터내셔널도 사업성 검토를 해보니 ㈜형님대우와 동일하게 A프로젝트의 기대수익률은 5%, B프로젝트의 기대수익률은 4%로 산출했다고 가정해 보겠습니다. 이렇게 되면 기준금리가 2.5%일 때 ㈜형님대우뿐 아니라 ㈜원인터내셔널도 은행에 가서 1,300억 원을 대출해달라고 요청하게 됩니다. 서로 돈을 빌려달라고 하니 은행에서는 3.5%보다 더 높은 금리에도 대출이 가능해집니다. 이처럼 수요와 공급 원리에 의해 자금에 대한 수요가 커지

---

* 원인터내셔널의 사례처럼 매우 낮은 수익률 전망을 토대로 투자할 데가 없다고 판단하면 기준금리를 낮춰도 은행차입을 통한 신용창출이 발생하지 않는다. 이처럼 중앙은행이 통화공급을 아무리 늘려도 경제주체들의 소비·투자 등 실물경제 활동으로 이어지지 않는 것을 '유동성 함정(liquidity trap)'이라고 한다.

기준금리 인하로 대출금리가 3.5%가 되었어?

우리가 봐둔 A 프로젝트에 투자하면 연 5%,

B 프로젝트는 연 4% 수익률을 예상했었잖아?

예금해놓은 자금 다 빼고 풀로 대출해서

A, B 프로젝트 투자 진행시켜!

_ 이미지는 드라마 〈미생〉 중에서

면 시장금리가 상승하게 됩니다.

여기서 한 가지 중요한 특성이 도출되는데, 금리는 경제성장률을 반영한다는 것입니다. 가령 어떤 국가의 GDP성장률이 10%라면 도처에 10% 내외의 수익이 예상되는 투자 프로젝트들이 널려있다는 것이고, 이 경우 차입금리가 10%에 달하더라도 자금에 대한 수요가 존재하게 됩니다. 반대로 경제성장률이 0에 가깝다면 매력적인 투자처를 찾을 수 없고, 투자를 위한 자금 수요가 사라지므로 금리 또한 제로 수준에 도달하게 됩니다.

기준금리가 낮아질수록 투자수요가 확대되고 시중에 돈이 풀린다
: 부동산 담보대출(가계·기업대출)의 예시

장훈이는 연간 4억 원의 임대수익이 발생하는 빌딩을 가지고 있는데, 언젠가 빌딩을 팔아버리고 돈을 펑펑 쓰면서 살고 싶습니다. 이것 저것 사고싶은 게 많은데 연 4억 원까지만 쓸 수 있으니 답답했던 것이지요. 다만 이 빌딩을 90억 원에 샀었기 때문에 굳이 100억 원 이하에 팔고 싶진 않습니다. 한편, 현금 20억 원을 보유한 상민이는 건물주가 되고 싶습니다.

〔기준금리＝4%〕 상민이는 20억 원을 은행에 예금 중이며 이자수익은 연 8천만 원(20억 원×4%)입니다. 상민이는 연 5%에 대출이 가능한데 60억 원의 대출을 받고 보유현금 20억 원을 합쳐 장훈이 빌딩을 80억 원에 매수하면 임대수익은 4억 원, 이자비용은 3억 원(60억 원×5%)이니 연간 +1억 원의 현금흐름을 기대할 수 있습니다. 상민이 입장에서는 예금을 하는 것보다 2천만 원 이득인 셈이지요.

그런데 장훈이는 100억 원은 받아야겠다고 하니 매도호가를 맞추기 위해 상민이가 80억 원의 대출을 받을 경우, 이자비용은 임대수익과 동일한 4억 원이 되어 남는 게 없습니다. 상민이 입장에서는 차라리 20억 원을 예금하는 게 낫기 때문에 거래가 성사되지 않습니다.

〔기준금리＝2%〕 상민이는 20억 원을 은행에 예금 중이며 이자수익은 연 4천만 원(20억 원×2%)입니다. 연 3%로 대출이 가능하니 80억 원의 대출을 받고 보유현금 20억 원을 합쳐 장훈이의 빌딩을 100억 원에 매수하면 임대수익은 4억 원, 이자비용은 2.4억 원(80억 원×3%)으로 연간 +1.6억 원의 현금흐름을 기대할 수 있습니다. 상민이 입장에서는 예금을 하는 것보다 1.2억 원이나 이득입니다. 이제 장훈이에게 빌딩을 100억 원에 사겠다고 오퍼를 합니다.

그런데 마침 빌딩을 사고 싶던 영철이가 105억 원에 사겠다고 달려드네요. 영철이도 현금 20억 원을 보유 중이며 상민이보다는 신용등급이 낮아서 대출금리가 4%인데, 85억 원을 대출해서 빌딩에 투자하면 얻게 되는 이익(임대수익 4억 원 - 이자비용 3.4억 원 = 6천만 원)이 20억 원의 이자수익(20억 원×2% = 4천만 원)보다 많습니다.

그러자 상민이는 90억 원의 대출을 받더라도 예금을 하는 것보다 여전히 7천만 원은 이익이라는 계산을 마치고 110억 원으로 매수호가를 올립니다. 영철이는 90억 원 이상 대출할 경우 예상되는 이익이 20억 원의 이자수익보다 낮기 때문에 110억 원 이상으로 매수호가를 올릴 수가 없습니다. 경쟁자를 물리친 상민이는 110억 원에 빌딩을 매입하게 되고, 은행에서 장훈이에게 해당 자금이 이체되면서 시중에 110억 원의 자금이 풀립니다. 장훈이 입장에서는 기준금리가 4%일 때는 원하는 가격에 매수세가 없었는데, 기준금리가 2%가 되자 원하던 가격보다 더 비싼 가격에도 매수경쟁이 붙어서 흡족하게 거래를 마치게 됩니다.

지나치게 단순화한 예시이지만 기준금리를 인하하면 투자수요 증가와 더불어 시중에 자금이 풍부해지고, 기준금리를 인상하면 정반대의 흐름이 전개된다는 것을 짐작할 수 있습니다.

자기자본과 부채규모에 따른 차이

앞에서 건물주가 된 상민이는 총자산 110억 원(자기자본 20억 원+대출 90억 원)의 상황인데요. 금리인상기에 (자기자본 90억 원+대출 20억 원)인 상황과 어떤 차이가 있는지 비교해 보겠습니다.

[기준금리 2% → 4% 가정] 장훈이로부터 110억 원에 건물을 살 당시 기준금리는 2%였습니다만, 이런 저런 사유로 인해 기준금리는 4%까지 오르게 되었습니다.

[빚이 90억 원인 상민이] 세입자와 장기계약을 맺고 있어 상민이의 임대수입은 연간 4억 원으로 변함이 없습니다. 3%였던 대출금리는 이제 5%가 되어서 연간 4.5억 원(90억 원×5%)의 이자비용을 부담해야 합니다. 기준금리가 2%일

🏢 기준금리 2%시 연간 예금이자수익과 빌딩투자수익 비교

구분	보유현금	예금시 이자수익	빌딩투자시 연간임대수익(A)	차입 금리	90억 원 차입시 연간이자비용(B)	(A)-(B)
상민이	20억 원	4천만 원	4억 원	3%	2.7억 원	1.3억 원
영철이	20억 원	4천만 원	4억 원	4%	3.6억 원	4천만 원

🏢 기준금리 4%시 연간 예금이자수익과 빌딩투자수익 비교

구분	보유현금	예금시 이자수익	연간 임대수익(A)	차입 금리	90억 원 차입시 연간이자비용(B)	(A)-(B)
상민이	20억 원	8천만 원	4억 원	5%	4.5억 원	-5천만 원
영철이	20억 원	8천만 원	4억 원	6%	5.4억 원	-1.4억 원

🏢 기준금리 4%시 보유현금별 연간 예금이자수익과 빌딩투자수익 비교

보유현금	예금시 이자수익	빌딩투자시 연간임대수익(A)	차입 금리	부족자금차입시 연간이자비용(B)	(A)-(B)
20억 원	8천만 원	4억 원	5%	4.5억 원 (90억 원 x 5%)	-5천만 원
90억 원	3.6억 원	4억 원	5%	1억 원 (20억 원 x 5%)	3억 원

때는 현금흐름이 연간 +7천만 원이었는데, 이제는 연간 −5천만 원이 되어버린 것이지요. 상민이가 연간 5천만 원을 상회하는 소득이 있거나, 은행에서 매년 5천만 원 이상 추가 차입이 가능하다면 버텨볼 수 있습니다. 하지만 둘다 불가능할 경우에는 눈물을 머금고 빌딩을 매도할 수밖에 없겠지요.

이제 영철이는 기준금리가 2%였던 시절 상민이 때문에 빌딩 매수에 실패했던 것을 두고 안도의 한숨을 쉽니다. 기준금리가 계속 내려갈 것 같아서 무리한 빚을 지고서라도 빌딩을 사고 싶었는데, 예상과 달리 금리가 반대로 올

라버리자 빌딩 매수에 실패하고 예금을 해둔 게 신의 한수가 되었습니다. 만약 당시 105억 원에 낙찰되었더라면 연간 현금흐름은 −1.4억 원(임대수입 4억 원 − 이자비용 5.4억 원)이 되었을 텐데, 현재는 이자수익이 연간 +8천만 원인 상황이니 다행스럽습니다.

[빚이 20억 원인 상민이] 이 경우 임대수익은 연간 4억 원, 이자비용은 연간 1억 원(20억 원×5%)이니 연간 현금흐름은 +3억 원이 됩니다. 앞의 사례와 달리 현금부족이 발생하지 않으니 굳이 빌딩을 팔지 않아도 여유롭습니다. 다만, 빌딩을 사지 않았더라면 현금 90억 원을 예금해둬서 연간 현금흐름은 +3.6억 원(90억 원×4%)이었을 테니 빌딩을 샀던 게 후회되면서 기분이 나쁘긴 합니다. 임대료를 올리면 좋겠지만 높은 임대료로 세입자를 구하려니 경기 여건이 만만치 않습니다. 이제 여유자금이 있으면 부동산 투자보다는 차라리 예금을 하기로 마음먹습니다.

위의 빌딩 매매 사례는 투자의 세계에서 흔하게 발생하는 일입니다. 매수대기자들은 저마다 자금 사정과 대출금리가 다른 와중에 계산기를 두드려보고 임대수익이 대출이자 부담보다 높으면 투자하는 것이지요. 기관투자자들의 투자 의사결정 방식도 크게 다르지 않습니다. 물론 대다수는 임대수익으로 창출하는 현금흐름에 만족하기 보다는 빌딩을 사고파는데서 시세차익을 얻으려 합니다.

하지만, 임대수익이 커지거나 금리가 낮아지면 매수하려는 이가 많아져서 빌딩의 가치가 오르게 되고, 반대의 경우 매수대기자가 사라지면서 빌딩 매각이 어려워진다는 원칙은 같습니다. 빌딩에서 얻을 수 있는 현금흐름이 커질수록 빌딩의 가치도 오르기 때문입니다. 따라서 '공실이 발생하여 임대수익이 저하되진 않을까?'와 더불어 '기준금리가 올라서 대출이자 부담이 커지는

상민이는 **110억 원**에 장훈이 빌딩 사겠다고 나서고,
영철이는 **105억 원**에 장훈이 빌딩 사겠다고 오퍼.
당연히 상민이가 건물주가 됨.
그런데, 기준금리가 기존 **2%**에서 **4%**로 뛰자
새 건물주가 된 상민이는 임대수익(**4억 원**)보다
이자부담(**4.5억 원**)이 더 커지는 바람에
매년 5천만 원 손해.

게 아닐까?'는 중요하게 짚어봐야 할 위험입니다.

앞에서 상민이의 사례를 보면, 부채가 많을수록 금리에 대한 민감도가 높은 것을 알 수 있습니다. 금리가 약간만 변해도 현금흐름의 변화 폭이 커지는 것이지요. '나는 2억 원에서 시작하여 부동산으로 100억 원 부자가 되었다'와 같은 신화는 부채를 최대한 늘린 와중에 금리가 급격히 하락하면서 얻게 된 결실입니다. 만약 예상과 달리 금리가 올라 임대수익으로는 감당하기 어려울 만큼 대출이자 부담이 심화되고, 다른 소득으로도 이를 메꿀 수 없을 경우에는 손실을 보며 자산을 매각할 수밖에 없습니다.

위의 상황에서 빚이 20억 원인 상민이는 충분히 버틸 수 있지만, 빚이 90억 원인 상민이는 당장 연간 5천만 원의 마이너스 현금흐름을 해결해야 합니다. 빌딩을 압류당하지 않으려면 임대료를 즉각 인상하여 세입자에게 5천만 원만큼의 부담을 전가하거나, 본인이 5천만 원을 벌어서 메꿔야 하는 것이지요. 이를 요약하면, ① 집주인들의 부채가 많을수록(재무구조가 취약할수록), ② 임대료 인상을 통해 세입자에게 부담을 전가하기가 어려울수록, ③ 집주인들의 임대수입 외의 소득이 변변치 않을수록 금리인상기에는 매물이 많아지고 자산가격의 하락 폭도 커지게 됩니다. 이 경우 매수대기자들은 '더 떨어지겠지' 하는 마음으로 관망하게 되면서 악순환에 돌입하는 것입니다.

15 애덤 스미스의 다이아몬드를 바라보며 아침을

_돈의 희소성을 좌우하는 금리의 속성

애덤 스미스의 <국부론>에서는 '물과 다이아몬드의 역설' 또는 '가치의 역설'이라는 개념이 등장합니다. 인간에게 필수불가결한 물은 헐값에 팔리지만 사실상 쓸모없는 다이아몬드는 훨씬 비싼 가격에 팔리는 모순을 일컫는데, 다이아몬드는 희소하고 물은 풍부하기 때문입니다. 돈도 금리에 따라 희소가치가 변합니다. 이러한 개념을 탑재하면 금리가 자산가격에 미치는 영향에 대해 보다 입체적으로 분석해 볼 수 있습니다.

필자의 여동생은 교대를 다녔는데, 교대에서는 웬만큼 평범한 남학생도 졸업할 때까지 숱하게 많은 여학생과 쉽게 연애를 한다고 합니다. 반대로 공대생 벗들은 꽤나 준수한데도 재학 중에 연애를 못하여 모태솔로가 되는 경우가 허다했습니다. 웬만한 킹카가 아니고서야 CC를 한다는 건 불가능한 일이었지요. (아아, 나도 대학시절 연애 몇 번 못해본 건 교대를 가지 않았기 때문이야! 이걸 고등학생 때 알았더라면……)

'희소성', 자산과 재화를 가르는 기준

물론 도입부의 예는 남녀 성비 차이에 따른 것이지요. 관건은 '그놈이 얼마나 잘난 놈이냐'가 아니고 '남자가 얼마나 희소하느냐'가 가치를 결정하게 됩니다. '광수'라는 남학생이 공대를 다니다가 열 받아 재수해서 교대를 가게 되면 사람 자체는 아무 변화가 없지만 교내 연애 가능한 남자로서의 가치는 몇 갑절로 급등합니다. 설사 광수가 공대남 시절보다 스타일이 구려지거나 여학생에게 잘 보이려는 노력을 덜 기울이더라도 단지 교대남이 되었다는 것만으로 교내 연애를 훨씬 쉽게 할 수 있지요. 희소성이란, 이렇게나 무시무시한 것입니다.

위 사례에서 '남자 = 화폐, 여자 = 자산'으로 대입하면,

[공대 환경] 화폐가치 하락 = 자산가치 상승

[교대 환경] 자산가치 하락 = 화폐가치 상승

이처럼 화폐와 자산은 한쪽의 가치가 상승하면 다른 쪽의 가치가 하락하는 경합관계라 할 수 있으며, 우세 여부를 좌우하는 것은 '상대적 희소성'입니다.

자산(asset)과 재화(goods)는 엄밀히 다른 것입니다. 코로나19가 처음 확산되던 당시의 마스크처럼 특정 재화의 수요가 급증하면 금세 공급이 따라붙어서 비교적 단기간 내 가격이 안정되곤 합니다. 이렇듯 재화는 본디 희소성이 떨어지는 것이므로 구태여 간직하고 싶다는 욕망도 생기지 않고, 장기적으로 수요 또한 안정적입니다.

하지만 자산은 '그럴 수 없는 것'이기에 자산이 된 것입니다. 재화는 언제나 공급이 충분한 상황에서 '필요하니까 산 것'이지, 갖고 싶다는 욕망이 반영되는 게 아니지요. 내 자산이 얼마인지 답할 때 내가 산 공산품들을 계산해서 말하는 사람은 없습니다. 로렉스 시계나 에르메스 가방은 희소한 만큼 갖고 싶다는 대중의 욕망이 반영되었기에 자산의 반열에 오를 수 있습니다. 암호

화폐(특히 NFT)를 통해 자주 등장하는 '희소성'이나 '커뮤니티 파워' 등의 개념은 자산성을 요래조래 부연 설명한 것뿐입니다.

부동산이 자산과 재화 중 어디에 속하는지 답은 명확합니다. 자산의 경우 가격이 오를 때는 한없이 오를 것 같아서 수요가 급증하지만, 내릴 때는 아무도 사지 않습니다. '뭐가 더 희소하지?'에 대한 대중의 합의에 따라 욕망이 투영되며 수요가 널뛰기하는데, 이것이 자산과 재화의 가장 큰 차이라 할 수 있습니다.

그런데 대다수가 이러한 자산을 두고 엉뚱하게 재화의 수요/공급 논리에 빠져듭니다. 사람들이 갖고 싶은 것은 강남의 신축 아파트이니 그걸 많이 만들어줘야 해결되는데 (정부가) 엉뚱한 짓만 한다고 비난하기 일쑤입니다. 그런데 그게 본질을 완화하는데 도움이 될까요? 여차저차 그렇게 해 준다 하더라도 더 희소한 쪽으로 돈이 몰리는 건 마찬가지일 것입니다.

가령 사람들이 너무나 갖고 싶어하니 정부에서 로렉스와 에르메스에게 벌크로 찍어내라고 강제하면, 그 순간 로렉스와 에르메스는 X값이 되고 곧바로 희소성이 유지되는 다른 브랜드로 수요가 옮겨갈 것입니다. 지나친 경쟁에 시달리는 입시문제를 해결하겠다면서 서울대를 아무나 들어갈 수 있는 학교로 만들어버리면? 아무나 갈 수 없는 학교가 금세 부상하면서 입시문제는 조금도 해소되지 못할 것입니다. 과거 경기고와 서울고 등 명문고가 평준화되었더니 각종 특목고가 서울대 진학률 높은 학교가 되었듯이 말입니다. '상대적 희소성'이라는 게 존재하는 한 절대 해소되지 않습니다.

자산가격을 좌우하는 돈의 희소성과 금리

자산가격이 얼마인지는 '돈'으로 환산됩니다. 고로 돈과 자산은 서로 끊임없이 희소성 대결을 펼치는 것으로 볼 수 있습니다. 금리는 돈의 가격, 돈 값이라

할 수 있는데요. 돈에 대한 수요가 줄어들거나 공급이 늘어서 돈 값(금리)이 떨어지면 자산은 현상유지만 해도 가치가 오른다고 예상할 수 있습니다. 즉, 돈이 흔해지면 돈이 아닌 자산들은 상대적으로 희소해져서 가격이 오르는 것이고, 반대로 돈이 희소해지면 돈으로 환산되는 자산가격은 하락하는 것입니다.

앞에서 밝힌 대로 자산은 재화와 달리 공급이 비탄력적이라 희소성의 정점에 있습니다. 이에 제한적이나마 공급을 늘리면 다소간의 가격안정 효과는 있겠으나 급증하는 수요에 대응하기 힘들고, 재차 상대적인 희소성을 찾아 수요가 몰리는 탓에 공급만 바라보는 것은 근본적인 해결책이 되지 못합니다. 그러므로 돈의 희소성을 높이는 것이 자산에 대한 욕망(수요)을 전반적으로 완화시킬 수 있는 방책이 됩니다.

모두가 돈을 좋아하니까 돈을 마구 늘려준 결과는? 우리 모두 수년간 현실에서 목도하였습니다. 동서고금을 막론하고 자산에 대한 욕망의 크기를 제어하는 데는 돈 값(금리)을 높이는 게 가장 효과적인 약입니다. 한동안 모두가 잊고 있던 '돈의 희소성'에 눈 뜨기 시작하고 자산 대신에 '희소해지는' 돈으로 수요가 이동합니다.

"돈을 버는 것도, 돈을 구하기도 힘들어졌는데, 굳이 내가 지금 저걸 사야할까?"
"지금 사봤자 가치가 떨어질 텐데, 그냥 현금으로 갖고 있는 게 낫지!"
대중의 이러한 마인드는 '수요 절벽'을 유발하고, 자연스레 자산가격의 조정으로 이어집니다.

재화의 문제(인플레이션)는 어찌할 것인가?

앞에서 '(전제 p)재화의 수요가 급증하면, (결론 q)금세 공급이 따라붙어서 비교적 단기간 내에 가격이 안정되곤 한다'고 말했습니다. 현재의 인플레이션 문제는 조건명제(p → q)에서 'true'였던 q가 'false'가 되어버렸기에 대단히 심각해졌지요. ESG, 공급망, 지정학 문제 등 너무 여러 가지 요인들이 '단기간 내에' 공급이 따라 붙을 수 없도록 만들어버렸습니다. 물가 좀 오른다고 해서 갑자기 "싸랑해요 Russia~ China~ 우리 사이좋게 지내요~" 할리도 없고, "다들 힘드니까 지구온난화 따위 이제 신경 쓰지 맙시다~" 할리도 만무합니다. 그래서 인플레이션을 '일시적(transitory)'이라고 표현하는 것은 그저 지체 높은 사람들이 하는 '선의의 거짓말(white lie)'이라는 생각마저 듭니다. 미 연준(Fed)을 가리켜 바보다, 실수했다, 무능하다 등등 말들이 많지만, 필자가 생각하기에는 "아따 선수끼리 와 그라요?"가 연준의 속마음이지 않나 싶습니다.

고백하건대 필자도 신용평가사에서든 국책은행에서든 비즈니스 관계에서 좋은 게 좋은 거 아니냐 식의 smoothing을 위해 숱하게 거짓말을 해왔습니다. 여기서 smoothing은 업계 은어이긴 한데, '사탕발림' 정도가 되겠네요. "너무 염려하지 마십시오", "아직 정해진 건 없습니다", "면밀하게 검토해서 정해지는 대로 말씀 드리겠습니다" 등등 말입니다.

과연 재화에 희소성이 더욱 커져가는 파국을 막기 위해 돈의 희소성을 어디까지 끌어올릴 것인가! 공급 부족을 유발하는 문제(ESG, 지정학, 공급망 이슈)가 단기 내에 저절로 해소될 수 없기에 당분간 금리를 여러 번 올리든, 한번에 50bp 올리든, 연설로 겁을 주든, 돈의 희소성을 상기시키는 발언과 액션은 연중행사가 될 수밖에 없겠습니다.

이처럼 돈의 희소성을 강조하는 조짐이 불거질수록 부동산처럼 사고팔기 어려운 자산 대신 현금과 유사한 정기예금, 단기 채권 등 원금이 보장되고 현금화하기 쉬운 금융 상품으로 수요가 몰릴 것입니다. 금리가 가파르게 오르기 시작하자 집값이 뚝뚝 떨어지는 소리가 여기저기서 들려오는 이유입니다.

_ 영화 〈티파니에서 아침을〉 포스터

홀리는 쇼윈도 다이아몬드를 넋을 놓고 바라보며 이렇게 생각할지도 모르겠다.

"내 손이 빵 대신 저 다이아몬드를 움켜쥐고 있다면……"

애덤은 이 모습을 지켜보며 이렇게 말할지도 모르겠다.

"당신이 움켜쥐고 싶은 것은 단지 다이아몬드가 아니라 '희소성'이란 가치라고……"

16

부동산투자로
인플레이션을 방어한다굽쇼?

_ 인플레이션과 투자에 대한 조급증

"인플레이션은 곧 화폐가치 하락을 의미하므로, 이를 헤지(hedge. 방어)하려면 금, 부동산, 원자재 등에 투자해야 한다"라는 말이 있습니다. 그런데 인플레이션이 없던 시기에는 화폐가치가 올랐는지를 반문해보면, 뭔가 이상합니다. 현금을 쥐고 있으면 거지가 되니까 실물자산이라면 뭐라도 투자해야 한다는 조급증이 혹시 가스라이팅은 아닌지 생각해 봅니다.

혹시 여러분은 글로벌 인플레이션 시대가 도래했는데, 화폐가치가 하락했다고 느끼십니까? "작년의 100만 원보다 지금의 100만 원이 가치가 더 떨어진 것 같다?!" 뭔가 이상하다는 생각이 든다면 여러분은 부채가 있거나 혹은 자산가일 확률이 높습니다. 주식, 부동산 등 자산가격들이 조정을 받는데다 대출금리가 뛰어오르니 현금이 오히려 귀해지는 느낌이 든다면 말입니다.

'인플레이션＝화폐가치 하락' …… 도대체 이 등식 맞아?

요 근래 우리를 절로 한숨짓게 하는 '유가'와 '주가'를 인플레이션과 연결해 보면 퍽 흥미로운 점을 발견하게 됩니다.

2021년 상반기에는 리터당 휘발유가격이 1,500원 수준이었는데, 2022년 상반기에는 2,000원을 뛰어넘었습니다. 어? 작년에는 5만 원 내면 33리터를 주유할 수 있었는데, 지금은 25리터밖에 넣지 못합니다. 인플레이션이 오면 화폐가치가 떨어진다더니, 정말 그런가봅니다.

2021년 가을에는 카카오 주식이 주당 15만 원 정도 했는데, 그로부터 불과 반년이 지난 2022년 봄에는 8만 원대를 오가고 있습니다. 100만 원으로 카카오 주식을 6주 정도 살 수 있었는데, 이제는 11주나 살 수 있네요. 카카오가 갑자기 경영실적이 크게 악화된 것도 아닌데, 어떻게 카카오라는 회사보다 화폐가치가 훨씬 더 커진 걸까요? 인플레이션이 왔는데, 카카오나 네이버 뿐 아니라 아마존, 페이스북 등 글로벌 빅테크들의 기업가치보다 화폐가치가 오히려 치솟았단 말인가요?

'인플레이션＝화폐가치 하락'이라고 배웠는데, 이게 도대체 무슨 일이지?! 교과서에서 배움직한 '인플레이션＝화폐가치 하락'의 등식은 아래와 같이 매우 단순한 사례로 설명 가능합니다.

[예1] 화폐와 재화만 존재하는 세상

스폰지밥이 살고 있는 바닷마을의 해양생물들은 오로지 새우버거만 먹고 삽니다. 그들이 사는 세상에서 화폐는 새우버거를 사먹기 위해 필요한 것이고, 새우버거를 먹고살기 위해 돈을 버는 것이지요.

해양생물들의 월급은 전혀 오르지 않는데 집게사장은 매년 새우버거 가격을 10% 인상하겠다고 밝혔습니다. 지금은 한 달 급여로 50개를 사 먹을 수 있

는데, 내년부터는 45개 밖에 사먹을 수가 없네요. 어차피 돈 쓸데는 새우버거 밖에 없으니 월급을 새우버거로 받는다고 치면 월 50개를 받다가 내년부터는 45개를 받는 셈입니다.

화폐로 받는 소득(명목소득)은 그대로인데, 새우버거로 받는 소득(실질소득)은 물가상승률만큼 감소하는 것입니다. 10% 인플레이션으로 인해 화폐가치가 10% 하락하고, 구매력이 감소하는 만큼 모두가 가난해지는 것입니다. 이런 경우 대게 임금을 올려달라는 압박으로 이어지게 되고, 인건비 상승이 비용 인상 인플레이션을 촉진시키기도 합니다.

아무튼 갑자기 모두가 가난해지는 상황을 보고만 있을 수 없던 은행장 뚱이는 은행에 예금하면 연 10%의 이자를 주겠다고 선언합니다. 비록 월급이 오르진 않았지만 여유자금을 저축하면 1년 뒤 원금과 10%의 이자를 받게 되니, 1년 전과 동일한 개수의 새우버거를 사먹을 수 있습니다. 명목금리를 올려서 화폐가치 하락을 막은 것이지요.

만약 연 10%가 아니라 연 5% 밖에 이자를 주지 못한다고 하면 어떨까요? 이자가 없는 것보다는 낫겠지만 저축한 돈으로 사먹을 수 있는 새우버거의 개수는 줄어듭니다. 명목금리는 5%이지만 인플레이션 10%를 차감한 실질금리는 -5%이며, 이는 화폐가치가 5% 하락한다는 것을 의미합니다. 반대로 이자를 연 15% 준다면 실질금리는 5%가 되고, 높은 인플레이션에도 불구하고 화폐가치는 5% 상승하게 됩니다.

이처럼 단순한 사례로 보면 임금이 오르지 않는 상태에서 인플레이션은 실질소득 감소를 의미하지만, 화폐의 가치는 단지 물가가 오른다고 하락하는 게 아니라 '명목금리와 물가상승률 간의 격차'에 따라 달라집니다.

그렇다면 명목금리가 물가상승률보다 낮은 경우 화폐가치가 하락하는 것이니 대안으로 금, 부동산 등 실물자산에 투자해야 할까요? 현실은 새우버거 외에도 수많은 자산과 재화가 존재하며 제각기 상승률이 다르고, 임금인상률도 저마다 달라서 훨씬 복잡하기 때문에 화폐가치 하락 여부에만 집착하며 투자에 조급증을 가져서는 곤란하겠습니다.

[예2] 화폐와 재화, 자산이 존재하는 세상

여전히 지나치게 단순한 모형이지만, 130쪽에서 설명한 '물(재화)과 다이아몬드(자산)의 역설'을 배경으로, 매년 일정한 임금을 화폐로 받고, 화폐로 물과 다이아몬드를 구매하거나 은행에 예금을 할 수 있는 세상으로 개념을 조금 더 확장해 보겠습니다.

물은 필수불가결한 재화이지만 매우 흔하다보니 가격이 오르질 않습니다. 심지어 물을 퍼내는 기술이 계속 발전하면서 공급이 늘어나고, 물을 판매하는 회사끼리 가격경쟁을 벌이다보니 명목가격이 하락합니다. 사람들의 월급은 일정한데 물의 가격이 자꾸 하락하니 기다리면 더 많이 살 수 있다는 생각에 현재 소비를 줄여버립니다. 그렇게 소비를 줄이니 물의 공급·판매에 종사하는 사람들(제조업 종업원)은 더더욱 힘들어지겠네요.

이에 대해 정부는, 화폐 공급을 확 늘려서 화폐 대비 물의 상대적 희소성을 높이면 현재 소비가 증가할 것이라는 기대로 금리를 내립니다. 금리를 낮춘

종잇장으로 전락한 마르크화의 뭉치로 탑을 쌓는 놀이를 하는 아이들. 사진은 인플레이션이 극단으로 치달았던 1920년대 독일의 경제 상황을 보여주는 모습이다. 어쩌면 우리 머릿속 인플레이션의 이미지는 이 사진과 같아서 화폐가치의 폭락만 떠올리는 것일지도 모른다. 화폐가 저렇게 종잇장으로 전락하기 전에 실물로 바꿔야 한다는 조바심! 하지만 당시 독일 경제의 특수성과 현재 우리나라의 경제 상황은 전혀 맥락이 다르다. 우리나라를 비롯한 대부분의 국가들은 저렇게 되지 않기 위해 금리를 급격히 올리며 화폐가치를 끌어올리고 있다. 이러한 맥락을 고려하지 않은 채 인플레이션 시대에는 화폐가치가 하락하니 뭐라도 사야 한다는 메시지는 위험하다.

만큼 시중에 화폐량이 늘어나지만 ① 돈이 많아진다고 물을 급격하게 더 마시진 않으니 소비가 증가하는 데는 한계가 있고, ② 금리가 낮아진 덕분에 투자가 확대되니 생산기술 발전과 경쟁 심화(쿠팡, 마켓컬리 등의 물류 전략, 배달앱의 이용자수 확대를 위한 가격 보조 등)로 이어지고, 부실기업도 저금리 덕에 살아남으며 함께 공급을 해대니 물의 가격을 계속 하락시키는 압력으로 작용합니다. 결정적으로 물의 공급이 부족하지 않은 덕분에 사람들이 물을 충분히 마시는데도 이전보다 화폐가 더 풍부해지니 화폐와 물 대비 희소성이 더더욱 부각되는 다이아몬드의 가격은 추세적으로 오르게 되고(화폐 → 자산), 이런 추세가 장기화되다보니 다이아몬드 가격 상승과 물의 가격 하향안정화가 영원할 것 같은 믿음이 굳어져 버립니다.

오랜 기간 겪어보지 못한 상황의 역습
·······························

[예2]에서 '물'에는 TV, 세탁기, 석유, 식품 등 온갖 재화를, '다이아몬드'에는 부동산, 금, 비트코인, 미술품 등 다양한 자산을 대입해보면, 우리가 누려왔던 저물가 저금리의 상황을 압축적으로 보여줍니다.

그런데, 갑자기 코로나19 확산으로 물의 생산과 배송에 차질이 생기고, 탄소배출 및 환경오염에 대한 규제(ESG)로 물을 퍼내는 작업이 제한되면서 이전과는 다른 양상으로 물의 공급이 서서히 감소하던 와중에, 물이 풍부한 국가들 간에 전쟁이 터지면서 급속도로 공급이 위축되어가는 상황에 처했습니다. 코로나19만 넘기면 공급 활동이 원활히 재개되면서 공급이 다시 회복될 것이란 기대가 있었는데, 2022년 2월 러시아가 전쟁을 일으킨 뒤부터 전 세계가 '너는 누구의 편이냐?'를 따져가며 예전엔 자유롭던 국가 간 무역거래에 제한이 생기니 구조적인 공급 부족에 직면하게 되는 것입니다. '재화가 희소해지는', 오랜 기간 겪어보지 못한 일이 벌어진 것이지요.

물론 저금리가 지속된 탓에 돈이 너무 많이 풀린 것도 중요한 배경입니다. 시중에 돈이 너무 많다보니 '와, 이제는 재가 더 희소해진다!'라며 희소해져가는 재화들로 풍부한 자금이 우르르 몰려가면서(화폐 → 재화) 재화의 가격 상승을 심화시키는 것입니다. 이를 완화하기 위해 금리인상으로 화폐가치를 높여나가고자 하니 제로금리 시절에 자산에 쏠려있던 수많은 자금들은 '이전보다 화폐가 더 희소해진다!'라며 부동산 같은 자산에 묶인 돈을 빼내는 상황(자산 → 화폐)이 초래된 것입니다.

다시 말해 인플레이션은 재화의 가격이 오르는 것이지 자산가격 상승을 의미하는 게 아닙니다. 부동산은 흔히 인플레이션의 방어자산으로 보도되고, 주식/채권과 달리 재화처럼 형체가 뚜렷한 실물자산이다보니 그렇게 오인되기 쉽습니다.

"인플레 대비 투자전략 다시 짜야…… 단기 국채·금·부동산 주목"
〈이코노미조선〉 2022.2.16.

"인플레 시대, 최악의 투자는 '현금'…… 자산배분 전략은?"
〈아시아경제〉 2022.3.9.

"인플레, 통화정책으로 막긴 역부족…… 주식·채권보다 부동산 유망"
〈한국경제〉 2022.5.4.

하지만 부동산은 주식/채권 등 다른 전통자산보다도 많은 부채를 동반한다는 특징을 가지고 있습니다. 인플레이션에 대항하고자 금리를 올릴수록, 갚아야 할 부채도 무거워지니 오히려 더더욱 외면해야 할 자산이 되는 것이지요. 결국 금리가 좌우하는 화폐가치의 맥락을 고려하지 않은 채, 무턱대고 인플레이션 시대에는 화폐가치가 하락하니 뭐라도 사야 한다는 주장은 매우 위험합니다.

17 500일의 썸머와 WINTER IS COMING

계절의 변화를 의미하는 금리의 움직임

필자는 자산시장에서 금리의 추세적인 오르내림을 계절의 변화에 비유하곤 합니다. '금리'라는 돈값의 변화 앞에서는, 시장에서 거래되는 것이 부동산이건 코인이건 주식이건 반응속도의 차이가 있을지언정, 결국 크게 다르지 않다고 생각하기 때문입니다. 겨울에는 한낮에도 코트를 입어야 하고 여름에는 새벽에도 반바지를 입고 돌아다닐 수 있듯이 금리 앞에서는 모두가 겸손해야 할 뿐입니다. 즉, 다른 조건이 제아무리 좋다고 하더라도 금리가 계속 오른다면 자산시장의 활황은 머지않아 불황으로 돌아설 수밖에 없습니다.

"저금리의 온기를 좀 더 즐겨야 하는데, 평소엔 안 오르던
원자재나 서비스 가격이 왜 자꾸 오르는 것 같지? 설마⋯⋯?"_시장참여자들

"흐음⋯⋯ 일시적일 거야."_파월 및 연준 위원들

"일시적인 거 맞겠죠? 안심하고 저금리를 즐기자~"_시장참여자들

"저기, 근데 지나고 보니 일시적인 게 아니네 ⋯⋯ 이거 심각한 걸!"_파월 및 연준 위원들

"뭐라고요? 이제 와서 말 바꾸면 우린 어쩌라고?"_시장참여자들

금리로 대표되는 매크로의 사계
....

2020년 말부터 해상운임, 농산물 및 각종 원자재가격 상승세가 심상치 않았지만, 2021년 가을에 접어들 때까지 미국의 기준금리를 결정하는 연방준비제도이사회('연준', Fed) 위원들은 인플레이션이 '일시적(transitory)'이라는 입장을 고수했습니다. 그러나 2021년 11월 30일 제롬 파월 의장이 인플레이션은 '일시적'이라는 단어를 버릴 때가 되었다며 긴축으로 돌아서는 입장을 시사했습니다. 공교롭게도 겨울의 초입에서 'Winter is coming'을 외친 것이지요.

저금리의 온기를 즐겨온 시장참여자들은, 오미크론이란 게 터졌으니(2021년 12월) 긴축을 늦추지 않을까? 러시아가 우크라이나를 침공(2022년 2월)했으니 글로벌 경기침체를 우려하면서 역시 긴축을 늦추지 않을까? 등등 악재가 터질 때마다 한껏 긴축 중단에 대한 기대를 품었습니다. 코로나19 확산이 급격한 금리인하로 이어졌듯이 미 연준이 금리를 올리지 못할 핑계거리에 주목하며 다가올 추위를 '설마'하는 마음으로 거부하는 양상이었지요.

하지만 러시아-우크라이나 전쟁이 인플레이션을 더욱 악화시키면서 결국 긴축이라는 겨울을 지나지 않고서는 다시 여름으로 돌아갈 수 없음을 확인시켜주고 있습니다. 그 대상이 부동산이든 주식이든 혹은 비트코인이든 자산가격과 호흡하며 산다면 금리는 곧 계절을 의미하고, 선수들은 이를 '매크로(Macro)'라고 표현합니다.

금리인하기는 자산시장에 온기가 돌다가 점점 더 열기가 높아지니 여름에 비견할만 합니다. 아무래도 따뜻할 때 활동량도 많아지고 다수의 생존에도 유리하니 정부와 시장참여자들은 여름을 선호하고, 장기간 지속되길 바라는 편입니다. 하지만 자산가격이 영원히 오르기만 할 수는 없지요. 그래서 자산시장에 조정과 함께 싸늘한 바람이 불고 그로 인한 침체가 우려되면 금리를 인하해가며 재차 온도를 높이기도 합니다. 포유류는 겨울에 동면을 취하지만 인위적으로라도 온도를 높여서 더 활동을 하고 싶은 게 인간의 욕망인가 봅니다.

여름(금리인하 시기)에는 조정시 매수(buy the dip), 현금을 다른 자산으로 바꾸며 현금 비중 축소(short cash), 남들보다 앞선 레버리지 투자(부채 확대)가 주효했다면, 겨울(금리인상 시기)에는 반등시 매도(sell the rally), 현금 비중 확대(long cash), 남들보다 앞선 디레버리징(부채 상환)을 염두에 두어야 합니다.

금리가 잠시 오르내리는 것은 환절기에 비견할 수 있을 텐데요. 이 시기에는 "이제 곧 겨울이 온다", "아니다, 아직은 여름이고 잠시 서늘해진 것 뿐이다" 라며 전문가들도 의견이 갈리게 되니 여름과 겨울 중 어느 시기에 적합한 전략으로 대응해야할지 판단을 내리기 어려울 수밖에 없습니다.

여름은 아무래도 발산하는 계절이다 보니 '매출액 성장률', '회원수 증가율' 등이 가장 섹시한 지표가 되고, 쓸모없는 땔감(cash)은 외형 성장을 위해 설비투자, 지분투자 등으로 써버리는 게 호재로 작동합니다. 반면, 겨울에 접어들면 추위를 버틸 수 있는 땔감을 이미 보유했거나 안정적으로 창출할 수 있는지를 중시하게 됩니다. 여름 내내 짐짝 취급했던 땔감(cash)을 향한 소중함과 그리움은 겨울이 깊어질수록 커지기 마련이지요.

무디스, S&P 등 글로벌 신용평가사에서 기업 신용등급을 산정할 때 가장 중시하는 재무지표는 DEBT/EBITDA*입니다. 한마디로 현재의 차입금을 몇 년치 영업활동으로 갚을 수 있는지 상환능력의 펀더멘털을 따져보는 것입니다. 그런데 만기상환부담이 코앞이 아니라면 이자보상배율(영업이익/금융비용)이 당장의 상환능력을 판단하는데 좀 더 직관적입니다. 원리금균등상환방식이 아닌 만기일시상환방식 차입금의 경우 만기 전까지는 이자만 잘 갚아도 되기 때문입니다.

지난 여름을 화끈하게 즐긴 결과 가계부채 1,800조 원 시대, 금리가 1%p 오르면 18조 원을 매년 추가로 감당할 수 있는지를 아주 간단한 산수로 묻고 있

여름 내내 짐짝 취급했던 땔감나무(cash)는 겨울이 깊어질수록
그 소중함과 그리움의 대상이 된다.

"그렇지요, 돈나무(캐시 우드)** 누나?!"

습니다. 계절이 변하지 않을 때는 통합개발이 어쩌고 어디 청약경쟁률이 어쩌고 등을 갑론을박 하지만, 계절의 변화를 느끼게 되면 '다 부차적인 것이었구나' 하게 됩니다. 하루하루 각종 뉴스에 허우적대봐야 금리로 대변되는 매크로 앞에서는 곁가지에 지나지 않습니다. 온도가 2~3도만 오르내려도 '헉 더워!', '어우 추워!'하는 게 인간인데요. 계절의 변화에는 불평하지 말고 적응하라는 준엄하면서도 뼈아픈 메시지가 담겨있습니다.

---

* DEBT은 차입금, EBITDA(Earnings Before Interest, Taxes, Depreciation and Amortization)는 법인세·이자·감가상각비 차감 전 영업이익을 가리키며, 기업이 영업활동으로 벌어들인 현금창출능력을 나타내는 지표로 활용한다.

** Cathie Wood : 자산운용사 ARK Invest의 창업자로, 우리나라에서는 'Cathie'가 'Cash'로 읽혀 '돈나무'라는 닉네임으로도 알려져 있다.

한국은행은 코로나19로 인한 급격한 경기침체에 대응하고자
2020년 3월 17일 기준금리를 1.25%에서 0.75%로 낮췄고,
5월 28일 0.5%로 추가 인하했다.
우리나라 역사상 최초로 기준금리가 제로(0)대에 진입한 것이다.
오랜 완화정책으로 인해 심각해진 자산불균형 문제를
해결해야 한다며 다시 금리를 올리기 시작한
2021년 8월 26일까지 대략 500여일이 흘렀다.
그 500일간 주식, 채권, 부동산, 암호화폐 등 모든 자산가격이
폭등하며 전례 없는 축제를 벌였으니 시장참여자들에게는
잊을 수 없는 여름이었을 것이다.

_ 이미지는 영화 〈500일의 썸머〉 중에서 남녀 주인공이 사귄 달콤했던 순간의 한 장면. 영화 속 여주인공의 이름은 '썸머'(주이 디샤넬)다.

오를 때는 다 같이 오르고, 내릴 때도 다 같이 내린다?

금리의 추세적인 오르내림이 계절의 변화라는 증거는 뚜렷하게 나타납니다. 금리인상기에는 거의 모든 자산군이 순차적으로 조정을 받고, 금리인하기에는 그 반대로 나타나기 마련입니다.

오랜 기간 주식투자에 집중하는 사람들 가운데는 암호화폐를 싫어하는 이들이 적지 않습니다. 워런 버핏이, "비트코인은 아무런 가치를 창출하지 못한다"라고 설파했듯이, 주식투자 관점에서는 어긋난 자산이라는 문제도 있지만, 아무래도 주식시장의 경합재로 인지되는 것도 한 몫을 한다고 봅니다.

즉, 암호화폐라는 게 없었더라면 거기 몰리는 자금이 주식시장으로 흘러들었을 텐데요. 사람들이 건전하게 주식투자할 생각을 하지 않고 단기간 높은 수익률에 열을 올리며 암호화폐시장에 막대한 자금이 흘러간다는 것은 (주식투자자로서는) 내심 불쾌한 일입니다.

어떤 화가의 그림이 몇 백억에 팔렸다느니, 베트남 부동산이 급등했다느니 같은 건 그냥 그러려니 하는데, 옆집 아저씨가 이더리움에 투자했다가 대박이 났다는 소식이 심히 불편한 것입니다. 분명 주식투자자 입장에서는 (암호화폐는) 주식보다 훨씬 열등하고 투자가치라고는 없는 것인데, 정작 내가 투자한 주식보다 훨씬 많이 올랐다는 것에 기분이 좋을 리 없습니다.

물론 암호화폐가 수급 등의 이슈로 급격한 조정을 받는 시기에는 "아, 역시 주식이 더 안전하게 수익을 도모할 수 있는 자산이야"라며, 암호화폐 거래량이 줄어들고 주식시장으로 자금이 유입되는 모습도 일시적으로 나타납니다. 실제로 2021년 5월 중국의 대대적인 암호화폐 금지 조치로 암호화폐시장이 크게 조정을 받은 반면, 코스피는 비교적 탄탄한 흐름을 유지하자, 개인들의 자금이 주식시장으로 흘러갔고, 2021년 7월까지 카카오, 네이버 등은 사상 최고가 행진을 이어갔습니다. 하지만 그 이후의 양상을 살펴보면, 삼성전자와

〈EBN 산업경제〉 2021.6.15.

암호화폐에 데인 개미들 증시로(?) 빚투 ↑

지난 2월부터 21조~22조 원대를 보였던 개인투자자들의 신용거래융자 잔고가 다시금 늘고 있는 것이다. 지난 9일 기준으로는 23조7,472억 원으로 역대 최고치를 새로 쓰기도 했다. 개인투자자들의 주식계좌 예탁금도 10일 기준 67조 1,305억 원을 기록했다. 이는 5월 말 기준과 비교해 약 3조 원이 늘어난 수치다. 금융투자업계 한 관계자는, "반대매매 금액과 비중이 늘고 있는 만큼 각 금융권을 이용하거나 계좌에서 신용을 일으켜 주식에 투자하는 개인투자자가 늘었다고 보여진다"고 말했다. 빚투자의 급증은 최근 암호화폐시장의 변동과도 무관치 않다. 암호화폐시장이 대외적 영향에 연일 조정을 받자, 개인투자자들의 자금이 다시금 증시로 유턴하고 있다는 해석이다. 결과적으로 변동성 확대가 암호화폐 투자자들의 투심을 약화시켰다는 얘기다.

비트코인, 주가지수와 암호화폐 시총은 함께 우하향하고 있으며 한쪽이 조정받는다고 해서 다른 쪽으로 자금이 흐르는 모습은 관찰되지 않습니다.
2021년 상반기만해도 금리의 추세적인 변화를 감지하기보다는 당분간 저금리가 지속될 것이라는 기대감이 지배적이었습니다. 시장참여자들이 계절의 변화를 논하기보다는 아직 한여름이라고 느끼면 삼성전자에서 TSMC로, 비트코인에서 네이버/카카오로 자금이 여기저기로 이동합니다. 2021년 2~3분기 신고가를 형성하던 네이버/카카오 주식의 우상향을 정당화하던 내러티브는, "강남 아파트와 같은 주식"이었습니다. 모두가 네이버/카카오에서 사업을 하고 싶어하니, 모두가 살고 싶어하는 강남 아파트와 유사한 속성을 공유한다는 논리였지요. 즉, 여름을 지내는 동안에 현금을 들고 있는 건 가장 바보 같은 짓이며 초과수익을 낼 수 있는 자산을 분주히 찾아다니는 것입니다.

필자는 대학생 시절인 2004년부터 주식투자를 해오고 있습니다. 주린이 시절에는 도대체 미국 증시가 하락한다는 이유로 왜 우리나라 증시도 같이 떨어지는 것인지, 금리를 고작 25bp(0.25%) 올린다는데 그거 가지고 왜들 난리가 나는지 이해를 할 수가 없었습니다. 즉, 필자가 우리나라 주식을 가지고 있다 보니, 이런저런 외부 요인에 의해 손실이 커지는 상황을 받아들이길 거부하는 심리가 컸지요. "나는 A라는 회사가 재무제표도 좋고 앞으로도 유망하다고 생각해서 투자를 했는데, 미국 증시가 하락하는 거랑 미국에서 금리를 25bp 올리는 게 우리나라 A회사랑 도대체 뭔 상관이야?"라며 부들대다보니 당장은 이성적으로 받아들이질 못했던 것입니다.

급기야는 "미국 증시가 하락하면 거기서 빠진 자금이 우리나라 증시로 올 수도 있는 거 아닌가?", "통상 금리가 오를 땐 주가도 오른다던데?" 등등 필자에게 유리한 방향으로 전개될 수 있으리라는 아전인수격 기대, 소위 행복회로를 돌리기도 했습니다. 그 기저에는 이유야 뭐가 되었든 필자가 투자한 대상이 그저 오르길 바라는 마음이 컸고, 그런 포지션이 상황을 객관적으로 배우고 익히는데 방해가 되었던 것입니다.

부동산 익스포저(위험 노출)가 클수록 채권, 주식, 암호화폐 등의 자산이 조정받는 와중에도, 부동산 관련 업종 종사자 및 다주택자 등이 "설마 집값이 내리겠어? 조정이 오더라도 서울 주요 지역 아파트가격은 괜찮을 거야"라는 기대를 저버리지 못하는 것은 자연스러운 일입니다.

하지만 유동성과 얼마나 가깝냐에 따라 사이클의 진폭이 다르기에, 부동산은 여름도 겨울도 다른 자산들보다 길 수 밖에 없습니다. 우리가 2013~2014년 서울 아파트가격을 다시 볼 수 없듯이, 2020~2021년 서울 아파트가격도 한동안 다시 볼 수 없을지도 모르겠습니다.

WINTER IS ......

"사람들은 이제부터 너희들을 나이트워치라고 부르겠지만, 너희들 스스로도 생각한다면 그건 큰 오산이다. 너희들은 아직 어리고, 여름이라는 계절만 아는 애송이들이다. 그러니 이제 겨울이 닥치면 파리처럼 픽픽 쓰러지겠지."

모르몬트가 생각에 잠긴 듯 아무 말 없이 월로 말을 몰았다. 존은 로드커맨더의 보좌관으로서 그 뒤를 바싹 따랐다. 후덥지근하고 흐린 날씨였다. 무겁게 물기를 머금은 구름이 하늘에 낮게 깔려 있어 금방이라도 비가 쏟아질 것 같았지만, 날은 바람 한 점 없이 더웠다. 땀에 젖은 속옷이 살에 착 달라붙어 존은 기분이 찝찔했다. 정말 무지무지하게 더웠다. 요 며칠 동안 계속 월에 이슬이 축축하게 맺혀 있었다. 그 모습이 마치 겁이 나 몸을 움츠린 것처럼 보였다.

노인들은 이런 날씨를 '스피리트 서머(spirit summer)'라고 불렀다. 그것은 여름이 생명을 다했음을 의미했다.

긴 여름 다음에는 항상 긴 겨울이 오는 법이라며, 그들은 앞으로 닥쳐 올 추위를 대비하라고 경고했다. 존이 아기였을 때 여름이 시작되었으니, 이번 여름은 10년이 넘게 계속되고 있었다.

"존, 차가운 바람이 몰려오고 있다. 여름이 곧 끝나고 아무도 겪은 적이 없는 엄청난 겨울이 올 거야."
"겨울이 오고 있다!(Winter is coming!)"

존은 스타크가문의 가언(家言)이 지금처럼 무섭고 불길하게 느껴진 적이 없었다.

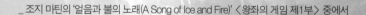

_조지 마틴의 '얼음과 불의 노래(A Song of Ice and Fire)' 〈왕좌의 게임 제1부〉 중에서

...... COMING

드라마 〈왕좌의 게임〉의 포스터 중
네드 스타크와 스타크가문의 가언 'Winter is coming'

전세, 네 안에 채권 있다!

_ 채권의 속성으로 분석한 아파트가격 추이

필자는 종종 전세를 설명할 때 채권의 속성을 들어 분석하곤 합니다. 전세가 채권이라는 것은, '집주인=채무자', '세입자=채권자,' '전세보증금=채권'으로 치환하여 직관적으로 설명이 가능합니다. 집주인은 전세보증금이라는 2년 만기 채권을 발행하여 목돈을 조달하게 되는데요. 세입자(채권자)에게 이자를 현금흐름으로 돌려주는 게 아니라 자신이 소유한 집에서 거주할 수 있는 서비스를 제공합니다. 그 서비스의 가치는 월세(현금흐름)와 다르지 않습니다. '전세=채권'이므로 전세가격은 채권의 가치평가로 산출할 수 있는데요. 이때 시장금리와 반대로 움직이는 채권의 속성을 감안하건대, 금리 변화를 통해 전세가격의 흐름을 살펴 볼 수 있습니다.

"전세가 좋아요, 월세가 좋아요?"

얼핏 전래동화에 나오는 "금도끼야, 은도끼야?"라고 대뜸 묻는 산신령의 질문처럼 들리기도 합니다. 나무꾼이야 당연히 금도끼라고 하겠지만, 전세와 월세는 임대인과 임차인의 신용도/보유현금 및 금리 등 따져봐야 할 조건이 참 많습니다.

시장금리가 결정하는 전세와 월세의 역학관계

A아파트의 월세는 200만 원, 전세가는 6억 원이 시세이며, 예금금리는 3%, 대출금리는 5%라고 가정해 보겠습니다.

장훈이는 A아파트를 부채 없이 전액 현금으로 구입했습니다. 6억 원에 전세를 놓으면 전세금을 은행에 예금하여 얻을 수 있는 이자수익은 연간 1,800만 원에 불과합니다. 반면 월세 200만 원에 계약하면 연간 2,400만 원을 받을 수 있습니다. 장훈이 입장에서는 전세보다 월세를 받는 게 낫습니다.

상민이는 A아파트를 구입할 때 5억 원의 대출을 받았습니다. 5억 원의 대출 이자비용으로 연간 2,500만 원을 부담하고 있습니다. 상민이 입장에서는 A아파트를 월세 200만 원에 임대계약하면 월세수입(연 2,400만 원)으로 대출이자를 갚을 경우 연 100만 원이 부족합니다. 하지만 6억 원에 전세를 놓으면 대출을 전액 상환하고도 남는 돈 1억 원의 이자수익 300만 원도 챙길 수 있으니 월세보다 전세를 받는 게 낫습니다.

장훈이 입장에서는, 월세 200만 원에 상응하는 전세가는 8억 원입니다. 8억 원을 은행에 예금해야 연 2,400만 원의 이자수익을 얻을 수 있기 때문입니다. 하지만 상민이처럼 월세 200만 원을 받을 바에야 전세 6억 원을 받는 게 낫다는 집주인들도 있다 보니, 전세가 시세는 장훈이가 받고 싶은 적정가치보다 낮아지게 됩니다. 반면, 5%의 대출금리를 부담하고 있는 상민이 입장에서는 월세 200만 원에 상응하는 전세가는 4.8억 원이니 전세를 6억 원에 놓을 수 있다면 대환영입니다.

이는 집주인 뿐 아니라 세입자도 마찬가지 입니다. 6억 원 이상의 현금을 보유한 세입자 입장에서는 월세 200만 원보다 전세 6억 원의 임대료 부담이 낮습니다. 하지만 현금을 1억 원 보유한 사람 입장에서는 6억 원의 전세금을 마련하려면 1억 원의 연간 이자수익 300만 원을 포기하고 5억 원의 대출에 대한

2,500만 원의 이자비용을 부담해야하니 월세 200만 원이 더 나은 선택입니다. 차입금리가 예금금리보다 높기 때문에 ① 집주인(임대인) 입장에서는 대출부담이 많을수록 전세를, 대출부담이 적을수록 월세를 선호합니다. ② 세입자(임차인) 입장에서는 보유현금이 많을수록 전세를, 보유현금이 적을수록 월세를 선호하게 됩니다. 이렇게 다양한 임대인과 임차인간 수요/공급에 따라 월세가와 전세가는 일정 범위에서 시세가 결정됩니다.

일반적으로 전세보다 월세가 세입자에게 부담이라는 인식이 강하지만, 개인의 재무구조와 금리에 따라 유·불리가 달라질 뿐입니다. 월세가 200만 원일 때 적정 전세가격은 얼마인지, 또는 전세가 8억 원일 때 월세는 얼마를 받는 게 적정한지는 저마다 처한 상황에 따라 다를 수밖에 없습니다.

전세는 채권이다!

이제 A아파트의 월세는 200만 원으로 동일한데, 기준금리가 1%p 인하됨에 따라 예금금리는 2%, 대출금리는 4%가 되었다고 가정해 보겠습니다.

상민이 입장에서는 5억 원 대출의 이자비용이 연 2천만 원으로 감소하게 되고, 6억 원에 전세를 놓으면 연 200만 원(대출금 5억 원 전액 상환 및 남는 1억 원에 대한 이자수익 200만 원)을 얻지만, 월세 200만 원을 받으면 연 400만 원(대출금 이자비용은 연 2천만 원이나 월세수입은 연 2,400만 원) 수익이 발생합니다. 이제 상민이 입장에서도 전세 6억 원보다 월세 200만 원을 선호하게 되었으며, 전세가가 7억 원 이상은 되어야 월세보다 유리하게 됩니다.

현금을 8억 원 보유한 세입자 입장에서는 월세 200만 원(연 2,400만 원)보다는 전세 8억 원(예금이자 연 1,600만원)의 부담이 더 낮습니다. 이에 상민이에게 새로운 전세가 8억 원을 제시하였고, 상민이 입장에서는 월세 200만 원보다는 전세 8억 원의 현금흐름이 더욱 유리하기에 이를 받아들입니다. 1%p 낮아진 금리 환경에서 장훈이와 현금이 1억 원에 불과한 세입자 입장에서는 8억 원의 전세보다는 월세 200만 원이 여전히 더 나은 선택이라 이 둘은 월세계약을 체결합니다.

그렇게 A아파트의 월세시세는 변함이 없으나 전세시세는 6억 원에서 8억 원으로 상승합니다. 현금이 풍부한 사람 입장에서는 예금금리가 3%일 때 전세 6억 원의 기회비용은 연간 1,800만 원이었지만, 예금금리가 2%일 때 전세 8억 원의 기회비용은 연간 1,600만 원이니, 전세가가 2억 원이나 올랐지만 임차부담은 오히려 낮아진 것입니다.

앞에서 든 예시처럼 주택 임대(전·월세)시장에서 임대인과 임차인의 보유현금과 대출규모에 따라 저마다 전·월세의 유리한 시세가 다르겠지만, 수요와 공급이 만나다보면 한데 뭉쳐서 산출되는 균형가격은 결국 동등한 수준에 도달합니다. 임대인(임차인) 입장에서 월세가 200만 원이라면 2년간 월 200만 원의 고정된 현금흐름을 수령(지급)하는 것이며, 전세가는 월 200만 원의 이자를 수령(지급)하는 채권의 가격과 동일해져야 합니다. 즉, 전세가격은 앞에서 설명한 채권의 가치평가로 산출 가능하며, 시장금리와 반대로 움직이는 채권의 속성을 공유하는 것입니다.

현실에서는 만기별, 차주별 다양한 시장금리가 존재하는 만큼 훨씬 복잡하겠지만, 모든 시장금리의 기준점은 기준금리이니 편의상 실제 사례는 기준금리를 활용하며 살펴보도록 하겠습니다.

"돌이켜보면 전세가가 하락했던 기억이 없어. 워낙 오랜 기간 올랐던 기억만 있다 보니 전세가는 당연히 오르는 거라고 생각했는데."
"워낙 오랜 기간 금리가 낮아져 왔으니 채권가격이 그랬듯 전세가도 계속 오르는 여건이었던 게지. 그런 맥락을 알고서 익숙함을 경계해야해."

금리를 무시하고 전세가를 평가하는 오류

필자는 건설업종 크래딧 애널리스트 업무를 벗어난 뒤에도 가끔씩 취미삼아 대단지 아파트들의 전·월세 실거래가를 정리해보곤 했습니다. 우리나라의 전·월세 실거래가는 국토교통부에서 2011년부터 자료가 공시되고 있는데요. 아파트별 동일 평형 물건에 대한 월세 추이를 살펴보면, 2011년부터 2020년 상반기('임대차2법' 시행 이전)까지 10여 년간 월세의 변화가 거의 없다는 것을 알 수 있습니다.

예시로 든 도곡렉슬, 더샵센텀파크만 월세 변화가 미미했던 게 아닙니다. 해당 기간 시계열이 확보되는, 재건축 이슈가 없는 대단지 아파트들 대부분이 유사합니다. 34평 아파트의 경우 보증금 1억 원 기준으로 반포 월 400만원대, 도곡동 300만원대, 마포 200만원대를 상당기간 유지하는 가운데, 집값도 꾸준히

🏢 서울 강남구 도곡렉슬 34평형 전·월세 추이
(단위: 만 원)

구분	2011	2012	2013	2014	2015	2016	2017	2018	2019	2020.1H	2020.2H
최소보증금	10,000	10,000	10,000	10,000	10,000	10,000	10,000	10,000	10,000	10,000	10,000
월세	270~320	200~330	250~310	280~300	260~310	280~310	290~330	250~310	300~310	350	
전세최저가	48,000	50,000	50,000	60,000	50,000	84,000	85,000	80,000	80,000	120,000	120,000
전세최고가	75,000	75,000	76,000	95,000	105,000	103,000	115,000	130,000	120,000	135,000	180,000
평균거래가	126,000	104,000	109,000	115,000	123,000	127,000	146,000	183,000	203,000	233,300	278,500
최대월세수익률(세전)	3.3%	4.2%	3.8%	3.4%	3.3%	3.2%	2.9%	2.2%	1.9%	1.9%	
기준금리(연초)	2.50%	3.25%	2.75%	2.50%	2.00%	1.50%	1.25%	1.50%	1.75%	1.25%	0.50%
기준금리(연말)	3.25%	2.75%	2.50%	2.00%	1.50%	1.25%	1.50%	1.75%	1.25%	0.50%	0.50%

🏢 부산 더샵센텀파크 1차 34평형 전·월세 추이
(단위: 만 원)

구분	2011	2012	2013	2014	2015	2016	2017	2018	2019	2020.1H	2020.2H
최소보증금	2,000	2,000	2,000	2,000	2,000	2,000	2,000	2,000	2,000	2,000	2,000
월세	120~125	100~115	105~120	110~120	120~130	120~130	120~130	110~125	110~120	130	130
전세최저가	14,000	20,000	18,000	16,000	25,000	29,000	27,000	28,000	33,000	36,000	36,000
전세최고가	25,000	25,000	28,000	32,000	43,000	45,000	42,000	43,500	41,000	45,000	65,000
평균거래가	40,000	40,000	38,000	40,000	44,000	55,000	59,000	57,000	56,000	74,000	92,400
최대월세수익률(세전)	3.9%	3.6%	4.0%	3.8%	3.7%	2.9%	2.7%	2.7%	2.7%	2.2%	1.7%
기준금리(연초)	2.50%	3.25%	2.75%	2.50%	2.00%	1.50%	1.25%	1.50%	1.75%	1.25%	0.50%
기준금리(연말)	3.25%	2.75%	2.50%	2.00%	1.50%	1.25%	1.50%	1.75%	1.25%	0.50%	0.50%

월세에 비례하는 양상입니다. 오랫동안 반포래미안퍼스티지 월세는 마포래미안푸르지오 월세의 2배인데 집값도 똑같이 2배 차이를 기록하는 것이지요.

그런 점에서 서울의 아파트는 '매년 동일한 이자를 지급하는 채권', 또는 '배당금이 매년 일정한 기업의 주식'에 비견할 수 있습니다. 즉, 월세가 일정한 아파트는 채권으로 가치평가(valuation)를 해볼 수 있습니다.

실제로 아래 그림과 같이 기준금리가 낮아질수록 → 임대수익은 일정한데 아파트가격이 올라서 → 임대수익률도 낮아지는 모습이며, 그 결과 아파트의 임대수익률은 기준금리와 일정한 스프레드(수익률 차이)를 유지하는 우량채권과 같은 그래프가 도출됩니다.

간단히 부연하면, 2012년 기준금리가 3%일 때는 '그래도 임대수익이 4%는 되어야지'라는 시장의 매커니즘이 반영된 것이고(도곡렉슬의 세전임대수익률 4%), 2020년 기준금리가 1%까지 내려가자 '임대수익률이 2%여도 좋다'는 시장의

🏢 도곡렉슬/더샵센텀파크 세전임대수익률

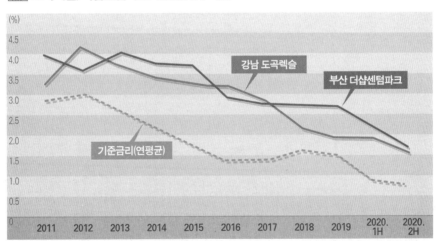

2011~2020년간 매년 가장 높은 월세를 기준으로 산출한 세전임대수익률(연간월세수익/집값)은 기준금리보다 대략 1%p 가량 높은 수준을 유지하며 기준금리 하락과 동행해왔다. 해당 기간 중 연간월세수익(분자)에는 큰 변화가 없지만 집값(분모)이 크게 상승하면서 세전월세수익률이 추세적으로 낮아진 것이다.

매커니즘이 작동한 결과(도곡렉슬의 세전임대수익률 2%)라고 볼 수 있습니다. 동일한 현금흐름을 유지하려면 금리가 낮아질수록 전세가는 올라야 본전이 됩니다. 즉, 금리가 4%일 때 전세가 7억 원(7억 원×4%=2,800만 원)과 금리가 2%일 때 전세가 14억 원(14억 원×2%=2,800만 원)은 임대료가 동일하다고 할 수 있습니다. 고로 금리를 고려하지 않고서 단순히 전세가가 오른 것을 두고 임대료가 상승했다고 볼 수 없으며, 금리가 최소 유지되거나 상승하는 와중에 전세가도 올라야 세입자의 실제 부담이 증가했다고 볼 수 있습니다. 도곡렉슬과 더샵센텀파크의 사례를 살펴보면, 지난 10년간 전세가는 상당히 올랐으나, 낮아진 금리를 감안한 실제 임대부담은 월세처럼 거의 변하지 않은 것입니다.

"10여 년간 월세가 오르지 않았다고요?
그런데 전세가는 엄청 올랐으니
세입자 부담이 크게 증가한 것 같은데요?"

"그렇지 않습니다. 지난 10년간 전세가는 상당히 올랐지만,
당시 낮아진 금리를 감안한 실제 임대부담은
월세처럼 거의 변하지 않은 것입니다."

강남 도곡렉슬 전경

임대료(월세)는 왜 장기간 그대로였을까?

일반적으로 가계소득이 증가하거나, 임대수요에 비해 공급이 부족하면 임대료(월세)는 상승해야 합니다. 서울 아파트의 부가가치가 상승했다면, 경리단길이나 망원동 상권이 임대료를 올렸던 것처럼 세입자에게 더 높은 월세를 전가할 수 있어야겠지요. 그런데 '임대차2법' 시행 이전까지 대도시 주요 지역 아파트의 월세가 장기간 상승이 제한되었던 것은 명목적인 부가가치 상승이 미미했음을 의미하고, 신축 아파트 공급 또한 적절히 이루어진 결과로 보입니다. 도곡렉슬이나 더샵센텀파크와 같은 선호 지역 대단지 아파트의 월세가 10년씩이나 오르지 않았던 이유를 다음과 같이 정리해 보았습니다.

[1] 교통, 학군 등 인프라가 완성되어 있다

신축 아파트의 월세가 초반 3~4년차까지는 상승한 지역들도 분명 존재합니다. 서울 마포/성동, 세종시 등지인데, 신축 아파트 입주물량 부담으로 1년차 임대료가 저평가되는 기저효과와 더불어 기존 인프라가 미흡했으나 점차 주변 여건이 개선된 효과로 분석됩니다. 택시를 타고 옥수·금호동이나 아현동을 지나칠 때면 "이야! 이 달동네가 이렇게 됐어?"하는 택시기사들의 멘트가 뒤따르곤 하지요.

다만, 예시로든 도곡동이나 부산센텀시티는 이미 인프라가 잘 갖춰진 곳들로 인프라 성장세가 둔화된 지역입니다. 택시기사들이 새삼 놀랄 일이 없는 동네이지요. 주식으로 치면 과거의 서울 마포/성동, 세종시는 성장주, 서울 도곡동, 부산 재송동은 가치주에 비유할 수 있겠습니다.

[2] 건물이 노후화(감가상각) 된다

1~4년차 아파트와 8~12년차 아파트는 노후화 차이가 분명히 존재하며 거주

만족도에 영향을 미칩니다. 뒤집어 생각해보면 그나마 도곡동, 센텀시티 정도 되니 10년차 이후에도 4~5년차 시절과 같은 월세를 유지할 수 있는 것으로 해석할 수 있습니다.

[3] 주위에 많든 적든 신축 아파트들이 공급된다

도곡렉슬이 들어설 때만 해도 타워팰리스를 위시한 도곡동은 최고의 부촌이었으나, 이후 반포·잠원·대치 등지에 신축 아파트들이 공급되면서 도곡동의 위상이 과거와 같진 않습니다.

그러니 2030세대 무주택자 입장에서는 너무 조급하게만 생각할 필요는 없겠습니다. 압구정, 여의도, 목동 같은 곳들의 아파트를 언제까지 낡은 채로 둘 수는 없습니다. 여의도가 신축 아파트들로 채워지면 현재의 마포 신축 아파

재건축이 기대되는 목동 신시가지 아파트 단지별 개요 및 주변 지하철 노선

단지	준공 시기(년도)	규모(가구)	용적률(%)
1	1985	1,882	123
2	1986	1,642	124
3	1986	1,588	122
4	1986	1,382	124
5	1986	1,848	116
6	1986	1,362	139
7	1986	2,550	125
8	1987	1,352	154
9	1987	2,030	133
10	1987	2,160	123
11	1988	1,595	120
12	1988	1,860	119
13	1987	2,280	159
14	1987	3,100	122

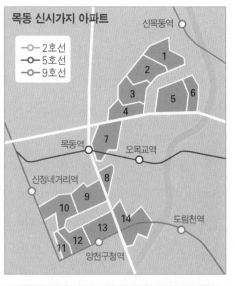

목동 신시가지 아파트
2호선
5호선
9호선

목동 신시가지 단지들의 용적률은 다른 서울 재건축 유망주와 비교해도 낮은 편이다. 한편, 역시 재건축이 기대되는 여의도의 경우 용적률이 크게 높아져서 이들 지역 재건축이 본격화되면 상당한 수준의 일반 분양 물량이 공급될 수 있다.

트들은 상대적으로 구축이 됩니다. 십수년 전에는 가락시영, 반포/개포/둔촌 주공 재건축은 요원하다 못해 불가능하다고들 했었지만, 규제가 너무 많다고 난리치면서도 결국 재건축을 완료했거나 완료될 예정입니다.

청약점수 오래 쌓아서 반포/개포 신축에 당첨된 이들을 로또 맞았다고 부러워하는데요. 현재 2030세대 무주택자의 경우 상승기의 기회를 놓친 마음은 안타깝겠지만, 향후 청약으로 여의도, 목동, 한남동 등지의 신축 아파트를 공략하는 것도 대안으로 추천합니다. 근래 반포/개포 재건축 일반분양에 당첨된 이들도 집값이 급등하던 김대중·노무현 정부 시절에 무주택자였음을 기억해 둘 필요가 있겠습니다.

전통적으로 어떤 회사의 적정가치를 가늠할 때 '이 회사가 현재 얼마를 벌고 있고, 얼마의 배당여력이 있는지'를 바탕으로 평가가 시작되곤 합니다. 회사의 펀더멘털(fundamental)을 분석하는 것이지요. 물론 당장에 이익이 나지 않더라도 폭발적인 성장이 기대되면 매우 높은 주가가 형성되기도 합니다. 이 경우 시장이 기대하던 성장이 실현되지 않으면 투자자들은 실망하게 되고 주가는 펀더멘털 가격으로 되돌아오곤 합니다. 이러한 점에 착안하면 전세가는 집값의 펀더멘털이라 할 수 있습니다. 성장성이나 희소성 같은 건 모르겠고, 당장 이 집의 주거가치가 얼마인지를 그대로 드러내는 것이니까요.

전세가의 상승과 하락은 다소 시차를 두더라도 집값의 향방에 영향을 끼쳐왔습니다. 실증 사례를 보면 전세가 상승 시 집값도 반드시 상승했던 건 아니지만, 전세가 하락은 집값 하락과 관계가 깊었습니다. 고로 전세가가 채권이라는 본질을 이해하면, 금리의 변화를 통해 집값의 향방과 조정 수준에 대해서도 가늠해 볼 수 있을 것입니다.

집값의 거품은 어느 정도이고, 얼마나 더 떨어질까?
- 아파트가격 거품과 조정에 대한 판단 -

인기 주거지로 거듭난 서울 성동구 옥수동의 래미안옥수리버젠은 2012년 말, 서울 마포구 아현동의 마포래미안푸르지오는 2014년 9월에 완공되었습니다. 전자의 월세가 후자보다 대략 10% 가량 높은 만큼, 집값도 그만큼의 차이를 보이는데, 두 아파트 단지 모두 완공 이후 집값 상승률은 서울 내에서도 최상위권이라 할 수 있습니다. 이 가운데 마포래미안푸르지오 34평형의 시세를 살펴보면 다음과 같습니다.

| 마포래미안푸르지오 34평형 집값 및 월세(보증금 1억 원 기준) 비교 |

구분	집값 시세	월세	임대수익률	기준금리*
2015년 하반기	8억 원 내외	약 180만 원	세전 3.0%	1.5%
2019년 상반기	14억 원 내외	약 200만 원	세전 1.8%	1.75%

* 당시 기준금리 변화: 2015년 6월 1.75% → 1.5%(인하) / 2018년 11월 1.5% → 1.75%(인상)

2015년 하반기에 서울 아파트를 사는 것은 기준금리가 1.5%인 상황에서 coupon rate(이표금리) 3%의 채권을 사는 것이고, 2019년 서울 아파트를 사는 것은 기준금리가 1.75%인 상황에서 coupon rate 1.8%의 채권을 사는 것에 비유할 수 있습니다. 은행 예금금리는 기준금리와 비슷하므로 월세와 예금을 수익관점에서 비교해 볼 수 있습니다. 세금 및 각종 거래비용에 따라 다르지만, 단순하게 아파트를 당시 시세대로 사서 월세를 받는 게 2015년에는 은행에 예금하는 것보다 낫고, 2019년에는 은행에 예금하는 것보다 못하다고 할 수 있습니다. 이렇게 세전 임대수익률과 기준금리 간 차이를 비교하면, 2015년 하반기에 비해 2019년 상반기는 집값이 훨씬 고평가된 상황이었습니다. 2019년 월세가 대략 350만 원은 되어야 2015년 수준의 임대수익률을 기록하게 되니 월세와 집값 사이에 괴리가 상당히 커진 것입니다. 심지어 2015년에 비해 2019년 이후 보유세와 취·등록세 등 각종 부대비용이 상승하였으니, 실질수익률은 더욱 악화되었다고 봐야합니다.

물론 당시 기준에서 임대수익률은 1.8%에 불과하지만 기준금리는 제로(0)를 향해 간다거나 당장의 임대수익률이 낮아도 향후 월세를 크게 올릴 수 있다면 고평가 문제는 해소 가능합니다. 다만, 선호도가 높은 서울 주요 지역의 아파트마저 장기간 월세상승률이 부진했던 점에 미루어보면, 공급 부족으로 인해 세입자에게 부담이 전가된다는 주장과 맞지 않으며, 도시가 창출하는 부가가치의 성장성이 기대만큼 높지 않았음을 의미합니다.

서울이 샌프란시스코나 홍콩 수준의 부가가치를 창출한다면 당연히 그들 수준의 월세를 받는 게 가능할 것입니다. 하지만 저성장 기조와 글로벌 경기의 불확실성이 높은 상황에서 월세의 비약적 상승을 기대하긴 어렵습니다. 기준금리를 제로 수준으로

월세가 비싸기로 악명 높은 홍콩에서는,
관광명소이기도 한 익청빌딩처럼 오래된
건물의 10평 남짓한 월 임대료가 한화로
무려 400만 원이 넘는다고 한다.

홍콩의 익청빌딩

낮추는 유동성 확대 외에는 집값의 추가적인 상승은 어려운 여건입니다.

2019년 상반기 당시 필자는 위와 같은 논리로 "과거 장기간 월세 상승이 미미했듯이, 향후에도 월세가 급격히 오르진 않을 것이다"라는 가정과 "기준금리는 현 수준에서 크게 벗어나지 않을 것이다"라는 전망을 결합하여 2019년부터 서울의 아파트가격이 한 번은 꺾일 것으로 예상했었습니다. 하지만 이후의 흐름은 경기침체 우려 및 코로나19 확산에 따른 급격한 금리인하(기준금리 1.75 → 0.5%), '임대차2법' 시행 이후 신규 전·월세가격 급등으로 정반대의 흐름을 보였습니다. 하락을 전망했던 사람에게는 온갖 예기치 못한 악재가 다 터진 것과도 같습니다.

코로나19 바이러스(팬데믹)는 예측 불가능한 영역이었습니다. 하지만 돈을 너무 많이 푼 나머지 전례 없는 인플레이션이 발생한 것은 시기와 정도의 차이가 있을 뿐 예견할 수 있던 일입니다. 인플레이션이 진정되기까지 금리인상은 피할 수 없는 여건에서, 우리나라도 급하게 내렸던 금리를 다시 급하게 올리는 과정에 있지요. 2010년 이후 우리나라 기준금리와 각종 가계대출금리 추이는 아래 그래프와 같습니다.

| 기준금리 및 각종 가계대출금리 추이 |

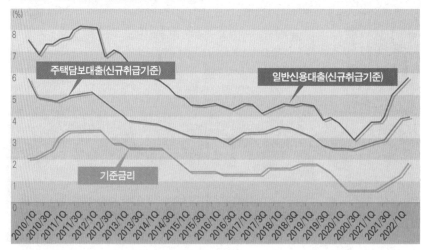

시장에서는 2022년 연말 기준금리를 3.0% 이상으로 예상하고 있으며, 2023년 상반기에도 한국은행이 추가 금리인상을 단행할 가능성을 반영하고 있습니다. 예상대로라면 기준금리는 2011~2012년 수준으로 회귀하는 것이며, 각종 가계대출금리도 이에 발맞춰 대략 2012~2013년 수준에 도달한 상황(2022년 6월 말 기준)입니다. 앞에서 소개한 서울 강남구 도곡렉슬과 부산 더샵센텀파크1차 전·월세추이 표에서 2012~2013년의 세전 월세수익률은 대략 3.5~4.0% 수준을 형성하고 있습니다. 그렇다면 현 시점에서 월세수익률 3.5~4.0%가 산출되는 집값은 얼마인지 감을 잡아볼까요?

안타깝게도 '임대차2법' 시행 이후 신규 계약과 기존 갱신가격 차이가 크게 벌어져서 아파트단지별 적정 월세가 얼마인지 파악하기 어려워졌습니다. 다소 부정확하겠으나 네이버에서 제공하는 현 시점의 월세시세(강남구 도곡렉슬 34평형, 보증금 1억 원 & 월세 445~485만 원)를 대입하면 강남구 도곡렉슬 34평형의 경우 집값이 대략 14~17억 원대가 되어야 세전 월세수익률은 3.5~4.0%가 됩니다. 이는 2017~2018년 가격이며, 현시세(2022년 상반기 기준 약 30억 원) 대비 40~50% 하락한 수준입니다.

물론 이러한 가치평가는 ① 기준금리가 상당기간 3% 이상을 지속하고, ② 월세가 오르지 않는다는 기계적인 가정을 필요로 하기에 상당히 유동적인 현실과는 괴리가 있습니다. 아울러 금리의 급격한 변화를 예상하지 못하고 비싼 가격에 매수했던 사람들이 후회하더라도, 굳이 매각(손절)하기보다는 다시 가격이 오르기를 기다리며 보유함에 따라 이론상 도출된 가격까지 하락하기는 어려운 면도 존재합니다.

이를 뒤집어보면, ① 기준금리가 시장의 예상보다도 더 높은 수준으로 상승하거나, ② 경기침체 등의 영향으로 월세가 하락하거나, ③ 부채가 과도하여 버티기 힘든 집주인이 많아 다수의 물량이 출회될 경우, 고점 대비 40% 이상 하락하는 집값 경착륙의 가능성도 무시할 수 없겠습니다.

집값을 잡기 위해 걸리버가 된 미 연준

_ 한국 vs 미국, 집값과 주거비가 물가에 미치는 영향

우리나라 소비자물가지수(CPI)를 구성하는 458개 항목 중 가장 큰 비중을 차지하는 항목은 전세 5.4%와 월세 4.43%로, 이 둘을 합친 주택임차료 비중이 무려 9.83%에 달합니다.* 하지만 지난 세월 우리가 체감하는 엄청난 집값 상승에 비해 통계청에서 발표하는 물가상승률은 언제나 매우 낮은 수준이었고, 오히려 집값 상승세가 둔화된 2022년 들어 물가가 치솟는다고 난리입니다. 집값은 주거비용과 직결되고 주거비용은 소비자물가에서 매우 중요한 항목인데, 집값과 물가지수 간의 괴리가 왜 이렇게 큰 것일까요?

"요즈음 고물가 때문에 난리인데……"

"그래봐야 얼마 전까지 미친 듯이 솟구친 집값하고 전세가만 하겠어?"

"그러고 보니 집값하고 전세가가 그렇게 올랐어도 소비자물가는 지금처럼
 심각하지 않았었잖아……"

"혹시 주거비용은 소비자물가하고 별개인거야?"

"설마……"

---

* 그 외 비중이 2%를 상회하는 품목으로는, 휴대전화료 3.12%, 공동주택관리비 2.1%, 휘발유 2.08% 정도이며, 12개 대분류 상으로는 식료품 및 비주류음료 15.45%, 음식 및 숙박 13.13% 등 음식 서비스 관련 비중이 높은 편이다.

자가주거비가 아닌 주택임차료만 반영

미국은 소비자물가지수(CPI)를 구성하는 211개 항목 중 자가주거비(23.53%) 및 주택임차료(7.59%)의 가중치가 여타 항목에 비해 압도적으로 높습니다. 자가주거비(owner's equivalent rent)는 주택을 소유하고 거주하는데 따르는 비용을 뜻하는데요. 미국에서는 '본인이 소유한 주택을 임차할 경우 얼마를 받을 것으로 보느냐'라는 설문조사를 통해 측정합니다.

주택임차료는 실제 지출한 금액의 변화를 측정 가능하지만, 자기 소유의 경우 투자 성격을 제외하고 실제 지출되는 비용을 명시적으로 측정하기 어렵기 때문에 우리나라를 비롯한 일부 국가들의 경우 소비자물가지수에 주택임차료만 반영하고 있습니다.

따라서 집값이 급등하여 실제 주거부담이 높아져도 물가상승률에는 변화가 없다보니, 물가상승 압력을 과소평가한다는 비판에 직면합니다. 2021년 10월 금융통화위원회 회의록에 따르면, '우리나라도 자가주거비를 고려하면 실제 물가상승률은 통계보다 상당히 높을 것'이라고 언급되었습니다.

📊 주요국 소비자물가 내 주거비 비중

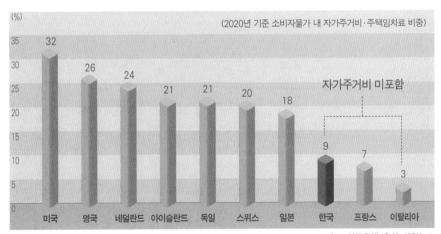

자료: 한국은행, 출처: 연합뉴스

〈파이낸셜뉴스〉, 2021.12.22.

물가지수 5년만에 바꿨지만……
집값 반영 안돼 소비자 체감과 괴리 여전

소비자물가지수에 집값과 자가주거비를 포함해야 한다는 목소리가 크다. 자가주거비는 집값과는 다른 개념으로 자신 소유 주택에 거주하면서 생기는 대출이자, 재산세, 세금 등 주거서비스에 대한 비용을 말한다. 앞서 한국은행 금융통화위원회는 가계 소비지출에서 큰 비중을 차지하는 자가주거비도 소비자물가에 반영해야 한다는 의견을 제시했다. 현재 통계청은 자가주거비 포함 지수만 보조지표로 활용하고 있다.

어운선 통계청 경제동향통계심의관은 "주택가격 차이는 건물서비스의 가격보다는 입지 요소 차이에 기인한다"며, "집은 소비지출 대상이 아니라 자본재, 투자재로 보고 있다. 집값을 포함하지 않아 소비자물가지수에 문제가 있다는 지적은 부적절하다"고 설명했다. 다만 "자가주거비 포함 지수의 주지표 사용은 소비자물가지수가 임금과 연금 등 각종 계약과 연동돼 있는 만큼 사전에 광범위한 공론화 과정이 필요하다"고 했다.

실제로 상승률이 낮았던 전·월세(주택임차료)

다음과 같은 이유로 주택임차료가 소비자물가지수에 미치는 영향 또한 크지 않았습니다.

[1] 158쪽에서 살펴본 바와 같이 '임대차2법'(계약갱신청구권제, 전월세상한제. 시행 : 2020.7.31.) 이전까지 월세는 장기간 거의 변화가 없었습니다(심지어 서울 주요 지역 아파트들 마저도!).

[2] 전세의 경우 매월 변하는 전세시세가 반영되는 게 아니라 세입자가 재계약 시점에 부담하는 상승률을 물가지수에 반영하게 됩니다. 전세는 2년마다

계약이 갱신되니 세입자 입장에서는 2년간 전세금액이 변하지 않는 셈이므로 실제 전세시세와는 큰 차이가 있습니다.

[3] 소비자물가는 전국 단위의 모든 주택유형(연립, 단독주택 등)을 포함하므로 수도권 아파트를 중심으로 체감하는 임차료 대비 상승률이 낮아집니다.

2020년 7월 31일 '임대차2법' 시행 이후 전세가격은 계약갱신청구권으로 연장된 전세가와 신규 전세가가 크게 벌어지며 양극화가 진행되었습니다. 국토교통부에서 서울 100대 아파트를 분석한 결과, 갱신계약 중 76.5%가 종전 임대료 대비 5% 이하로 임대료를 인상한 것으로 파악되었는데, 계약갱신청구권을 활용한 세입자는 주택임차료의 2년간 상승률이 5% 이내로 제한되었던 것입니다.

한편, 법 시행일자로부터 2년이 지난 2022년 7월 31일부터는 이미 계약갱신청구권을 활용한 세입자들은 임대료 인상제한 없이 집주인과 새로운 전·월세가격을 협의해야만 하는 상황입니다. 지난 2년 동안 주택임차료가 크게 인상된 점을 감안하면, 장기간 안정세를 보였던 전·월세가가 통계상으로도 상당 폭 상승하면서 과거와는 달리 소비자물가지수에도 적지 않은 영향을 끼칠 가능성이 있습니다.

일반적으로 임차료 상승은 집값을 올리거나 하방경직성을 강화하는 요인입니다. 다만, 인플레이션 문제가 심각한 상황에서 한국은행은 물가안정을 최우선으로 삼고 금리인상에 속도를 내고 있는 실정입니다. 장기간 물가안정에 기여해온 주택임차료마저 물가상승 요인으로 전환될 경우 긴축기조가 예상보다 장기화되면서 집값 상승에 부정적인 요인으로 작용할 수 있습니다.

🏢 주택임차료 변화가 집값에 미치는 경로

* 주택임차료 상승 → 다주택자의 임대수익률 상승 → 집값 상승에 긍정적.
* 주택임차료 상승 → 소비자물가지표 상승 → 긴축기조 강화 → 집값 상승에 부정적.

미 연준의 특명, 집값을 잡아라!
자이언트스텝을 불러온 미국의 소비자물가지수(CPI) 분석

미국의 2022년 5월 소비자물가지수(CPI)는 전년 동월 대비 8.6% 상승하였고, 이는 41년 만에 최고치 기록이었습니다. 3월 8.5%, 4월 8.3% 기록 이후 상승세가 소폭이나마 꺾일 것을 기대했었기 때문에 충격이 컸습니다. 미 연준도 예상을 뛰어넘은 물가상승과 시장기대치의 급등을 고려해 6월 연방공개시장위원회(FOMC)에서 50bp(빅스텝)도 아닌 75bp(자이언트스텝)의 기준금리 인상을 단행했습니다.

미국의 5월 물가의 주요 상승요인을 분석해보면 휘발유, 식료품, 주거비의 기여도가 높아졌는데, 특히 CPI의 30% 이상을 차지하는 주거비(shelter costs)*의 상승세가 심상치 않은 것이 눈에 띕니다.

집값이 오르면 주거비도 상승하기 마련인데, 연구결과에 따르면 주거비 변화는 집값변동에 1~1.5년 정도 후행하는 것으로 알려져 있습니다.

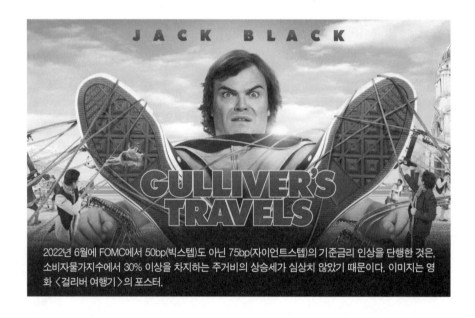

2022년 6월에 FOMC에서 50bp(빅스텝)도 아닌 75bp(자이언트스텝)의 기준금리 인상을 단행한 것은, 소비자물가지수에서 30% 이상을 차지하는 주거비의 상승세가 심상치 않았기 때문이다. 이미지는 영화 〈걸리버 여행기〉의 포스터.

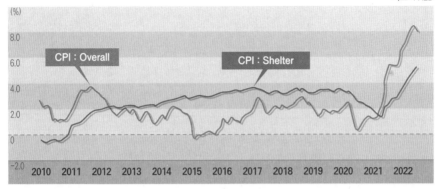

미국 주거비지수(Shelter)와 소비자물가지수(CPI)

자료: FRED

CPI : Overall

CPI : Shelter

2008년 금융위기 이후 4% 이내로 안정적이던 주거비 상승률이 2022년 들어 가파르게 상승하면서 인플레이션 완화에 걸림돌이 되고 있다.

가령 장훈이(집주인)가 상민이(세입자)에게 1년간 월세 1천 달러를 받기로 임대계약을 체결했는데, 하필 임대계약 이후부터 점차 집값과 월세가 치솟게 되면 집주인인 장훈이는 계약기간이 만료되는 1년 뒤 월세를 올려받으려 하겠지요. 반대로 집값이 떨어지더라도 계약 중인 임대료가 실시간으로 낮아지진 않습니다. 결국 임대료는 계약기간 중에는 변하지 않아 집값 대비 안정적으로 움직이기 때문에 집값 추세를 후행적으로 반영하며 조정되는 특성을 보입니다.

미 연준은 2020년 코로나19 확산 초기에 2008년 금융위기 직후와 같은 주택가격 급락과 이에 따른 급격한 경기침체를 우려해, 경기부양 목적으로 장기금리를 낮게 유지하기 위해 매달 1,200억 달러 규모의 국채(800억 달러) 및 모

---

* 앞에서 밝힌 대로 미국의 주거비는 '자가주거비'와 '주택임차료'로 구성되는데, 이 둘은 사실상 유사하게 움직이는 것으로 파악된다. 주택임차료의 경우 세입자가 임대계약상 집주인에게 지불하는 일체의 비용 및 정부보조금(저소득층을 위한 주택 바우처 프로그램)을 계산한다. 자가주거비의 경우 집주인을 대상으로 보유주택의 소비가치를 설문으로 조사하되 전기, 가스, 수도요금 등 유틸리티 비용은 별도로 측정한다는 데서 다소 차이가 있다.

미국 주거비지수(Shelter)와 케이스실러 지수

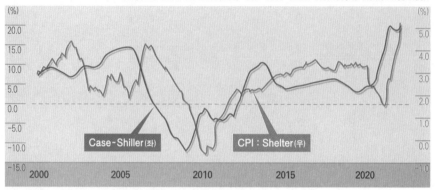

자료: Bureau of Labor Statistics(BLS): S&P Case-Shiller U.S.National Home Price Index

> 미국의 대표적인 주택가격지수인 케이스-실러(Case-Shiller)지수는 2020년 코로나19 이후 급등한 미국 집값의 현실을 극명하게 보여준다. 집값 급등의 요인으로는 모기지 금리 하락, 재택근무, 목재가격 상승 등이 거론된다. 거주비 상승률(Shelter CPI)은 케이스-실러지수를 1~1.5년 가량 후행하는 것으로 관찰된다.

기지채권(Mortgage Backed Securities, 400억 달러)을 사들였습니다(모기지채권 매수 → 모기지 채권가격 상승 → 모기지 금리 하락).

하지만 결과적으로 코로나19 기간 중 주택 수요는 위축되지 않았고, 오히려 매우 낮아진 모기지 금리 덕분에 집값이 폭등한 양상입니다. 처음 겪어보는 팬데믹의 공포로 인해 우리나라에서도 "사람들이 밖에 돌아다니질 못하는데 누가 부동산 거래를 하겠느냐"며, 코로나19 확산이 부동산 경기에 부정적일 줄만 알았는데요. 하지만 초저금리와 함께 전국적으로 집값이 급등하며 주택 경기가 과열된 것은 미국의 경우와 다르지 않았습니다.

결국 폭락과 침체를 염려해서 취했던 강력한 경기부양 조치들이 오히려 폭등과 과열을 유발하면서 결과적으로 패착이 되었고, 이를 수습하기 위해 금리인상과 양적긴축이 빠르게 전개되는 것입니다.

요약하자면, ① 모기지 금리 하락 → ② 집값 상승 → ③ 주거비 상승의 경로에서, ③의 심각성이 부각되자 금리인상과 양적긴축을 통해 ④ 모기지 금리상승 → ⑤ 집값 하향안정 → ⑥ 주거비 하향안정의 경로를 도모하는 것입니다. 아래 기사 내용대로 장기주택담보대출 금리와 연동되는 모기지 금리 급등으로 인해 주택수요가 빠르게 위축된 상황이며, ⑤단계가 가시화된다면 1년여의 시차를 두고 ⑥을 통해 물가안정을 기대해 볼 수 있겠습니다.

원유, 곡물 등 주요 원자재의 가격 상승은 전쟁 및 공급망 붕괴가 문제인데 "금리인상으로 어떻게 해결하느냐"는 볼멘소리가 많습니다. 반면, 주거비 하향안정의 관점에서는, 집값을 잡기 위한 미 연준의 노력을 큰 흐름에서 조망해 볼 필요가 있습니다.

<조선비즈>, 2022.6.17.

파월, 집 사지 말라더니……
미국 주택담보대출 금리 13년 만에 최고

모기지 금리는 미국 국채 10년물 금리의 움직임에 큰 영향을 받는데, 국채 10년물 금리도 이번 주 지난 2011년 이후 최고치를 기록한 바 있다. 대출·채권 금리는 미 연방준비제도(Fed, 연준)의 기준금리 인상 움직임에 치솟고 있다. 연준은 물가 상승에 대처하기 위해 지난 5월 '빅스텝'(0.5%포인트 금리인상)에 이어 6월 '자이언트스텝'(0.75%포인트 금리인상)에 나선 데 이어, 양적긴축을 통해 주택저당증권(MBS) 매입을 줄이면서 모기지 금리를 올렸다.

모기지 금리 급등은 미국 주택시장에 부정적인 영향을 줄 것으로 전망된다. 미국 모기지은행협회(MBA) 소속 수석이코노미스트 마이크 프래탄토니는, "주택수요가 상당히 가파르게 줄었다"며, "연준이 부동산시장에 큰 영향을 미치고 있다"고 말했다. 전날 제롬 파월 연준 의장은 기자회견에서 주택 구입을 고려하는 미국인들을 향해, "수요와 공급이 재조정될 때까지 기다리는 것이 나을 것"이라고 밝혔다.

20

얼마면 되겠니, 갖고 싶은 너의 가치는?

_ 주식과 금의 속성으로 분석한 아파트가격

아파트는 일정한 임대수익을 얻을 수 있다는 점에서 채권의 속성을, 살아가는데 반드시 필요하다는 점에서 원자재의 속성도 함께 가지고 있습니다. 그런데 앞에서 다룬 대로 채권의 속성만을 강조하면 지나치게 낮은 임대수익률이 장기간 유지되는 것을 설명하기 어렵습니다. 아파트가 투자의 대상으로 조명 받을수록 성장주 또는 금과 같은 '가치저장수단'으로서의 속성이야말로 아파트의 가격 형성에 대단히 중요한 요소가 됩니다.

> "사랑? 웃기지마. 이젠 돈으로 사겠어.
> 얼마면 될까? 얼마면 되겠냐고!"

무려 20년도 넘은, 2000년에 방영된 드라마 〈가을동화〉에서 원빈이 송혜교에게 외쳤던 대사입니다. 냉정하게 따지면 사고로 인한 사망시 보상금은 사망자의 직업, 소득, 나이에 따라 달라지며 그렇게 사람의 가치도 돈으로 환산 가능합니다. 하지만, 사랑은 눈을 멀게 하고 상대방을 고평가하게 만들지요. 여기에는 '이 사람은 앞으로 더 잘 될 거야'(성장성), '이런 사람은 다신 없을 거야'(희소성) 같은, 근거가 불확실한 믿음이 자리합니다.

시장금리가 결정하는 전세와 월세의 역학관계

2016년까지 3%를 상회했던 서울 아파트의 세전월세수익률(연간 월세수익 / 집 값)은 2019년 들어 1%대에 돌입, 안착하게 됩니다. 2019년 하반기에 가까운 지인 중 3명이 서울에 집을 샀는데요. 그 중 한 가지 사례를 구체적으로 살펴 보겠습니다.

지인 중 1명은 돈의문 센트레빌(2011년 준공, 561세대) 79.33m²(24평형) 반전세로 보증금 2억 원/월세 80만 원을 받던 아파트를 세 안고 7.4억 원에 매입하는 조건이었습니다. 이는 당시 네이버 부동산과 국토교통부 실거래가 정보를 검 색해보면 해당 아파트단지의 평균적인 임대시세와 거래가격이었습니다. 투 자 관점에서 수익률을 계산해보면,

> 연 960만 원(월세 80만 원×12개월) ÷ 5.4억 원(매입가 7.4억 원 − 보증금 2억 원) =
> 세전수익률 약 1.78%

여기서 거래비용과 재산세 등을 감안하면 실질수익률은 더 낮아집니다. 다른 지인 2명의 투자수익률을 똑같은 방식으로 계산해보면 1.5% 수준으로 더욱 낮았습니다. 2019년 말 은행의 신규취급액 가중평균금리를 살펴보면, 주택담 보대출은 2.45%, 저축성예금금리는 1.6%였으니 세전기준으로 시중은행 예금 금리와 유사했던 셈이지요.

일반적으로 기관투자자들이 오피스 등의 부동산을 매입할 때 활용하는 일종 의 임대수익률 개념인 cap rate*는 4% 수준이니, 아파트가격이 상당히 고평

---

* capitalization rate : 연간순영업이익 / 부동산가격으로 산정한다. 연간순영업이익은 임대 및 기타수익에서 재산세, 관리비, 보험료 등 각종 영업비용을 빼고 산출한다. 분모인 부동산가격이 높을수록 cap rate가 낮아 지기 때문에, cap rate가 낮을수록 부동산가격이 고평가 되었다고 판단한다. 시장금리가 높을수록 cap rate 도 높아야 이익을 확보할 수 있으므로 적정한 수준의 cap rate가 얼마인지는 시장금리에 따라 가변적이다.

가 되었다고 볼 수 있습니다.

오랜 기간에 걸쳐 금리는 자꾸만 내려가고 현금을 가지고 있으면 바보가 되는 것 같은 분위기 속에서 보유현금을 얼른 자산으로 바꿔야 한다는 조바심이 팽배합니다. 다만, 투자를 하더라도 당시 코스피에 시가 배당수익률 3%가 넘는 주식들도 허다했는데, 어쩌면 예금보다 못한 임대수익률에도 아파트를 사겠다는 심리를 기업의 투자의사결정 관점에서 바라보면 다음과 같습니다.

[1] 3%가 넘는 배당수익률을 제공하는 기업의 주가는 하락할 수 있지만, 아파트가격은 하방경직성*이 강하니 하락하지 않을 것이다. 즉, 최소한 매우 안전한 1%대의 임대수익률을 확보하고 간다.

[2] 향후 임대료가 상승하여 나의 투자금액 대비 수익률이 높아질 것이다. 이를테면 집값이 오르지 않더라도 임대료가 2배로 상승하면 지금은 1.5%대인 임대수익률은 3% 이상이 된다.

[3] 임대(배당)수익률 따위가 뭐가 중요한가? 이것은 희소하기 때문에 가치가 계속 오를 것이다. 정부가 강한 규제로 공급을 틀어막아서 장기간 공급이 부족하다고 하니 앞으로도 계속 희소하지 않겠는가?

[1]은 서울 집값의 하방경직성에 대한 관성적인 믿음에 기반합니다. 아울러 최소한 지금 수준의 임대료와 집값이 하락하지 않고 안정적으로 지속될 것이라는 신뢰(credit)는 이자와 원금의 안정성을 확보하는 채권투자에서 기대할 수 있는 속성입니다.

[2]는 서울 거주민의 소득이 우상향함에 따라 혹은 내가 투자한 지역의 인프라가 개선되면서 임대료도 계속 오를 것이라는 기대심리로, 기업의 미래 영

---

* 수요/공급의 법칙에 따라 당연히 내려가야 하는 가격이 어떠한 이유로 가격이 내려가지 않는 성질.

업이익이 증가할 것으로 예상되면 주가가 상승하는 원리와 같습니다.

[3]은 금, 비트코인 등의 가격 상승을 기대하는 심리와 같습니다. 아파트를 보유하면 예금이자 수준의 임대수익이라도 기대할 수 있는데, 금과 비트코인은 이자가 제공되지 않으며 대체로 현금 대비 희소성에 가치가 연동됩니다.

결국 모든 자산의 가격은 채권, 주식 및 금의 가치평가 논리로 상당부분 설명이 가능한데, 앞에서 논의한 내용들을 정리하여 아파트가격을 3가지 구성요소로 나누면 다음과 같습니다.

아파트가격＝A＋B＋C
A : 현재의 사용가치, 전·월세(채권)
B : 향후 임대수익 상승 기대(주식)
C : 소유 프리미엄 및 희소성 가치 부여(금)

"아니, 기관투자자들은 오피스에 투자할 때 임대수익률을 최소 4%는 요구한다는데, 아파트는 세전 임대수익률이 1.5%밖에 안 된다는 게 말이 돼? 왜 이렇게 고평가된 거야?"

"그건 아파트가격을 구성하는 요소 A, B, C 중에 A만 고려한 것이고, 현재 임대수익률이 세전 1.5% 수준이니 고평가로 보일 수 있지. 하지만 아파트를 그 가격에 구입하는 사람들은 알게 모르게 B, C도 감안하며 집값이 오른다고 기대하면서 사는 거라고."

"어딘가에서는 집값 떨어진다고 난리인데도 노른자위에 분양하는 아파트 모델하우스가 여전히 인산인해인 것을 보면 알 수 있지."

아파트를 사는 것(to buy)과 사는 것(to live)의 차이를 감안하여 부연하면, 매매가(to buy의 가치) = 전세(현 시점에서 to live의 가치) + α(알파)인데요. 여기서 α를 분해하면, '소득 증가 및 인프라 개선 호재로 인한 집값 상승 기대치'를 B, '집을 소유함에 따른 개인적 만족감, 즉 이사 걱정 없이 내 집을 마음대로 꾸미고 살 수 있는 심리적 안정감'과 '갈수록 형편없어지는 현금을 대체하기 위한 가치저장 역할'을 C라 할 수 있습니다.

현재의 사용가치(A)는 집값의 펀더멘털과도 같은 요소로 전·월세 현 시세에 반영되어 있습니다. 그러니 흔히 '갭(gap)'이라 부르는 집값과 전세가의 차이가 'B+C'라고 할 수 있습니다. 서울·수도권 아파트의 매매가와 전세가의 차이가 극도로 축소되었던 이명박·박근혜 정부 시기(2008~2016년)에는 B, C에 대한 대중의 기대가 가장 약했다고 볼 수 있고, 비선호 지역의 단독·다가구주택 등의 집값과 전세가의 차이가 거의 없는 것도 같은 이유로 해석할 수 있습니다.

호재의 선반영과 가치저장기능에 관하여

A는 채권의 속성으로 가치평가할 수 있는데, 금리와 가격이 반대로 움직이는 특성을 앞에서 논했으니(114쪽, '채권의 가격은 시장금리와 반대로 움직인다') 여기서는 B와 C에 대해 살펴보겠습니다.

B : 향후 임대수익 상승 기대(주식의 속성)

주가는 영업이익의 성장성을 중시합니다. 안정적인 영업이익을 창출해도 성장성이 낮은 기업의 주가는 제자리걸음이지만, 전기차, 바이오, AI, 메타버스 등의 영역에서 향후 큰 성장이 기대되는 기업들은 당장의 영업이익이 미미해도 주가는 장밋빛 미래를 선반영하여 미리 크게 오릅니다. 이를 아파트시세에 적용해 보면, 어떤 호재 덕분에 실질 임대수익, 월세를 높일 수 있을 거라는 기대를 반영하여 매매가가 전세가보다 먼저 오르는 것입니다.

이러한 B의 가치와 중요성은 재건축 아파트에서 확연히 드러납니다. 연식이 40년 넘은 노후 아파트들은 전·월세가가 매우 저렴한 편이지만 매매가는 주위 신축 아파트보다 비싼 경우가 많은데, 신축 아파트로 변모한 이후의 가치를 선반영하고 있는 것입니다. 신축 아파트의 경우 재건축에 비해서는 덜하지만 교통과 학군으로 대별되는 주거 인프라 관련 호재가 기대되는 경우 매매가에 선반영되곤 합니다.

지하철 9호선 연장, GTX-A노선 착공 등 교통 인프라 호재는 시세에 선반영되는 단골소재입니다. 완공되면 과거보다 주거 및 임대 부가가치가 높아지는 건 확실합니다. 문제는 이런 교통 인프라 관련 사업은 상당한 세금이 집행되는 일인데다 설계 변경, 자재비·인건비 상승 등 진행과정에서 암초도 많다보니 대중의 기대보다 장기간 지연되기 일쑤인데, 이를 도외시 한 채 선반영이 과도한 경우가 많습니다.

가령 2018년 7월 당시 박원순 서울시장은 용산·여의도 통합개발이라는 아젠다를 던졌는데 그것만으로도 해당 지역 집값이 들썩이며 상승했습니다. 청사진이 구체적으로 나온 것도 아니고 박원순 시장이 차후에도 계속 서울시장을 한다는 보장도 없기에 실현가능성이 의심되는 게 합리적이지만, 시장에서는 이를 호재로 B에 선반영한 것입니다.

앞에서 설명한 대로 강력한 호재 사업일수록 사업비가 과도하다보니 장기간 지체되거나 아예 백지화되기도 하는 점, 금리인상으로 인해 나스닥, 암호화폐 등이 폭락하듯 미래 성장에 대한 과도한 기댓값은 금리라는 현실의 돈값이 높아질수록 조정이 불가피하다는 점은 반드시 유의해야 할 부분입니다. 즉, 거주민의 소득 증가 여부, 호재의 현실가능성과 더불어 금리 또한 장밋빛 전망에 대한 할인율로 작용하면서 금리인상이 B의 가치를 하락시키는 것입니다.

C : 소유 프리미엄 및 희소성 가치 부여(금의 속성)

금, 비트코인 등은 주식, 채권 등 금융상품과 달리 배당, 이자 등의 수익이 발생하지 않습니다. 이들의 주된 역할로 거론되는 것은 '가치저장수단(store of value)'으로, 현금의 가치가 자꾸만 떨어지니 금이나 비트코인이 가진 보편적인 희소성에 기대어 자산가치를 보존하기 위해 구입하는 것입니다.

사실 금, 비트코인과 달리 아파트의 경우에는, 건축물의 감가상각, 집값이 비쌀수록 높아지는 보유세 부담, 많든 적든 매년 공급되는 신축 아파트, 거래가 어려운 만큼 미흡한 환금성(낮은 유동성) 등 가치보전에 불리한 요소들이 내재합니다. 다만 아파트의 구성요소 중 '토지'는 유한한데, 그 희소성과 더불어 국

🏢 20달러와 1비트코인의 구매력 비교

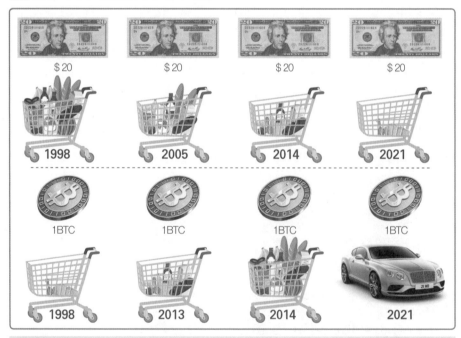

달러와 비트코인의 관계를 희화화한 인포그래픽으로, 세월이 갈수록 20달러로 살 수 있는 물건은 줄어들지만 1비트코인으로 살 수 있는 물건은 급증함에 따라, 현금보다 비트코인을 보유하는 게 실질구매력에 훨씬 도움이 되었음을 보여준다.

내 최고 수준의 인프라 투자가 이어지면서 서울, 특히 강남 아파트의 장기수익률은 여타 자산을 압도합니다. 또한 서울/강남의 토지라는 한정된 자원에서 주택을 탄력적으로 늘리긴 어렵기 때문에 하방경직성이 뛰어난 것도 사실입니다. 그러니 임대수익률이 크게 떨어지더라도 '가치저장수단'으로 삼고서 유동성 확대(금리인하)로 인해 화폐가치가 하락할 때마다 보유현금을 속히 서울권 아파트로 바꾸려는 투심이 집값 상승 동력이 되었다고도 볼 수 있습니다.

앞에서 설명한 B의 경우, '이 지역에 지하철역이 완공되면 월세를 최소 50만 원은 더 받을 수 있을 텐데' 또는 '신축 아파트가 많이 생기는 만큼 학원 인프라도 좋아지고 명문대 진학률이 개선되면 학군에서 우위인 저쪽 동네와 동일한 수준의 임대료를 받을 수 있을 텐데' 등 임대료 상승에 대한 기대가치를 나름 계산해 볼 수 있습니다. 하지만 C의 경우, 금이나 비트코인처럼 어떤 정량적인 가치평가가 매우 어려운 영역이며, 희소가치에 대한 대중(커뮤니티)의 믿음이 얼마나 견고하게 유지되느냐에 따라 가치가 변동한다고 볼 수 있습니다. 현 시점에서는 서울의 경우 역대급 상승이 지속된 데다 향후 공급이 부족하다는 믿음마저 굳건한 상황입니다. 인구구조나 경기침체 등 위기 요소에 대해서도 부익부 빈익빈의 논리가 서울 주요 지역, 특히 강남은 무너지지 않는다는 논리로 방어되고 있습니다.

하지만 멀게는 IMF 외환위기, 가깝게는 이명박정부 시절 강남의 신축 및 재건축 아파트들도 30~50%에 달하는 하락을 경험했던 적을 기억해 둘 필요가 있습니다. IMF는 특수한 이벤트였다 해도 이명박정부 시절에는 금리인상 이외에 집값에 비우호적인 요인이 크지 않았던 점을 상기할 필요가 있습니다. 즉 앞에서 밝힌 대로, 금리상승기에는 그동안 희소하지 않다고 여겨온 현금의 희소성이 부각되기 때문에 우량 자산에 대한 희소성의 무게도 점차 현금으로 넘어가는 과정을 거치게 되는 것입니다.

부동산과 시장을
좀 더 깊이
공부할 결심

누군가에게는 신앙이었던 자산들

2022년 상반기 자산시장의 최대 이슈 중 하나는 테라폼랩스에서 발행한 암호화폐 루나(Luna)와 테라USD(UST)의 폭락 사건이었습니다. 루나의 초기투자자였던 모 벤처투자사 대표의 수십억 원 정도로 추정되는 투자금이 루나가 최고점을 찍을 당시의 가치가 4.2조 원에 달했던 것으로 파악됩니다. 최고가로 약 120달러에 달하던 루나의 가치가 한 순간에 거의 0이 되면서 그의 자산도 약 4.2조 원이 소멸된 것이지요.

혹자는 그것을 중간에 팔고 현금화를 하거나 빌딩을 사거나 했어야지 왜 계속 보유하다가 그런 변을 당하는 것이냐며 이해할 수 없다는 반응을 보입니다. 하지만 이는 해당 자산에 대한 C(가치 상승에 대한 종교적 믿음)가 없는 사람들의 시각일 따름입니다.

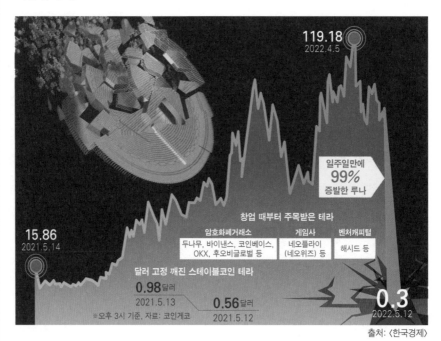

출처: 〈한국경제〉

애초에 사기 의도는 없었다는 전제 하에, 남들보다 일찍 투자한 덕분에 내 자산이 조 단위가 된다면 '나의 판단력과 선택은 옳았다'는 확신을 뛰어넘어 마치 '투자의 신'이 된 것 같은 자만으로부터 얼마나 자유로울 수 있을까요? 게다가 평가손익이 +4.2조 원에 달할 수 있었던 것은 중간에 팔지 않았기 때문입니다. '팔지 않은 덕분에 조 단위 부자가 될 수 있었으니, 팔지 않는 게 최선'이라는 믿음 또한 공고해질 것입니다.

그러니 "야 이거 너무 비싼 거 아니야?", "이런 건 결함이 있는 거 같은데?"라는 주위의 말에 대해 조 단위의 수익을 올린 사람 입장에서는, "당신들이 잘 몰라서 그래", "쌀 때 못 사서 배 아파?" 같은 반응을 보였을지도 모르겠습니다.

2021년까지 금리가 그토록 낮아질 줄은 아무도 예측할 수 없었던 가운데, 아파트 일찍 사서 기껏해야 몇 억 또는 십몇 억 정도 번 사람들도 기고만장하는 경우를 많이 봅니다. "야 이거 GDP, 소득, PEER 대비 너무 비싸지 않냐?" 또는 "과도한 레버리지로 너무 위험해 진 것 같아" 따위의 의견을 제시하면, "네가 잘 몰라서 그래", "집 안 사고 뭐 했니, 무주택충들아" 등등 조롱 섞인 코멘트가 뒤따르곤 합니다. 부동산으로 기껏해야 억 단위 돈을 번 사람들도 이런 식인데 조 단위로 벌었던 사람들의 마음은 오죽했을까요?

결국 주식쟁이든 부동산마니아든 "엄청난 금전적 성공에 도취되는 바람에 리스크를 살피는 의견을 무시하다간 저런 일도 터질 수 있다"는 것이야말로 '루나사태'로부터 모든 자산시장참여자들이 배워야 할 교훈이 아닐까 싶습니다. 은행/대기업들이 비교적 작은 제2금융권/중소기업에 비해 리스크 통제 강도가 훨씬 강한 것도, 규모가 커질수록 리스크 관리도 그에 걸 맞는 수준으로 끌어올려야 하기 때문이지요.

무언가 투자 결과가 좋아서 우쭐해지게 되면, 테라 공동창업자인 권모씨를 떠올려 보자고 다짐해 봅니다. "지금 내 수익이 테라가 무너지기 전의 권모씨 수익 규모를 능가할 정도인가?"라고 말입니다.

'마침내' 종교적 신념의 '붕괴'

_ 가치저장수단으로 살펴보는 아파트가격 형성의 메커니즘

장기간 큰 조정 없는 상승세가 이어질수록 믿음을 넘어 마치 종교적 신념이 됩니다. '지나치게 올랐어!', '너무 비싸졌어!', '떨어질 위험이 있어!' 등등 주변의 목소리가 더 이상 귀에 들어오지 않습니다. 심지어 종교적 신념은 현재가치를 정당화하면서 자산보유를 편안하게까지 해줍니다. 역시 종교의 힘은 마음의 안식처를 가져다주는 걸까요? 하지만 금리인상으로 촉발된 자산가격 하락이 종교적 신념에 균열을 내기까지는 그리 오랜 시간이 걸리지 않습니다.

"땅은 결코 배신하지 않는다."
이 말을 농부가 했다면, 직업윤리적 확신이 느껴집니다.

"서울 아파트는 결코 배신하지 않는다."
이 말을 누가 했든 간에 종교적 신념 같은 게 느껴집니다.

가치저장수단이 되기 위해 필요한 종교적 신념

2013년 이후 장장 8년 여 동안 역대급 상승에 힘입어 서울권 아파트는 대표적인 '가치저장수단'으로 자리매김하였습니다. 앞에서 살펴본 등식(179쪽)을 코로나19 확산 이전인 2019년까지의 집값 추이에 적용해보면,

> 지방 아파트 = 전·월세로 환산되는 주거가치(A) + 호재를 선반영한 합리적 기대(B)
>
> 서울 아파트 = A + B + 가치저장수단으로서의 속성(C)

B와 C 둘 다 '가격 상승에 대한 기대'라는 공통점이 있으나, B는 '팩트에 근거하는 합리적 기대', C는 '종교적 신념'으로 구분해 본 것입니다. 구리와 금, 알트코인과 비트코인이 차별화되듯이, 지방과 서울이 차별화되는 그 주요한 속성을 '가치저장수단'으로 부각한 것입니다. 즉, 경기도 좋고 금리도 낮으면 모든 자산가격에 긍정적이지만, 경기가 나빠서 갈 곳 없는 돈이 단지 금리만 조금 내린다고 해서 아무 자산으로 무분별하게 흘러가진 않습니다.

서울 강동구 고덕동에 '지하철 9호선이 들어설 예정(팩트)'이면, 이는 현재의 전·월세가격과는 무관하지만, 매매가에는 선반영됩니다. 그렇게 전·월세가와 매매가 사이에는 합리적인 괴리가 발생하는데, 그 괴리 중 어느 정도가 9호선이 창출하는 부가가치 효과이고, 또 얼마만큼이 가치저장수단이라는 신념인지를 명확하게 구분하긴 어렵습니다. 역사적으로 '매매가와 전세가 차이(갭)'의 추이를 통해 B+C의 높낮이를 후행적으로만 살펴볼 수 있습니다.

C를 구성하는 핵심 요소는 '희소성'인데, 여기서 '희소하다'라는 말은 언제나 상대적입니다. 오랜 역사를 통해 '금은 희소하여 가치 있다'라는 명제는 대다수가 참(true)으로 받아들이고 있습니다. 금은 완성체에 가깝고 비트코인은 그 지위를 흉내내보려고 누군가 의도적으로 만들어가거나 믿음을 형성 중인, 고

작 10여 년밖에 되지 않은 자산이니 당연히 금보다 변동성이 높고 취약한 자산입니다. 따지고 보면 이 책을 쓴 필자도 세상에 단 한 명뿐이니 매우 희소한 존재입니다. 그렇다고 해서 고용주에게 '나 이렇게 희소한 인력이니 연봉 10억 원 주시오'라고 요구하면 무슨 소릴 듣게 될까요?

결국 '이것이 희소하다'가 '이것이 가치 있다'로 연결되려면 종교적 신념이 필요합니다. 결혼도 마찬가지인데요. 내가 만나고 있는 사람이 세상에 단 하나뿐인 희소한 사람인 건 자명하나 그것만으로 마음을 줄 순 없고, 훌륭한 사람일거라는 맹목적 믿음이 있어야 혼인이 성사됩니다. 물론 대부분은 '속았다……!'로 귀결되지만 말입니다.

희소성에 대한 또 다른 사례로, 부산 집값이 한창 오를 때 해운대 아이파크를 두고 대한민국 최상의 오션 뷰를 가진 입지의 희소성을 강조하며 "돈이 얼마가 들건 간에 하루빨리 사서 대대손손 물려줘야할 입지"라는 논리를 설파한 사람이 있었습니다. '대대손손 논리' 앞에서 '현재의 가격' 따위는 중요하지 않습니다. 해운대 아이파크(또는 파크하얏트부산호텔)의 뷰가 정말 멋지다는 것은 예나 지금이나 변함이 없습니다만, '대대손손 논리'는 해운대지역의 부동산 상승시기에는 혹하지만, 부동산 하락기에는 혹세무민이 됩니다.

종교적 신념을 깨는 특효약 : 가격 하락

아파트가격을 형성하는 A, B, C 모두 금리와 반대로 움직이는 속성을 공유하는데요. 그 가운데 특히 C에 속하는 자산군은 희소성이 강조되는 금, 비트코인이 그러하듯 금리인하(돈의 가치 하락)가 상당한 호재로, 금리상승은 상당한 악재로 작동합니다.

2019년 연초 이후 재개된 미국의 금리인하 기조가 금, 비트코인 가격을 밀어

189

올렸듯이, 한국은행도 하반기부터 재차 금리인하 기조를 보이자, 꿈틀대기 시작한 유동성은 기어이 (어쩌면 자연스럽게) 서울권 아파트로 옮겨갔습니다. 당시 집값이 계속 조정 받고 있던 부산 등 대다수 지방과는 확연히 차별화되는 모습이었지요.

'분양가상한제 때문에 먼 미래에 공급 부족이 예견되므로' 사람들이 지금 집을 사는 게 아니라, '지금도 금리가 이렇게 낮은데 돈의 가치가 더 떨어지기 전에 초우량 자산인 서울권 아파트를 사두자'라며 가치저장수단을 찾는 조급한 심기가 더욱 근본적인 요인이었다고 판단됩니다.

종교적 신념, 바로 그 힘으로 인해 한때 국내 비트코인가격은 해외보다 50% 높은 수준을 지속했습니다. 한동안 신라젠*이 코스닥 시총 2위를 유지하는 등 가격이 모든 것을 정당화했습니다. 당시 "아, 이건 정말 미쳤다"라는 논평은 시기나 질투로 치부되었습니다.

물론 이러한 종교적 신념을 깨는 특효약은 '가격 하락'입니다. 2018년부터 미국의 금리인상 기조와 맞물려 비트코인은 하염없이 무너졌고, 신라젠은 주주들이 열광하던 꿈의 항암제 임상 실패와 더불어 경영진의 범죄행위까지 드러나며 상장 폐지되었지요.

수익을 당연하게 여기는 생각은,
주가가 큰 폭으로 하락하면
확실하게 치유된다.
_ 피터 린치

---

* 항암바이러스 치료제인 '펙사벡'이 주력이자 전부였던 바이오 기업으로, 경영진이 '펙사벡'의 임상 중단 사실을 미리 알고 공시 전 주식을 매도한 혐의 등으로 2020년 5월 주식 거래가 정지되었다.

꿈과 비전에 대한 가치평가 방식

장밋빛 미래를 제시하며 한창 투자에 열중하느라 이익이 나지 않는 기업 및 설립된 지 얼마 안 된 스타트업 회사의 주식, 아직까지 쓸모는 미약하지만 생태계를 구축해가는 암호화폐 등의 가치평가 영역은 여전히 미궁이라 할 수 있는데요. 아무튼 가장 널리 이용하는 방식은 기존에 상장되어 시장가격이 형성된 기업 또는 암호화폐와 시가총액을 비교하여 산출하는 것입니다.

일반적으로 이익(earnings)이 발생하는 기업을 유가증권시장에 상장(IPO)할 때는 이미 상장된 경쟁사(Peer Group)의 PER*¹ 평균을 적용하여 기업가치를 산정합니다. 가령 A회사의 당기순이익이 100억 원인데, 비슷한 사업을 영위하는 상장사들의 PER이 8이라면 A회사의 기업가치는, '100억 원(당기순이익) × 8(PER) = 800억 원'으로 산출하는 것입니다.

매출액은 발생하지만 적자가 지속되는 기업들의 경우 통상 PSR*²을 적용하는데, 쿠팡이 나스닥 상장 당시 PSR은 3.3배 수준이었고 알리바바 PSR 5배, 아마존 PSR 3.5배 등이 비교수치로 거론되었습니다.

제약·바이오 기업이 다수인 기술특례상장*³ 업체들의 경우 매출액이 미미하거나 매출액 변동성이 너무 커서 PSR도 이용하기 어렵습니다. 이 경우 EV/파이프라인*⁴과 같은 독특한 기댓값을 산정합니다. 전통적인 가치투자자들이라면 뒷목을 잡는 PDR*⁵처럼 기업의 꿈과 비전을 주가로 산정하려는 시도도 있

---

*1 Price to Earnings Ratio : 주가를 이익으로 나눈 값으로, PER이 10이라면 해당 기업의 시가총액은 순이익의 10배라는 의미이다.

*2 Price to Sales Ratio : 주가를 매출로 나눈 값으로 PSR이 5라면 해당 기업의 시가총액은 매출액의 5배라는 의미이다.

*3 실적은 미미하나 기술력이 우수하여 성장 가능성이 높은 회사들에게 상장 기회를 주는 제도이다.

*4 기업가치를 기대 시장규모로 나눈 값으로, 제약·바이오 업체의 기대 시장규모 = (의약품 시장규모 ÷ 의약품 수) × (임상단계별 상업화 확률).

*5 Price to Dream Ratio : 기업가치 ÷ (해당 기업이 포함된 전체 시장규모 × 시장점유율)

작년 171% 수익률 '돈나무 언니'가 찍었다, 15개 업종은?

캐시 우드(147쪽 각주** 참조)의 자료집을 읽었다는 대형 증권사 관계자는 "이제 막 태어난 아이에게 하버드대 박사감이라고 말하는 것처럼 허황되게 들린다"면서, "15개 아이디어가 미래 사회를 주도할 만한 업종이라는 건 누구나 알지만, 현실화되려면 아직 시간이 많이 남아 있고, 향후 금리가 오르면 이런 성장기업이 가장 취약하다는 점에 유의해야 한다"고 말했다.

으나, 재무제표를 통해 명확한 수치가 산정되는 매출액이나 영업이익과 달리, 가정에 근거한 기대 시장규모나 상업화 확률 등은 다수가 합의할 수 있는 수치가 무엇인지 논란이 됩니다.

암호화폐의 경우, 트레이딩 과정에서 비트코인 시총 대비 알트코인* 시총의 비중이 얼마나 되는지를 따져보는 경우가 많습니다. 과거 글로벌 암호화폐 거래소에서는 USD 등 법정통화로 특정 코인을 사고파는 게 아니라 비트코인을 알트코인과 교환하는 방식이 일반적이었습니다.

가령 '1 이더리움 = 0.1 비트코인' 식으로, 마치 미국달러를 기축통화로 여러 나라 통화를 교환하는 과정에서 환율이 계산되듯이, 비트코인을 기축통화로 다른 알트코인들의 가치가 매겨졌던 것입니다. 당연하게도 대장인 비트코인의 가격이 먼저 치고나가야 뒤이어 알트코인들의 가격이 오르는 방식으로 유동성이 흘러들어 갑니다. 요컨대 스타트업이나 암호화폐 등은 객관적인 실적 지표에 근거한 가치 산정이 불명확하다보니 꿈과 비전, 믿음을 공유하는 동

---

* 비트코인을 제외한 모든 암호화폐를 통칭하는 용어로, 대표적으로 이더리움, 리플, 솔라나 등이 있다.

종 자산 중 레퍼런스가 될 만한(또는 가장 믿음이 공고한) 대표 종목의 시장 거래가격을 기준으로 상대가치를 산정하는 방식을 취하는 것입니다.

믿음과 결부된 아파트가격 형성의 메커니즘

매매가와 전세가의 괴리가 매우 크고 임대료수익률이 시장금리보다도 낮은 여건, 즉 다수의 믿음에 기반한 C(가치저장수단의 성격)의 가치가 매우 높은 상태를 감안하면, 필자의 관점에서 서울권 아파트가격 형성의 메커니즘은 '반포/대치 등 최선호 지역 아파트 대비 몇 %이냐'식의 상대가치 평가를 통한 키 맞추기입니다.

'아니 대체 그 시절 이 동네 아파트가 왜 이렇게 저렴했지?'라는 의문이 들때, 고개를 들어 같은 시기 반포/대치 신축 아파트의 국토교통부 실거래가를 검색해보면 답이 나옵니다.

가령 마포구 마포래미안푸르지오는 미분양 물량을 소진하기 위해 2013년 10% 할인분양을 실시했고(34평형 기준 6억 원대 후반), 2014년에 분양한 서울 종로구 경희궁자이의 분양가는 평당 2,300만 원(34평형 기준 7억 원대 후반)이었는데, 둘 다 미분양이 났었습니다. 마포래미안푸르지오, 경희궁자이가 공급 충격을 주었기 때문이라고 여기기에는 물량규모가 그리 대단한 것도 아니었습니다.

그런데 당시의 반포래미안퍼스티지 실거래가를 찾아보면 금방 수긍할 수 있습니다. 반포래미안퍼스티지 34평형 실거래가가 12~13억 원이었으니, 경희궁자이의 입지와 인프라를 감안하면 7억 원대 후반도 비싸다며 외면 받은 것입니다.

세월이 흘러 2019년 반포래미안푸르지오 34평형 실거래가는 25억 원 내외,

경희궁자이 34평형 실거래가는 15억 원 내외가 되었습니다. 경희궁자이가 2배 가까이 오를 수 있었던 것은, 반포래미안이 2배 올랐기 때문입니다. 경희궁자이의 경우, '도심 접근성이 최고네', '신축 아파트의 희귀성이네' 등등 집값이 상승한 이유를 후행적으로 무엇을 갖다 붙이더라도, 반포가 2배 오르지 않았다면 경희궁자이도 2배까지 오르지 못했을 것입니다.

예시로 든 경희궁자이가 아니더라도 서울 주요 대단지 중형 아파트들의 실거래가 추이를 살펴보면, 비슷한 연차의 경우 대장(더 비싼 지역 아파트)의 가격이 선행하는 가운데, '1반포＝1.5잠실', '1잠실＝1.5고덕'식의 비례가격이 대체로 유지되는 것으로 파악됩니다.

"잠실 아파트가격이 고덕동 아파트의 1.7배가 되었네. 잠시 균형가격을 벗어났지만 결국 다시 1.5배가 될 테니 저평가된 고덕동 아파트를 사야겠다."

물론 아파트를 구입할 때 이런 식으로 결정하진 않겠지만, 결과적으로 시장의 가격 형성 메커니즘은 놀라울 정도로 정교하게 키 맞추기를 완성해 나갑니다. '예나 지금이나 대한민국에 부자는 많은데 불과 수년 전 반포의 신축 아파트 가격이 왜 12~13억 원 밖에 안 했을까?'라는 의문에는 '투자 대상으로서 매력이 없어서'가 가장 근접한 답일 것입니다. 이어서 '왜 부자들이 주택에 투자하지 않았을까?'라는 질문을 생각해보면, 2010~2011년 금리인상의 긴축기조(2010년 6월 2.0% → 2011년 6월 3.25%)와 더불어 3~4년간 점진적인 집값 하락세가 지속되니 '집값은 우상향한다'라는 대중의 믿음이 사그라지면서 가치저장 수단으로서의 역할, 즉 C의 가치가 사라지며 집값이 전세가에 수렴해갔던 것입니다. 이 시기에는 '모두가 원하는 서울 중심 지역 신축 아파트가 부족하다'는 주장은 거론조차 되지 않았습니다.

2013년 박근혜정부 출범 이후 금리인하를 통한 적극적인 유동성 확대와 각종 규제 완화로 서울권 아파트가격은 반등에 성공하였고, 장기간 상승세가 이어지다보니 가치저장수단으로 각광 받으면서 C의 가치가 커지며 매매가 (A+B+C)와 전세가(A)의 갭도 커졌습니다.

2020년 7월 31일 '임대차2법' 시행 이후 계약 갱신 유무에 따라 전세가가 혼탁해졌기 때문에, 전세가가 비교적 균일했던 2019년 기준으로 서울 대단지 아파트 34평형의 매매가와 전세가를 비교해보면,

금천구 독산동 롯데캐슬 매매가 : 10억 원
마포구 아현동 마포래미안푸르지오 전세가 : 8억 원 & 매매가 : 15억 원
서초구 반포동 아크로리버파크 전세가 : 15억 원

금천구에 집을 사는 것보다 마포에 임차로 거주하는 비용이 더 저렴하고, 마포에 집을 살 돈이면 반포에 임차로 거주할 수 있었습니다. 실거주 목적으로 집주인이 되는 것보다 세입자가 되는 게 훨씬 주거만족도가 높을 수밖에 없는 가격 격차가 존재하는 것이지요.

과거 금리인상기에 그랬듯이 아파트가 가치저장수단의 지위를 상실해가고 투자 매력이 낮아진다면, '그 돈이면 마포(반포)에 살지 굳이 왜 금천구(마포구)에 살아?' 하는 인식의 전환이 일어날지도 모르겠습니다.

다시 짚어보는 공급 확대 키워드

"희소성이 믿음을 강화하는 요인이라면 그야말로 공급을 늘려서 해결하면 되잖아요? 왜 금리인상 효과만 강조하는 거죠?"

이런 질문에 문득 떠오르는 사람이 있습니다. 바로 김현미 전 국토부장관인데요. 그는 2020년경에 "아파트가 빵이라면 밤이라도 세워 만들겠다"고 말해 당시 여론의 뭇매를 맞았습니다. 아무튼 이 해프닝은, 아파트는 단기간 내 공급을 급격히 확대하기 어렵다는 현실을 방증합니다.

그런 여건을 감안하면, 집값 안정화를 위해 '공급 확대'를 강조하는 시각은 A(전·월세가)의 하락에 초점을 둔 것입니다. 2019년 상반기 서울 송파구 헬리오시티(총 9,510세대) 입주 당시 목도했듯이, 공급이 늘어나면 A가 하락하긴 하는데, B와 C가 견고하면 매매가가 쉽게 빠지지 않고 버티게 됩니다. 물론 어마무시한 규모의 공급폭탄이 지속된다면 C를 위축시킬 수 있을 것이고, 이를 실현한 사례라며 노태우정부의 '200만 호 주택건설'을 예시로 드는 경우가 많습니다.

> "(신도시 조성 발표 전) 당시 상황을 점검해봤더니 서울 시내에 집 지을 땅이 없었다. 그때만 해도 그린벨트는 절대 손댈 수 없다는 것이 불문율이었다. 땅은 없고 그린벨트는 손댈 수 없으니 대안은 그린벨트 밖에 신도시를 짓고, 지하철로 교통문제를 해결하는 것이었다. 그래서 신도시 후보로 평촌, 산본, 중동, 분당 4곳이 나왔다."
>
> _박승 회고록 〈하늘을 보고 별을 보고〉 중에서

노태우정권 시절 건설부장관(1988~1989년)을 지냈던 박승 총재(22대 한국은행)의 회고록에서 발췌한 내용입니다. 심지어 30년 전에도 서울에는 집 지을 땅이 없었기 때문에 저 멀리 분당, 일산, 평촌에 신도시를 지었던 것입니다. 서울 내 마포·용산·성동 같은 좋은 입지를 놔두고 이런 선택을 한 것을 보면 80년대에도 달동네(판자집) 재개발 보다는 신도시를 조성하는 게 훨씬 쉬운 일이었던 셈입니다.

정비된 지 30여 년이 지난 분당, 일산 등 1기 신도시를 두고 2022년 4월에 대통령직인수위원회에서는 '1기 신도시 재정비 특별법'을 발표한 바 있다. 이미지는 분당신도시 전경.

아무튼 서울 요지에 아파트 공급을 늘리지 못한 탓으로 정부를 비난하면서 노태우 정부의 공급정책을 찬양하는 것은 이치에 맞지 않습니다. 당시 공급처인 1기 신도시는 현재 진행 중인 3기 신도시에 비해서도 서울에서 제법 거리가 있는 편입니다. 게다가 '공급 충격으로 집값을 잡았다'라는 통념과 달리 아파트 중심으로 공급이 이뤄졌던 1기 신도시의 규모는 29.2만 호 수준으로 2기 신도시(60.8만 호)와 비교하면 상당히 적은 편입니다. 서울 내 주요 입지 아파트 공급은 말로만 쉽지 무려 30년 전에도 뾰족한 해법이 없을 만큼 공급을 쉽게 무한정 늘릴 수 없는 속성 탓에, 유동성이 확대될수록 투자수요가 몰려 서울권 아파트가격의 과도한 상승을 유발하게 됩니다. 모든 국민의 투자 포트폴리오가 특정 지역 부동산으로만 쏠리는 것은 반드시 해소해야만 하는 과제인데요. 이를 위해 서울 집값이 급등할 때마다 금리를 올리다간 다른 부문에서 많은 피해가 예상되다보니, 걸핏하면 '핀셋형 규제'가 시행되었던 게 현실입니다.

실제 공급과 집값의 관계가 어떠했는지 199쪽 그래프에서 장기 시계열 통계를 살펴보겠습니다. 지방(광역시 제외)의 경우 2016년 이후 아파트 입주물량이 장기 평균(파란점선, 2005~2021년 아파트 입주물량의 평균 약 10만 호)을 크게 상회하였고, 이러한 공급 과잉으로 인해 지방 부동산은 2016년부터 침체기에 접어들었다고들 했습니다. 이처럼 1가구가 1주택을 보유하는 실수요시장에서는 공급 과잉이 자연스럽게 가격 하락으로 이어집니다.

한편, 2020년 코로나19 발생 이후 기준금리를 급격히 인하하자 유동성 풍선효과로 인해 지방 집값이 급등하게 되는데, 이는 200쪽 '우리나라 자산시장의 가격변동성이 심한 이유'에서 추가적으로 살펴보도록 하겠습니다.

서울은 실수요 중심인 지방과 달리 투자수요가 강한 곳입니다. 이것으로 돈 벌 수 있다 싶으면 여러 채의 주택에 투자합니다. 서울의 2005~2021년 장기 평균 아파트 입주물량은 연평균 약 4만 호인데요(오른쪽 그래프 참조). 연평균 4만 호가 적정물량이냐 아니냐는 답이 없는 문제이지만, 17년 동안 연평균 4만 호로 집값 상승기와 하락기를 모두 겪었으니 아주 부족한 숫자는 아닐 것입니다.

여하튼 입주물량이 4만 호를 상당 수준 상회했던 2005~2006년과 2018~2021년은 집값 상승률이 가장 높았던 시기입니다. 반면 장기 평균을 꾸준히 하회한 2009~2013년은 집값이 지속적으로 하락한 시기입니다. 물론 이런 식의 분석에는 한계가 따릅니다.

'서울'이 외딴섬이 아니다보니 웬만한 서울지역보다 입지 우위에 있는 판교, 과천 등을 감안하면 인근 수도권 입주물량을 별개로 볼 수는 없습니다. 많은 사람들이 그토록 예찬하는 노태우정권 시절의 공급도 서울에서 가깝지 않은 분당, 일산 등이 주력이었지만 결국은 주효했듯이 말입니다.

결국 '서울시 내 신축 아파트 대량 공급'만이 유일한 해결책이라는 논리는 상당한 비약이 있는데다가, '불가능한 것(단기간 내 서울 주요 지역에 신축 아파트 대량 공급)'만이 해결책이라는 주장은 마치 가스라이팅처럼 서울 집값을 절대로 잡을 수 없다는 세뇌로 이어져 집값 우상향에 대한 신념을 더욱 공고하게 할 뿐입니다.

실수요시장(1인 1주택, 매매가와 전세가의 차이가 크지 않은 경우)에서는 신축 아파트 입주

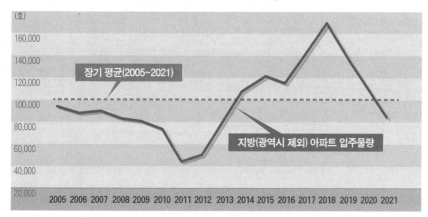

| 지방(광역시 제외) 아파트 입주물량(2005~2021)|

(호)

160,000
140,000
120,000
100,000
80,000
60,000
40,000
20,000

장기 평균(2005~2021)

지방(광역시 제외) 아파트 입주물량

2005 2006 2007 2008 2009 2010 2011 2012 2013 2014 2015 2016 2017 2018 2019 2020 2021

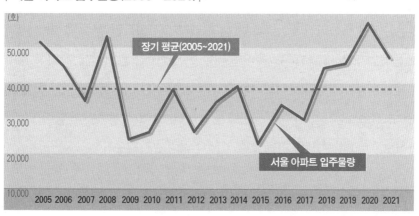

| 서울 아파트 입주물량(2005~2021)|

(호)

50,000
40,000
30,000
20,000
10,000

장기 평균(2005~2021)

서울 아파트 입주물량

2005 2006 2007 2008 2009 2010 2011 2012 2013 2014 2015 2016 2017 2018 2019 2020 2021

물량이 가격을 효과적으로 좌우하겠지만, 투자수요시장(1인 다주택, 매매가와 전세가의 차이가 큰 경우)에서는 신축 아파트 입주물량뿐 아니라 다주택자들의 매도물량이 '가격에 영향을 미치는 공급'을 크게 좌우합니다. 결국 다주택자들의 매물이 '공급'되도록 하고, 투자 대상으로서 매력을 사라지게 하는 정책(각종 세금 부과, 분양가상한제 등)이 일관성을 유지하며 실행된다면 중·장기 가격안정화에 기여할 것입니다.

22 기세와 함께 춤을
(현자타임을 추억하며)

_ 우리나라 자산시장의 가격변동성이 심한 이유

부동산이건 주식이건 모든 투자자산의 가격에는 정적인 '본질적 가치' 이외에 동적인 '기세(氣勢)'라는 게 있습니다. 트레이더들은, '삼성전자의 적정가치는 9만 원이다'식의 분석보다는 기세가 방향과 강도를 결정한다는 것을 경험적으로 잘 알기에 기세를 읽어내려 합니다. 그래서 때로는 애널리스트의 분석보고서보다 기세를 가늠할 수 있는 주위의 인간지표가 더 소중합니다.

"무리 앞에 있는 버펄로가 갑자기 멈춰서 오른쪽으로 가는 것은 사자를 보았기 때문일 것이다. 앞에 가는 50마리가 오른쪽으로 방향을 트는 것을 본 51번째 버펄로가 다른 버펄로의 행동을 무시하는 것은 현명한 행동이라고 할 수 없다. 그러나 금융시장에서 무조건 앞사람의 행동을 따르는 것은 가격 형성 과정을 심각하게 왜곡시킬 수 있다."

_〈붐버스톨로지〉 (비크람 만샤라마니 지음) 중에서

기세를 추종하는 경향, 김치 프리미엄

"우리나라 사람들은 어쩌구 저쩌구~" 식의 집단주의적 표현에 거부감이 있지만, 우리나라 사람들이 전 세계인과 비교하여 유독 '기세를 추종하는 경향'이 강하다는 것은 계량적으로 검증이 된 것 같습니다.

'우리나라 중·고생들 모두가 검정 노스페이스 패딩만 입고 다니더라!' 같은 사례를 들자니, '서양인들도 새로 오픈한 식당이나 힙한 장소에서는 저렇게나 줄을 선다' 같은 각종 유사 사례를 보면 '사람 사는 건 결국 다 비슷한 건가' 하는 생각이 들기도 합니다.

하지만 투자에 관한한 우리가 특별한 민족이라는 것을 'Kimchi Premium(김치프리미엄, KP)'이라는 지표가 계량적으로 뒷받침하게 되었습니다. 김치 프리미엄(이하 'KP')은 한국거래소와 해외거래소의 비트코인 가격 차이인데요. KP가 10%라면 국내에서 원화로 거래되는 비트코인 가격이 해외에서 달러로 거래되는 가격보다 10% 비싸다는 의미입니다.

동일 모델의 로렉스 시계나 샤넬 백의 국내가격이 해외가격보다 비싼 것은 기본적으로 한국인의 수요가 매우 강한데다, 해당 물품을 해외에서 구입한 뒤 우리나라로 가져오는 게 자유롭지 않기 때문입니다. 암호화폐도 이와 다르지 않습니다. 한국인이 해외거래소에서 달러로 암호화폐를 구입하는 게 어렵기 때문에 가격 차이가 발생하며, 한국인의 수요가 강할수록 KP도 높아지는 것이지요.

돌아보니 상투시기에는 KP가 상당한 수준으로 치솟았고, 하락 및 횡보 기간에서는 0% 내외의 합리적인 수준을 유지하곤 했습니다. 2021년 4~5월 KP가 15~20%에 달하며 암호화폐에 대한 비이성적 과열이 증폭되던 가운데, 2021년 5월 19일 석가탄신일에는, 부처님께서 무소유의 가르침을 위해 코인 대폭락*을 내려주시자 KP는 빠르게 소멸했습니다.

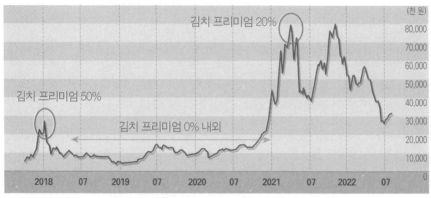

🏢 비트코인 가격과 김치 프리미엄

김치 프리미엄 20%

(천 원)

80,000
70,000
60,000
50,000
40,000
30,000
20,000
10,000
0

김치 프리미엄 50%

김치 프리미엄 0% 내외

2018　07　2019　07　2020　07　2021　07　2022　07

그래프의 2017년 말~2018년 초 : 비트코인이 급등 후 최고가 상투를 찍은 기간 KP 40~50%
그래프의 2021년 4~5월 : 비트코인이 급등 후 최고가 상투를 찍은 기간 KP 20%

그 이후 비트코인의 의미 있는 반등이 찾아왔지만, KP가 여전히 0% 이하인 것을 두고 크립토 헤지펀드 CIO인 렉스 모스코프스키(Lex Moskovski)는 자신의 SNS에, "걱정 마! 아직 개미들이 안 왔어!"라며 과열을 가늠하는 지표로 삼았을 정도입니다. 점잖게 표현했지만 그 속내는, "후후 쟤들은 미친놈들이야! 꼬레안들이야 말로 과학적인 인간지표라고!"하는 것 같았습니다.

통계검증을 하진 않았지만 언론의 노출강도와 김치 프리미엄에는 분명히 강한 상관관계가 있습니다.

남들은 하는데 (나만) 안 하면 뒤처지는 것 같은 소외감, 빨리 재산을 늘려야 한다는 강박증이 결

Lex Moskovski @mskvsk · 2시
Korea ("Kimchi") premium hit -1%

Retail is still not interested in Bitcoin.

화제가 됐던 렉스 모스코프스키의 SNS

---

* 당시 중국정부의 암호화폐 채굴 및 거래를 전면 금지하는 정책으로 인해 매도물량이 급증하면서 대부분의 암호화폐가 하루만에 20~30% 폭락했다.

합된 산물이 KP(김치 프리미엄)로 수치화되는 듯 합니다. 결국 '자기 얼굴에 침 뱉기'이지만 투자에 관한 한 우리가 어떤 민족인가! 하면, 비트코인 가격이 최고점일 때 해외보다 50% 비싼 가격에 사고, 리플 따위를 거의 5천 원까지 끌어올리며, 정작 비트코인 가격이 최저점일 때는 해외보다 6% 싼 가격에 파는 민족으로 요약됩니다. 소외되는 것에 대한 두려움을 FOMO(Fear Of Missing Out)라고 하는데요. FOMO는 모멘텀에 대한 쏠림을 지나치게 심화시킵니다.

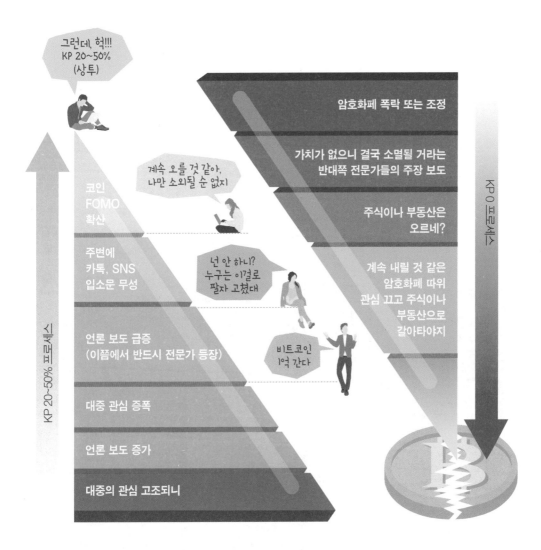

203

그때나 지금이나 활황기의 암호화폐시장에는 억 단위로 질러대는 부자들이 상당했습니다. 부자라고 해서 일반인보다 현명한 투자를 하는 것도 아닙니다. 사람들은 곧잘 "시장이 옳다"는 말로 정부를 질책하지만, 김치 프리미엄이 20~50%에 달하던 암호화폐시장이 올바른 시장이 아니었듯이 개인투자자만 존재하는 주택시장에도 비이성적 과열로 인한 가격왜곡은 얼마든지 발생할 수 있습니다.

비트코인 가격이 급등하고서야 언론의 보도가 증가하듯이 '가격이 상승한 이유'를 후행적으로 설명하고 정당화하는 것은 누구나 할 수 있습니다. 중요한 건 이게 온당한 수준인지, 앞으로 어찌될지에 대한 이성적 고찰이지요. 서울 집값의 경우, 상승한 이유를 주로 공급 부족에 포커스를 두고 후행적으로 계속 설명하다보니 금리, 세금 등 여러 변수를 차치하고도 앞으로 계속 오를 것 같다는 식의 논조가 지배했던 것입니다.

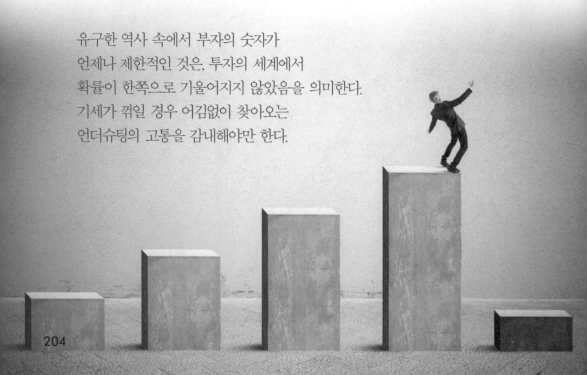

유구한 역사 속에서 부자의 숫자가
언제나 제한적인 것은, 투자의 세계에서
확률이 한쪽으로 기울어지지 않았음을 의미한다.
기세가 꺾일 경우 어김없이 찾아오는
언더슈팅의 고통을 감내해야만 한다.

역사적으로 부자의 숫자가 크게 늘어나지 않는 이유

2021년 초 삼성전자를 향한 어마 무시한 기세를 기억합니다. 당시 차익을 실현한 '기관투자자'의 존재가 없었다면 삼성전자는 15만 원까지 내달렸을 것입니다. 기관투자자가 없는 아파트시장에서 '오버슈팅과 언더슈팅(일시적 폭등과 폭락)'은 필연적이라고 생각합니다. 돌아보니 이명박정부 시절 서울/수도권 아파트가격이 언더슈팅이었음을 많이들 느끼듯이, 문재인정부 후반기의 가격을 오버슈팅으로 돌아볼지 모를 일입니다. 이명박정부 때는 부동산 관련 기사가 지금과 비교해서 꽤나 적었다는 것도, 그 와중에 암울한 내용만 가득했던 것도 기억합니다.

주식이건 비트코인이건 부동산이건 대중이 외면하고 언론 보도가 위축된 시기에 사두는 것이 답이라는 역사적 증거는 차고 넘치지만, 대부분은 기세를 추종하고 싶어 합니다. 스마트폰과 SNS 덕분에 기세와 쏠림도 과거보다 상당히 강하고 길어졌기 때문에, "님아 카카오뱅크 8만 원에 사지마소", "경희궁자이 20억 원에 사지마소"하며 오지랖 부렸다간 큰일 나는 세상입니다.

유구한 역사 속에서 부자의 숫자가 언제나 제한적인 것은, 투자의 세계에서 확률이 한쪽으로 기울어지지 않았음을 의미합니다. 기세가 꺾일 경우 언더슈팅의 고통 또한 과거보다 길고 강할지 모르겠습니다.

현자타임 때 이성에게 잘해주는 오빠가 좋은 오빠이듯이, 현자타임 때 투자할 줄 아는 사람이 좋은 투자자라고 되뇌어 봅니다.

> "앗! 그런데 현자타임 땐 SEED가 없구나. 아……"

23 내릴수록 집 사고 싶어지는 금리의 마력

_ 금리가 집값에 미친 영향 분석

장기간 겪어보지 않아 생소한 글로벌 인플레이션(원자재가격 상승) 이슈는 국내 주택가격 변동과 조응하는 면이 있습니다. 앞에서 아파트의 채권/주식/금과 같은 속성을 살펴보았는데요. 우리가 살아가는데 꼭 필요한 것을 따지자면 주식이나 채권은 없어도 그만이지만 주택과 원자재 없이는 살수 없지요. 그렇게 주택과 원자재는 실수요가 탄탄하다보니 주식이나 채권처럼 금리에 휘둘리기 보다는 공급이 선결되어야 하며, 더 나아가 공급만이 해결방안이라는 목소리가 많습니다. 틀린 말은 아니지만, 화폐적 현상과 수요 측 요인을 지나치게 과소평가하는 느낌입니다. 아파트와 원자재의 유사한 속성을 감안하면, 원자재 인플레이션의 원인과 그 대응방안을 집값 급등의 원인 및 해소방안과 연결해 볼 수 있겠습니다.

"지금 원자재가격 상승은 공급이 막혀서 생긴 문제인데 금리를 왜 올립니까? 공급을 늘려야 해결되지 금리를 올려봤자 뭐하냐고요?"
"집값이 급등한 것은 지나친 규제의 부작용으로 공급이 막혔기 때문인데 금리 올린다고 어떻게 잡습니까? 공급을 팍팍 늘려야지!"
하지만, 미 연준이 금리를 빠르게 올리자 유가 등 원자재가격은 안정세를 보이고, 한국은행이 금리를 빠르게 올리자 매수세가 사라지면서 집값이 뚝뚝 떨어지고 있는데……

아파트시장에서 경험한 인플레이션 데자뷔
[1] 서울 주요 지역

서울의 아파트가격은 2014년부터 2021년까지 무려 8년간 상승했는데요. 특히 박근혜정부(2013~2016) 기간은 정부에서 제발 집 좀 사라고 부추기며 각종 규제를 폐지하고 금리인하를 도모한 결과 반등하면서 디플레이션 탈출에 성공했다고 볼 수 있습니다.

문재인정부(2017~2021)에서는 집값을 잡아보겠다고 외치긴 했지만, 정부의 의지와는 반대로 집값이 급등하고 말았습니다. 정부가 규제로 뭘 해봐도 소용없다는 논리적 근거는 크게 '풍부한 유동성(시중에 돈이 너무 많이 풀림)'과 '공급부족' 2가지인데요. 현재 인플레이션의 심각성을 논하는 근거와 동일합니다.

그런데, 단기간 안에 효과를 볼 심산이면 '공급 부족'을 해결하는 건 요원한 문제가 됩니다. 공급이 적정한지 문제는 차치하고, "좋아! '공급 부족' 문제를 해결해 줄께!" 해봐야 단기간에 입주물량을 쏟아내는 건 불가능합니다. 빌라나 오피스텔은 늘려봐야 욕먹을 게 빤하고, '아파트 인·허가를 쉽고 빠르게 많이!'는 당장 개발사업자들의 돈잔치부터 벌어질 뿐, 실제 착공 및 입주는 면 훗날에 이뤄지게 됩니다.

언론에서는 사실 여부를 깊게 확인하지 않고 일부 전문가나 부동산 어플 정보를 토대로 '올해 입주물량이 작년보다 적다! 내년에도 부족하다!'며 대중의 가슴을 뛰게 하는데요. '앞으로 공급이 많다는 시그널을 주면 된다'는 제언도 당장 불붙은 상황을 식히는 데엔 별 소용이 없습니다.

2018년 말 서울 송파구 헬리오시티(9,510세대) 완공은 당시 서울 집값 상승에 부담을 줬지만, 3기 신도시 발표는 서울·경기도 집값을 진정시키는데 별 효과가 없었습니다. 지금 당장 집을 사고 싶다는데 '여러분 5년 뒤에는 신도시가 쏟아집니다!'라고 해봐야 통하질 않는 것입니다.

지금의 인플레이션 문제도 그런 함정(trap)에 걸려있습니다. 주요 원자재(에너지, 곡물, 광물 등) 수급이 코로나19뿐만 아니라 ESG, 지정학 문제(미·중·러 갈등)에 갇히는 바람에 중·단기 공급 확대를 기대하기 어려워졌습니다. 2014년 러시아의 크림반도 병합 당시에는 미국에서 "여기 풍부한 셰일오일과 가스가 있습니다!"라고 하며 가스 공급 확대를 통해 유가를 낮출 수 있었는데요. 하지만 지금의 미국은 러시아의 우크라이나 침공 전 기껏해야 "얘가 오늘밤에 쟤를 때릴 거다!"식의 구두 경고에 그치더니, 실제 침공이 발생한 이후에는 기껏 한다는 게 "우리 모두 기도합시다!"하곤 별다른 해결책을 제시하지 못하고 있습니다.*

결국 단기 내에 효과를 볼만한 해결책은, '풍부한 유동성'을 금리인상 등을 통해 회수하는 것인데요. 금리가 오르면 자산가격 하락으로 피해를 보는 사람들이 이렇게 반문합니다. "지금 인플레이션은 공급 측면의 문제인데, 금리인상으로 어떻게 해결합니까?"

주택이나 원자재는 실수요가 탄탄한 것이니, 이들의 가격 변동은 오로지 공급에 달려있고 금리와는 상관이 없는 것일까요? 제1장에서 주택의 공급지표인 착공 또는 입주 물량과 집값은 상관관계가 약하다는 것을 파악해 보았습니다. 여기서는 금리의 변화가 가격에 어떤 영향을 미쳤는지를 살펴보겠습니다.

오른쪽 그래프는 2015년 이후 주요 금리의 변화와 서울지역 일부 대단지 아파트들의 가격추이를 비교한 것입니다. 붉은색 음영은 집값이 강세였던 기간, 파란색 음영은 약세였던 기간을 의미합니다. 지난 8년여의 우상향 기간 중 유

---

* 미국은 유가 급등에 대응하기 위해 2022년 3월부터 전략비축유를 방출하고 있으나, 6개월의 시한을 두고 있으며 방출한 전략비축유를 다시 보충해야 하니 미봉책에 불과한 셈이다. 아울러 과거 유가를 낮추는 역할을 했던 셰일가스의 경우, 생산방식이 수질 및 대기오염을 일으킴에 따라 ESG를 고려한 친환경정책의 여파로 셰일가스 생산이 과거처럼 확대되지 못하는 양상이다.

🏢 주요 금리 및 서울 대단지 아파트 실거래가 추이

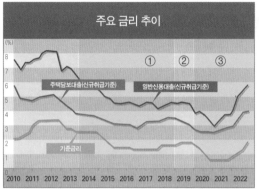

주요 금리 추이

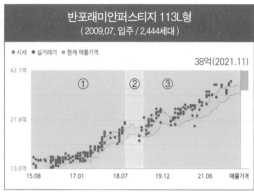

반포래미안퍼스티지 113L형
(2009.07. 입주 / 2,444세대)

■ 시세 ● 실거래가 ■ 현재 매물가격

38억(2021.11)

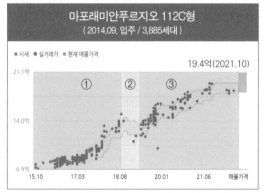

마포래미안푸르지오 112C형
(2014.09. 입주 / 3,885세대)

■ 시세 ● 실거래가 ■ 현재 매물가격

19.4억(2021.10)

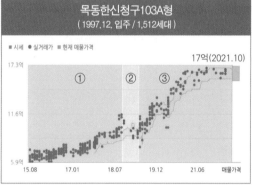

목동한신청구103A형
(1997.12. 입주 / 1,512세대)

■ 시세 ● 실거래가 ■ 현재 매물가격

17억(2021.10)

일하게 집값 침체/하락을 겪었던 시기는 기준금리가 1.25%에서 1.75%로 2회 인상을 맞았던 2018년 하반기부터 2019년 상반기뿐이었습니다.

위 그래프를 자세히 살펴보면, 기준금리가 2.5% 이상이었던 이명박정부 시기(2010~2013년)에는 침체를 지속하던 서울 집값이, ① 박근혜정부 들어 기준금리를 2.5%에서 1.25%까지 인하했던 2014~2017년간 약 2배로 올랐습니다. ② 이후 문재인정부 시기 기준금리를 2차례 인상하여 1.75%가 되었던 2018년 하반기~2019년 상반기에는 거래절벽과 집값조정의 침체를 보였습니다. ③ 하지만 경기침체 대응방편으로 2019년 하반기부터 미국과 한국 모두 금리를 내리자 집값은 곧바로 반등하기 시작했고, 코로나19 확산 여파로 기

시기별 연평균 입주물량 비교

(단위: 호)

구분	(A)2008~2012	(B)2013~2016	(C)2017~2021	C/A-1	C/B-1
서울	33,537	29,885	44,527	32.8%	49.0%
수도권	134,439	139,925	198,813	47.9%	42.1%
전국	250,036	279,425	395,364	58.1%	41.5%

준금리를 0.5%까지 낮추자 50%가량 추가 상승했습니다. 결과적으로 대부분 2021년 3분기에 기록한 최고가는 2013년 최저점 대비 약 3배 상승한 수준입니다. 2022년 들어 거래절벽으로 최고가 호가를 유지하고는 있지만, 일부 지역 급매물 위주로 하락 중입니다.

특히 2018년 하반기부터 2019년 상반기는, '팔자의 버티기', '사자의 관망' 속 거래공백의 대치상태에서 간간히 못 버틴 매물이 하락가를 기록했습니다. 긴축모드를 강화하거나 최소 유지만 했어도 해당 레벨에서 가격안정화가 기대되던 시점이지요. 하지만 2019년 하반기부터 재차 금리를 인하하며 돈풀기 모드에 돌입하니 강력한 매수세와 함께 상승세로 전환했습니다.

서울 및 수도권의 2017~2022년 연평균 아파트 입주물량은 이명박정부 기간(2008~2012년) 대비 각각 33%, 48% 많았습니다. 특히 전국 및 수도권은 2018년, 서울은 2020년에 역대급 입주물량을 기록했습니다. 공급이 이렇게 늘어났는데도 가격이 치솟은 데는 금리인하 이외의 요인을 찾기가 어렵습니다. 하지만 대부분은 '주거에 대한 눈높이가 높아졌는데, 새 집이 턱없이 부족하다'며 이를 공급 부족과 정부 탓으로 몰아갔습니다.

8년이 지난 시점에서 우리는 경험적으로 확인했습니다. 긴축(금리인상 및 대출규제)을 하지 않는 한, 주간 혹은 월간 단위로 아파트 매매가격을 체크하면서 '어디 아파트 실거래가가 수천만 원 하락' 같은 뉴스는 추세 전환의 신호로 볼 수 없었다는 것을 말입니다.

누군가 2017년부터 매번 '서울 아파트가격 피크아웃(peak-out, 고점을 치고 내려옴) 전망, 상승세 둔화될 것'이라고 주장했다면, 결과적으로는 계속 틀린 것이고 무주택자들의 희망사항일 뿐이라고 비웃음을 샀을 것입니다. 하지만 부정적 예상의 근거로 2018~2021년 서울 아파트 입주물량이 예년 대비 크게 늘었으니, '공급이 늘어서' 하락 또는 상승세 둔화를 전망한 것이라는 변명은 할 수 있겠습니다.

원자재가격이나 아파트가격이나 실수요 외에도 풍부한 유동성 덕분에 상승한 측면이 적지않은 만큼, 강한 긴축 없이 공급 탓으로 미루는 것은 당면한 문제의 해결 방안으로 보기 어렵습니다.

아파트시장에서 경험한 인플레이션 데자뷔
[2] 서울 이외 대다수 지역

212쪽 그래프는 한국부동산원의 주택 매매가격지수를 토대로 전년 동기 대비 증감률을 산출한 것입니다. 금융통화위원회에서 집값 상승의 심각성이 부각된 게 2021년 8월 정부의 부동산 안정을 위한 대국민담화부터인데요. 사실 서울 거주민 입장에서는 집값이 오른 게 거의 8년째인데 왜 유독 2021년 하반기부터 호들갑이냐 할 수 있겠습니다.

서울 아파트가격만 쳐다보면 난리도 아니었지만, 2020년 초 코로나19 발생 이전까지 전국 평균 기준의 집값은 지지부진했음을 확인할 수 있습니다. 대부분의 지방 주택가격이 오르지 않으니까 서울이 혼자 달려도 전국 주택가격은 제자리걸음을 했던 것입니다. 심지어 잠시 긴축에 들어갔던 2018년 하반기부터 코로나19 이전까지 지방의 집값상승률은 마이너스로 전환된 상태를 지속합니다.

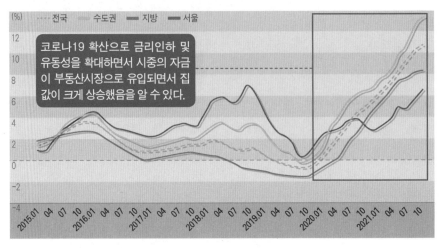

🏢 주택 매매가격지수 (전년 동기 대비 증감률)

(%) ······ 전국   수도권   ── 지방   ── 서울

> 코로나19 확산으로 금리인하 및 유동성을 확대하면서 시중의 자금이 부동산시장으로 유입되면서 집값이 크게 상승했음을 알 수 있다.

그러니 서울 집값 잡으려고 유동성 긴축에 돌입하면 지방은 상당한 타격이 예상될 정도로 취약한 상태였던 것입니다. 서울에 사는 무주택자로서는, "이 무능한 정부야, 이 미친 집값 좀 잡아봐라!"라며 성화지만, 국가 전체를 아우르는 정책입안자 입장에서 신경써야 하는 통계가 저런 상황이었고, 결국 서울만 때려보자는 핀셋규제들이 이어진 것도 같은 맥락이라 할 수 있습니다.

서울 이외 지역의 개별 아파트단지별로 살펴보면 심각성이 두드러집니다. 이 책에서는 동탄1, 일산, 부산 정도를 살펴보지만, 일부 핫한 곳을 제외하면 2020년 이전까지 대다수 아파트가격은 장기간 정체된 모습이었습니다. 앞에서 살펴본 서울지역과 비교하면 차이점이 뚜렷하지요. 서울 사람들이 체감하는 집값 상승률과 정부나 학계에서 발표하는 통계 간 괴리가 큰 것은 바로 이런 지역이 많았기 때문입니다. 언론에서는 매일 서울 아파트가 폭등한다는 소식이 이어지고, 차라리 무주택자라면 청약이라도 해볼 수 있을 텐데 보유자 입장에서는 상대적인 박탈감이 클 수밖에 없습니다.

오른쪽 그래프를 자세히 살펴보면, ① 기준금리가 '1.75% → 1.25% → 1.75%'의 흐름을 보이며 1.25% 이상을 유지했던 2015년에서 2019년까지 5년간 집

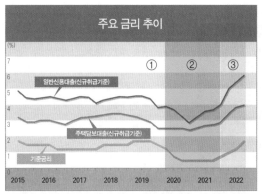

주요 금리 추이

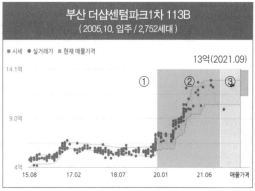

부산 더샵센텀파크1차 113B
(2005.10. 입주 / 2,752세대)

13억(2021.09)

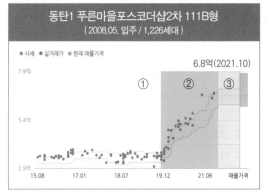

동탄1 푸른마을포스코더샵2차 111B형
(2008.05. 입주 / 1,226세대)

6.8억(2021.10)

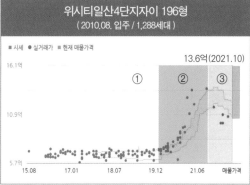

위시티일산4단지자이 196형
(2010.08. 입주 / 1,288세대)

13.6억(2021.10)

값이 횡보하였으나, ② 코로나19 확산 여파로 2020년 초 기준금리를 0.5%
수준까지 낮추자 단기간에 집값이 2배로 폭등했습니다. 최고가는 대부분
2021년 3분기에 기록했습니다. ③ 2022년 들어 거래절벽으로 최고가 호가를
유지하고는 있지만, 대형 평형과 급매물 위주로 조정을 보이고 있습니다.

금리인하는 곧 경제에 유동성을 주입하는 효과를 냅니다. 이는 자산가격을
끌어올리는 역할을 하니 일종의 '자양강장제'로 비유해 볼까요? 금리를 많이
낮출수록 더 많은 용량의 자양강장제를 주입하게 되는 거지요. 윗동네 김서
울씨는 자양강장제 50ml(2019년 하반기 기준금리 1.75% →1.25%, 50bp 인하)를 섭
취하자 다시금 힘을 내기 시작했는데, 다른 지역 이지방씨는 별다른 효과 없
이 계속 무기력했습니다. 하지만 코로나19를 예방한다는 명분으로 75ml를 추

🏢 테슬라 주가 추이 및 CNBC와 인터뷰 중인 캐시 우드

가로 섭취했더니(2020년 상반기 기준금리 1.25% → 0.5%, 75bp 인하) 드디어 이지방 씨도 기운이 솟아오르고 만 것입니다.

기준금리 0.5%가 된 순간부터 벌떡 솟아오르는 차트의 마법! 늦은 기발의 효과는 대단했습니다. 마치 "횡보가 길면 상승이 크다!(The longer the base, the bigger the breakout)"고 외치며 그간의 설움을 분출하는 모습입니다.

2019년 4월 CNBC 인터뷰 말미에 한 패널이 캐시 우드(147쪽 각주** 참조)에게 물었습니다. "테슬라는 5년 넘도록 주가가 횡보하고 있다. 좋은 주식도 많은데 왜 자꾸 테슬라에 투자하나?" 이에 캐시 우드는 다음과 같이 답했습니다. "트레이더든 투자자든 간과하지 말아야 할 게, '횡보가 길수록 상승폭이 강하다'는 것이다. 길게 횡보하면 나중에 진짜 크게 간다니까? 우린 그걸 기대한다!" 그녀의 무당 같은 발언과 제스처에 패널은 어이가 없다는 표정입니다(위쪽 사진 참조). 하지만 2020년 초 코로나19 확산 이후 미국이 기준금리를 제로 수준으로 낮추자 테슬라 주가는 그녀의 말처럼 급등하며 20배 가까이 오르게 됩니다. 테슬라의 눈부신 성장과 호실적 뿐 아니라 제로금리에 기반한 유동성의 힘도 분명히 큰 역할을 한 것이지요.

2022년 본격적인 금리인상과 더불어 테슬라의 주가도 조정을 보이고 있습니다. 많은 사람들이 테슬라의 고성장을 기대하는 가운데, 실적개선세가 이어진다면 주가 하락을 어느 정도 방어할 수 있을 것입니다.

서울 이외 대다수 지역의 아파트는 기나긴 횡보 후 제로금리에 돌입한 시점부터 가격이 급등한 점이 테슬라와 유사했습니다. 하지만 테슬라와 달리 성장세를 기대하기 어려운 이들 지역의 아파트가격은 제로금리를 한참 벗어난 이후에는 어찌될까요?!

오랜 소외를 한 번에 날린 급격한 금리인하의 위력

2008년 금융위기 전후로 전국 미분양 아파트는 16만 호까지 치솟은 바 있습니다. 이후 크게 줄어들긴 했지만 2020년 이전까지 전국 미분양 아파트는 이명박정부 시절과 유사한 6만 호 내외가 한동안 지속되었습니다(216쪽 그래프). 그런데 코로나19 이후 기준금리를 0.5%까지 내린 탓에 투기적 수요가 전국적으로 불붙으면서 미분양 아파트마저 씨가 마른 모습입니다. 2021년 전국 미분양 아파트는 1.5만 호 내외를 지속했는데, 이는 전례 없는 수준입니다.

경기 북부 동두천, 강원도 속초, 전라남도 완도 등 도서·산간 지역에서도 최고가 분양불패가 이어지면서, 건설/건자재 업체들은 함박웃음, 제2금융권 부동산PF 인력들의 역대급 성과급 파티가 이어집니다.

우리나라 경제 여건에서 건설/부동산 연관 산업이 내수에 미치는 영향력은 매우 큽니다. 자산불균형이라는 부작용은 어쩔 수 없지만, 내수에는 엄청난 도움이 되었지요. 2020년도 주택 거래량은 역대 최고*였는데, 공인중개사와

---

* 2020년도 주택 거래량은 전국 157.5만 호, 경기 47.6만 호, 서울 16.7만 호였으며, 15년 동안(2006~2020년) 평균 주택 거래량인 전국 104.2만 호, 경기 28.2만 호, 서울 12.1만 호를 크게 상회했다.

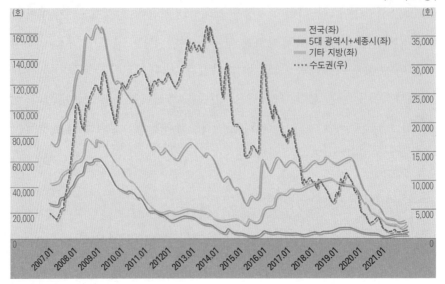

미분양 아파트 물량 추이

자료: 국토교통부

이사업체의 직접적인 수혜뿐 아니라, 이사 과정에서 가전제품, 가구 등 내구재 소비가 촉진되었고, 아울러 부동산 관련 세수도 크게 늘었습니다.

사회 도처에서 '부의 효과'(wealth effect, 보유자산의 가치가 오르면 소득과 상관없이 소비가 늘어나는 효과)에 따른 소비는 코로나19로 인한 소비 위축 따위를 날려 버렸습니다. '해외여행을 못 가게 되서'라는 분석도 한 몫 하긴 했지만, 명품 소비와 골프장은 역대 최대 호황을 누립니다. 당시 정부의 '집값을 잡지 못하여 송구스러운 마음'은 진실이었겠지만, 코로나19 때문에 우려했던 경기침체는커녕 집값이 급등한 덕분에 경제호황*을 구가한 것입니다. 역사상 최저인 기준금리 0.5%의 마법으로 경기침체는 막았지만 벌떡 기발한 전국의 아파트 시세와 그로 인해 심각해진 자산불균형 문제를 돌아보면, 십여 년간 디플레이션을 잡기 위해 끙끙대던 글로벌 경제수장들이 이제는 8%가 넘는 소비자

---

* 부동산 호황에 따른 내수활성화 외에도 글로벌 수요 증가에 따른 수출 호조까지 더해진 덕분에 2021년 우리나라 경제성장률은 11년 만에 가장 높은 4%를 기록했다.

물가지수(미국기준)를 보면서 어떤 느낌이 들까요?

아파트시장에서 경험한 인플레이션 데자뷔
•
[3] 특이점이 온 지역(세종, 대구 등)

앞에서 살펴본 서울 및 대다수 지역의 아파트 호가는 2022년 들어서도 대체로 전고점인 2021년도 실거래 최고가 수준을 유지하고 있습니다. 거래절벽 속에 간혹 급매물을 중심으로 소수의 물량이 소화되는 양상입니다. 하지만 세종시, 대구시 및 수도권 일부 지역(인천 송도, 화성 동탄2)의 경우 한발 앞서 집값 조정이 진행 중으로 지방 대도시 중에서도 차별화된 모습입니다. 기준금리를 0.5% 수준까지 낮추고서야 2배 가량 급등한 대부분의 지역과는 달리, 2020년 코로나19 발생 이전에도 기준금리를 인하하면 집값이 올랐던, 그래서 집값 상승률만 따지면 서울 부럽지 않은 지역들이었습니다. 서울은 2013년 최저점 대비 2021년 최고가가 대략 3배에 달했는데, 이들 지역(세종, 대구 수성, 인천 송도, 화성 동탄2) 또한 이에 버금가는 상승세를 기록했습니다.

🏢 세종 · 대구 대단지 아파트 실거래가 추이

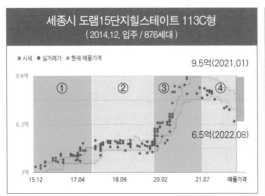

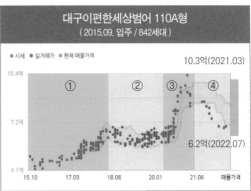

해당 지역의 집값은 마치 채권 트레이더들이 사고파는 것 마냥 금리가 하락할 때 즉각 상승하고, 금리가 오르면 곧바로 꺾이는 모습입니다. 가장 투기적인 행태를 보이는 것이지요. 2021년 하반기부터 금리가 오르기 시작하자 곧바로 조정을 받기 시작했으며, 2022년 6월 기준으로 벌써 전년 대비 실거래가가 30% 가량 하락한 모습입니다.

217쪽 세종·대구 대단지 아파트 실거래가 추이를 살펴보면, ① 기준금리가 1.25% 이상의 구간에서 횡보했던 대부분의 비서울 지역과는 달리 해당 지역(세종, 대구 수성, 인천 송도)은 서울처럼 기준금리가 1.75%에서 1.25% 하락한 기간(2014~2017년)에서 강한 상승세를 기록했습니다. ② 기준금리를 1.25%에서 1.75%까지 인상한 구간(2017~2019년)에서 약간의 조정을 보인 뒤, ③ 2020년 초 기준금리를 0.5%까지 인하하자 집값이 50~100% 가량 급등한 모습입니다. 서울 및 대다수 지역이 최고가를 2021년 3분기 중 기록한 것과 달리 이들 지역은 2021년 1분기에 달성한 뒤, ④ 2021년 8월부터 기준금리 인상이 시작되자 곧바로 조정 받기 시작했습니다. 2022년 들어 전년 대비 30% 이상 급락하는 등 여느 지역보다 하락세가 두드러지고 있지요. 장기 시계열상 서울 이외 타 지역 대비 더 크게 올랐다가 먼저 조정 받고 있는 셈입니다.

예시로 든 세종시 아파트(34평형)는 연식이 6년차였던 2021년 기준 임대료가 최저 보증금(3천~1억 원) 기준 월 80~100만 원 수준이었고, 2021년 1~3월에 기록한 최고가 거래가격을 기준으로 산출한 세전임대수익률은 1.2% 수준에 불과했습니다. 서울 선호 지역들도 세전임대수익률이 1.5% 내외로 산출되는 것과 비교해보면 해당 지역의 성장성을 과신하는 상당히 고평가였던 것으로 분석되며*, 2021년 하반기부터 금리가 오르기 시작하자 가장 먼저 역풍을 맞는 모습입니다.

주택담보대출과 신용대출 금리(신규취급액기준)는 부동산 침체기였던 2013년 레벨을 이미 상회하고 있어 전국 대부분의 지역에서 신규 수요가 차단될만한 부담스러운 수준입니다.

예상보다 강한 인플레이션과 미국의 빠른 긴축 때문에 이제는 시장이 연말 기준금리 3% 이상의 가능성도 반영하는 상황인데, 전국적으로 세전임대수익률이 1.5% 수준에 불과할 정도로 올라버린 집값이 3% 이상의 기준금리를 만나게 될 때 벌어질 상황을 상상해보면 10여 년 전 스페인과 포르투갈 등에서 발생한 부동산 폭락에 따른 가계부채 구조조정 문제도 떠올리게 합니다.

물론 기준금리를 계속 올린다고 해서 집값이 기계적으로 과거 기준금리가 3%를 넘던 2013년 이전 수준으로 회귀한다고 볼 수는 없습니다. 그 당시보다 소득수준이 증가했고, 주택을 이미 구입한 사람들 입장에서는 단지 금리가 부담된다는 이유로 헐값에 매도하진 않을 것이기 때문입니다. 다만 아파트가격을 채권의 시각으로 바라보면, 기준금리가 3%를 상회하는 상황에서 세전임대수익률 1.5%를 제공하는 자산에 대한 수요는 극도로 위축될 수밖에 없습니다.

결국 집값의 하락 폭은 급한 매도물량이 얼마나 나오느냐에 달렸으며, 집값의 하락기간 혹은 부동산 침체기는 2% 이상의 비교적 높은 기준금리가 얼마나 오래 지속되느냐에 달려 있다고 봅니다. 서울지역 아파트도 기준금리가 1.75%까지 올랐던 2018년 하반기 이후부터 거래절벽 및 침체기를 겪었던 점을 미루어 볼 때, 상당 폭의 조정을 겪지 않고서는 기준금리 2% 이상의 구간에서는 급격한 반등을 기대하기 어려운 것이지요. 유주택자들의 재무구조가 튼튼할수록 금리인상에 따른 주택 매도압력은 크지 않겠지만, 소위 '영끌'로 매입한 구매자가 많을수록 가계소비 위축 단계를 넘어 상당한 집값 하락 압력으로 이어질 것입니다.

---

* 2020년 하반기 당시 정치권의 여당을 중심으로 행정수도를 이전해야 한다는 논의가 속도를 내자 투기수요가 유입된 것으로 분석된다. 시장이 뜨거울 때는 아무리 멀고 불확실한 것이라도 호재를 선반영한다는 것을 보여주는 사례이다.

아파트 가격은 풍선을 타고

_ 유동성 풍선효과, 지방의 사례

2020년 코로나19 확산으로 인한 침체에 대응하기 위해 기준금리를 0.5%까지 급격히 낮춘 이후 국내 부동산시장은 전국적인 호황을 누렸습니다. 특히 지방의 집값 상승률이 서울·수도권을 능가했다는 사실을 기억해 둘 필요가 있겠습니다. 이는 지역별 공급물량과 상관없이 유동성 풍선효과가 집값을 들어 올린 아파트가격의 화폐적 현상을 보여주는 사례입니다.

"풍선 속 공기는 불어넣을 때보다 훨씬 더 빨리 빠져나간다."
(The air goes out of the balloon much faster than it went in.)

_〈월가의 지혜 투자의 격언 365〉 (박정태 엮음) 중에서

아파트가격의 화폐적 현상 : 부산의 사례

부산 해운대의 더샵센텀파크 1차 아파트로 이야기를 시작하겠습니다. 이 곳은 학군이 우수한 센텀시티 내 대단지(2,572세대) 브랜드(포스코건설의 더샵) 아파트이니 부산에서 선호되는 주거지임이 분명합니다. 다만, ① 가장 가까운 지하철 센텀시티역까지 무려 1km 떨어져있고, ② 2005년 완공되었으니 15년차 이상의 구축에 해당하며, ③ 용적률이 555%로 대지지분은 극악 수준입니다. 즉, 투자목적으로 선호되는 요건을 두루 갖춘 아파트는 아닙니다.

세대수와 거래량이 가장 많은 34평B형 기준으로 2014년 이후 가격추이를 살펴보면,

- 2014년 4억 원 내외 → 2016년 말 6억 원대 (50% 가량 상승)
- 2016년 말~2019년 말 (3년간 횡보)
- 2019년 말 6억 원대 → 코로나19 이후 급등, 12억 원대 (약 2배 상승)

부산이라는 지역이 새삼 부자들이 갑자기 몰려드는 도시라 보긴 어렵습니다. 인구가 감소하는 와중에 부산 소재 대학들도 정원 미달 사태가 심각하게 보도되는 게 현실이지요. 무엇보다도 2013년 이후 현재까지 부산지역 아파트 공급량은 과거 대비 많은 수준을 이어가고 있습니다.

널뛰기하는 수요에 대응하는 '적정 입주물량'을 추산하는 건 불가능하지만, 과거 2004~2006년 3년간 연평균 2.6만 호 수준의 아파트가 공급된 이후 공급충격으로 인해 부산 부동산시장이 장기 침체를 겪게 되었다는 해석이 지배적이었습니다. 그런데도 2017년부터 2021년까지 5년간 연평균 2.5만 호 가량이 꾸준히 공급되었던 것입니다.

부산에 아파트 공급이 부족하지도 않고, 애매한 연령과 극악의 대지지분 및 신축 선호나 재건축 이슈와도 거리가 멀다는 점을 감안하면 코로나19 이후 금리인하에 따른 화폐적 현상*이라는 것 말고는 특별한 가격 급등 요인을 찾

기가 어렵습니다. 아울러 서울보다 규제가 덜하니 풍선효과로 인해 유동성이 더 쏠린 결과로 보여집니다.

서울·수도권 집값이 견조하게 상승했던 2016년 말부터 2019년 말까지 이 지역 부동산가격은 정체되면서 가격격차가 벌어지니 상대적으로 저평가라는 매력이 부각될 수 있었고, 코로나19 이후 단기간 급등한 가격을 받아들이는 분위기가 형성되었습니다.

이런 분위기에서 가장 주효한 것은 신축 아파트 분양 마케팅입니다. 가령 신축 아파트를 10억 원에 분양하면서 호가가 12억 원(예시로 든 부산센텀파크1차)인 구축 아파트 시세와 비교하며 '당첨만 되면 최소 3억 원은 번다'는 식의 마케팅이 통하게 되고, 청약 수요가 몰리며 경쟁률이 수백대 1을 기록합니다. 이때 나온 신조어가 '선당첨 후고민'을 의미하는 '선당후곰'입니다. 아파트 뿐 아니라 도시형생활주택, 생활형숙박시설로까지 열풍이 이어지던 시기였습니다.

그런데 구축 아파트의 코로나19 이전 가격이 6억 원대였음을 고려하면, 금리 및 대외 여건이 악화될 경우 급격히 올랐던 실거래가 12억 원이 8억 원대로 떨어질 가능성도 없지 않습니다. 만약 그렇게 된다면 3억 원은 번다던 신축 분양의 내러티브는 '어머나, 이젠 1억 손실!'로 바뀌게 될까요?

코로나19 이전 6억 원하던 아파트가 1년 새 12억 원이 된 것을 두고, '너무나도 많은 사람들이 센텀시티에 아파트를 갖고 싶어하는 데 거기에 충분한 공급을 하지 못했기 때문', '센텀시티에 아파트 공급을 충분히 하는 것만이 해법이다'라고 주장한다면 외지인이 보기에는 넌센스가 아닐까요?

---

* 가격의 상승은 화폐 발행이 늘어났기 때문이라는 의미. 경제학자 밀턴 프리드먼은, "인플레이션은 언제 어디서나 화폐적 현상"이라고 강조하며, 통화량(경제에 유통되는 화폐의 양)이 화폐가치를 결정하고, 통화량 증가가 인플레이션의 주 원인이 된다고 설명했다.

"흠 … 15년차 구축 아파트 실거래가가 6억 원이니
대략 7억 원 정도에 분양하면 되겠네……" _ 사업자 (2019년)

"헉! 1년 만에 12억이 찍혔네! 흐흐 이제 10억 원에 분양해도 날개 돋친 듯이 팔리겠구나.
15년차 아파트가 12억 원이니 신축은 13억 원은 한다고 봐야지.
분양가를 원래 계획했던 7억 원에서 10억 원으로 확 올리자.
그리고 '당첨만 되면 3억 법니다!'라고 마케팅 해야지." _ 사업자 (2020년)

"우와! 15년차 구축 시세가 12억 원인데 신축 분양가가 10억 원이야?!
묻지도 따지지도 말고 청약하자. 당첨만 되면 수억 원은 번다! _수요자

실제로 2020년경 청약경쟁률 수백 대 1 기록!
다른 지방 사업장들도 같은 방식으로 완판 행진.

"청약경쟁률 좀 봐. 수백 대 1이야, 수백 대 1!
지방 아파트를 사고 싶어 하는 수요가 이렇게나 넘친다고!
당첨만 되면 프리미엄 받고 파는 건 식은 죽 먹기네.
어디 청약한다 하면 무조건 넣고 보는 거야! 무슨 고민이 필요해!" _수요자

대부분의 부동산 관련 언론 보도는 인구가 집중된 서울·수도권 아파트가격에 편중되다보니 수요자의 신축선호도, 공급 부족 등의 내러티브로 가격상승을 설명하고 정당화합니다. 그런데 부산 센텀시티의 대단지 구축 아파트 사례는 빙산의 일각일 뿐, 부산 말고도 2020년 이후 지방의 아파트가격 상승률은 대부분 서울 주요 지역을 크게 앞질렀습니다.

코로나19 이후 지방이 얼마나 눈부시도록 발전했으면, 혹은 상대적으로 서울이 얼마나 나빠졌으면 이런 가격추이를 보인 걸까요? 코로나19 때문에 서울을 벗어나서 지방으로 탈출하고 싶어하는 사람들이 많아진 걸까요? 그렇게 생각하는 사람은 거의 없을 겁니다.

① 코로나19 확산으로 인해 기준금리를 1.25%에서 0.5%까지 급격히 인하한 여파로 유동성이 폭발하는데, ② 각종 규제(15억 원 이상 아파트 구입 시 주택담보대출 금지 등) 및 이미 높아진 가격 부담으로 인해 서울 아파트를 매수하기 어려운 투자수요가 지방으로 확산되었고, ③ 무시무시한 청약경쟁률과 완판 행진에 상승이 상승을 부르는 쏠림효과가 더해지면서 건설사, 증권사 등 부동산 관련 사업자들은 이러한 분위기에 편승하며 물 들어올 때 노 젓는 일념으로 방방곡곡에서 분양을 실시해, 사상 최대의 수익을 올리는 승자가 된 것입니다.

이처럼 코로나19 확산 이후 초저금리 여건에서 유동성 풍선효과가 지방 아파트가격 급등의 주범으로 거론되었습니다. 아마도 서울지역 아파트 수요를 제한하는 각종 규제 조치가 없었더라면, 초저금리에 풀린 유동성은 서울 아파트가격을 지금보다 더욱 높은 수준으로 끌어 올리고 지방 아파트의 오름세는 비교적 덜했을 것으로 판단됩니다.

유동성 축제의 막바지 : 도서·산간 지역 사례

아래 기사에 소개된 지방 도서·산간의 10억 원이 넘는 주택들은 청약 열기가 계약으로 이어져 완판된 것으로 확인됩니다. 특히 바다가 보이는 오션뷰 주택들의 경우, 평형이 클수록 희소성을 무기로 평당가격이 높아지는 구조입니다. 전라남도 완도의 경우 전복사업으로 부를 일군 사람들의 고급 주택 수요가 반영되었다는 후문이며, 속초의 경우 동해안 세컨드하우스 개념의 외지인 수요가 많았던 것으로 전해집니다.

지방 중소도시 주택사업은 실수요가 지역 주민으로 한정되다보니 수요층이 약해서 공급도 제한적이고, 신축 주택의 경우 지역 내 peer(비교대상)을 찾기 어렵다는 점에서 적정가격을 파악하기 어렵습니다.

〈한국경제〉 2021.01.08.

광주·완도·속초 지방도 10억 넘는 초대형 아파트 인기, 청약경쟁률 수십 대 1로 치솟아, 지방에도 고급 단지 수요 많아

지방 아파트 청약시장에서 공급가격이 10억 원이 넘는 초대형 아파트가 인기를 끌고 있다……(중략)……지난해 말 전남 완도에서 분양한 '쌍용더플래티넘 완도'도 가장 큰 면적인 전용 172㎡, 전용 181㎡에서 각각 13대1, 12대1의 경쟁률을 기록했다. 이 단지에서 가장 높은 경쟁률이다. 전용 172㎡의 분양가는 12억7,800만 원, 전용 181㎡는 13억3,300만 원으로 10억 원을 훌쩍 넘었다. 하지만 바다가 한눈에 보이는 입지와 완도에 들어서는 첫 번째 브랜드 주상복합이라는 점에서 지역 수요를 자극했다. 지난해 5월 강원 속초 동명동에서 분양한 '속초디오션 자이'는 전용 131A㎡(펜트하우스)의 분양가격이 11억7,000만 원이었지만 114대1의 경쟁률을 기록했다.

🏢 완도 · 속초 · 서울 아파트 비교

(2022년 상반기 시세 기준)

지역	아파트명	완공	세대수	시세
전라남도 완도군 완도읍	우성팰리스힐	2016	159	3.3억 원
	쌍용더플래티넘완도	2023	192	4.5억 원
강원도 속초시 조양동	성호아파트	2001	1,728	1.5억 원
	속초자이	2020	874	3.6억 원
서울 영등포구 당산동	당산효성타운2차	2001	258	15~16억 원
	당산역롯데캐슬프레스티지	2017	198	15~16억 원

위의 표는 전라남도 완도, 강원도 속초, 서울 당산동의 연식이 다른 근접 지역 아파트(전용 85m²)를 비교한 것입니다. 거주인구가 적은 지방 중소도시의 경우 연식이 오래될수록 감가상각이 반영되어 신축 아파트와 가격차이가 벌어지게 됩니다. 이에 비해 서울 아파트의 경우 연식이 15년 이상 차이가 나는데도 시세가 비슷하다는 것은 세대수가 적은 아파트의 거래가 빈번하지 못한데 따라 가격이 효율적으로 조정·반영되지 못하는 것으로 분석됩니다. 다만 지방 중소도시와 달리 토지가치의 상승으로 건물의 감가상각을 보완하면서 연식에 따른 가격차가 비교적 적은 것은 확실합니다.

강릉, 속초 등 동해안지역 아파트는 KTX, 고속도로 등 교통망 개선으로 인해 수도권 거주자의 신규 수요가 과거 대비 펀더멘털이 제고된 것으로 판단됩니다. 다만, 지방 중소도시 신축 아파트가 구축 아파트 대비 상당히 큰 폭의 오름세를 보이는 것은 투자수요의 유동성 풍선효과로 해석되는데요. 이처럼 소외되었던 자산들이 무차별적으로 급등하는 시기는 유동성 축제의 막바지라는 경각심을 가질 필요가 있습니다. 투자매력도가 높은 곳부터 점차 낮은 곳으로 흐르는 유동성의 속성을 감안하면 말이지요.

부동산과 시장을
좀 더 깊이
공부할 결심

거품의 진행과정 : 폭락은 폭락의 요건이 갖춰진 뒤 발생한다!
주식투자자들이 잡주의 급등을, 비트코이너들이 잡코인의 폭등을 각각 싫어하는 이유

아래 두 그래프는 각각 나스닥과 비트코인의 'all time history chart'입니다. 터무니없는 견강부회로 여길 수도 있겠지만, 나스닥의 최근 25년과 비트코인의 최근 5년 차트모양은 나름 유사합니다.

비트코인의 1년은 나스닥의 5년과 조응합니다. 암호화폐시장은 365일 24시간 운영되며 휴장시간이 없으니 '비트코인 : 나스닥'의 연간 거래가능시간도 묘하게 '5:1' 정도로 대략 산출됩니다. 아울러 '기술에 대한 꿈'과 '저금리 화폐가치 하락'이 반영되었다는 점에서 충분히 유사성을 찾고 싶습니다.

| 나스닥(좌) vs. 비트코인(우) All Time History Chart |

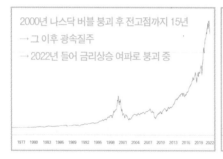

"비트코인 가격이 떨어진 이유는, 옐런과 버핏이 부정적인 발언을 했으며, 중국이 규제를 강화했고 등등" 언론에서는 단순히 '유명인이 무슨 발언을 했다'로 그날 그날 가격의 움직임을 설명하려 하지만, 실상 장기적으로 가격에 미치는 여파는 미미할 따름입니다. 버블에 대해 수많은 구루들의 명저가 존재하지만 감히 필자가 한 숟가락 얹자면,

• 서울 주요 지역 아파트들만 상승하고 기타 지역 아파트들은 안 오를 때
• 우량주들만 주로 상승하고 잡주들은 안 오를 때

227

이럴 때는 간혹 조정이 오더라도 단기에 그치며 폭락을 겪은 적은 없는 것 같습니다. 반대로,

- 서울 주요 지역 아파트의 상승세는 둔화되는데 평소 거래량이 미미한 지방 중소도시로도 수요가 몰리며 집값이 급등할 때
- 우량주들의 상승세가 둔화되는데 잡주들이 급등할 때

이때가 '유동성 파티 구간'인데, 시간의 문제이지 높은 확률로 폭락이 찾아오곤 했습니다. 회사채로 비유하면 AAA, AA급 회사채 가격이 상승할 때 버블을 논하긴 어렵지만, B급 이하 회사채 가격이 급등하면 불안해집니다.

같은 시각에서 암호화폐시장을 반추해보면, 2021년 초까지만 해도 비트코인, 이더리움의 가격 상승세만 두드러졌고, 알트코인의 경우 리플, 에이다, 체인링크 등 나름 상위권마저 과거 고점 대비 90% 폭락한 상태에서 부진한 흐름이 지속되었지요. 드디어 잡코인은 도태되고 전통과 기술의 비트코인, 이더리움 정도에 한정하여 자본이 유입되는구나 싶었는데, 2021년 1월 중순부터 알트코인들이 고개를 쳐들더니 웬만한 종목들은 석 달 사이 10배 가까이 올라버렸습니다. 2017년 말에 그 광란을 겪었는데, 또 다시 이런 장이 펼쳐지다니…… 급기야 끝판왕 도지코인이 등장하고, 여세를 몰아 시바이누 등의 밈코인이 가세하며 시장을 엉망진창으로 만듭니다. 부동산시장에서 소외된 지역의 주택가격이 급등할 때, 주식시장에서 잡주들이 급등할 때가 암호화폐시장으로 시뮬레이션된 것과 다를 바 없습니다.

아이러니하게도 단기간 가장 많은 돈을 벌 수 있는 방법은 이런 부류를 사고파는 것입니다. 그리고는 신기하게도 머지않아 폭락의 시간이 찾아옵니다. '머지않아'라고 표현했지만 제정신으로 보기에는 상당한 시간이기 때문에 다 같이 혼탁해지기 마련입니다.

소위 전문가일수록 그 시장에 매일 매몰되다보니 '뉴 노멀'이라는 착각에 빠지

거나, '좀 불안하긴 하지만, 폭락 전에 빠져나올 수 있을 거야!'라는 자만에 빠질 법 합니다. 암호화폐 전문가이자 성공적인 투자자로 유명했던 모 언론인은 각종 암호화폐가 폭락했던 2021년 5월 19일 석가탄신일에 보유자산이 1/8토막 났다는 소식을 전했습니다(201쪽). 보통사람들은 잘 모르는 바이낸스체인을 활용한 레버리지 투자를 하던 중 예상치 못한 수준의 급락으로 인해 연쇄적인 청산(liquidation)이 발생하면서 그간 암호화폐로 일구었던 부가 한순간에 사라진 것입니다.

투자의 세계가 참 야속한 게 열심히 공부하고 기여했다는 이유로 복을 내려주진 않습니다. 어떤 종류의 투자이건 유일한 성공방식은 술 좋아하는 사람들끼리 마시는 자리에서 술판 분위기도 최고조에 달하고 멤버들이 다들 취할 때 먼저 집에 가는, 왕따를 자처할 수 있는 용기가 아닐까 싶습니다.

결국 돌아보면, 도지코인, 시바이누 등 밈코인이 시총 상위 10위 이내에 들었던 2021년 10~11월은 비트코인을 비롯한 암호화폐 시가총액의 전고점이 되었고, 나스닥도 비슷한 시기에 고점을 찍었습니다. 우리나라 부동산시장도 군·읍 단위 도서·산간 지역의 주거시설, 아파트보다 환금성이 떨어지는 생활형 숙박시설, 도시형 생활주택 등으로 돈이 몰린 이후 2022년 들어 지방을 중심으로 거래절벽에 돌입하는 양상입니다.

"규제 틈새 '생활형숙박시설·주거용오피스텔·도시형생활주택' 날개 달았다"   〈매일경제〉, 2021.10.07.

"6049대1 경쟁률에 웃돈 1.5억…… '생활형숙박시설' 편법에 정부 칼 빼들었다"   〈비즈한국〉, 2021.10.20.

25 금리인상에 얽힌 서로 다른 추억

_ 초두효과로 바라본 금리인상의 실체

과거 노무현정부 시기는 글로벌 금리상승기였으나 집값은 폭등했기 때문에 금리와 집값은 상관이 없다, 혹은 금리인상으로 집값을 잡을 수 없다는 내러티브가 설득력 있었습니다. 당시에는 집값 뿐 아니라 주가와 소득도 견조하게 상승했던 시기였던지라 "금리를 올린다는 것은 경기가 좋아지고 있음을 의미한다"며, 금리인상 초기가 오히려 '투자의 적기'라는 주장으로도 연결됩니다. 과연 그럴까요? '그때는 맞고 지금은 틀리다'의 논지를 팩트체크해 보도록 하겠습니다.

> "성적이 안 좋은 내가 대학에 합격했을 때 담임선생님께서는 '기적'이라고 하셨다. 하지만 어차피 '기적'이라고 부를 거라면, 난 그걸 '사랑의 기적'이라고 부르고 싶다."
>
> _영화 〈4월 이야기〉 중에서

> "선배님들은 그 시절 '금리인상'을 호경기와 투자적기의 시그널이라 하셨다. 하지만 '금리인상'을 호재라고 부를 거라면, 난 그걸 중국의 눈부신 경제성장이 만든 기적이라고 부르고 싶다."
>
> _도서 〈부동산을 공부할 결심〉 집필 중에서

금리인상과 자산가격 상승이 동행했던 시절의 강렬한 기억

각종 방송과 유튜브에서 투자 관련 프로그램에 출연하는 이들은 현재 각계각층에서 중역을 담당하는 1970년대생이 대부분입니다. 노무현정부 시기는 이들이 사회초년생(사원~대리급, 28~35세)이었던 시절이지 않을까 싶습니다. 아래 기사의 '초두효과'에 대한 설명처럼 사회초년생 시기에 어떤 경험을 하느냐가 세상을 바라보는 뷰의 프레임을 형성하기 마련입니다. 당시 금리인상과 더불어 주식, 부동산, 유가, 소득 등이 모두 상승했던 경험으로 인해 '금리인상은 자산가격에 악재'라는 프레임이 오히려 낯설고, '이게 이 정도로 강력하게 자산가격을 끌어내릴만한 일인가?' 싶을 수도 있겠습니다.

| 영화 속 경제 |
〈경향신문〉, 2015.12.8

4월 이야기······
첫사랑에 대한 강렬한 기억 '초두효과'

누구든 첫사랑은 잘 잊지 못한다. 첫사랑의 기억이 머릿속에서 잘 지워지지 않는 것은 '초두효과' 때문이다. 초두효과란 먼저 제시된 정보가 뒤에 제시된 정보보다 더 큰 영향력을 행사하는 현상을 말한다. 쉽게 말해 처음 경험한 것들이 강렬한 인상으로 남아 오랫동안 기억되는 효과다. 초두효과는 우리 뇌가 가진 한계 때문에 발생한다. 뇌는 처음에 들어온 정보를 입력한 뒤 그 뒤에 들어오는 정보는 이에 맞춰서 해석하려는 경향이 있다. 처음 들어오는 정보는 나중에 들어오는 정보보다 더 주의를 기울인다는 것도 초두효과의 원인이다.

_박병률 경향신문 경제부 기자

수요견인 인플레이션 vs 비용인상 인플레이션

우선 본격적인 논의에 앞서 인플레이션의 구분에 대해 간단히 짚어보겠습니다. 인플레이션은 결국 수요가 공급보다 많아서 발생하는 것인데요. 주 요인이 수요의 증가인지, 공급의 감소인지에 따라 '수요견인(demand-pull) 인플레이션'과 '비용인상(cost-push) 인플레이션'으로 구분합니다. 수요견인 인플레이션은 통상 경기확장 국면에서 소비와 지출이 증가하거나, 시중에 돈이 많이 풀린 결과 수요가 확대되어 물가가 상승하는 현상입니다. 비용인상 인플레이션은 원자재가격, 임금, 임대료 등 비용의 상승이 공급을 감소시키면서 발생하는 인플레이션으로 경기침체를 유발할 가능성이 높습니다.

글로벌 인플레이션의 심각성을 파악하기 좋은 지표는 '국제유가'입니다. 금본위제를 폐지한 1971년 이후부터 2020년 코로나19 발생 이전까지 국제유가가 급등했던 시기는, 1973년 제1차 오일쇼크, 1979년 제2차 오일쇼크, 2000년대 중반(2008년 금융위기 이전), 2011년 아랍의 봄 시기로 요약됩니다. 유가 또한 실물경제가 좋아져서 수요가 확대되거나 지정학적 요인들로 인해 공급이 감소하면 오르게 되는데, 복합적이긴 하지만 국제유가가 급등한 주 요인이 무엇이냐에 따라 수요견인 인플레이션과 비용인상 인플레이션으로 구분해 볼 수 있습니다. 제1·2차 오일쇼크는 중동 산유국들의 감산으로 유가가 치솟으며 발생한 비용인상 인플레이션, 2000년대 중반은 BRICs로 통칭되던 중국, 인도, 브라질 등 인구대국들 중심의 급속한 경제성장으로 석유 소비량이 확대되며 발생한 수요견인 인플레이션으로 구분됩니다.

일반적으로 중앙은행은 물가안정을 최우선으로 하는 가운데 경제성장과 금융안정을 균형있게 고려하면서 통화정책을 운용해 나갑니다. 물가를 잡기 위해서는 금리를 올리고 경기부양을 위해서는 금리를 내려야 하는데, 물가가 안정된 시기에는 경기를, 경기가 좋을 때는 물가를 챙기면서 우선순위에 대

한 판단을 달리하는 것입니다. 위에서 언급한 제1·2차 오일쇼크 및 2000년
대 중반은 물가를 안정시킬 목적으로 금리가 인상되던 시기였습니다.

제1·2차 오일쇼크 이후 미 연준의 강력한 긴축으로 인플레이션이 진정된 후
'세계의 공장'으로 부상한 중국과 효율적으로 재편된 글로벌 공급망, IT의 발
달, 셰일가스 혁명 등에 힘입어 장기간 공급 측면의 물가가 안정되었습니다.
그런 환경 속에서 선진국의 고령화로 인한 구조적 저성장, 글로벌 금융위기

〈머니투데이〉 2006.3.7.

세계는 지금 브릭스펀드 열풍

브라질, 러시아, 인도, 중국 등 이른바 브릭스(BRICs) 국가에 투자하는 브릭
스펀드 열풍이 거세게 일고 있다고 〈월스트리트저널(WSJ)〉이 7일 보도했다.
〈WSJ〉에 따르면, 신흥시장이 최근 3년 동안 가장 뜨거운 투자처가 돼 왔다면
지금은 신흥시장 중에서도 브릭스가 가장 뜨거운 투자처다. ……(중략)……

〈머니투데이〉 2007.12.26.

펀드 300조 시대 주식형 일등공신

상반기 글로벌 증시의 호황에 따라 주식형펀드로 급격히 유입된 자금은 기존
펀드시장의 지도를 바꿔 놓았다. 펀드로 유입된 자금은 주식시장에 풍부한 유
동성을 공급했고, 외국인들의 '탈 코리아' 움직임에도 불구하고 증시를 떠받치
는 원동력으로 작용했다. 여기에 해외펀드 비과세 혜택으로 투자 지역을 다변화
한 펀드가 속속 등장했다. 또 중국 증시의 급등에 따른 중국펀드 열풍과 이머징
시장에 대한 기대감으로 브릭스펀드(브라질, 러시아, 중국, 인도)의 인기, 적립
식펀드의 견조세 등도 주목할 대목으로 꼽는다.

이후 극심한 침체 등에서 탈피하기 위해 금리를 인하하는 기조가 주를 이뤘고, 간혹 경기호황으로 인해 물가가 상승하는 경우 지나친 과열을 막기 위해 금리를 인상하는 패턴을 보였습니다. 즉, 두 가지 주요 변수 중 한 가지가 안정되면 변동성이 더 큰 나머지 변수로 무게중심이 쏠리게 되는데, 상당기간 물가가 안정되다보니 금리를 움직이는 무게중심은 경기에 쏠렸던 것입니다.

서로 다른 추억을 일으킨 주범, 중국

우리나라에서 중국에 대한 연령대별 호감도를 조사하면 50대 이상은 전체 평균치보다 호감도가 높고 연령대가 낮아질수록 반중정서가 심해지는 것으로 나타납니다. 중국에 대한 이미지가 세대 간 상당한 차이를 보이는 것입니다. 이를 두고 50대 이상은 우리나라 경제가 중국의 덕을 본 기억이 강한 반면, 2030 등 젊은 세대는 중국 때문에 피해를 본다는 인식이 강하기 때문이라는 분석도 있습니다.

2001년 중국이 WTO 가입 이후 대규모 인프라 투자와 고도성장을 달성하던 노무현, 이명박 정부 시기에는 중간재·자본재 중심의 대중수출이 급증하며 중국의 덕을 톡톡히 보았습니다. 하지만 그 이후 박근혜, 문재인 정부 시기에는 중국경제의 자급률 상승 및 성장률 둔화로 인해 대중수출이 둔화되고 글로벌 시장에서 중국과 경쟁으로 인한 피로도가 매우 높아진 양상입니다. 우리나라의 50대와 2030 간에 중국에 대한 인식이 달라질 수밖에 없는 것입니다.

120쪽 '금리 인상과 인하가 시중 유동성과 투자수요에 미치는 영향'에서 은행의 대출을 통해 시중의 유동성이 공급되는 원리를 살펴보았습니다. 대출금리가 5%라도 6% 이상의 수익률이 기대되는 투자기회가 널려있다면 너도 나도 대출을 늘려서 시중에 유동성이 확대됩니다. 반면에 대출금리가 2%라도 2% 이상의 수익률이 기대되는 투자기회가 보이지 않는다면 대출을 하지 않고 저축을 하게 될 테니 유동성이 축소되겠지요.

노무현정부 시절은 중국을 비롯한 신흥국이 글로벌 경제성장을 이끌었으며, 탄탄한 민간소비와 기업투자를 바탕으로 수요견인 인플레이션이 발생한 시기였습니다. 이에 금리를 올려도 성장에 대한 낙관으로 자금 수요가 훼손되지 않다보니, 주식이나 부동산에 대한 투자수요도 꺾이지 않았습니다. 그리고 그 중심에는 매년 경제성장률 기록을 경신하던 중국의 고성장에 대한 믿음이 자리하고 있었습니다. 또한, 노무현정부 당시 세종시, 혁신도시 및 수도권 2기 신도시 추진 과정에서 풀린 103조 원에 달하는 대규모 토지보상금은 부동산 투기를 더욱 자극하는 유동성 확대 요인이 되었습니다. 그런 와중에 금리라도 올리지 않았다면 자산가격이 더더욱 폭등하여 걷잡을 수 없는 거품을 형성했을 것입니다.

중국과 한국 GDP성장률(2001~2020)

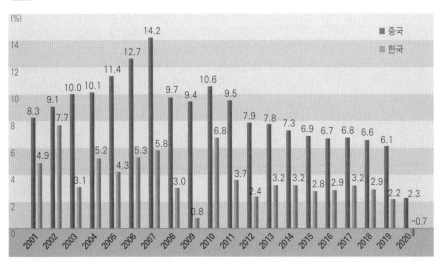

글로벌 금융위기(2008년) 이전 연평균 5%가 넘는 경제성장과 금융위기 직후 빠른 회복의 배경에는 중국의 눈부신 경제성장이 자리하고 있었다. 이후 저성장 기조는 중국의 성장 둔화와 무관하지 않다.

2022년 출범한 윤석열정부가 처한 상황은 경제성장에 기반한 수요 확대보다는 공급 부족에 기인한 비용인상 인플레이션이 심각해지는 양상입니다. 2020년 코로나19 확산에 대한 대응방편 및 경기부양 목적으로 돈을 지나치게 많이 푼 탓에 주식, 부동산, 암호화폐 등 자산가격이 급등했습니다. 펀더멘털과 무관하게 유동성 덕분에 상승한 자산들이 유동성 회수 과정에서 가격조정이 일어나는 국면인 것입니다. 전문가들은 인플레이션을 잡기 위해 금리인상을 지속하다간 고물가를 진정시키기도 전에 경기침체가 닥치는 스태그플레이션(stagflation, 물가상승을 동반한 경기침체)마저 우려하는 상황입니다.

이처럼 금리인상의 긴축효과가 투자심리를 한파로 몰아넣는 여건으로 노무현정부 시기의 금리인상과는 판이하게 다른 양상이며, 물가를 자극할까봐 적극적인 부양책을 쓰지 못하고 있는 현 중국의 경제 여건을 감안하면 이명박정부 시기의 금리인상보다도 불리한 면이 있습니다. 이명박정부 시기에는 유럽의 재정위기, 미국의 신용등급 강등 등 선진국들이 어려운 여건에서도 중국정부의 대규모 인프라 투자에 힘입어 긴축 과정에서도 성장을 도모할 수 있었습니다.

중국의 경제성장률이 과거 대비 낮아질 것은 분명한 가운데, 중국 부동산의 경착륙 여부가 국내 집값의 조정 폭에도 적지 않은 영향을 줄 것으로 예상됩니다.

〔노무현정부〕중국이 연 10%대의 높은 성장률 경신하던 시기의 금리인상
　　　　　　→ 코스피, 집값 동반 상승
〔이명박정부〕중국이 대규모 인프라 투자로 연 7~8%의 성장을 하던 시기의 금리인상 → 코스피 상승, 수도권 집값 하락
〔윤석열정부〕중국 경제의 불확실성이 매우 높은 상황에서의 금리인상 → ?

중국경제가 부동산 경착륙으로 인한 혼란에 휩싸일 경우, 우리나라 경제에도 적지 않은 피해가 우려된다. 글로벌 자본이 급속도로 빠져나가는 계기가 될 수 있기 때문이다.

중국정부가 부동산 연착륙에 실패할 경우
: 중국의 부동산가격 붕괴로 인한 경제위기

중국 주요 도시의 부동산가격 거품에 대한 우려는 오래전부터 계속되었으나, 중국정부는 부동산 규제와 부양정책을 번갈아 쓰면서 리스크를 통제해왔습니다. 다만, 2022년 들어서는 물가상승이 심화될까봐 적극적인 경기부양책이 제약되다보니 부동산침체가 장기화되는 양상입니다.

중국은 우리나라의 최대 교역국이자 최대 수출국입니다. 중국의 경기침체는 곧 우리나라의 수출 부진으로 이어지는데요. 실제로 중국이 코로나19 확산을 막기 위해 봉쇄조치를 이어가자 우리나라의 무역적자가 심화되는 상황입니다. 과거에는 경기침체시 금리를 낮춰서 자산가격에는 오히려 도움이 되는 양상이었지요. 그러나 한동안 높은 인플레이션 때문에 금리를 낮추기 어려운 환경에서 경기침체가 덮칠 경우 부동산시장의 한파도 더욱 깊어질 수밖에 없습니다.

아울러 글로벌 자본은 중국 투자에 대한 대용(proxy)으로 우리나라(원화) 자산에 투자하기도 합니다. 중국에 대한 경제의존도가 높다보니 각종 성과가 중국경기와 연동되는데, 중국보다 금융시장이 선진화된 덕분에 자본의 유·출입이 자유롭기 때문입니다. 이런 환경에서 중국경제가 부동산 경착륙으로 인한 혼란에 휩싸일 경우, 우리나라 경제에도 적지 않은 피해가 우려됩니다. 글로벌 자본이 급속도로 빠져나가는 계기가 될 수 있기 때문입니다. 즉, 중국의 부동산 거품붕괴 이슈가 지속되는 한, 우리나라도 경기침체와 자본유출에 대한 우려로 연결되면서 부동산시장 회복의 걸림돌이 될 수밖에 없습니다.

"아니 중국에서 무슨 일이 생기던 그게 우리나라 부동산이랑 무슨 상관이야?"
"블룸버그 등 외신에서는 아시아 양대 경제대국인 중국과 일본의 통화가치가 하락하면서 1997년 아시아 금융위기가 재연될 수 있다는 우려가 커지고 있다고 지적했어. 1997년 7월 태국 외환위기가 말레이시아, 인도네시아로 확산되다가 우리나라까지 덮쳤던 게 IMF 위환위기였지. 물론 현재 우리나라 외환보유고가 그 당시보다 풍부하다곤 하지만, 그땐 동남아의 위기였고 지금은 무려 중국과 일본이 진원지로 거론되니 무게감이 다르지 않아?"
"글로벌 펀드들이 아시아 지역에서 대량으로 자본을 회수해 나갈 가능성이 있다 이거지?"
"그래, IMF 외환위기 당시 환율뿐 아니라 부동산도 만만치 않게 붕괴되었었지. 자금이 급격하게 빠져나가면서 유동성이 사라지는 거야말로 모든 자산가격엔 최악의 상황이지."

토지보상금이 집값 상승의 주범일까?

〈아시아경제〉, 2012.6.15.

MB정부 4년간
보상금 100조 넘어서

이명박정부 들어 작년까지 보상금이 100조 562억8,800만 원 풀린 것으로 나타났다. 올해는 지난해와 비슷한 17조 원 규모가 보상될 것으로 예상된다. 이에 현 정부의 5년간 보상금은 117조 원에 달할 전망이다. 참여정부의 보상금 규모인 98조5,743억9,900만 원보다 18% 이상 늘어난 수준이다. 보상비 규모는 직전 정부보다 커졌으나 투자와 경기 진작으로 이어지기는 힘들 것이란 지적이 많다. 유럽발 재정위기 사태로 경기침체가 지속되고 있는 데다 부동산 불패신화가 사그라들면서 벼락부자들의 투자 패턴도 달라지기 때문이다……(중략)……

김규정 부동산114 본부장은, "토지보상금이 많이 풀렸지만 실제적으로 어느 지역에 풀렸는가가 중요하다"며, "4대강사업, 보금자리주택사업 등으로 보상금이 지급돼 수도권 대신 지방 주택시장이 살아난 것으로 풀이된다"고 설명했다. 실제 지방에서는 신규 주택 분양과 기존 주택 매매가 모두 활기를 띠고 있다. 미분양 주택도 감소했고 토지가격도 올랐다. 박합수 KB국민은행 부동산 팀장은, "예전에는 보상금으로 강남3구 아파트를 사는 게 대세였으나 최근 수익형 부동산 투자수요가 늘었다"며, "집값 상승에 따른 차익, 재건축 투자수익 등이 보장되지 않기 때문"이라고 해석했다.

노무현정부 당시 2기 신도시, 혁신도시 등의 추진 과정에서 풀렸던 토지보상금은 부동산 폭등의 주범으로 거론되기도 합니다. 그러나 각 정부별 토지보상금 규모를 살펴보면 노무현정부 103조 원, 이명박정부 117조 원, 박근혜정부 59조 원으로, 부동산의 가격추이를 좌우하는 결정적인 요소는 아니라는 것을 알 수 있습니다.

토지보상은 유동성 확대 요인이며, 풀린 돈이 부동산투자로 이어질 확률도 높은 것이 사실입니다. 하지만, 위 기사에서 자세히 언급되었듯이 제반 여건에 따라 투자심리를 증폭시키는 요인 정도로 해석됩니다. 물처럼 상황에 따라 유연하게 흐르는 돈(유동성, liquidity)의 속성대로 시세차익을 도모하려는 투기가 만연한 여건에서는 강남 아파트나 재건축 투자 등으로 흐를 수 있으나, 자산가격의 하향 안정화 추세가 이어지는 시기에는 안정적인 현금흐름을 추구하게 되는 것입니다.

Chapter 3
유동성

그 많던 돈들은
누가 다 먹었을까?

- 주택가격의 급락 및 장기 침체를 유발하는 위험요인 분석 -

오랜 기간 저금리·저물가에 익숙해진 탓에 유동성의 소중함 또한 잊혀졌었습니다. 화폐가치가 계속 떨어지니 자산가격은 오르는 게 당연하고, 남의 돈을 빌려서라도 최대한 많이 자산에 투자하는 것이 재테크의 성공방정식이었습니다. 하지만 2022년 들어 고금리·고물가 환경으로 급격히 전환되자 시장참여자들이 적응하기 힘들어 하며 우왕좌왕하는 모습이 역력합니다. 오랜 강세장 속에 희미해졌던 리스크 요인들은 간과할수록 더욱 큰 파괴력으로 다가올 것입니다. 아래 글귀의 '가상자산'을 '부동산'으로 바꿔 읽어도 무방할 만큼 리스크의 본질은 모두에게 동일합니다.

"오래 지속되는 강세장 속에서 주의해야 할 것은 건실한 사업체와 방만하게 운영되는 사업체의 구분이 어려워진다는 것이다. 이러한 차이는 주기적으로 찾아오는 약세장에 의해 비로소 수면 위로 떠오르고 정화되는 수순을 밟는다. 가상자산시장이 본격적인 약세장에 들어서며 레버리지가 과도하거나 유동성 관리가 미약한 운용업체들의 자산이 강제매매 대상이 되며 가상자산시장의 하방압력 요인으로 작용하고 있다."

_〈stETH 디페깅 및 ETH 가격 하락 현상 보고서〉(2022.6.15. korbit 리서치 발간) 중에서

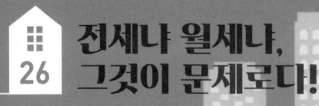

26

전세냐 월세냐, 그것이 문제로다!

_전·월세를 둘러싼 미묘한 신경전

전세제도 덕분에 갭(집값 – 전세가)이 매우 적었던 시기(2014~2016년)에는 자기자본이 충분하지 않은 사람들도 비교적 쉽게 주택을 구입할 수 있었습니다. 누군가는 금리인하 덕분에 상승하는 전세가를 발판(레버리지) 삼아 적은 자본으로도 다주택자가 되는 게 가능해지면서 집값 상승을 부추기기도 했습니다. 하지만 전세에 대한 이미지는 대체로 월세 대비 저렴하여 세입자의 임차부담을 낮춰준다는 것입니다. 그렇다면 전세는 집주인과 세입자 중 누구에게 더 좋은 제도일까요? 그리고 최근 월세계약 증가로 인해 회자되듯 전세는 점차 사라지게 될까요? 장기간 전·월세 비중의 변화를 살펴보면 이 또한 금리에 따라 답이 달라져 왔음을 알 수 있습니다.

햄릿의 명대사 "To be or not to be, that is the question(죽느냐 사느냐 그것이 문제로다)"는 "이대로냐 아니냐"로도 번역되며 운명에 순응할지 저항할지에 대한 고민을 담고 있습니다. 오랜 기간 무주택자에게 월세는 전세보다 불리하고, 월세 전환은 저항해야 하는 것이라는 인식이 자리합니다. 하지만 금리의 움직임에 따라 저마다 다른 처지를 감안하면 '전세냐 월세냐'는 '짜장이냐 짬뽕이냐'처럼 선택의 문제일 따름입니다.

전·월세를 둘러싼 '아는형님들'의 미묘한 신경전 관계도

"어휴, 나는 월세만 받고 싶은데 돈 없는 다주택자들이 계속 전세만 내놓으니……
(전세 물량이 많아서) 월세로 내놓으면 세입자들이 찾지를 않네."

_장훈이(집주인)

"뭐 그리 복잡하게 사냐?
누추해도 내 집이
최곤견(犬)……"

_관전견

"흐흐 전세 덕분에
(갭 투자로) 집을 한 채 더 살 수 있었는데,
전세 없었으면 어쩔 뻔했어!"

_영철이(갭 투자자, 상민이네 집주인)

"(화들짝~!) 설마 보증금 없이 다 월세로
하겠다는 건 아니지? 보증금을 다 뺄 순 없으니
적당한 선에서 반전세 조건을 협의하자고."

_영철이(갭 투자자, 상민이네 집주인)

"살다살다 대출금리가
월세보다 비싼 건 처음 겪어보네.
반전세로 하자!"

_상민이(영철이 집 세입자)

243

'내돈내산'의 회계항등식

....

SNS에서 널리 쓰이는 '내돈내산'이라는 단어는, '내 돈 주고 내가 산 제품'이라는 축약어로 오로지 본인의 돈(자본)으로 구입한 제품에 대한 리뷰를 올릴 때 사용합니다. 즉, 내돈내산은 '자기자본 100% & 타인자본 0%'를 의미합니다. 고가의 제품은 타인자본(남의 돈, 부채)을 활용하는 경우가 많은데요. 가령 자동차를 구입할 때 계약금 10%를 납부하고 5년간 카드할부서비스를 이용할 경우, 계약시점에서는 자기자본 10% & 타인자본 90%, 5년 뒤 할부금을 완납하면 자기자본 100% & 타인자본 0%가 됩니다.

이렇듯 모든 소유의 형태는 남의 돈+내 돈(자산=부채+자본, 총자본=타인자본+자기자본)으로 표현할 수 있고, 이를 회계항등식 또는 대차대조표 등식이라 합니다. 자산, 부채, 자본은 다음과 같이 다양한 명칭으로 활용되고 있습니다.

> 자산(내 소유) = 총자산, 자산총액, 총자본
> 부채(남의 돈, 갚아야할 돈) = 총부채, 부채총액, 타인자본
> 자본(내 돈) = 순자산, 자본총액, 자기자본

부채는 '미래에 내가 부담해야 할 현재의 경제적 의무'입니다. 내돈내산이 아닌 협찬을 제공 받은 경우, SNS에 리뷰를 올려야 할 의무가 부채이며, 협찬을 제공한 업체가 만족할만한 리뷰를 포스팅해야 부채가 소멸된다고 볼 수 있습니다. 반면, 누군가 나에게 아무런 대가 없이 물품을 제공했다면 내돈내산이 아니더라도 부채가 없으니 전액 자기자본이라 할 수 있습니다.

'자산=부채+자본'의 회계항등식에서 자기자본비율(자기자본/총자산)이 높을수록 부채비율(부채총액/자기자본)이 낮고, 부채비율이 높을수록 자기자본비율은 낮아지게 됩니다. 기업이든 개인이든 보유현금이 풍부할수록 차입보다는

자기자본의 활용 비중이 높아지고 자연히 부채비율은 낮아지는데, 이를 두고 재무구조가 우수하다고 표현합니다.[*]

시장참여자의 교섭력(재무구조)에 따라 달라지는 전·월세 비중

154쪽 '채권의 속성으로 분석한 아파트가격 추이'에서 부채가 없는 집주인 장훈이는 월세를, 부채가 많은 집주인 상민이는 전세를 선호합니다. 반면, 현금이 풍부한 세입자는 전세를, 현금이 부족한 세입자는 월세를 선호하게 되는 사례와 함께 이러한 선호도 차이는 대출금리가 예금금리보다 높은 데서 기인한다는 점을 살펴보았습니다. 이를 간단한 표로 나타내면 '이론상으로는' 아래와 같습니다.

① 다주택자	부채비율 낮음	월세 선호
② 다주택자	부채비율 높음	전세 선호
③ 세입자	보유현금 풍부	전세 선호
④ 세입자	보유현금 미흡	월세 선호

전·월세시장은 시장참여자 각각의 이해관계와 수요·공급이 맞아떨어져 대체로 ②와 ③ 간에 전세계약, ①과 ④ 간에 월세계약이 이뤄진다고 볼 수 있습니다. 그러니 전세 비중이 높아진다면, ② 또는 ③에 속하는 가구가 많아진 것이고, 그 반대의 경우 월세 비중이 높아진다는 해석이 가능합니다.

---

[*] 업종별로 상이하지만 한국기업평가의 일반 제조업 신용평가방법론에 따르면, 부채비율은 50% 이하 AAA(최고 수준), 100% 이하 AA(매우 우수), 150% 이하 A(우수), 200% 이하 BBB(양호), 300% 이하 BB(미흡), 300% 초과 B(취약)으로 평가된다.

자기자본(보유현금)이 부족할수록 다주택자는 대출제약, 이자비용 부담 등으로 인해 최대한 보증금을 높이려고 하기 때문에 전세 선호도가 높아집니다. 그런데 '실제로는' 임차인의 경우 자기자본(보유현금)이 미흡하더라도 신혼, 청년, 저소득층 등은 정책적 지원을 통해 낮은 금리로 전세자금대출*을 이용할 수 있어서 월세보다 전세·반전세를 선호하는 경우가 많은 편입니다. 즉, 현실에서는 전세자금대출의 한도와 금리에 따라 ④에 속하는 세입자도 상당 기간 이자비용이 월세지출보다 덜 부담되어 전세를 선호하는 경우가 적지 않았습니다. 결국 월세 비중을 높이려면 집주인들의 전반적인 재무구조가 탄탄해지거나 임대공급물량이 감소하여 공급자(집주인) 교섭력이 강해져야 했습니다.

우리나라 아파트의 월세수익률은 왜 이리 낮을까?

'임대차2법' 시행 전까지 서울 및 주요 대도시 신축/대단지 아파트의 월세수익률은 대략 세전 1.2~1.8% 선으로 대단히 낮은 수준이었습니다. 이는 아파트를 가치저장수단으로 삼는 투자자금 유입과 더불어 '공급자(집주인) 교섭력'이 지나치게 약했던 탓으로 분석됩니다. 공급자 교섭력이 약한 이유는, '자기자본은 부족하지만 타인자본을 최대한 활용하면서 다주택자가 된 사람들이 많아서'이며, 전세제도는 이를 심화시킨 요인이지요.

100% 자기자본으로 주택을 추가 매입한 사람 입장에서는 집값보다 낮은 전세가에 세를 놓으면 차액(집값-전세가)에 대한 이자수익과 각종 세금 등의 기

---

* 전세자금대출 금리는 주택담보대출 및 신용대출 금리, 전월세전환율(최근 5년 서울·수도권·전국 아파트 기준 4%대) 대비 낮은 수준을 지속했다.

회비용이 발생하니 최대한 월세로 전가해야 기회비용을 줄일 수 있습니다. 하지만 전세제도를 이용하여 돈(자기자본)은 부족하지만 '갭 투자'로 다주택자가 된 사람 입장에서는 반드시 전세를 유지해야 하며, 공실이 발생해서도 안 됩니다. 전세 계약 만료시기에 세입자가 나가겠다고 하면, 당장 돌려줄 전세금이 없기 때문에 새로운 세입자를 구할 때까지 기다려달라고 할 수밖에 없지요. 계약한 만기날짜에 원금을 돌려주지 못하면 엄연히 부도(default)라 할 수 있지만, 전세보증금 자체가 가계부채로 잡히지 않으니 통계상 연체율(delinquency ratio)에도 잡히지 않습니다. 관습에 젖다보니 가계부채 위험에서 간과되는 부분이라 하겠습니다.

오직 부자들만이 100% 자기자본으로 여러 채의 아파트를 보유하고 있는 세상을 상정해보면, 세입자들의 소득이 버티는 한도 내에서 최대한 높은 임대료를 받아낼 수 있을 것입니다. 간혹 세입자들이 높은 임대료를 감당하지 못해서 공실이 나더라도, 차입 부담이 없는 부자에게는 버틸 수 있는 힘도 충분합니다. 그런데 현실에서는 자금이 충분하지 않은데도 아파트를 여럿 보유한 다주택자들이 자꾸만 전세를 내놓으니, 부자 입장에서는 임대료를 높이고 싶어도 시장가격을 끌어올리지 못하는 실정이라고 볼 수 있습니다.

서울 아파트의 전·월세 비중 장기시계열 분석

서울시에서는 2011년부터 전·월세 통계* 산출시 월세를 월세, 준월세, 준전세 3가지로 구분하여 제공하고 있습니다. 용어의 혼란을 방지하기 위해 월세를 '순수월세'로 변경하여 용어를 정의하면 다음과 같습니다.

---

* 임차인이 전·월세 거래 후 동 주민센터 또는 대법원(등기소)에 확정일자를 신고한 자료.

> 순수월세 = 보증금이 월세의 12개월(1년)치 이하
>
> 준월세 = 보증금이 월세의 12~240개월(1년~20년)치 구간
>
> 준전세 = 보증금이 월세의 240개월(20년)치 초과

보증금 규모에 따른 구분상 순수월세와 준월세는 통상적인 '월세'의 개념에 가깝습니다. 준전세는 속칭 '반전세'의 영역인데, 보증금 2.4억 원에 월세 100만 원도, 보증금 10억 원에 월세 30만 원도 준전세이니 그 범위가 매우 넓습니다. 전자는 말 그대로 반전세라 할 만한데, 후자는 사실상 전세에 가까운 느낌입니다. 이러한 점을 미리 감안하고서 전·월세 비중 통계를 살펴보겠습니다.

최근 10년간 서울시 아파트 전체 임대물량은 2012년부터 2018년까지 연간 15~16만 호 수준을 유지하다가, 2019년 이후 추세적으로 증가(2019년 → 17.7만 호, 2020년 19.6만 호 → 2021년 20.3만 호)하였습니다. 순수 전세물량은 2012년 12.6만 호 → 2016년 10.2만 호(저점) → 2020년 13.5만 호(고점)를 기록하는 등 상당한 변동성을 보입니다.

순수 전세 비중은 2012년 82%에서 2015~2016년 연평균 65% 수준까지 추세적으로 감소하였습니다. 해당기간 기준금리가 계속 낮아지다 보니(2012년 6월 3.25% → 2016년 6월 1.25%) 예금/대출금리 또한 하락했지요. 집주인 입장에서는 전세금을 예금해봐야 이자수익이 얼마 안 되니 월세를 받고 싶어집니다.

그런 와중에 ① 2012~2015년 신축 아파트 입주물량이 연평균 약 3만 호로 장기 평균(2005~2021년)인 3.8만 호 대비 약 20%나 부족했고, ② 전세를 월세로 전환할 수 있을 만큼 집주인들의 재무구조가 비교적 탄탄하여 공급자(집주인) 교섭력이 높아진 시기로 분석됩니다. 실제로 해당 기간 '전세의 종말', '월세시대'가 화두가 되었고, 월세 전환에 부담을 느낀 무주택자들의 주택 매수세가 이어지기도 했습니다.

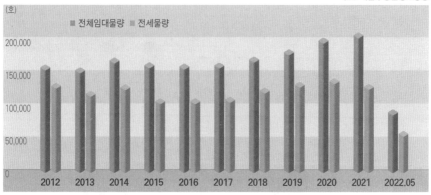

🏢 서울시 아파트 전체임대물량 및 전세물량

자료: 서울부동산정보광장

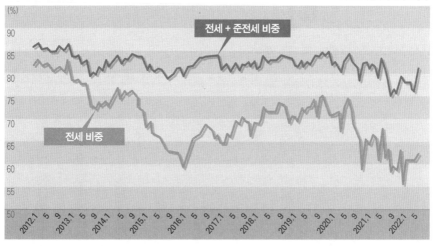

🏢 서울시 아파트 전세 및 준전세 비중

자료: 서울부동산정보광장

그런데 2016년 초 월세 비중이 40%에 달하며 '월세시대'가 도래하나 싶더니 이후 추세적으로 다시 전세 비중이 상승하면서 2018~2020년 상반기까지 재차 70~75% 수준을 기록합니다. 집값이 장기간 추세적으로 상승하다보니 월세(fixed income)를 받는 것 보다는 주택을 추가 매입하여 시세차익(capital gain)을 도모하려는 심리가 강해진 것입니다. 그렇게 집주인이 월세보다 전세를 선호하게 되는 풍조 하에, ① 다주택자의 상당수는 전세보증금을 기반으로

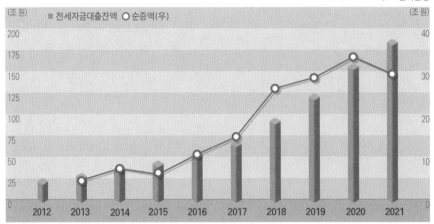

전세자금대출잔액 및 순증액 추이

자료: 한국은행

보유주택수를 늘리는 전략(갭 투자)을 취했고, ② 해당기간(2016~2020) 신축 아파트 입주물량이 연평균 약 4.2만 호로 장기 평균(2005~2021) 대비 10% 가량 증가했으며, ③ 보증한도 확대 등 정책적 지원에 힘입어 전세자금대출이 급증하는 등 수급이 맞아 떨어지면서 '전세시대'로 회귀한 것입니다.

결론적으로 서울 아파트가격 상승이 가팔랐던 2016~2018년 동안 전세 비중이 재차 증가했다는 것은, 다주택자가 월세를 전세로 바꾸면서까지 갭 투자를 지속한 결과로 유주택자의 평균적인 재무구조가 저하되었다고 볼 수 있습니다.

집주인의 부담이 커지면 세입자 부담으로 전가된다?

2018년 9.13 부동산 종합대책으로 다주택자에 대한 보유세를 강화하자 "집주인의 부담이 커지면 세입자의 부담으로 전가된다"는 반발이 제기되곤 했습니다. 하지만 이후에도 치솟는 집값과 달리 '임대차2법' 시행 전까지 전·월세 시세는 비교적 안정되었고, 전세 비중도 과거보다 높은 수준(75%)을 지속했습니다. 집주인의 부담이 세입자에게 전가되려면 신축 아파트 입주물량 감소, 집주인의 재무구조 개선 등을 통해 공급자(집주인) 교섭력이 높아져야 하는데, '임대차2법' 시행 전까지는 특별히 공급자 교섭력이 나아지지 않았음을 의미합니다.

'임대차2법'이 시행된 2020년 하반기부터 월세 비중이 빠르게 상승하자 다시 '월세시대'라는 화두와 함께 집주인의 높아진 보유세 부담이 세입자에게 전가되는 양상으로 해석하는 전문가들도 있습니다. 흔히 '월세 전환 가속화 ＝ 세입자 부담 가속화'라는 인식이 자리하다보니, 고정관념에 근거한 해석으로 보입니다. 이에 대한 필자의 생각은 조금 다른데요. '임대차2법' 시행 이후 심각하게 왜곡된 전·월세 시세문제는 다음 장에서 깊이 살펴보고, '임대차2법' 시행 이후의 전·월세 전환은 전·월세전환율*과 대출금리 간 비교에 따른 선

---

* 전세보증금을 월세로 전환할 때 적용하는 비율. 가령 전·월세전환율이 6%라면 보증금 1억 원은 월세 50만 원(1억 원×6%＝연 600만 원)으로 환산 가능하다. 이를 적용하면 전세시세가 5억 원일 경우, 반전세 시세는 보증금 4억 원에 50만 원, 또는 보증금 2억 원에 150만 원 등으로 형성된다.

택의 문제로 해석됩니다.

장기시계열로 살펴보면, 시장금리가 하락하는 시기에 전·월세전환율도 후행
적으로 계속 하락하였습니다. 또한, 서울 아파트의 전·월세전환율이 전국 평균
보다 항상 낮은 수준인데, 이는 투기적 수요로 인해 집주인들이 월세보다는 높
은 보증금을 선호한 결과로 해석됩니다. 먼 과거일수록 대출금리에 비해 전·월
세전환율이 매우 높아서 세입자 입장에서는 전세 대비 월세 부담이 매우 높았
습니다. 그러나 그 격차가 점차 좁혀진 양상이며, 특히 2022년 들어선 시장금리
급등으로 인해 대출금리가 전·월세전환율보다 높아지는 상황입니다.

언론에서도 대부분 대출금리 급등으로 인해 세입자가 오히려 월세를 선호한
결과 월세 비중이 상승하는 것으로 분석하고 있습니다. 월세가 대출금리보다
낮은 것이니 단순히 월세 비중이 높아지는 것을 두고 집주인의 교섭력이 높
아졌다고 보기 어려운 것입니다.

아파트 전·월세전환율 추이

단위: %

구분	2011	2012	2013	2014	2015	2016	2017	2018	2019	2020	2021	2022.07
전국	8.0	7.5	6.8	6.0	5.2	4.7	4.7	4.7	4.6	4.5	4.5	4.7
수도권	7.8	7.4	6.6	6.0	4.9	4.5	4.4	4.4	4.3	4.3	4.3	4.5
서울	7.1	6.7	6.1	5.5	4.7	4.2	4.1	4.0	4.0	4.0	4.1	4.3

자료: 한국부동산원(2011~2021년 각 연도별 12월 말 기준)

예금은행 대출금리(신규취급액기준)

단위: %

구분	2011	2012	2013	2014	2015	2016	2017	2018	2019	2020	2021	2022.08
주택 담보 대출	4.9	4.6	3.9	3.6	3.0	2.9	3.3	3.4	2.7	2.5	2.9	4.4
보증 대출	5.5	5.2	4.3	3.8	3.1	2.9	3.3	3.6	3.3	2.8	2.9	4.5
일반 신용 대출	7.8	7.4	6.3	5.5	4.6	4.4	4.3	4.5	4.2	3.3	4.1	6.2

자료: 한국은행

249쪽 '서울시 아파트 전세 및 준전세 비중' 그래프를 살펴보면, 2020년 7월 31일 '임대차2법' 시행 이후 과거 대비 전세 비중이 낮아졌으나 전세와 준전세(보증금이 월세의 240개월치 초과)를 합친 비중은 여전히 80% 내외로 장기시계열상 변화가 크지 않은 편입니다. 이는 우리나라 임대차시장이 여전히 높은 수준의 전세보증금을 유지하고 있고, 해외처럼 보증금이 월세의 1~2년치 수준인 순수월세로 전환되기는 여전히 어려운 여건임을 시사합니다.

생각건대 도입부에서 던진 '전세는 집주인과 세입자 중 누구에게 더 좋은 제도일까요?'라는 질문은 그 자체가 우문입니다. 앞에서 살펴본 대로 전세는 집주인과 세입자 중 어느 일방에 유리한 제도라고 단정하기 어렵습니다. 집주인과 세입자의 교섭력, 당시의 기준금리(대출금리) 등에 따라 셈법이 달라지기 때문입니다.

다만, '앞으로 전세가 사라질까?'라는 질문에 답하자면, ① 박근혜정부 시절에도 '전세의 종말과 월세시대'를 우려한 바 있으나, 다시 전세 비중이 높아져 왔다는 팩트체크와 더불어, ② 자금 사정상 높은 전세보증금이 유지되기를 원하는 집주인이 적지 않다는 점을 감안하면, 순수월세시대는 아직 멀어 보입니다. 그러니 '전세 소멸', '전세시대 끝났다'는 언론의 헤드기사에 조바심을 내거나 유·불리를 따지기 보다는 투기수요와 금리 여건에 따라 전·월세 비중이 달라질 뿐이라는 맥락을 이해할 필요가 있습니다.

"전세대출 이자가 월세보다 비싸졌다, '전세 소멸' 부추긴 금리인상"
〈조선일보〉, 2022.1.19.

"월세 45.9만 원 vs 대출이자 119.5만 원……'전세시대' 끝났다"
〈머니투데이〉, 2022.2.9.

"전세대출 금리도 고공행진, '차라리 무주택 월세로 살겠다' 늘어"
〈조선비즈〉, 2022.6.21.

27

가장 완벽한 계획은 무계획이다?

_ '임대차2법'이 왜곡한 전·월세 시장

2020년 7월 임시국회에서는 '전·월세신고제', '전·월세상한제', '계약갱신 청구권제' 등을 골자로 하는 이른바 '임대차3법'이 통과되었는데요(2020년 7월 31일 시행). 이 가운데 임차인이 2년 거주 후 계약갱신청구권을 행사할 수 있도록 한 계약갱신청구권제, 계약갱신으로 집주인은 전·월세 금액을 최대 5%까지만 올릴 수 있도록 한 전·월세상한제는 '임대차2법'으로 불리며 전·월세가격 폭등의 주범으로 몰리게 됩니다. "계획이 다 계획대로 되지 않는 게 인생"이라는 영화 <기생충>의 대사처럼 애초 의도와는 다르게 흘러 갔던 것이지요. 이번 항목에서는 '임대차2법'이 전·월세가격의 왜곡을 심화 시킨 배경 및 글로벌 인플레이션과의 닮은 꼴에 대해 짚어보겠습니다.

"선한 의도로 정책을 펼쳐도 결과는 참담한 실패, 즉 나쁜 결과를 낳는 사례는 셀 수 없이 많다. 2000여 년 전 로마시대의 최고 권력자 율리우스 카이사르가 "아무리 나쁜 결과로 끝난 일이라 해도 처음의 의도는 선한 것이었다"고 말했듯이, '선한 의 도, 나쁜 결과'는 지금도 반복된다. 밀턴 프리드먼은 그러나 "정책과 제도에 대한 평 가를 결과가 아닌 의도 그 자체로 평가하는 것은 엄청난 실수"라고 말했다.

_<중앙일보>, 2021.2.21. '선한 의도, 나쁜 결과'(김창규 기자) 중에서

10년간 변함없던 아파트 임대료를 곧추 세운 기적

92쪽 '부동산 가격추이 분석 2×2 매트릭스로 생각해보기'에서 다뤘듯이 전·월세가격도 유동성 확대(금리인하) & 공급물량 감소 하에서는 상승하고, 그 반대의 경우 하락한다고 볼 수 있습니다. 2011~2020년 상반기의 약 10여 년 동안 추세적인 금리인하에 힘입어 유동성이 확대되었음에도 월세가 거의 변함이 없던 것은, 해당기간 중 임대공급물량이 부족하지 않았음을 방증합니다.

156쪽 '전세는 채권이다'에서 다룬 대로 전세가는 채권처럼 시장금리와 반비례합니다. 2011~2020년 중 기준금리가 3.25%에서 0.5%까지 인하되는 과정에서 시장금리 또한 추세적으로 하락했습니다. 고로 전세가격은 월세와 달리 과거 대비 크게 상승했지요. 다만, 해당기간 중 2018~2019년에는 기준금리 인상과 더불어 송파구 헬리오시티 등 고가 아파트 입주물량이 비교적 많았던 덕분에 전세가가 안정화되기도 했습니다. 2020년 초 코로나19 발생에 따른 대응방편으로 미국은 0~0.25%, 우리나라는 0.5%까지 금리를 급격히 낮추며 유동성 확대를 도모하였으니, 이후 전세가격의 급등은 예견할 수 있는 현상이었습니다.

그런데 신기한 일이 벌어집니다. 장기간 금리를 아무리 낮춰도 변함이 없던 월세마저 2020년 하반기부터 상승세를 기록한 것입니다. 과거 대비 임대공급물량이 크게 감소했다면 모를까, 2020년에는 5.7만 호, 2021년에는 4.7만 호가 입주하여 장기평균입주물량(3.8만 호) 대비 공급물량이 많은 편이었으니 공급요인만으로 설명되기 어렵습니다. 게다가 혼인율은 구조적으로 감소하는 와중에 코로나19 여파로 혼인건수도 급감하였으니 새삼 신규 임대수요가 폭증했다고 보기도 어렵습니다.

모른 척 딴청을 피웠지만, 독자들은 2020년 하반기부터 임대공급물량을 감소시킨 주범이 무엇인지 짐작될 것입니다. 2020년 7월 31일자로 시행된

'임대차2법'은 장기간 변함없던 임대료를 곤두세운 흑마법이었습니다.

닮음 꼴, 전·월세가 폭등과 글로벌 인플레이션

우리나라 무주택자들이 2020년 하반기부터 겪은 전·월세가 폭등은 2022년 들어 심화된 글로벌 인플레이션과 닮은 점이 많습니다. 두 현상의 본질적인 공통점은, 장기간 소득 증가에 비해 가격(월세, 소비자물가지수)이 안정된 흐름이었으나, ① 코로나19 확산 이후 금리인하 및 초저금리 유지, 정부의 대규모 예산 집행 등으로 시중에 유동성이 전례 없는 수준으로 확대되고, ② 특정 사안('임대차2법', 러시아 – 우크라이나 전쟁 등)들이 공급 충격(갑작스러운 공급 감소)을 유발하면서 가격이 폭등하게 되었다는 것입니다.

마치 유동성이라는 휘발유를 여기저기에 계속 뿌려댈 때는 당장에 불이 나지 않더라도 화재위험이 높아지는 것은 분명한데, 그 와중에 '임대차2법', '전쟁'

(ESG를 위해) 오일/가스 산업 투자 중단, 원전 셧다운, 러시아 가스관에 의존

에너지가격이 왜 이리 비싸졌지?

'임대차2법'

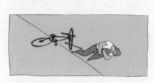

전·월세가 왜 이리 올랐지?

자산시장 애널리스트 린 알덴(Lynn Alden)의 글로벌 인플레이션을 묘사한 커툰은 최근 국내 전·월세 상황과 조응한다. 왼쪽 커툰의 캡션은 린 알덴의 원문을 필자가 번역한 것이고, 오른쪽 캡션은 필자가 패러디한 것이다.

등이 불씨가 되어 우려하던 화재가 발생한 것과 같습니다. '2×2 매트릭스'의 2번(유동성 확대 & 공급 안정)에서 3번(유동성 확대 & 공급 감소)으로 빠르게 전환된 것이지요(100쪽).

그렇다면 본래 세입자를 보호하기 위해 추진된 '임대차2법'이 어떠한 방식으로 세입자 부담을 증폭시킨 걸까요?

가격통제의 역효과 및 반포의 대규모 이주 수요

10여 년간 거의 변함이 없던 월세시세는 '임대차2법' 이후 계약갱신가격과 신규가격 간의 양극화가 심화되면서 통계가 완전히 틀어져버려 연속적인 시계열 분석이 어렵게 되었습니다. 과거에도 전·월세가격 중 평균치를 크게 벗어난 아웃라이어(outlier)가 있긴 했으나 드문 편이었고, 시세는 평균값/중앙

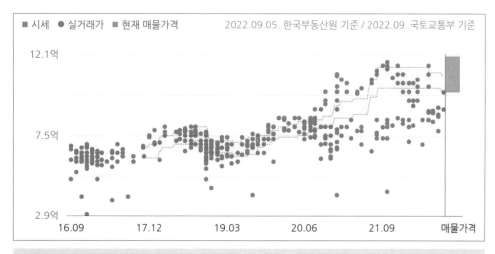

🏢 마포래미안푸르지오 34평형 전세가 분포

'임대차2법' 시행 직후 전세 실거래가는 갱신가격과 신규가격의 양극화가 진행되었으며 2021년 하반기 최고가를 형성하였다.

값에 집중적으로 분포하였습니다.

그러나 법 시행 이후에는 실거래가가 양극단에 분포하여 평균값/중앙값이 의미가 없는 지경에 이릅니다. 자주 예시로 든 도곡렉슬 34평의 경우 10여년 간 300만 원 내외를 유지하던 월세가 2021년에는 320만 원 아니면 450만 원에 계약되고, 장기간 월세가 200만 원 내외였던 마포래미안푸르지오는 200만 원 또는 350만 원에 체결되었습니다. 당연히 전세시세 또한 13억 원과 18억 원, 8억 원과 11억 원(마포래미안푸르지오)으로 갱신 또는 신규 계약 여부에 따라 양극화됩니다.

실상은 전세자금대출 제도와 공실까지 맞물려 더 복잡하지만 모형을 단순화하여 살펴보겠습니다.

 -형님아파트에 신규 세입자가 되길 희망하는 수요는 매년 50가구로 일정합니다. 이 50가구는 다른 지역에서 이사 오려는 수요와 결혼, 취업 등 분가에 따른 수요로 구성됩니다.
 -형님아파트의 매년 만기도래하는 임대물량은 100가구인데, 그 중에서 40가구는 다른 데로 이사하여 통상 60가구만 재계약을 한다면, 임대물량 경쟁률은 50(신규 수요):40(공급)입니다.

2020년 상반기 코로나19 때문에 기준금리를 확 낮췄으니 향후 전세시세(채권가격)가 크게 오를 판이었습니다. 그런데 갱신계약을 체결하면 전세가 상승이 5% 이내로 제한되는 '임대차2법'이 시행되니, 기존 세입자는 계약갱신청구권을 행사하는 게 무조건 이익이 됩니다. 즉, 형님아파트에서 매년 40여 가구는 다른 집으로 이사를 했었지만, 이제는 전세보증금을 5%만 올리면 되는 갱신계약청구권을 행사하고 2년을 더 거주하는 게 임차 부담을 낮추는 길이 된 것입니다.

-법 시행 이후 형님아파트에서 연간 만기도래하는 전세 100가구 중 이사하는 가구는 10가구에 불과하고 나머지 90가구가 계약갱신청구권을 사용하게 됩니다.

-공급물량은 갑자기 10가구로 줄어버려서 경쟁률은 50(신규 수요):10(공급)이 되어 급격한 공급 부족(shortage)에 신규 임대료는 폭등하게 됩니다.

혹시 비 오는 날 오피스빌딩(여의도 IFC, 서초 삼성타워 등) 내에 위치한 식당들이 평소보다 더욱 바글거리며 대기 줄도 길어지는 현상을 경험해 봤는지요? 비가 오든 안 오든 출근하는 사람과 밥을 먹는 사람의 수는 큰 차이가 없을 텐데요. 유독 비 오는 날이면 오피스빌딩 지하식당이 특수를 누립니다. 이는 해당 오피스빌딩 입주사 직원들이 평소에는 멀리 나가서도 식사하지만, 비가 오면 빌딩 안에서 식사를 해결하려다보니 수요가 늘어난 결과로 해석됩니다. 즉, 평소보다 '그냥 빌딩 안에서 먹겠다'는 수요가 확대되면서 수급에 차질을 빚게 되는 거지요. 식사야 기다리면 정가대로 먹을 수 있지만 아파트 입주는 남들보다 더 높은 가격을 지불해야만 가능해집니다.

물론 매년 일정했던 50가구의 신규수요 중에서도 다른데서 전세를 살다가 이사 오려던 수요 중 일부는 이사를 하지 않게 되면서 전체 수요량 또한 50가구보다는 낮아지게 됩니다. 다만, 강남, 목동 등 학군 및 학원 인프라 덕분에 전통적으로 전·월세 수요가 꾸준한 곳, 교통이 편리하여 직장인이 선호하는 지역 등은 그럼에도 불구하고 높은 수요가 유지됨에 따라 집주인 입장에서는 매우 높은 임대료를 전가할 수 있게 됩니다.

전세가가 하향안정될 여건(금리인상 및 입주물량 확대)에서 '임대차2법'이 시행되었더라면 부작용이 덜했을 텐데요. 하필이면 금리를 급격히 낮춰서 전세가도 크게 오를만한 시점에 이 법을 시행하여 '시장균형가격(낮아진 금리에 적

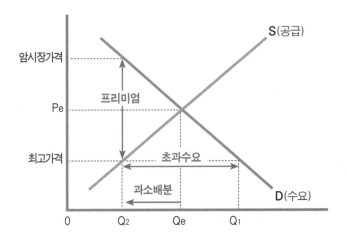

가격통제(가격상한제)에 따른 효과

합한 새로운 전세가격)보다 낮은 가격(5% 이내로 상승이 제한된 갱신청구가격)'을 상한으로 하는 가격통제정책으로 변질된 것입니다. 즉, 2020년 상반기 기준금리를 0.5%까지 크게 낮춘 여파로 전세가 또한 큰 폭의 상승이 불가피한 여건이었습니다. 그러나 2020년 7월 '임대차2법' 시행으로 전세가 상승이 고작 5% 이내로 제한되자, 갱신가격이 새로운 균형가격 Pe보다 낮은 가격통제정책이 되고 말았지요. 갱신청구권을 활용한 임차인은 위 그래프 상의 '최고가격'(5% 이내 인상가격)에 전세를 연장했습니다. 예년보다 많은 물량이 갱신청구를 통한 재계약으로 잠겨버리자 신규 공급이 축소(과소배분)되는 효과에다가 선호도가 높은 지역일수록 초과수요도 가세하여 신규 전세가는 균형가격 Pe보다 높은, 위 그래프 상의 '암시장가격'에 형성된 것입니다. 이로써 균형가격 Pe는 사라지고 암시장가격(신규 전세가)과 최고가격(갱신 전세가)으로 양극화되는 것이지요.

실제로 '임대차2법'이 시행된 이후의 아파트단지별 전·월세가격을 살펴보면, 경제원론 시간에 배운 '최고가격을 균형가격(Pe) 보다 낮게 설정한 경우'의 그래프처럼 균형가격인 Pe는 사라지고 최고가격(갱신청구가격)과 암시장가격

(신규계약가격)이 혼재된 양상입니다. 257쪽 마래푸 34평형 전세가 분포 그래 프처럼 거의 모든 아파트단지에서 적나라하게 벌어졌지요. 가령 2021년 반 포래미안퍼스티지 34평의 전세 실거래가는 13억 원대(갱신가격) 또는 20억 원 대(신규가격)에 분포하였는데, '임대차2법'이 아니었다면 17억 원 내외로 균형 가격이 형성되었을 것으로 예상됩니다. 결국 신규 전세가가 큰 폭으로 오르 자 그만한 목돈을 구하기 어려운 세입자들을 대상으로 월세/반전세 또한 신 규 전세가에 발맞춰 크게 상승했습니다.

이 와중에 2021년 6월부터 반포주공1단지 조합원 이주(이주기간 2021년 6월 1일 ~11월 30일)가 개시되면서 최상급지의 대규모 멸실과 풍부한 이주비(10억여 원) 지원을 등에 업은 신규수요가 고가 아파트들의 전·월세가격을 더더욱 끌어올 리는 역할을 하게 됩니다.

<에너지경제> 2021.7.11.

반포주공1단지 이주에 주변 전세가격 급등세……
잠원 래미안리오센트 27억 호가

서울 서초구 반포동 반포주공1단지 1·2·4주구 재건축 이주수요로 인근 전세난이 심화됐다. 총 2,210가구의 이주수요가 반포동에서만 소화하는 게 불가능해지자 방배동, 잠원동 아파트의 전세가격이 동반 상승하는 양상이다.……(중략)…… 반포주공1단지에 거주하는 주민 A씨는, "시공사에서 지급하는 이주비를 받았기 때문에 전세가격이 비싸도 다들 계약할 여력이 충분하다"며, "그렇기 때문에 전 세가 비싸더라도 반포주공 인근 인프라를 그대로 누릴 수 있는 가까운 아파트로 가는 것"이라고 말했다. 잠원동의 C 공인중개사사무소 대표는, "호가가 실거래 가로 이어질 지는 확답할 수 없지만 구반포 이주수요 상승 탓에 임대인이 호가 를 높이고 있는 건 사실"이라고 언급했다. 호가가 높아지는 이유는 전세수요가 공급 대비 많아서다.

샤넬(CHANEL)이 가격을 급격히 인상하면 하위 브랜드들도 가격인상이 수월해지듯이, 이들 상급지의 전·월세가격이 크게 오르면서 그 외 지역도 상승동력을 얻게 됩니다. 결국 2021년 하반기에는 반포의 멸실 및 이주까지 겹쳐 전세난이 심화되면서 신규 전·월세가격은 최고점을 형성한 이후 2022년 들어 소폭 하향되긴 했으나 여전히 높은 수준을 유지하는 중입니다. "인플레이션은 심리다"라는 말이 있을 정도로 사람들의 기대심리가 중요한데, 장기간 안정되었던 시세가 급격히 분출하다보니 세입자들 사이에서도 높아진 전·월세가를 받아들이는 분위기가 형성됩니다.

지난 일에 대한 가정은 무의미하지만 금리인상과 송파구 헬리오시티의 집중된 공급(입주) 여파로 서울 전역의 전세시세가 하향안정화되었던 2018년 말에서 2019년 상반기 중에 '임대차2법'이 시행되었더라면 비교적 낮은 변동성으로 혼란을 최소화할 수 있지 않았을까, 하는 아쉬움이 있습니다.

일심동체였던 미 연준의장과 한국의 경제부총리

2022년 2월 러시아의 우크라이나 침공 이전까지의 글로벌 인플레이션을 유발한 요인을 단순하게 설명하면, ① 코로나19 직후 전 세계가 금리를 확 낮춰서 돈의 가치를 떨어트렸으니 그 자체로 원자재가격이 오를만한 여건에서, ② 코로나19로 인한 각종 격리조치 등으로 과거 대비 노동활동과 인력 이동 등이 제한되고 이는 공급병목, 운송적체 등으로 이어져 코로나19발 물가상승의 주 요인이 되었습니다. 보다 근원적으로는 미-중 무역전쟁 과정에서의 공급망 재편, ESG 이슈로 탄소 배출 관련 에너지산업에 대한 투자가 위축되면서 공급 측면의 불안이 심화되는 추세였습니다.

ESG 뿐만은 아니지만, '임대차2법'과 ESG 등은 모두 선한 목적을 지녔고 언젠가는 해야 할 과제였습니다. 하지만 급격한 금리인하로 인해 매우 예민해진 시기에 과거보다 인위적으로 공급까지 줄여버리는 부작용을 낳았고, 그 결과 가격급등이라는 고통이 찾아온 상황입니다.

이를 두고 2021년 3분기까지 우리나라의 홍남기 경제부총리와 파월 미 연준 의장은 일심동체가 되어 같은 말을 했었습니다.

"가격상승은 일시적(transitory)인 것이고, 시간이 지나면 안정화될 것이다!"

미 연준에서 구조적 인플레이션의 위험을 알고도 시장을 진정시키고 시간을 벌기 위해 일부러 저렇게 얘기를 한 것인지, 아니면 정말로 일시적인 것으로 예상했던 것인지는 알 수 없습니다. 다만, 인플레이션이 '일시적'이라는 미 연준의 설명과 달리, 2020년 하반기 이후 1년 넘도록 인플레이션이 해소되지 않았으니 시장의 '기대인플레이션'은 심화될 수밖에요. 기대인플레이션은 물건을 미리 사놓으려는 사재기, 임금인상 요구 등으로 이어져 물가상승을 고착화·심화시키게 됩니다. 고로 강한 긴축을 통해 물가상승을 초기에 잡아야 한다는 주장이 힘을 얻는 것입니다.

'임대차2법' 시행 이후 공인중개사에 들러 '요즘 도곡렉슬 34평 전세 얼마에요?'라고 물어보면, '18억 원입니다'라는 답변을 듣겠지요. '갱신가격은 10억 원이고 신규가격은 18억 원이니 아마도 기다리면 14억 원에 수렴할 거에요'라는 답을 기대할 수는 없습니다. 10억 원이던 전세가격이 단숨에 18억 원이 되었으니 임차인의 부담이 구조적으로 상승했다는 느낌을 받을 수밖에 없고, 언론에서도 이를 당연시하는 분위기였습니다. 고로 전세가 급등이 당긴 일종의 기대인플레이션(전·월세가 상승이 일시적이 아닌, 구조적·추세적인 것이라는 기대)은 지금이라도 집을 사야한다는 절박함으로 이어지며 무주택자의 영끌 매수 및 전국 각지의 집값 상승에 일조한 것으로 보입니다.

러시아의 우크라이나 침공 이후 국제 정세에 대입해보면, 제재로 인해 러시아 원자재에 대한 수입금지가 강화될수록 중국, 인도 등 러시아 우호국가의 에너지가격은 '갱신 전세가격', 서방과 우리나라는 '신규 전세가격'을 마주하게 되는 것입니다. 실로 가혹한 현실이지요.

공급이 다시 과거처럼 확대 가능하다는 시그널이 퍼지면 기대인플레이션을 낮출 수 있겠으나, 러시아 제재 및 공급망 붕괴 이슈는 단기간 내에 해결되기 어려운 현실입니다. 이에 인플레이션을 심화하는 수급 불안 중 수요 측면의 요인이라도 완화하기 위해 미국을 비롯한 각국 중앙은행은 금리인상과 QT(양적축소)* 등 긴축정책을 통해 시중의 유동성을 회수하는데 속도를 내고 있습니다.

이를 역으로 국내 주택시장에 적용해볼까요? 우리나라는 2021년 하반기부터 금리인상에 돌입한 뒤 시장금리가 빠르게 상승하면서 수요가 위축되는 상황입니다. 2021년에 치솟았던 전·월세가는 금리상승을 반영하며 점차 약세로 전환되는 중이며, 향후 공급(입주물량)이 확대되면 전·월세가가 추가적으로 하락 가능한 여건에 있습니다.

공급문제를 계속 걱정해야 하는 글로벌 인플레이션과는 결이 다른 것이지요. 2020년 이후 전·월세가의 급등이 2030 및 무주택자의 적극적인 매수와 집값 상승으로 이어졌던 만큼, 향후 집값의 향방은 전·월세가가 언제까지, 얼마나 하락할 것인지에 달려있다고 봐도 무방합니다. 전·월세가가 추세적으로 빠르게 하향안정화 된다면 '이렇게 높은 금리와 갭을 감당하면서까지 급하게 집을 살 필요가 없다'는 심리가 팽배해지면서 주택수요를 구조적으로 약화시킬 것이기 때문입니다.

---

* Quantitative Tightening : 중앙은행이 보유한 채권의 만기가 도래할 때 재투자하지 않거나 보유채권을 적극적으로 매도하여 시중의 유동성을 흡수하는 효과를 도모하는 정책.

대선 결과에 부동산 투영하기(종부세와 '임대차2법')

2022년 3월 9일에 치러진 제20대 대선의 서울지역 득표율을 두고 부동산과 연관 짓는 해석이 뒤따랐습니다. 제21대 국회의원 선거(2020년 4월 15일)에서는 강남3구 및 용산구에서만 야당(국민의힘)이 우세였으니, 2년 사이 큰 변화임은 틀림없습니다.

2번(국민의힘) 우세지역이 1번(더불어민주당) 우세지역 대비 부동산가격이 높은 편이니, 많은 언론에서 지적한 대로 문재인정부에서 높아진 세금 부담(종부세, 양도세)에 대한 반발로 해석해 볼 수 있습니다.

〈서울신문〉 2022.3.10.

6전 5패했던 서울, 부동산 실정(失政)에 표심 갈렸다

이번 대선에서는 '한강벨트' 지역인 마용성(마포, 용산, 성동)과 광진, 강동, 동작 등에서도 윤 후보가 우세했다. 또, 양천, 영등포, 중구, 종로, 동대문 등에서도 더 많은 표를 가져갔다. 이들 지역 대부분은 서울에서 상대적으로 집값이 높은 곳들인데 문재인정부가 주택보유세(종합부동산세·재산세)를 강화하면서 정부 비판 여론이 커졌다……(중략)……

| 역대 대선 서울 자치구별 결과 |

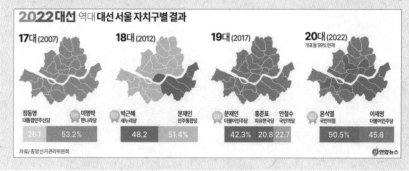

그런데 수도권의 자가점유율은 장기간 50% 수준(서울은 40%대)에서 큰 변화가 없고 해당 지역에 거주하는 무주택자 비율도 대략 절반 이상임을 감안하면, 이를 보유세 강화에 따른 유주택자들의 민심이반으로만 해석하기에는 한계가 있습니다. 유권자

들의 표심을 부동산에 한정하여 해석하는 것은 다소 억측이긴 하지만, 무주택자의 시선으로도 살펴보겠습니다.

> ① 각종 세법 : 부동산 보유세 부담 상승 → 유주택자 부담
> ② '임대차2법' : 전세가 폭등 → 무주택자 부담

258쪽 형님아파트 사례를 통해 단순화해서 설명한 대로, 거주선호도가 높은 곳일수록 전세수요가 탄탄하니, '임대차2법'으로 인한 전세물량 부족(shortage)이 심화되며 전세가가 더욱 급등한다고 예상할 수 있습니다. 실제로 서울지역 구별 대단지 아파트(34평형)의 2021년도 전세체결가를 살펴보면 아래 표와 같습니다.

단지명	갱신가격	신규가격	차이(%)
강북구 SK북한산시티	3.5~4억 원	5억 원	약 40%
마포구 마포래미안푸르지오	7~8억 원	11억 원	약 45~50%
강남구 래미안대치팰리스	14억 원 초반	21억 원	약 50%
목동신시가지 7단지(66.6m²)	4.7억 원	7~8억 원	약 60%

전세계약갱신에 실패할 경우 2년 사이 강북구 미아동에서는 1.5억 원을, 마포구 아현동에서는 4.5억 원을, 강남구 대치동에서는 7억 원을 추가로 부담하게 되었습니다. 통상 특정 자산군의 가격이 전반적으로 오를 때는 절대가격이 높을수록 상승률은 낮은 경향이 있지만, 위와 같이 비싼 곳이 상승률도 높은 결과가 관찰됩니다. 즉, 비싼 동네 세입자일수록 '임대차2법'의 피해가 컸습니다.

문재인정부에서 '임대차2법' 시행 전까지는 집값에 비해 전세가는 크게 오르지 않았습니다. 그런데 운 좋게 계약갱신청구권을 활용한 이들은 "민주당 덕분에 5%만 올린 가격에 재계약했어요! 감사합니다!"라며 기뻐할까요, 급등한 신규가격을 보면서 "하아, 2년 뒤엔 어떡하지…… 이 동네를 떠나야 하나……"라며 근심할까요? 답은 빤할 것입니다. 아울러 집값이 비싼 동네일수록 세입자 입장에서는 매수를 미룬데 따른 기회비용과 상대적 박탈감(이 동네에서 전세로 살 게 아니라 좀 더 무리하더라도 집을 샀어야 했는데!)이 더 크다는 것도 무시 못 할 요소일 듯합니다.

28 아직 만난 적 없는 너를 찾고 있어, 너의 원리금은?

_유동성 리스크의 의미와 똑똑한 한 채의 위험

'똑똑한 한 채'는 2017년 8.2부동산 대책 이후 다주택자에 대한 규제를 강화하면서 생겨난 신조어입니다. 1주택자를 중심으로 세제 혜택이 주어지다보니, 같은 예산이면 저렴한 여러 채보다 비싼 한 채를 보유하는 게 유리하다는 논리로 고가 아파트(강남) 불패에 대한 믿음을 견고하게 했습니다. 이번 항목에서는 유동성 리스크의 의미와 함께 '똑똑한 한 채' 선호현상이 유동성 리스크를 심화하고 취약해질 수밖에 없는 이유를 살펴보겠습니다.

"○○야, 너 지금 돈 얼마 있냐?"
친구로부터 이런 질문을 받게 되면 지갑을 꺼내 현금이 얼마나 있는지를 세어보고 "한 10만 원쯤 있는데?"식의 답변을 합니다.
본인이 보유한 집과 자동차 등의 자산을 합산해서, "한 10억 원쯤 있는데?"라고 답하는 사람은 없지요.

유동성 리스크의 의미

'유동성(liquidity)'은 단편적으로 현금(돈)을 의미합니다. 그러니 지금 유동성을 얼마나 보유하고 있는지를 묻는 것은 '너 지금 돈 얼마 있냐?'는 질문과 같습니다.

필자는 6살 된 남자아이를 키우다보니 놀이공원이나 쇼핑몰에 있는 조악한 놀이기구들을 그냥 지나치질 못하는데, 통상 1천 원 지폐 1장 또는 500원 동전 2개를 넣어야 즐길 수 있습니다. 계좌에 아무리 많은 돈이 있건 보유한 집값이 얼마건 간에 그 순간만큼은 현금을 얼마나 갖고 있는지 만이 관건인 것입니다. 이는 빚을 갚아야할 때도 마찬가지입니다. 개인이든 기관이든 돈을 빌린 자(차주, 채무자)는 돈을 빌려준 자(대주, 채권자)에게 계약에 따라 원리금(원금과 이자를 합한 금액)을 약정된 납부일자에 '현금'으로 갚아야 합니다. 아무리 자산이 많아도 현금으로 갚지 못한 채 연체기간이 늘어나면 결국 부도(default)처리가 되고, 담보로 제공했던 자산은 채권회수를 위해 경매로 넘어가게 됩니다.

그래서 원금 또는 이자를 상환해야할 시점에 채무자(차주)가 원리금을 납부할 수 있는 현금(유동성)을 충분히 보유하지 못한 경우 이를 '유동성 리스크'라 하며, 보유자산을 헐값에 처분하게 되거나 채권자(대주) 입장에서는 채권(빌려준 돈)회수가 불투명해지니 부실로 이어지게 됩니다.

국내외 신용평가사에서는 기업 신용평가 과정에서 사업경쟁력, 재무구조 등 펀더멘털 요소와 더불어 유동성 분석도 중시합니다. 대략 1년 내 상환해야 할 금융채무에 대응할 ① 보유현금과 현금창출능력을 살펴보고, 부족할 경우 ② 보유자산의 추가담보여력, 대외신인도에 기반한 자금조달능력을 점검하게 됩니다.*

---

* 금융채무가 아닌 상거래채무를 갚지 못하여 부도가 나는 기업들도 있는데, 이런 기업들은 이미 신용등급이 낮은 편이다.

전체 기업 중 단기 내 만기도래하는 차입금보다 더 많은 현금을 계속 보유하는 기업은 많지 않습니다. 우량한 기업이라 하더라도 대규모 투자를 집행하는 상황에서는 쉽지 않은 일입니다. 은행 입장에서도 기업대출을 통해 이자수익을 벌어야 하니 부실한 기업이 아니라면 대출을 회수하기보다는 유지/연장 하는 게 일반적입니다. 고로 평상시 만기도래하는 차입금 대비 보유현금이 적다고 해서 곧바로 부도가 나는 경우는 흔치 않습니다.

① 채무자의 영업실적이 좋아서 채무상환능력이 개선되는 경우, ② 채권자가 돈이 넘쳐나서 대출을 확대해야 하는 경우, ③ 담보가치가 올라서 LTV(Loan-to-Value, 주택담보대출비율)를 충분히 충족하는 경우에는 만기연장/재대출이 쉽게 이뤄지기 때문에 유동성 리스크가 발생하지 않는 편입니다.

반대로 ① 채무자의 영업실적이 안 좋아져서 돈을 떼일 염려가 커지게 되는 경우, ② 채권자가 돈이 필요한 경우, ③ 담보가치가 떨어져서 LTV를 충족시키지 못하게 되는 경우에는 자금 회수 가능성이 높아지고, 복합적으로 사유가 중첩될 경우 채무자는 자금 회수에 시달리다가 부도에 이르기도 합니다.

우리나라가 1998년에 겪은 외환위기를 간략히 짚어보면, 국내 금융기관이 외화(USD)자금을 단기로 차입하여 국내 기업에 무분별한 대출을 제공하던 와중에 ① 대외적으로 태국, 인도네시아, 말레이시아 등지에서 금융위기가 발생 → ② 연쇄부실을 우려한 해외 채권자로부터 자금 회수 진행 → ③ 이에 대응하는 충분한 외화유동성을 보유하고 있지 못하여 유동성 리스크가 터진 대표적인 사례입니다. 외화단기차입에 대한 만기연장(rollover)이 당연할 것으로 예상했으나, 예상 밖의 규모로 회수가 진행되자 외화유동성이 부족한 상황에서 부도(default)가 났던 것이지요.

원리금 상환에 대응할 충분한 현금이 없는 경우에는 자산을 팔아서라도 갚아야 하는데요. 급하게 팔아야 할수록, 유동성이 낮은 자산일수록 시세보다 낮은 가격에 팔게 되어 자산도 잃고 손실도 확대되는 악순환에 빠지게 됩니다.

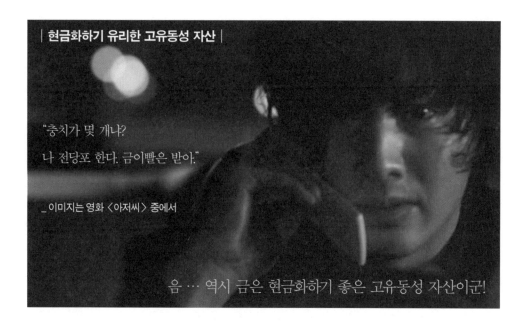

| 현금화하기 유리한 고유동성 자산 |

"충치가 몇 개냐?
나 전당포 한다. 금이빨은 받아."

_ 이미지는 영화 〈아저씨〉 중에서

음 … 역시 금은 현금화하기 좋은 고유동성 자산이군!

필요한 시기에 손실 없이 현금화하기 쉬울수록 유동성이 좋은, 또는 유동성이 높은(고유동성) 자산이라 합니다. 고로 현금 및 예금은 가장 유동성이 좋은 고유동성자산이며, 토지나 미술품처럼 단기간 내 현금화하기 어려운 자산을 저유동성자산이라 합니다. 같은 주택이라도 아파트는 빌라나 단독주택보다 현금화하기 쉬운 편이긴 하지만, 침체기에는 거래량이 급감하여 유동성이 떨어지게 되니 시세보다 낮은 가격에 팔리게 됩니다.

보유현금이 충분하지 못한 개인 채무자의 유동성 리스크를 앞에서 제시한 3가지 요소로 살펴보면, ① 소득이 감소하여 원리금 상환이 어려워지거나 신용대출 한도가 감소하는 경우, ② 채권자가 상환을 요구하는 경우, ③ 사업자 대출을 받을 때 담보로 제공했던 부동산의 시세가 하락하는 경우로 분석해 볼 수 있습니다.

①은 단순히 소득이 감소하는 경우 외에도 금리상승기에는 이자비용이 증가함에 따라 더 많은 유동성을 확보해야 하는 부담으로 이어집니다. 급격히 금리가 상승하는 시기에는 변동금리 비중이 70~80%에 달하는 우리나라 가계

대출의 구조적인 취약점이 부각되는 것이지요.

②는 3가지 리스크 요인 중 필자가 가장 심각하다고 여기는 것으로, 281쪽 '회색 코뿔소, 입주물량의 역습'에서 심도 있게 다루도록 하겠습니다.

③의 경우는 가계대출이 아닌 기업대출로 잡히면서 가계부채의 심각성을 왜곡하는 요인이기도 한데요. 277쪽 '부실의 사각지대 개인사업자대출'에서 따로 논하도록 하겠습니다.

똑똑한 한 채의 위험

2022년 6월 8일 부동산 정보제공 업체의 주택가격 동향 조사 결과 강북, 강남의 중형 아파트 평균 매매가 차이가 3억 원대에서 7억 원대로 벌어졌다는 내용이 여러 매체에서 기사화되었습니다.

그런데 오른쪽 그래프에서의 2017년 5월부터 2022년 5월까지 5년간의 수익률을 비교해보면, 강남은 110%, 강북은 107%이며, 동일시점에서 비교해봐도 2017년 5월 '강북 1채＝강남 0.64채'에서 2022년 5월 '강북 1채＝강남 0.63채'로 가격상승률과 가격비율에는 큰 차이가 없는 것으로 계산됩니다. 평균의 함정을 배제한 채 단순하게 분석해보면, 강북과 강남 중 뭘 샀어도 장기 수익률은 비슷하고, 강남 1채 대신 강북 2채를 샀다면 이익규모도 별 차이가

"서울 한강 이남-이북 중형 아파트값 격차 7억"
〈연합뉴스〉 2022.6.8.

"강남·강북 아파트값 7억 차이……'똑똑한 한 채'가 만든 양극화"
〈중앙일보〉 2022.6.9.

"똑똑한 한 채로 갈린 강남·강북……집값 무려 7억 벌어졌다"
〈머니투데이〉 2022.6.9.

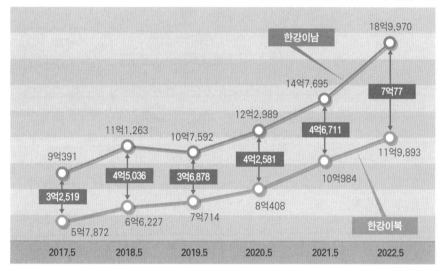

🏢 서울 한강 이북/이남 중형 아파트 평균 매매가격 추이 비교

(2017~2022년 5월, 단위: 만 원)
* 중형 아파트 기준: 전용면적 85㎡ 초과~102㎡ 이하

한강이남

18억9,970

14억7,695

7억77

12억2,989

4억6,711

11억1,263

10억7,592

4억2,581

4억5,036

3억6,878

9억391

11억9,893

3억2,519

10억984

8억408

한강이북

6억6,227

7억714

5억7,872

| 2017.5 | 2018.5 | 2019.5 | 2020.5 | 2021.5 | 2022.5 |

자료: KB부동산 리브온

없게 됩니다.

물론 다주택자의 보유세 부담이 커졌으니 세후 수익 측면에서는 저렴한 여러 채보다 비싼 1채를 보유하는 게 유리해졌습니다. 실제로 이런 특성이 반영된 여파인지 최근 1년 수익률(2021년 5월~2022년 5월)만 비교해보면 강남 28.6%, 강북 18.7%로 장기수익률과는 현격한 차이가 납니다. 하지만 단기수익률이 장기성과를 보장하는 것이 아니며, 정권별로 쉽게 변하는 부동산정책을 감안하면 이러한 추세가 장기화된다고 확신하긴 어렵습니다.

'똑똑한 한 채' 선호는 리스크를 심화시키는 전략입니다. 가령 누군가 15억 원의 현금을 보유하고 5억 원의 차입이 가능한 경우, 20억 원의 가용자금 내에서 시가가 10억 원인 집을 2채 구입하거나, 부채 없이 10억 원인 집 1채를 구입하고, 5억 원은 주식/채권 등에 투자하는 등 다양한 자산 포트폴리오를 구성할 수 있습니다. 그런데 자산가격 양극화라는 화두와 더불어 '똑똑한 한

〈조선비즈〉 2022.5.19.

똑똑한 한 채 선호 이어질까……
흐름 바꿀지도 모르는 정책 3가지

서울 강남 일대의 중대형 면적 아파트를 중심으로 신고가 거래가 이어지고 있다. 여전히 '똑똑한 한 채'로 자금이 흐르고 있다는 뜻이다. 하지만 최근 나오는 정책 방향은 다르다. 2017년 이후 '똑똑한 한 채'라는 용어가 만들어지는 데 기여했던 정책이 하나 둘 바뀔 조짐을 보이고 있다.
① 주택수 아닌 가액으로 종합부동산세 산정
② 다주택자에 대한 대출규제 완화 시사
③ 전용면적 59m² 이하 소형빌라는 주택수 합산에서 배제 검토

채'를 보유하는 게 현명한 투자라는 분위기가 조성되면, 소위 '영끌'로 가능한 최대 가용자금을 집 한 채에 몰아넣는 투자를 선택할 확률이 높아집니다. '내 자산(부채+자본)=오로지 집 한 채'가 되는 것이지요. 리스크와 수익은 비례하므로 상승장에서는 유효한 전략이 되지만, 하락장에서는 반대의 덫에 걸리게 됩니다. '똑똑한 한 채'에 올인한 시장참여자의 가장 큰 리스크는 유동성 위기에 몰릴 경우 보유자산의 전부인 집 한 채를 헐값에 매각할 수밖에 없다는 것입니다. 일단 1주택에 올인한 순간부터 보유현금이 소진되었음을 의미하니 유동성 대응력은 취약해진 상황입니다.

그러한 여건에서 개인 차원의 유동성 리스크는, ① 변동금리 대출의 이자비용이 급격히 증가하면서 감당하기 어렵게 되는 경우, ② 재직 중인 회사의 실적 저하로 인한 인센티브 감소 또는 실직, 자영업자의 경우 매출액 감소 또는 비용 증가 등으로 소득이 감소할 경우에 발생합니다.

자산 포트폴리오가 주택에 편중되어 있더라도 다주택인 경우, 자산가치가 부채보다는 높은 상황에서는 일부를 팔고 남는 현금으로 유동성 대응력을 높이

고 나머지 자산을 보유하면서 버텨볼 수 있습니다.

외환위기 당시의 한국, 서브 프라임 모기지 사태로 대변되는 글로벌 금융 위기 당시 미국과 유럽의 가계부채 취약 국가들의 경우, 과도한 부채와 함께 주택에 올인했던 유주택자들이 유동성 위기에 몰리자 한꺼번에 집을 팔게 되면서 집값 폭락으로 이어졌습니다. 주식이나 암호화폐에 비유하면 청산 (liquidation)을 당한 것인데, 이 경우 시세보다 낮은 가격에 파는 상황이 속출하며 손실이 확대됩니다. 현금 및 현금성자산이 있다면 조금이라도 버텼다가 그보다는 높은 가격에 팔 기회를 모색할 수 있겠지요.

일반적인 상황에서 지나친 무리가 아니라면 본인의 가용예산에서 가장 비싼 아파트를 사는 것은 좋은 전략입니다. 누구나 자산과 소득이 증가할수록 더 좋은 지역에서 살고 싶은 욕구를 가지고 있으니, 기왕이면 금리가 낮을수록, 나의 소득 상승이 확실할수록 부채를 최대한 활용하여 상급지 아파트를 구입하고 먼저 누리는 것은 합리적인 선택입니다. 이를 반대로 말하면 금리가 높아질수록, 나의 소득이 불확실할수록 매우 위험해지는 것입니다. 집값의 양극화로 인해 '똘똘한 한 채' 현상이 지속될 것이라는 전망(다른 곳은 하락해도 강남 등 주요 지역은 계속 오른다)은 자산 포트폴리오가 편중되는 리스크를 과소평가하고 이를 정당화하는 분위기를 확산시킵니다.

하지만 명목자산가격이 계속해서 오르는 것은 불가능하고, 특정 자산군이 하락기에 돌입하게 되면 앞서거니 뒤서거니 시간차를 두더라도 결국 다 같이 하락하게 되는데요. 결국 '똘똘한 한 채'에 집착하며 올인하는 것은 지속가능하지 않은 전략이 됩니다.

"제발 빚내서 투자하지 마라.
나는 이더리움 매입을 위해 대출 받는 것을 누구에게도 권하지 않는다."
_ 비탈릭 부테린(이더리움 창시자)

너의 원리금은?

아직 만난 적 없는
우리의 원리금을 찾고 있어……

강남에 똘똘한
한 채 보유자

강북에 똘똘한
한 채 보유자

애니메이션 〈너의 이름은〉 포스터를 패러디.

부동산과 시장을
좀 더 깊이
공부할 결심

부실의 사각지대 '개인사업자대출'

신용평가사나 은행에서 기업의 신용(credit)을 분석할 때 가장 기본이 되는 작업은 차주(돈을 빌린 기업)의 장부상 드러난 차입금 외에 연대보증, 우발채무 등 실질적인 상환부담이 얼마인지를 파악하는 것입니다.

가령 신용등급이 우수한 글로벌 기업 S전자가 필리핀법인을 설립한다고 가정해 보겠습니다. 투자목적으로 1천억 원의 차입이 필요한데 아직 영업실적이 없는 S전자 필리핀법인의 자체 신용으로는 차입이 어렵기 때문에 모기업인 S전자 본사에서 지급보증을 제공하게 됩니다. 이 경우 형식적으로 차주는 S전자 필리핀법인이며 은행차입금 1천억 원은 S전자 필리핀법인의 재무제표에 계상되지만, 차입금을 상환하지 못할 경우 S전자 본사에서 대신 갚아야할 의무가 있습니다. 은행 입장에서는 S전자 필리핀법인이 아닌 S전자 본사를 믿고 대출을 해주는 것이며, 차입금의 최종 recourse(상환청구, 소구) 대상인 S전자 본사가 실질적인 차주가 되는 것입니다. 은행과 신용평가사에서는 해당 차입금 1천억 원을 실질 차주인 S전자 본사의 차입금으로 간주하고 계산하는 것이지요.

우리나라 가계대출의 상당부분을 차지하는 제1금융권 주택담보대출의 LTV는 대략 40~60%으로 선진국 대비 낮은 편이며, 자산(집값)이 부채(주택담보대출)보다 상당히 커서 안전하다는 인식이 지배적입니다. 문제는 ① 정확한 추산조차 안되는 사금융 부채인 전세보증금은 가계부채에서

제외되는 점, ② 법인명의의 임대사업자대출 및 기타 자영업자대출은 대부분 실질 차주가 가계이지만 기업대출로 분류된다는 점에서 가계부채의 심각성이 왜곡된다는 것입니다. 또한, 2021년 4월 29일 가계부채관리방안과 함께 차주별 규제를 강화하려는 DSR*의 경우 전세자금대출, 전세보증금, 개인사업자대출은 총대출액에서 제외되어 여전히 규제의 사각지대에 놓이게 됩니다.

278쪽 기사에서 소개된 LTV 95%(제2금융권 기준)까지 대출이 가능한 개인사업자대출의 경우, 실질 차주는 가계이지만 통계상 기업대출로 분류되고 있습니다. 가계대출에 속하는 주택담보대출은 LTV가 낮고 장기(최대 40년)에 걸친 원리금 균등분할상환 방식이 일반적인 반면, 사업자대출의 경우 LTV가 매우 높고 만기가 비교적 짧은(최대 5년) 만기일시상환 방식이 우세하여 부실 발생 위험이 훨씬 높은 구조입니다.

LTV 90% 대출을 받는 것 자체가 차주의 유동성이 취약함을 의미하는데, 집값이 10%만 빠져도 부채가 자산보다 커지게 되며 제2금융권 또한 자금회수에 어려움을 겪으면서 부실이 확대될 가능성이 내재하는 것입니다. 물론 저축은행, 캐피탈사 등 제2금융권의 개인사업자 주택담보대출은 금융권 전체 개인사업자 대출(2022년 5월 말 잔액 435.3조 원) 중 일부에 불과하고, 은행 가계대출(2022년 5월 말 기준 주택담보대출 잔액 787.6조 원)과 비교해도 상당히 낮은 수준이지만, 저금리를 기반으로 집값이 폭등했던

---

* Debt Service Ratio(총부채상환비율) : 연간 총부채 원리금을 연소득으로 나눈 비율. 가계가 연소득 중 주택담보대출과 기타대출(신용대출 등)의 원금과 이자를 갚는데 얼마를 쓰는지 보여준다.

〈한겨레〉 2021.12.19.

가계대출 막히니 개인사업자대출로 쏠려…… 규제 사각지대

개인이 주택을 구입할 때 적용 받는 담보인 정비율은 9억 원 이하 주택일 때 규제지역에서 40~50%로 제한된다. 하지만 아파트를 담보로 사업자대출을 받으면 은행은 자체 관리기준에 따라 담보인정비율 60~70% 수준까지 대출을 해주고, 2금융권은 최대 95%까지 내어준다. 대출중개를 하는 이아무개씨는, "형식은 사업자대출이지만 금융회사 입장에서는 어차피 아파트를 담보로 잡으니 안전하다고 생각한다. 규제에 막힌 대출자도

돈이 필요하니 서로 이해관계가 맞아떨어지는 것"이라고 말했다.

개인사업자대출은 시설자금·운영자금 같은 사업용도로 써야 한다. 금융회사들은 대출을 해준 뒤 사후에 용도에 맞게 썼는지 증빙자료 등을 통해 점검한다. 하지만 대출자가 사업 이외 용도로 쓴 사실을 완벽하게 걸러내기 어렵다. 특히 시중은행에 비해 2금융권은 상대적으로 사후점검에 소홀한 것으로 전해진다.

〈매일경제〉, 2021.12.24.

'증' 하나 만들면 5억도 빌린다고?…… 개인사업자대출 11% 폭증

50대 이모씨는 은행 사업자대출을 이용해 최근 2주택자가 됐다. 임대업으로 사업자등록증을 내고, 이미 보유 중인 아파트를 담보로 3억7,500만 원 대출을 받아냈다. 이씨는 "은행에 방문하기 전에는 대출이 많이 안 나올까 봐 걱정했는데, 저축은행 개인사업자대출 LTV가 95%까지 나와 다행"이라고 전했다. 시중은행 관계자는, "올 들어 개인사업자대출은 사실상 가계대출로 활용되는 경우가 많았다"며, "은행들이 당국을 대신해 사용 목적을 점검하기는 하지만 다 걸러낼 수도 없고, 그랬다간 비용이 너무 많이 든다"고 전했다. 더 많은 돈을 쉽게 대출 받고자 하는

사람들은 저축은행으로 몰려가고 있다. 시중은행에서 개인사업자대출 중 물적담보대출의 경우 서울 등 투기 지역 아파트는 대출 대상에서 제외되지만, 저축은행 등 2금융권에서는 제약이 없다.

가계대출의 LTV는 시중은행 40%, 저축은행 50%에 그치는 반면, 저축은행의 개인사업자대출 LTV는 최대 95%까지 올라간다. 저축은행 관계자는, "시중은행에서 LTV 한도까지 받은 후 사업자금 용도로 나머지 10~15%를 저축은행에서 받는 것이 일반적"이라고 설명했다.

2008년 서브 프라임 모기지로 촉발된 금융위기 당시 담보대출을 갚지 못한 미국의 주택들 앞에 붙은 'home for sale'의 말뚝푯말을 묘사한 이미지.

2020~2021년에 증가 속도가 가팔랐다는 점은 상당한 부담 요인입니다.

미국 주택담보대출시장에서 서브 프라임 모기지가 차지하는 비중은 13%(잔액기준 2002년 3.4%에서 2006년 13.7%로 상승) 수준에 불과했지만, 집값 하락에 따른 연체율 상승이 금융위기로까지 이어졌던 점을 상기할 필요가 있습니다.

불행인지 다행인지 정부에서는 중소기업과 소상공인들의 코로나19로 인한 어려움을 경감하기 위해 만기연장 및 원리금상환유예 조치(코로나19 금융지원 프로그램)를 2020년 4월부터 실시한 이후 2022년 9월까지 4회 연장했습니다. 개인사업자들의 피해지원을 위해 불가피한 조치였으나, '묻지도 따지지도 않고 갚지 않아도 되는 돈'의 잠재부실이 수면아래에 있다는 점도 부담요인입니다.*

통상 사업자주택(아파트)담보대출은 대출기간 3년 만기일시상환 방식이 많았던 것으로 파악됩니다. 시세가 30억 원인 아파트를 담보로 LTV 90%인 27억 원만큼 대출을 받은 차주의 경우,

3년 뒤 해당 아파트시세가 26억 원이 되면 LTV 90%에 재대출이 가능하더라도 3.6억 원은 상환해야 하는 것입니다. 물론 부동산침체가 지속될 경우 이전과 같은 조건(LTV 90%)의 재대출 자체가 불가능해지면서 상환압력이 더욱 커질 수도 있지요. 왼쪽 기사 내용처럼 2020~2021년에 관련 대출이 크게 증가하였으니, 만기는 2023~2024년에 몰려있을 것으로 추정됩니다. 향후 부동산시세 하락과 원리금상환유예조치 종료가 맞물릴 경우 유동성 리스크를 심화시키는 또 다른 뇌관으로 분석됩니다.

금융감독원에서는 2022년 업무계획을 통해 가계대출과 개인사업자대출을 통합 심사·관리하는 방안을 강구하고 개인사업자대출을 목적과 다르게 사용하지 않도록 관리를 강화할 예정입니다. 만시지탄의 아쉬움은 있지만 '위험의 규모(exposure)'가 얼마인지를 파악하는 것이 리스크관리의 첫걸음이라는 점에서 선제적인 대응능력 제고를 기대해 봅니다.

---

* 금융감독원에 따르면, 저축은행의 주택담보사업자대출은 2022년 3월 말 기준 12조4,000억 원으로 2019년 말 5조7,000억 원보다 117% 증가했다. 정확한 통계를 파악하기 위해서는 각 금융기관이 금융감독원에 제출하는 업무보고서가 필요한데, 일반에게 공개되지 않는다.

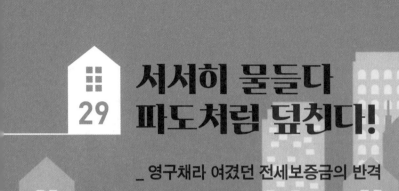

서서히 물들다 파도처럼 덮친다!

_ 영구채라 여겼던 전세보증금의 반격

29

모든 자산은 팔자가 사자를 압도해야만 하락합니다. 특히 부동산은 사고 파는 게 어려운 자산이기 때문에 약세장에서는 거래가 뜸해지는 게 일반적이고, 급한 사람이 던지는 가격이 실거래가가 됩니다. 금리가 오르면 당장은 부채가 많은 사람들의 이자비용 부담이 커집니다. 마치 물에 잉크가 퍼지듯이 서서히 힘들게 하는 것이지요. 하지만 진짜 무서운 것은 목돈을 상환해야 하는 압력이 파도처럼 덮치는 것입니다.

> "슬픔이 파도처럼 덮치는 사람이 있는가 하면,
> 물에 잉크가 퍼지듯이 서서히 물드는 사람도 있는 거야."

_영화 〈헤어질 결심〉 중에서

회색코뿔소, 입주물량의 역습
....

강도 높은 대출규제와 금리인상으로 인해 아파트시장의 신규수요가 크게 위축된 것은 거래량으로 확인되고 있습니다. 신규취급액기준 대출금리가 빠르게 치솟고, 대출규모를 소득에 연동시키는 DSR(Debt Service Ratio) 규제를 정착시켜 나가면서 주택시장의 신규수요는 크게 약화되었습니다.

다만 혹자들이 주장하는 대로 "이자비용 좀 더 늘어난다고 누가 집을 팔겠는가?"라는 반문은 필자도 일견 동의합니다. 기존의 아파트 및 주택담보대출을 보유한 유주택자가 금리인상으로 이자비용이 월 몇 십만 원 가량 오르는 상황에서는 대부분 소비를 줄이면서 버텨 볼 수 있겠고, 이를 버티지 못해서 집을 파는 사람이 다수는 아닐 것입니다. 그렇게 유주택자들이 집을 안 팔고 버티면 거래 없는 대치상태가 지속되면서 하락세도 제한적인 수준에 그칠 수 있습니다.

필자가 크레딧 애널리스트를 직업삼아 수많은 기업의 흥망성쇠를 관찰해 보니, 이자 부담이 증가했다는 이유로 부도가 난 사례는 거의 들어보질 못했습니다. 대부분은 기존 차입금의 만기연장 또는 재대출에 차질이 생겼을 때 이를 갚을 수 있는 유동성이 없어서 부도(법정관리, 워크아웃 등을 포함하는 광의의 부도)로 이어지는 경우가 흔합니다.

기업의 실적이 악화되거나 무리한 투자로 재무구조가 나빠지면 채권자(은행)들이 "아이고~ 요새 편찮으시다면서요? 매년 연장해 드렸지만 이젠 갚으셔야 겠어요"하게 되는데, "……10%는 갚고 90%는 연장합시다……"식으로 대응하며 여러 채권자들에게 10%씩 갚다보면 어느새 보유현금이 바닥나 유동성 위기로 이어지곤 합니다.

불과 8~9년 전 동부그룹, 동양그룹 주력 계열사의 신용등급은 BBB급으로 원리금 상환에 대한 불확실성이 높아 이들이 발행하는 채권, 기업어음은 기관투자자로부터 외면당했고, 주로 리테일(개인고객) 시장에서 소화되었습니다. 당시 이들 기업의 발행금리는 연 8~9%에 달했는데, 그런 어마무시한 이자비용을 감당하면서도 살아갔습니다. 기존의 빚을 새로운 빚으로 갚아나간 것이지요. 너무나 걱정이 되어서 "근데 조달이 계속 되세요?"라고 여쭤보면, 자금담당자는 "한번 9%의 금리를 맛본 이들은 그 맛을 끊을 수 없어서 계속 삽니다. 저희가 발행하길 기다리는 팬들이 많습니다!"라고 해맑게 답해주셨습니다. 해당 그룹들은 신규 자금조달이 막힌 순간 결국 기존 '차입금'을 상환하지 못해 부도를 맞이하게 됩니다.

> "무슨 말 하려는지 알겠소! 근데 아파트 LTV(Loan-To-Value)가 이렇게나 탄탄한데, 연체만 없다면 금융권이 회수를 할 리가 없잖소?"
> "아니, 금융권 차입금 말고…… 사금융인데 내 집을 담보로 해서 빌린 돈 있잖습니까? 전세!!!"

흔히 '차입금'이라 하면 은행 중심의 금융기관 차입금만 떠올리기 쉽습니다. 하지만 집주인 입장에서는 내 집을 담보로 받은 전세보증금 또한 만기(2년 뒤)에 상환의무가 있으니 엄밀히 따지면 차입금입니다.

지금까지 전세는 영구채였다. 그러나!

차입금과 동일한 금액을 계속해서 재대출/만기연장하거나 증액할 경우, 동양/동부 그룹의 사례처럼 차주(채무자)의 유동성에는 아무런 문제가 발생하지 않습니다. '전세는 그저 오르는 게 당연하고 오를 수밖에 없는 것'이라는 경험적 관성이 존재합니다. 특히 서울권 아파트의 경우 한번 전세를 놓았던 집주인 입장에서는 세입자가 나가더라도 새로운 세입자로 대체가 수월하고 전세시세도 대부분 올랐으니 전세보증금이 감소하는 경험은 거의 없었다고 해도 무방합니다. 즉, 집주인 입장에서 차입금인 전세보증금은 만기가 2년마다 돌아오지만 기존 세입자와 만기연장 또는 새로운 세입자로 교체하며 재대출에 아무런 문제가 없었습니다. 전세가 하락으로 인해 일부를 상환해야 하는 위험은 제한적이고, 오히려 장기간 전세가격 상승으로 전세보증금(차입금) 증액이 자연스러운 양상이었습니다. 전세가 채권이라는 속성을 감안하면 표면상으로는 2년마다 만기가 돌아오지만 실질적으로는 발행 후 만기상환에 대한 걱정 없이 이자비용만 지급하면 되는 영구채인 셈이지요. 앞에서 밝혔듯이 집주인(채무자)의 이자비용은 내 소유의 집에서 세입자(채권자)가 거주할 수 있는 서비스이며, 서비스의 가치는 월세시세와 동일합니다.

영구채는 표면상 채권이지만 상환의무가 없기 때문에 '국제회계기준'상 부채가 아닌 자본으로 인정됩니다.* 대다수의 집주인 및 세입자에게도 전세는 부채가 아닌 자본으로 인식되는 것은 오랜 경험상 자연스러운 현상입니다.

이처럼 영구채와 같은 전세보증금의 상환 위험이 발생하려면 전세시세가 상당 수준 하락해서 세입자에게 억 단위의 돈을 돌려줘야 하는 상황이 되어야 합니다. 현실은 '임대차2법' 시행 이후 신규 전세가는 급등하였고, 꾸준히 강세임에 아무도 이의를 제기하지 않습니다. 과연 전세가 하락할 수 있을까요? 불과 3년 전인 2018년 말~2019년 상반기 서울 대다수 지역 전세가가 전년 대비 약세를 기록한 바 있습니다. 기준금리 인상(긴축)과 송파구 헬리오시티(약 9,500세대)가 2018년 말부터 입주를 시작했기 때문입니다. '2×2 매트릭스'로 다뤘듯이(92쪽) 긴축과 공급 증가가 겹치면 하락압력을 피하기 어렵습니

---

* 회계상으로는 전액 자본으로 인정되나, step-up과 연계된 조기상환권 부여, 이자지급 누적 등으로 사실상 조기상환이 강제되는 발행 구조상 경제적 실질은 부채와 유사한 성격을 가진 경우 신용평가사에서는 영구채를 부채로 평가한다.

다. 글로벌 인플레이션발(發) 금리인상 기조로 인해 시장금리는 빠르게 상승하고 있으니 전세가는 하향압력을 받게 되고, 여기서 입주물량까지 증가하면 하락세는 가속화됩니다.

대부분의 언론 기사를 보면 집값 또는 전세가의 향방을 두고 '입주물량' 정보만 강조하는 경우가 많습니다. 좀 더 의미 있게 분석하려면, 제1장에서도 다뤘듯이 ① '멸실주택'을 감안한 '순증'이 얼마인지도 중요하겠고(30쪽), ② LG에너지솔루션이나 일개 코스닥 기업이나 똑같이 1종목이지만, IPO가 주식시장에 미치는 여파는 하늘과 땅 차이이듯 Q(공급량)만 논할게 아니라 'P×Q(시가총액)'를 살펴야 할 것입니다(24쪽).

이명박정부 시절 서울 집값이 장기간 약세가 이어졌던 것은 2007~2009년 잠실 엘리트레파와 반포 래미안/자이 입주 여파가 지속된 거라는 분석도 있는데, 금리인상과 더불어 무시할 수 없는 요인으로 보입니다. 세대수로는 3년에 걸쳐 3만 세대가 나온 것이니 대수롭지 않지만, 'P×Q'로는 엄청난 규모임이 확실하며 입주 당시 상급 지역부터 전세가를 끌어내리는 효과가 확실했습니다.

현실은 순증물량이나 'P×Q' 수준이 아닌 입주예정물량 조차 잘못된 수치들이 보도되는데, 기(旣)분양물량만 향후 입주예정물량으로 집계하다보니 실제와 큰 격차가 발생합니다. 기분양 아파트만 입주예정물량으로 다룬 다수의 언론 자료만 믿다가는 '아직 분양만 안했을 뿐 열심히 공사 중인 수많은 재건축 단지들'은 회색코뿔소(지속적인 경고를 통해 예상은 하고 있지만 간과하기 쉬운 위험)가 아닌 블랙스완(예상치 못하여 한번 발생하면 큰 충격을 주게 되는 위험)이 되어버립니다.

향후 강남3구에서는 위와 같은 재건축 물량들이 입주하게 되는데, 2023년 3월 개포주공4단지(개포프레지던스자이, 3,375세대), 8월 신반포3차 경남아파트(래미안원베일리, 2,990세대), 2024년 1월 개포주공1단지(디에이치퍼스티어아이파크, 6,702세대) 등 반포/개포의 1.3만 세대와 더불어 공사 지연으로 입주일정 연기가 불가피하지만, 2024년 상반기까지는 완공될 것으로 기대되는 둔촌주공(둔촌올림픽파크에비뉴포레, 1만2천 세대)까지 가세하면 대략 2.5만 세대에 달합니다. 2019년 헬리오시티(9,510세대)와 개포래미안블레스티지(1,957세대) 입주물량을 훨씬 압도하는 것이지요. 물론 2023년 이후 개포/둔촌에만 입주물량이 있는 게 아닌데, 수색뉴타운(3~4천 세대), 마포더클래시(1,419세대) 등 국지적인 물량 또한 적잖은 규모입니다. 어쨌든 이 시기를 넘기고 나면 이후 전세텀(2025년 이후)에는 반포주공(도합 7천 세대), 잠실(르엘, 래미안아이파크 등 약 5천 세대) 등 양

🏢 2023년 이후 강남3구 입주예정물량

(2022년 6월 말 기준)

지역	단지명	세대수	입주예정	분양 여부
강남 청담	청담르엘	1,261	2024	×
강남 대치	푸르지오써밋	489	2023.05	○
강남 삼성	흥실아파트 재건축	419	2024	×
강남 개포	프레지던스자이	3,375	2023.02	○
	디에이치퍼스티어아이파크	6,072	2024.01	○
서초 반포	르엘신반포파크애비뉴	330	2023.06	○
	래미안원베일리	2,990	2023.08	○
	래미안원펜타스	641	2024.01	×
	신반포메이플자이	3,307	2024.01	×
	디에이치클래스트	5,388	2025~2026	×
	래미안프레스티지	2,091	2025~2026	×
서초 방배	디에이치방배(5구역)	3,065	2025	×
	래미안원페를라(6구역)	1,111	2025	×
	포레스트자이(13구역)	2,275	2025~2026	×
강동 둔촌	올림픽파크포레온	12,032	2023.08*	×
송파 문정	힐스테이트이편한세상	1,265	2024.06	×
송파 잠실	래미안아이파크	2,636	2025	×
	잠실르엘	1,859	2025	×
2023~2024 입주예정물량		32,811		
2025~2026 입주예정물량		18,425		
합계		51,236		

* 공사 지연으로 2024년 상반기 완공 예상

적·질적 측면에서 헬리오시티를 능가하는 입주물량이 대기하고 있습니다.

코스피가 강할 때는 LG에너지솔루션 같은 초대형주 상장에도 충격이 덜하지만, 긴축으로 인해 유동성이 빠져나가면서 허약해지는 시기에는 상당한 부담을 주게 됩니다. 긴축과 'P×Q' 공급폭탄이 겹치면 웬만한 호재에도 가격은 밀릴 수밖에 없습니다.

전세의 하락 규모와 강도를 가늠하기는 쉽지 않지만, 2023년 입주물량의 경합대상은 2021년 사상 최고가에 체결된 전세물량들이라는 점이 관건입니다. 이 시기는 역사적 저금리(기준금리 0.5%), '임대차2법'의 부작용(신규/갱신 가격 양극화), 반포주공 멸실 이주(3,600세대, 기본이주비 10억~16억 원) 등 이른바 '3단 콤보'가 겹치면서 신규 전세가가 피크(peak)를 기록했습니다.

전세가는 선반영 따위는 없고 그때그때 수급이 정하는 시세대로 결정됩니다. 미래에 전세가가 내릴 것 같다고 지금 낮은 가격에 계약하는 집주인은 없습니다. 공급자 우위일 때는 집주인이 지금 최대한 올려서 받자하고, 수요자 우위일 때는 세입자가 최대한 낮춰 계약하자하면서 시세보다 변동성이 커지기 마련입니다. 2021년 peak 전세가와 2023~2024년 입주폭탄의 전세가 갭이 얼마가 될지는 상상의 영역이지만, 유동성 대비를 하지 않은 임대인은 일격을 당할 것으로 예상됩니다.

유동성이 풍부하지 않은 상태의 집주인 리스크

"김씨, 지난번 외상으로 자재 샀던 거 말이오. 결제를 한 달만 더 미룹시다……."_채무자

"형! 형! 한 달만 더, 한 달만 더 하던 게 벌써 1년이야!(I believe in you I believe in your mind~) 갖고 있는 부동산 팔면 되잖아!? 이제 나도 죽기

일보직전이니 법원 가서라도 받아내야겠소!"_채권자

"이봐요! 내가 이번에 둔촌주공에 입주해야 한단 말이오! 어서 내 전
세금을 돌려주시오!"_세입자
"새로운 세입자가 안 구해지는데 어떡해요? 좀 기다려주세요!(너라면
그 거금을 예금으로 됐겠니? 새로운 세입자로 리파이낸싱 해야 한다구!)"_집주인
_기업 부도가 발생하는 흔한 예시와 집주인의 유동성 리스크 비교 사례

대도시 아파트의 경우 집값이 전세가보다 훨씬 높으니 세입자가 전세보증금
을 떼일 염려는 없습니다. 문제는 '유동성'입니다. 멀게는 2007~2008년 잠실
엘리트레파, 가까이는 2019년 헬리오시티 입주 당시 목도했듯이 입주물량이
쏟아지면 그 여파로 인해 다른 지역도 세입자를 채우는데 오랜 기간이 걸립
니다. 반포/개포/둔촌의 2.5만 세대를 소화하기 위한 잡음과 마찰이 곳곳에서
오랜 기간 이어지다보면 결국 유동성 문제를 해결하기 위한 비자발적 급매물
들이 나오게 되어 집값 하락을 가속화 할 수 있습니다.
2016년도 마포래미안푸르지오 34평의 집값은 8억 원, 전세가는 6.5억 원이었
으니 당시 갭 투자한 사람은 자기자본이 1.5억 원만 있어도 가능했습니다. 해
당 물건을 계속 보유하면서 2021년에 신규 전세가 11억 원에 세입자를 들였
다면 '임대차3법'으로 전세가가 급등한 덕분에 현금 유입만 4.5억 원(2021년도
신규 전세가 11억 원 - 2016년 갭 투자 당시 전세가 6.5억 원)에 달하게 됩니다. 이 4.5억
원을 오로지 유동성(현금)으로만 갖고 있는 사람이 몇이나 될까요? 자기자본
이 1.5억 원에 불과한 사람들 중에는 본디 부자가 아니거나 현금흐름이 충분
하지 못한 사람들도 적지 않을 텐데, 자칫 2년 뒤인 2023년에는 세입자에게
자기자본(1.5억 원)을 능가하는 유동성(현금)을 돌려줘야 할지도 모릅니다.
2021년에 마포래미안푸르지오 34평은 집값 18.5억 원, 신규 전세가 11억 원

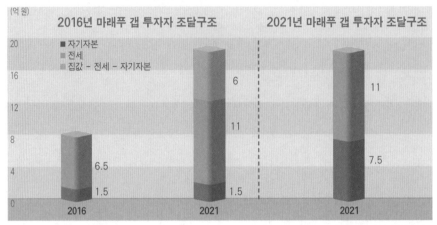

갭 투자자의 유동성 조달구조 예

(억 원)

2016년 마래푸 갭 투자자 조달구조

20

■ 자기자본
■ 전세
■ 집값 - 전세 - 자기자본

16

12

8

6.5

4

1.5

0

2016

2021년 마래푸 갭 투자자 조달구조

6

11

1.5

2021

11

7.5

2021

* 마래푸 : 마포래미안푸르지오

으로 갭 투자를 하려면 필요한 자기자본이 7.5억 원으로 제법 큰돈이 필요합니다. 해당 자기자본이 충분한 여윳돈이면 모르겠지만 '똘똘한 한 채'로 갈아타기 위해 최대한 '영끌'한 상태라면, 2년 뒤인 2023년에 전세금이 빠질 경우 유동성 위기에 처할 수 있습니다.

자기자본이 100%인 경우에는 자산가격이 아무리 빠져도 문제없습니다. 하지만 전세를 끼고 있는 경우는 최소한 전세보증금 만큼의 타인자본(부채)을 사용하고 있는 것입니다. 오랜 기간 만기상환부담을 못 느껴왔기에 어느덧 전세는 모두의 마음속에 영구채(자본)로 자리해 왔습니다. 그런데 어느 날 갑자기 상환하라며 부채로 돌변할 경우의 리스크는 어느 정도일까요?

2019년 송파구 헬리오시티 입주 당시 전세가 하락의 충격이 비교적 덜했던 것은 리파이낸싱 대상인 2017년 전세가와 갭이 크지 않았고, 대출규제가 지금보다는 덜했다는 점도 짚어봐야 합니다. 누군가는 상환부담에 직면해도 마이너스 통장 등 개인신용대출을 통해 모면할 수도 있던 것입니다.

2021년의 신규 전세가는 과거와는 판이하게 다른 수준으로 '레벨 업'되었고, "신규 전세가가 뉴노멀이다!"라고 외치는 의견도 존중합니다. 다만 필자의

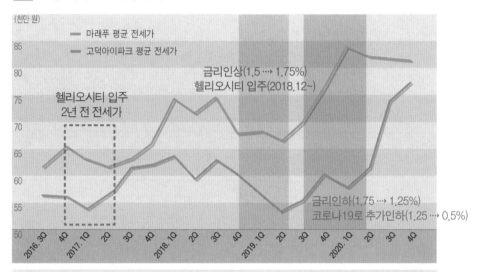

34평 아파트 전세가 추이

(천만 원)

— 마래푸 평균 전세가
— 고덕아이파크 평균 전세가

헬리오시티 입주
2년 전 전세가

금리인상(1.5 ⟶ 1.75%)
헬리오시티 입주(2018.12~)

금리인하(1.75 ⟶ 1.25%)
코로나19로 추가인하(1.25 ⟶ 0.5%)

85
80
75
70
65
60
55
50

2016. 3Q   4Q   2017. 1Q   2Q   3Q   4Q   2018. 1Q   2Q   3Q   4Q   2019. 1Q   2Q   3Q   4Q   2020. 1Q   2Q   3Q   4Q

강남3구 대비 차선호지인 마포구, 강동구 대단지 아파트의 전세가 추이. 헬리오시티 입주(2018.12~ 2019.6) 당시 전세가가 전년 대비 하락했지만, 갱신 대상인 2년 전(2016.12~2017.6) 전세가격과는 유사한 수준으로 집주인들이 전세보증금 상환 리스크에 직면하지는 않았다.

분석 관점에서는, 초저금리(0.5%), '임대차3법' 시행 초기, 반포주공 멸실이주 3가지가 한꺼번에 겹치면서 급등한(overshooting) 가격이라고 판단됩니다. 즉, 자금을 조달하는 집주인 입장에서 2021년 신규 전세보증금은 호조건에 힘입어 과잉조달(overfunding)된 것으로 2년 뒤 호조건이 소멸되면 상환압력에 직면할 가능성이 높은 것입니다.

인플레이션에 대한 불안감이 높은 것은 글로벌 공급문제가 언제 해결될지 기약이 없기 때문입니다. 하지만 중·단기 내에 서울 상급지 대규모 입주물량(P×Q)은 계획된 시기(2023~2025년)에 완공 예정으로 공급문제가 막혀있는 글로벌 인플레이션 이슈와는 결이 다릅니다.

2023년 환경은 높아진 금리와 입주물량의 'P×Q' 측면에서 2019년 상반기 여건(기준금리 1.75%, 송파구 헬리오시티 & 개포 래미안블레스티지 입주)보다 불리할 것으로 예상됩니다. 전세가에 2019년보다 더한 충격이 올 경우, 비싼 집일수

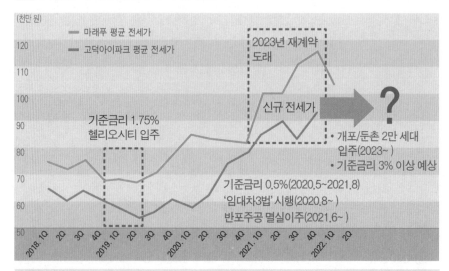

34평형 아파트 전세가 추이 및 전망

(천만 원)

- 마래푸 평균 전세가
- 고덕아이파크 평균 전세가

2023년 재계약 도래

신규 전세가

?

- 개포/둔촌 2만 세대 입주(2023~)
- 기준금리 3% 이상 예상

기준금리 1.75% 헬리오시티 입주

기준금리 0.5%(2020.5~2021.8)
'임대차3법' 시행(2020.8~)
반포주공 멸실이주(2021.6~)

강남3구 대비 차선호지인 마포구, 강동구 대단지 아파트의 전세가 추이. '임대차2법'의 영향으로 헬리오시티 입주(2018.12~2019.6) 당시 전세가 대비 2021년 신규 전세가가 폭등했다. 2021년 신규 전세 체결 물량들은 2023년 전세가가 하락할 경우 전세보증금 상환 리스크에 직면하게 된다.

록 전세가 하락범위가 커지므로 '똑똑한 한 채'에 '영끌'하느라 몸테크 중인 1주택자들, 전세보증금에 의지하는 다주택자들이 상당한 수준의 상환압력에 직면하는 유동성 리스크가 예상됩니다.

장밋빛 미래가 있다 한들 당장의 생존을 좌우하는 건 '유동성'

부동산은 대표적인 '시클리컬 산업(cyclical, 업황의 상승기와 하락기가 명확한 산업)' 인데요. 업종 불문 크레딧 관점에서 부도에 이르는 공식은 비슷합니다. 호황 일 때는 돈을 빌리기도 쉽습니다. 그렇게 호황일 때 많이 빌려서 투자를 늘리게 됩니다. 호황의 끝이 어딘지 모르니 정점일 때도 투자를 지속합니다. 하지만 경기가 꺾인 뒤에는 너도나도 회수를 하려들게 되고, 이때 유동성(현금)이 없으면 부도에 이르는 것입니다.

컨테이너선 운임 폭등과 더불어 HMM(옛 현대상선)이 떼돈을 벌게 되자, "한진해운이 살아있었으면 대박이었을 텐데!"하는 탄식이 나왔습니다. 한진해운은 경쟁력이 없어서 망한 게 아니라 2016년을 넘길 유동성이 없었기에 쓰러졌던 것입니다.

> "조 초시 댁도 말이 아니야, 그 많던 전답 다 팔아버리고."
> "남은 건 그 며느리뿐이었지요?"
> "그렇지. 그런데 참, 그 며느리가 여간 잔망스럽지가 않아. '산업은행
> 자금지원 없이는 곧 돌아가실 거다'는 삼일의원 진단을 미리 받고서는
> 자율협약 신청직전에 보유주식을 모두 팔아버렸다잖아."
>
> _ 황순원의 소설 〈소나기〉 중에서 패러디

금호아시아나그룹은 무리한 M&A로 유동성 위기를 겪고 구조조정에 돌입한 대표적인 사례입니다. 과거 2006년 대우건설 및 2008년 대한통운 인수는 금호아시아나그룹을 재계 서열 7위까지 끌어올렸지만 유동성 문제로 인해 각각 6.4조 원, 4.1조 원에 인수했던 대우건설과 대한통운을 헐값에 넘기고, 금호생명, 금호고속, 금호렌터카 등 기존 계열사도 매각해야 했습니다. 이후 대우건설은 주택사업 반등에 힘입어 최근 5년(2017~2021) 평균 3천억 원의 당기순이익을 시현했고, 2021년 말 기준 순현금이 3천억 원에 달하는 우량기업으로 변모했습니다. 또한 2011년 당시 CJ그룹의 대한통운 인수(인수총액 2조 원대)를 두고 '승자의 저주' 우려가 있었지만, 이후 대한통운은 택배산업의 급성장에 힘입어 CJ그룹의 주력 계열사가 되었습니다.

요컨대 금호아시아나그룹은 이상한 기업에 투자해서 탈이 난 게 아니라 사업전망 및 영업경쟁력 측면에서 충분히 우수한 기업을 지나치게 비싼 가격에

인수했다가 유동성 위기에 대응하지 못하여 무너진 대표적인 케이스라 할 수 있습니다. 결국 똑같이 대한통운을 인수했던 금호아시아나그룹과 CJ그룹의 운명을 가른 차이는 '버틸 수 있는 유동성 보유 여부'에 있던 것이지요. 기업의 흥망성쇠로부터 얻을 수 있는 교훈은 아무리 좋은 투자처(강남 아파트?)라도 너무 비싸게 사거나 유사시 버틸 유동성이 없으면 허망한 결과로 이어진다는 것입니다.

전국적으로 몰려오는 파도

'2020~2021년 비싸고 많았던 분양물량 → 2023~2024년 입주폭탄 리스크'

2020년 기준금리를 0.5%까지 낮추니 장기간 소외되었던 지역들도 집값이 2배 가까이 급등했었습니다. 이는 청약 열기로 이어져 2020~2021년 '선당첨 후고민'의 시대(222쪽)를 열었습니다. 그러나 '500일의 썸머'(148쪽)가 지난 뒤, 2022년 금리인상이 본격화되자 지역별로 크고 작은 조정을 보이고 있습니다. 전국적으로 분양물량이 가장 많았던 것은 2015~2016년이었습니다. 당시 경기도가 예년 대비 연간 10만 호 가량 많은 물량을 분양하면서 전국 분양물량이 45만~50만 호에 달했습니다. 이후 경기도의 분양물량이 예년 수준인 10만 호 내외로 돌아오면서 2017년부터는 30~35만 호 가량 분양되는 양상입니다.

오른쪽 표는 지난 5년(2017~2021년)간 전국 및 지역별 분양물량 통계인데, 주요 시사점은 다음과 같습니다.

[1] 2020~2021년 분양물량은 2023~2024년 입주물량이 됩니다.

[2] 서울의 분양물량은 2021년 들어 크게 감소했습니다. 이는 분양가상한제(2020년 7월 시행)로 인해 착공부터하고 분양을 뒤로 미룬 물량이 많아진 탓이

2017~2021년 분양물량

(단위: 호, 5대 광역시에 세종시 포함, 자료: 국토교통부)

구분	2017	2018	2019	2020	2021	장기 평균 (2005~2021)
서울	40,678	22,176	30,250	31,802	8,567	30,965
경기	103,853	110,294	97,846	115,303	99,998	99,048
인천	15,905	16,677	36,339	31,069	33,568	20,197
5대 광역시	62,493	70,016	83,375	75,796	58,303	68,361
기타 지방	88,984	63,801	66,498	95,059	136,097	96,631
전국	311,913	282,964	314,308	349,029	336,533	315,203

며 제1장에서 자세히 다룬바 있습니다. 즉, 2021년 분양물량이 적은 탓에 향후 입주절벽이라는 보도가 많았으나, 이는 잘못된 해석입니다.

[3] 경기도의 분양물량은 예년 수준이나, 인천은 최근 3년 분양물량이 매우 많은 편입니다.

[4] 5대 광역시 및 세종시의 전체 분양물량은 다소 감소하였으나, 대구의 분양물량은 눈에 띄게 증가하였습니다.

[5] 기타 지방의 2021년 분양물량은 2018~2019년의 2배에 달할 정도로 과거 대비 상당히 증가하였습니다. 세부적으로도 제주를 제외한 전 지역의 분양물량이 예년 대비 많았습니다. 2020년 이후 초저금리를 바탕으로 집값이 급등하자 그만큼 사업성이 개선되니 증권사, 건설사 등 민간주체들의 적극적인 공급으로 이어진 것입니다.

분양가상한제가 적용되는 서울 및 경기도 일부 지역을 제외하면, 나머지 지역은 2020~2021년 급등한 시세에 따라 분양가 또한 상당히 높았던 것으로 짐작됩니다. 'P×Q' 관점에서 2018년의 6.4만 호보다 2021년의 13.6만 호의 공급부담은 가격도 2배, 공급도 2배로 거의 4배에 가깝다고 볼 수 있습니다. 2020~2021년 고분양가에 분양했던 물량들이 2023~2024년에 순차적으로 입주할 예정이니 그만큼 수분양자들이 지출해야할 잔금부담*이 몰려있고, 입주물량 증가로 인한 전세가 하락 부담도 겹치게 됩니다.

더 심각한 문제는 이들 지역의 집값이 2022년부터 가파르게 하락세를 보인다는 것입니다. 가령 2021년에 A아파트를 6억 원에 분양 받았는데, 2024년 입주시점에 인접 지역 4년차인 B아파트의 실거래가가 4억 원도 안된다면? 이 경우, 단순히 A아파트를 분양 받은 사람들이 손실을 봤다는 것으로 문제가 그치지 않습니다. 기타 지방의 지역주민들은 대부분 1가구 1주택이기 때문에 일단 분양을 받으면 보유주택을 처분한 자금으로 입주하려는 경우가 많습니다. 내가 산 분양가는 확정되어 있는데, 팔아야 할 기존 보유주택의 가격이 급락할 경우 자금 스케줄에 상당한 차질을 빚게 됩니다. 지역주민이 아닌 타지역 거주민이 투기 목적으로 구입한 경우에도 세입자를 구하지 못하거나 추가 대출을 받기 어려워 잔금 납부가 지연될 수 있지요. 더 나아가서는 분양가와 입주시점 집값의 차이가 클 경우 고의로 입주를 늦추며 계약 해지를 시도할 수도 있습니다.

이 모든 사연은 집값이 계속 오른다면 발생하지 않는 일들입니다. 입주시점에 집값이 분양가보다 오른 경우, 지역주민은 기존 주택을 매각한 자금으로 충분히 입주할 수 있습니다. 또한 전세가도 올랐을 테니 세입자의 전세보증금으로 잔금문제를 해결할 수도 있습니다. 분양을 해지하려는 시도는 절대 발생하지 않습니다.

하지만 집값이 떨어질 경우 저마다 사정은 달라도 결국 '돈이 없어서' 입주하지 못하는 경우로 귀결됩니다. 그리고 새집을 팔든지 아니면 기존에 보유한 집을 팔든지, 집을 매도하려는 또는 매도해야 하는 압력으로 작용합니다. 2022년 세종/대구/인천 등 일부 지역에서 하락세가 시작되었으나, 전국 단위로는 2023~2024년이 더 걱정되는 이유입니다.

---

* 일반적으로 아파트 분양시 분양대금은 계약금 10%, 중도금 60%, 잔금 30%이며 입주시점에 잔금을 납부해야 한다. 통상 분양가 및 시세의 60~70%까지 대출이 가능하므로 잔금은 자기자본으로 부담하게 된다.

"고가 아파트일수록 전세가 하락 범위가 커짐에 따라,
'똘똘한 한 채'에 '영끌'하느라 몸테크 중인 1주택자들,
전세보증금에 의지하는 다주택자들로서는
상당한 수준의 상환압력에 직면하는 유동성 리스크가 예상된다.
서서히 물들다 파도처럼 덮치게 되는 것이다"

부동산과 시장을
좀 더 깊이
공부할 결심

초저금리, '임대차2법'과 갭 투자 비중〔2020~2021〕
VS
금리상승과 상생임대인제도〔2022~2023〕

2017년 9월 14.3%에 불과했던 갭 투자 비중은 추세적으로 상승하여 '임대차2법' 시행과 초저금리(기준금리 0.5)가 맞물려 전세가가 피크를 기록한 2021년 2~3분기에는 42%에 달했습니다. 그만큼 2021년 주택 매수자의 상당수가 과도한 사금융 차입(전세보증금)을 한 상황이며, '똘똘한 한 채' 선호 현상까지 감안하면 소위 '영끌' 매수로 인해 유동성 대응력이 취약한 상태로 추정됩니다. 2년 뒤인 2023년 전세시세가 하락할수록 상환압력 또한 커질 수밖에 없고, 이에 대응할만한 유동성이 부족한 집주인들의 매도물량이 지속적으로 출회될 것으로 예상됩니다.

본래 전세는 채권의 속성을 가진 특성상 2022년 들어 시장금리가 급등한 만큼 전세시세 또한 하방압력을 피하기 어렵습니다. 다만, 심리가 인플레이션을 어느 정도 좌우하듯, '임대차2법'으로 인해 급등한 새로운 전세가를 세입자들이 체념하며 받아들이는 양상이 전·월세시세 하락의 걸림돌인데, 윤석열정부에서 상생임대인제도* 도입으로 2년 전인 2020년도 시세와 유사한 전세물량 공급이 늘어나게 되면, 점진적인 시세 하락에 기여할 전망입니다. 전·월세시세가 급등했던 탓에 안정화가 될수록 집주인이 유동성 리스크에 직면할 수도 있는 고약한 연결고리는 차후 재발 방지를 위해서라도 깊이 고민해야할 문제입니다.

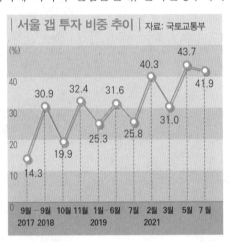

| 서울 갭 투자 비중 추이 | 자료: 국토교통부

* 직전 계약보다 임대료를 5% 이내로 올린 집주인에게 양도소득세 비과세를 적용 및 종전 양도세 비과세 적용 요건인 실거주 2년 조항도 면제.

〈연합뉴스〉 2021.10.3.

서울 주택 갭 투자 비중 4년 새 3배↑⋯⋯ 대책 직후에만 일시 하락

3일 국회 국토교통위원회 소속 김상훈(국민의힘) 의원이 국토교통부로부터 제출 받아 분석한 서울시 주택 자금조달계획서 현황 자료에 따르면 갭 투자 비율은 2017년 9월 14.3%에서 2021년 7월 41.9%로 약 4년 만에 3배 가까이 뛰었다.

〈한국경제〉 2022.6.27.

물량 쌓이고 가격 떨어지자⋯⋯ 잠잠해진 '8월 전세대란설'

'8월 전세대란' 우려가 빠르게 잦아들고 있다. 정부가 계약 갱신을 유도하기 위해 각종 정책을 내놓으면서 전세 물량이 쌓이고 전셋값은 하향 조정되는 추세다. 다만 입주물량이 적거나 서울 도심 인기 지역을 중심으로 전셋값 단기 급등 현상이 나타날 가능성도 여전해 안심하기에는 이르다는 지적이다.

올 1분기만 해도 '임대차2법(전·월세상한제, 계약갱신청구권)'이 시행된 지 2년이 되는 오는 8월 계약갱신청구권이 소진된 전세물량이 시중에 풀리면서 전셋값이 급등할 것이란 우려가 많았다. 집주인들이 그간 올리지 못한 전셋값을 한꺼번에 올릴 것이란 관측이 많았기 때문이다. 하지만 6~7월 전세시장에 큰 동요가 나타나지 않으면서 8월 전세대란이 설(說)에 그칠 것이란 전망이 힘을 얻고 있다. 통상 전세물량은 계약 만료 2~3개월 전에 시장에 나오는 경우가 많기 때문이다.

앞으로도 전세물량은 더욱 늘어날 것으로 예상된다. 정부가 임대차시장 안정화를 위해 직전 계약보다 임대료를 5% 이내로 올린 집주인에게 양도소득세 비과세를 적용하고, 종전 양도세 비과세 적용 요건인 실거주 2년 조항도 면제해주기로 했기 때문이다. 이은형 대한건설정책연구원 연구위원은 "계약갱신청구권을 사용한 사례가 8월에만 집중되는 게 아니라 8월 이후에도 쭉 분산돼 있어 특정 시기에 전세대란이 일어날 가능성은 작다"고 말했다.

소 잃기 전에 외양간 고치기

30

_ 금융선진화를 위한 고난의 길

금리인상의 여파로 변동금리 중심인 가계대출 구조의 폐해가 부각되고 있습니다. 우리나라 가계부채의 문제는 차주별 정확한 익스포저를 파악하기 어렵다는 점과 더불어 ① DSR제도의 도입 연기 및 실효성 저하로 인한 소득과 대출규모 간의 괴리, ② 여전히 높은 비중을 차지하는 만기일시상환대출 등에 심각성이 있습니다. 2022년 정권교체 과정에서 각종 규제 완화에 대한 기대가 컸습니다. 하지만, 리스크 관리 제고 차원의 금융선진화라는 방향성을 염두에 둔다면, 당분간 대출규제 완화에 대한 섣부른 기대는 금물입니다.

2000년 초 닷컴버블 당시 다우존스 지수는 40%, S&P500 지수는 50%, 그리고 나스닥은 무려 90% 하락했습니다. 당시 미 연준의장 벤 버냉키의 설명에 따르면, 닷컴버블의 손실 금액은 2008년 금융위기 당시 부동산 및 주가하락으로 인한 손실 금액과 큰 차이가 없는 수준이라고 합니다. 그렇지만 닷컴 붕괴는 고작 8개월짜리 경기침체로 이어졌고, 금융 시스템이나 실물경제에 심각하고 지속적인 피해로 이어지진 않았습니다. 하지만 많은 이들이 생생히 기억하듯 미국의 부동산가격 하락으로 시작된 서브 프라임 모기지(저신용자 부동산담보대출) 사태는, 글로벌 금융위기*로 이어졌습니다.

---

* 영어권에서는 GFC라 일컫는데, 이는 Global Financial Crisis의 약자이다.

금융시장 붕괴의 트라우마

특정 자산가격의 급락이 금융기관의 부실로 이어지려면, ① 전통금융기관에서 이들에 적극적으로 투자하고 있거나 ② 이들을 담보로 법정화폐 차입이 가능해야 합니다. 이를 조금 어렵게 표현하면, 특정 자산에 대한 전통금융기관의 직·간접적인 익스포저가 크거나, 전통금융기관으로부터 레버리지가 가능해야 합니다.

부동산이 금융기관의 부실 및 시스템 리스크와 관계가 깊은 이유는 이런 조건들을 충족하고 있기 때문입니다. 서브 프라임 모기지 사태를 간단히 상기해보면, '주택담보대출을 기초자산으로 하는 파생상품에 전통금융기관의 익스포저가 지나치게 높아진 상태'에서, '주택가격 하락으로 원리금 회수가 불가능'해지자, 리먼 브라더스 등 대형 금융기관이 파산하면서 초대형 금융위기로 번졌던 것입니다.

"야, 너도?"

가계부채 급증 이후 부동산 가격조정 국면에서 선진국들은 아래와 같은 과정을 그대로 답습하였습니다.

① 가계부채 증가 → ② 부동산 거품 붕괴 → ③ 은행의 부실 확대 → ④ 정부의 공적자금 투입 → ⑤ 정부부채 급증 → ⑥ 국가신용등급 하락, 국채금리 급등으로 자력갱생 불가 → ⑦ EU 또는 IMF에 구제금융 신청

미국과 일본은, ⑤단계에서 멈췄으나, 유로존 내 AAA 신용등급 보유 국가였던 스페인과 아일랜드는 ⑦ 까지 간 뒤에 끝 모를 디레버리징(부채감축)의 역경을 겪게 됩니다.

직접금융시장이 발달한 미국과 달리, 우리나라는 유럽과 같은 은행 중심의 간접금융 시스템을 유지하고 있습니다. 심장이 신체 곳곳에 혈액을 공급하듯

주요국 부동산 버블 붕괴와 국가부채 증가 사례

자료 : 금융위원회

	버블기	하락기	국가부채(GDP 대비 %)
일본	(1986~1991년) 가계부채 1.7배 ↑ 지가 2.0배 ↑	(1992~2000년) 지가 35% ↓	1991년 67% → 2000년 140%
미국	(1998~2007년) 가계부채 2.7배 ↑ 주택가격 2.0배 ↑	(2008~2011년) 주택가격 25% ↓	2007년 67% → 2011년 103%
스페인	(1997~2007년) 가계부채 4.7배 ↑ 주택가격 3.1배 ↑	(2008~2011년) 주택가격 22% ↓	2007년 36% → 2011년 83%
아일랜드	(1998~2007년) 가계부채 3.3배 ↑ 주택가격 4.6배 ↑	(2008~2011년) 주택가격 51% ↓	2007년 25% → 2011년 105%

은행은 유동성을 공급하는 경제의 심장 역할을 합니다. 심장이 멈추면 팔다리도 소용없듯이, 이런 시스템에서는 은행이 부실해지는 순간 가계와 기업도 파탄나기 때문에 정부로서는 어떠한 희생을 감수하더라도 은행을 살려야만 합니다.

본래 재정건전성이 취약했던 그리스, 이탈리아 외에 아일랜드, 스페인 등은 정부부채비율이 양호한 편이었습니다. 하지만 은행을 살리기 위한 공적자금 투입 과정에서 재정이 부실해지자 국가신용등급이 AAA에서 BBB급으로 강등되었으니, 이들이 체감한 고통과 수모는 어땠을지 신용등급 A+ 상태에서 IMF를 맞았던 우리의 경험을 통해 미루어 짐작할 수 있겠습니다.

가계부채와 부동산가격은 매우 밀접한 관계에 있고 '소득 대비 높을수록 불안'하긴 한데, 어느 정도 높아야 버블인지는 터지기 전까진 알 수 없습니다. 마치 공복혈당이 높으면 당뇨병이 염려되지만 어느 수준에서 당뇨병이 될지는 사람마다 다르듯이 말입니다. 다만, 혈당이 높을수록 당뇨에 걸릴 확률이 높고 당뇨병으로 진행되면 돌이키기 어려우니, 소득 대비 가계부채 비율과

2008년 글로벌 금융위기 직전까지 스페인, 아일랜드의 국가채무비율

출처: https://www.seoul.co.kr/news/newsView.php?id=20210811005008

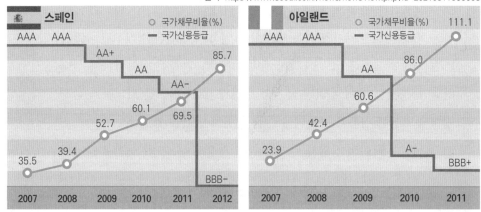

우리나라는 2020년부터 GDP 대비 국가채무비율이 40%를 상회하여 적정 국가채무비율에 대한 논란이 일었는데, 2008년 글로벌 금융위기 직전까지 스페인과 아일랜드의 국가채무비율은 40% 이하였다. 최고등급인 AAA를 유지했던 스페인과 아일랜드는 부동산 급락 이후 금융기관 부실을 처리하는 과정에서 정부부채가 빠르게 확대되자 국가신용등급이 급락했다.

OECD 주요국의 처분가능소득 대비 가계부채 및 주택가격 추이

출처 : 주요국 가계부채 조정 사례 및 시사점(보험연구원, 2021.11.15)

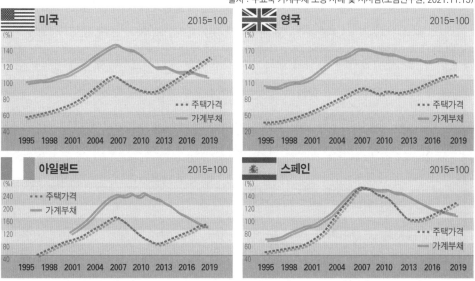

한국은행 〈금융안정상황보고서〉에 따르면, 2021년 말 기준 우리나라의 처분가능소득 대비 가계부채비율은 173.4%이다.

증가속도가 높은 상황에서 이를 억제하려는 노력은 혈당이 높은 사람에게 평소 식단조절과 운동을 하라는 것과 같습니다.

물론 2008년 금융위기와 같은 이벤트는 역사적으로 흔치 않지만, 금융위기가 남긴 중요한 교훈은 그런 재앙이 발생하더라도 은행은 살아남아야 한다는 것입니다. 당시 은행이 무너진 국가와 그렇지 않은 국가 간 위기를 극복하는 과정에서 발생한 비용과 고통의 수준은 확연히 달랐습니다.

코로나19 이후 이런 상황을 아래와 같이 가상해 볼 수 있겠습니다.

—————— | B일병 구하기 | ——————

팬데믹 상황에서 군 사령부는 B일병에게 아래와 같이 생활할 것을 명령합니다. 기본적으로 외출 금지, 다만 군필품 구입 등 불가피한 외출이 필요할 경우 사전보고 후 방호복을 입고 다녀온 뒤 전신을 소독할 것. 1시간 단위로 체온을 재서 기록할 것. 무언가를 만지기 전에는 무조건 손소독제를 사용할 것.

"하아, 뭘 만질 때마다 손소독제를 쓰라고요? 외출할 때마다 사전보고를 하고요? 저기 C하사나 S소위는 기본적으로 열만 잰 뒤 이상 없으면 마음껏 외출할 수 있고, 마스크만 쓰지 방호복까지 강제하진 않잖아요? 나도 저들처럼 자유롭고 싶다고요! 너무 갑갑해서 못살겠어요. 왜 나만 이렇게 강요하나요?"

"왜냐하면, 무슨 일이 있어도 넌 살아남아야 하기 때문이란다. C하사나 S소위는 각자도생해야 하지만, 넌 우리가 기본적인 숙식을 제공해주잖니?"

"그렇다고 해도 이렇게까지 숨 막히게 할 필요 있나요? 손 소독 정도는 자율에 맡기면 안 되나요?"

"생존확률을 조금이라도 높일 수 있다면, 귀찮은 절차는 얼마든지 감내해야 한단다."

(여기서 군 사령부는 정부, B일병은 은행(Bank), C하사와 S소위는 Capital, Securities, Savings bank 등 제2금융권을 의미합니다.)

필자가 국책은행으로 이직 후 경험한 기업여신업무는 그야말로 규정과 관리 감독의 숨 막히는 향연이었습니다. 여신 한 건을 위해 수십 개의 서류를 챙기고, 각종 규정을 빠짐없이 살펴보았다는 기록을 수십 장에 달하는 승인서에 담고, 수많은 위원들의 검토와 결재를 거쳐야 비로소 완결됩니다. 그 많은 규정이 창의성을 억누르고 업무 강도를 높이는 요인이다 보니 '도대체 왜 이렇게까지 해야 하나?'라는 의문이 들었는데요. 유구한 금융의 역사를 돌이켜보니 "어떠한 위기가 닥쳐도 은행은 살아남아야 하기 때문"이었습니다.

개인도 기업처럼 언제든지 부도가 날 수 있고 이는 은행의 부실과 직결됩니다. 금융기관의 심사역은 부도율과 전투를 벌이는 직업이고, 이자수익창출 과정에서 부도율을 낮추기 위해 ① 차주의 채무상환능력을 정확히 파악하고, ② 그에 따라 여신의 조건(규모와 만기 등)을 차별화하는 것입니다.

DSR, 그것이 알고 싶다

신용등급이 우량한 업체일수록 더 낮은 금리로 더 많은 금액을 더 오랜 기간 차입할 수 있습니다. 모두가 이를 당연한 것으로 받아들이고 있기에 비우량 기업에게 더 유리한 조건의 대출을 할 경우 정경유착, 부패 등에 연루되었다는 의심을 받을 것입니다. 참고로 우리나라 채권시장에서는, AAA~AA급 기업은 5~10년, A급은 2~5년, BBB급은 1~2년 수준의 만기에서 차입이 가능합니다. 은행도 내부등급에 따라 업체별 금리, 만기, 대출규모를 차등화하고 있습니다.

따라서 신용등급은 모든 여신의 기준점이 되는데, 차입부담과 영업현금창출 능력 분석이 신용평가의 근간을 이룹니다. 이를 가계에 적용하면 DSR(Debt Service Ratio)의 구성요소인 소득과 금융부채가 되겠습니다. DSR이란, 차주(대출자)의 소득 대비 모든 부채의 원리금(원금+이자) 상환부담비율을 가리킵니다. 가령 DSR 40% 규제는 차주의 연간 원리금 상환 금액이 연봉의 40%을 넘지 않도록 대출규모를 제한하는 것이지요.

신용평가는 영업이익의 안정성을, 주식은 영업이익의 성장성을 중시한다는 점에서 약간의 차이는 있지만 본원적인 이익창출능력을 최우선으로 하고 비영업자산은 보완적으로 살펴보는 점에서 같습니다. 현대차의 주가와 신용등급은 영업이익 전망에 따라 움직이지 초고층 신사옥을 짓고 있는 삼성동 땅값에 좌우되지 않습니다. 한편, 신용등급이 낮을수록 부도율이 높음을 의미하는데, 무디스, S&P 등의 주요 선진국 주거용 모기지 분석자료에 따르면, LTV와 DSR이 높을수록 부도율이 급등하게 됩니다.

DSR과 LTV 변화에 따른 부도율 예시

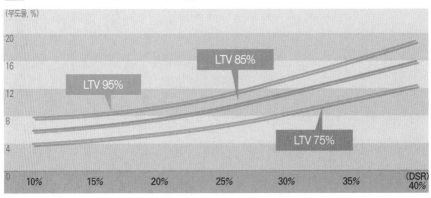

참고로 국내외 신용평가사의 경우 부외부채(우발채무 등 주석사항)도 실질적인 상환부담이 높다고 판단되면 이를 차입금에 더해서 조정차입금(adjusted debt)으로 산식을 산출합니다. 그래서 재무제표상 차입금보다 차입부담을 확대해서 분석하는 게 일반적입니다. 반면, DSR은 금융부채에서 제외하는 대출(전세보증금, 사업자대출 등)이 많아서 차주의 실질 차입부담이 과소평가되는 등 여전히 미흡한 점이 많습니다.

글로벌 금융위기는 차주의 신용(소득)과 상관없이 담보가치에 의존한 대출확대가 얼마나 무서운 것인지를 일깨워준 사례입니다. 일각에서는 DSR 규제가 소득에 따른 대출의 빈부격차를 심화시킨다는 점에서 상대적 박탈감, 부의 사다리 걷어차기 등의 문제를 제기합니다만, 국가 차원에서는 은행의 부실가능성 심화 여부가 더 중요한 아젠다로 보입니다. 우리나라 은행이 천하무적 불사조라면 모르겠지만, 위기가 터지자 기축통화국인 미국조차 은행을 살리기 위해 엄청난 희생을 감내해야 했습니다.

윤석열정부의 대출규제 완화 공약에 대한 기대감으로, DSR 규제를 완화하여 LTV 의존도를 높이자는 논의가 심심찮게 거론된 바 있습니다. 즉, 주택담보대출을 할 때 DSR은 무시하고 LTV만 신경 써도 충분하다는 것이지요. 하지만 금융안정성을 제고하려면 DSR을 주요 지표로 삼고 LTV 의존도를 낮추는 방향으로 가야합니다. DSR을 무시하고 LTV만 신경 쓸 경우 리스크가 증폭되는 이유는 다음과 같습니다. 은행은 예외적인 상황에서도 부실을 통제할 수 있어야 한다는 점에서 간과할 수 없는 사례들입니다.

[1] 위기 발생시 경제충격 심화

DSR을 무시할 경우 소득수준이 낮은 차주들도 LTV만 충족하면 대출이 가능해집니다. 예기치 못한 이벤트로 인해 자산가격이 급락하는 상황에서는 누구도 헐값에 자산을 매각하고 싶지 않을 것입니다. 그런데 위기 발생시 소득수준이 높은 차주는 버틸 수 있으나, 소득수준이 낮은 차주가 무리한 대출을 받은 경우 자산매각 외에는 대응방법이 없습니다. 이 경우 연쇄적인 자산매각이 자산가격의 급락을 가속화하여 충격을 심화시킵니다.

[2] 적정한 Value(LTV의 V)를 구하기 어려운 문제

전국적인 투기 광풍이 몰아쳤던 2020~2021년에는 도서·산간 지역의 신축 주상복합들마저 분양이 완판될 정도로 역대급 부동산 호황이었습니다. 그런데 해당 지역 내 비교가능한 신축 물건이 드물기 때문에 분양가(Value)가 적정한 것인지, 분양가의 60~70% 대출을 해도 과연 문제가 없을지 판단하기 어렵습니다.

건당 수천, 수백억 원에 달하는 기업여신의 경우 기업별 공시자료를 토대로 입체적인 분석이 가능하겠지만, 가계여신을 건별로 그렇게 취급하는 건 불가능합니다. 그래서 LTV는 얼마, DSR은 얼마 이하 식으로 일괄적인 기준을 세울 필요가 있습니다. 또한, 여신 기준을 금융기관 자율에 맡길수록 부실로 이어진 경우가 많은 점, 정부와 은행 모두 민원에 시달릴 가능성이 높은 점 등을 감안하면 현행처럼 정부에서 가이드라인을 정하는 게 나아보입니다.

자산가격이 한 순간에 반토막이 나거나 대형은행들이 망하는 비극은 가까운 과거에도 있었습니다. 그런 세상에서 우리는 좋든 싫든 은행의 영속성을 최우선으로 해야 하는데, 가계부채 관리방안과 DSR 대출규제는 영속성을 높이는데 기여하는 주요한 진전이라고 생각합니다.

우리나라는 아직까지 가계대출로 인한 은행 부실을 겪진 않았습니다. DSR을 둘러싼 가계부채 관리방안과 규제 완화를 두고 갑론을박이 있을 때마다, 은행을 살리기 위해 엄청난 피를 흘렸던 선진국들의 사례를 떠올려 봅니다.

외양간(은행) 고치기, 분할상환을 왜 하냐고?

필자가 신용평가사 재직시절에는 건설업종 및 건설사 분석이 주력 업무였으나, 운 좋게도 국책은행으로 이직 후에는 건설업 외에 다양한 산업을 맡았고 그 중에서도 제일 오랜 기간 함께했던 것은 해외은행 심사/평가 업무였습니다. 국내 제조업체들도 커버하면서 연간 수백여 해외은행들의 영업 및 재무

〈연합뉴스〉, 2022.4.6

금감원 이달부터 가계대출 고정금리/분할상환 지도 강화

금융권 관계자는, "금리 상승에 따른 대출자의 상환부담을 줄이고자 금융당국이 고정금리 대출 비중을 늘리고 있다"면서, "비거치식이란 처음부터 원금을 상환하는 방식이라는 점에서 비거치식 분할상환 확대는 가계부채 부실을 막는 방법"이라고 말했다……(중략)……금융위는 지난해 10월 가계부채 관리 강화방안을 발표하고 비거치식 분할상환 대출확대 등 가계부채의 질적 건전성을 제고하겠다는 계획을 밝힌 바 있다.

정보를 깊게 분석할 여유는 없었습니다. 그러한 여건에서는 자연히 주요 재무비율들(자본적정성, 자산건전성, 수익성, 유동성 등등) 중심으로 산출되는 모델등급에 의존하게 되는데요. 희한하게도 무디스, S&P 등 글로벌 신용평가사가 부여하는 신용등급이 낮은 개발도상국 은행들이 북미/유럽 선진국 은행들보다 훨씬 좋은 모델등급이 산출되곤 했습니다. 무디스, S&P가 부여하는 은행등급이야 국가신용등급에 연동되는 건 당연한데, 개도국 은행들 재무지표가 선진국 은행들보다 훨씬 좋은 이유를 파악하기 위해 글로벌 신평사 보고서들을 분석하면서 깨닫게 되었습니다. 은행이야말로 국가주도의 분식(실제보다 좋게 보이려 꾸미는 것)을 하기에 너무나 용이한 산업이라는 것을.

그렇게 은행업과 건설/조선업의 유사점을 찾았습니다. 특히 건설업과 조선업은 '진행기준 회계*'를 쓰다 보니 비슷한 면이 많습니다. 둘 다 수주규모를 늘릴 때는 부실을 얼마든지 숨길 수 있습니다. 문제가 터지는 시점은 수주규모

---

* 선박, 건물, 플랜트 등은 건설기간이 2~3년을 상회하기 때문에 제품 인도시점에 한꺼번에 매출액을 반영할 경우 연도별 매출액이 크게 들쭉날쭉하게 된다. 이러한 문제를 해소하고 재무제표의 기간별 비교가능성을 높이기 위해 건설 및 조선 업체는 공사기간 중 공사진행률만큼 매출액을 나눠서 인식하도록 한다.

가 줄어 더 이상 돌려막기를 할 수 없을 때입니다. 10여 년 전 해외수주물량이 급증했던 대형건설사들이 먼저 부실이 터졌고, 그 뒤 삼성중공업, 현대중공업 등 대형조선사가 번갈아 부실이 터지다가 대우조선해양이 최후의 대미를 장식했습니다.

은행도 대출규모를 계속 늘릴 수 있을 때는 건설/조선이 그랬듯이 부실을 숨길 수 있습니다. 연체율과 NPL(Non Performing Loan, 무수익여신)* 비중이 낮다? 이제 막 빌려줬는데 도대체 연체가 뭐고 NPL이 뭐지요?

가령 '올해 대출을 10조 원 늘린다'고 하면 이 싱싱한 10조 원의 여신(대출채권)은 어떤 이상한 차주들에게 빌려주더라도 연체가 발생하지 않은 클린한 자산입니다. 차주의 만기상환이 힘들 경우 은행이 대출자산을 늘릴 여력만 있다면 만기연장을 해주면 됩니다. 대출규모의 확대는 곧 이익규모의 확대라서 수익성도 덤으로 챙깁니다. 건설/조선사가 수주를 많이 할수록 당장의 이익을 더 크게 만들어낼 수 있는 것과 유사합니다.

'크게 데여보니' 건설사나 조선사의 수주규모가 계속 커지는 것을 이제는 불안한 시선과 함께 리스크로도 인지하듯, 은행 자산규모(대출채권)의 끊임없는 성장은 잠재된 리스크 확대를 내포합니다. 그것도 만기일시상환 방식일 경우에 문제는 더욱 심각해집니다. 조선사들이 대규모 적자를 기록한 배경에는 익숙하지 않은 사업(해양플랜트)을 하느라 발생한 학습비용도 있었지만, 'heavy tail'로 불리는 자금회수 방식도 한 몫을 했습니다. 'heavy tail'은 조선사가 주문 받은 선박제작을 완료하고 선주(구매자)에게 인도(delivery)하는 시점에 결제대금의 대부분을 받는 계약방식입니다. 선종에 따라 다르지만 선박제조기간은 대략 1.5~2년 정도 소요되는데, 계약금과 중도금이 크지 않다보니 1~2년 뒤 구매자가 잔금을 결제하지 못할 경우 조선사가 고스란히 손해를 보

---

* 차주가 원리금을 연체하여 회수가 어려워진 부실채권.

게 되는 것입니다. 단기간 내 제품을 팔고 즉각 대금을 지급 받는 제조업에서는 발생하지 않는 리스크이지요.

글로벌 신평사에서는 만기일시상환 방식을 'bullet loan'이라 하여 이 비중이 높을수록 은행의 대출자산이 매우 위험하다고 평가합니다. 은행은 '돈'이라는 물건을 파는 곳이라고 상상하며, 현대차가 자동차를 파는 상황과 비교해 보겠습니다. 여기서는 차 1대(제네시스 G90) 가격을 1억 원이라 가정하고, 구매자가 물건을 먼저 받습니다.

"물건 값은 어떻게 드리면 될까요?"

① "네, 다음달까지 1억 원 주시면 됩니다, 그보다 늦으시면 가산됩니다."

② "네, 3개월마다 600만 원씩 총 20번 납부하시면 됩니다."

③ "허허~~ 3개월마다 100만 원(1억 원에 대한 이자)만 내시면 되고요, 물건값 1억 원은 5년 뒤 한꺼번에 주세요."

①은 일반적인 제조업의 판매방식이고, ②는 일반적인 할부판매, 은행의 원리금분할상환 대출이고, ③은 조선업의 'heavy tail', 은행의 만기일시상환 방식입니다.

우리나라 조선사들이 고생한 이유는 복합적이지만, ③의 방식으로 판매하다가 "어 미안~ 5년 전에는 우리가 1조 원을 줄 수 있을 줄 알고 계약했는데, 이제와 보니 돈이 없네"하며 내뺀 발주사들 탓도 큽니다.

"③이 ①, ②보다 훨씬 위험하다는 걸 누가 모릅니까? 하지만 집을 담보로 잡으니 안전하지요!"라고 여기다가 숱한 부실을 먼저 겪어본 선진국들은 담보를 잡든 오로지 신용이든 간에 ②의 방식으로 대출하는 것을 관행으로 정착시킵니다. ③의 방식은 월 100만 원씩만 내면 되니 만기 전까지는 연체가 거의 발생하지 않지만, ②의 방식은 월 600만 원씩 내야하니 만기 전에도 연체가 발생할 확률이 더 높을 수밖에 없습니다. 연체율은 높아지지만 정작 전체 대출의 건전성은 훨씬 우수해지는 아이러니, 이것이 선진국 은행들의 연체율이 우리나라 은행들보다 높은 이유입니다. 현대차가 ③의 방식으로 판매하면서 매출을 계속 늘린다? 이건 ①의 방식으로 팔면서 매출이 다소 줄어드는 것 보다도 훨씬 더 위험한 것 같습니다.

자산 확대에 돌입하게 되면 과거에는 여신이 거부되던 차주에 대해서도 여신을 집행하다보니 심사기준을 완화하거나 등급이 낮은 차주를 유입하게 되고, 심사역의 업무량이 과중해지면서 부실을 놓치는 경우가 발생합니다. 그래서 통상 거시경제의 총량지표 증가율을 뛰어넘는 대출자산의 증가율을 '위험한 성장'으로 간주합니다. 우리나라의 실질 가계대출(기업대출로 잡히지만 실제 차주는 가계인 것도 포함)은 가계소득과 GDP 성장률 대비 지나치게 커져왔습니다.

서두에 썼던 "개발도상국 은행들 재무비율이 선진국 은행들보다 왜 이리 좋지?"하는 의문에 답하자면, 선진국 은행들은 금융위기 발생 이후 어쩔 수 없는 디레버리징(자산 구조조정)에 들어가다 보니 연체율, NPL 비율, 수익성 등 온갖 은행 평가지표가 망가져버린 반면, 우리나라를 비롯한 개도국 은행들은 가계든 기업이든 대출확대가 진행되며 수익성, 건전성 등의 지표를 외견상 양호하게 유지했던 것입니다(도대체 이 지표들을 어디까지 믿어야 할지……). 우리나라 금융기관들의 각종 지표가 건전하니 부동산과 가계부채 문제는 제한적일 거라고 안이하게 판단할 수 없는 문제입니다.

Earn this. Earn it.

_ 영화 〈라이언 일병 구하기〉 중에서

영화 〈라이언 일병 구하기〉의 존 밀러(톰 행크스) 대위는 마지막으로
제임스 라이언(맷 데이먼) 일병에게 "Earn this. Earn it."이라는 말을 남기고 전사한다.
넷플릭스에서는 "꼭 살아서 돌아가, 잘 살아야 해"로 번역되었지만,
널 살리기 위해 많은 이들이 희생했으니 값지게 살라는 의미를 함축하고 있다.

우리나라는 아직까지 가계대출로 인한 은행 부실을 겪진 않았다.
DSR을 둘러싼 가계부채 관리방안과 규제 완화를 두고 갑론을박이 있을 때마다,
은행을 살리기 위해 엄청난 피를 흘렸던 선진국들의 사례를 떠올리며 영화 대사를 곱씹어보게 된다.

한·중·일 부동산 삼국지

31

_ 한국과 중국이 전 세계 임대수익률 꼴찌인 이유

서울의 집값 수준을 가늠할 때 해외 주요 도시와 비교해 보는 것은 단골 소재입니다. 주식의 경우 Earnings Per Share(주당순이익) 대비 주가가 얼마인지 그 배수를 산업별, 기업별로 분석하는 것과 다르지 않지요. 비싼 것도 싼 것도 저마다의 이유가 있기에 섣불리 잘못된 가격이라고 여기기보다는 국가별 부동산 관련 금융시장, 세금정책과 시장참여자들의 일반적인 정서가 천차만별이라는 점을 감안하고 차이를 이해하다보면 해외 사례를 통해 시사점과 통찰력을 얻게 됩니다.

"밝을 때 퇴근했는데······ 집에 오면 밤이야······"

드라마 〈나의 해방일지〉의 주인공 3남매 중 첫째 염기정의 넋두리입니다. 드라마 속 3남매는 '산포'(가상의 지역)라는 경기도 교외에서 태어나 서른이 훌쩍 넘어서까지 이곳에서 살고 있습니다. 덕분에 회사가 있는 서울 도심까지 출·퇴근에 매일 3~4시간을 보내지요. 3남매는 멀고도 험난한 출·퇴근길과 서울 도심에서 동떨어진 주거지가 그들의 삶을 피폐하게 만들었다고 생각합니다. 산포로부터의 '해방'은 3남매에게 절실하지만, 서울의 집값은 그들의 절실함을 절망감으로 돌려놓았습니다.

비교의 한계를 감안한 Numbeo 통계 분석

· ·

서울의 집값이 얼마나 비싼지를 논할 때 빠지지 않고 등장하는 소재가 해외 주요 도시들과의 집값 비교입니다. 하지만 평균의 함정, 호가 및 감정가와 실거래가 간의 괴리 등으로 인해 국내 주택가격의 지역별, 시계열별 비교가 어려운 게 현실입니다. 그런데 집계 방식도 다른 해외 도시의 통계 정보를 바탕으로 집값을 비교하는 것은 실제 체감과 괴리로 인해 의미가 퇴색될 공산이 큽니다. 같은 면적이라도 주택의 연식과 대지지분에 따른 차이가 큰데요. 토지의 국유화 여부, 공공주택 비중 등 국가별 특색으로 인해 가격 비교 작업은 훨씬 어려워집니다.

이번 항목에서는 그러한 한계를 감안하면서 'Numbeo(부동산가격과 거주비 통계가 크라우드 소싱된 글로벌 데이터베이스)'의 2022년 6월 초 데이터를 살펴보도록 하겠습니다. 오랜 기간 추적 관찰한 결과 서울의 아파트가격, 월세 및 모기지 금리 등의 정보가 체감되는 시세와 비교적 큰 차이가 없었고, 해당 도시(도쿄,

Numbeo 주요 도시 통계 (단위: 만원)

구분	서울	도쿄	베이징	시드니	샌프란시스코	댈러스
Price to Income Ratio	30.6배	13.7배	60.1배	10.8배	6.4배	2.5배
모기지 금리(20년 고정)	3.21%	1.15%	5.30%	2.78%	5.24%	4.81%
총임대수익률(1)	1.06%	2.84%	1.70%	3.03%	5.88%	10.91%
총임대수익률(2)	1.41%	2.71%	1.64%	3.75%	5.62%	16.36%
세후월급	355	355	167	591	1,053	710
아파트(방3개) 월세(1)	331	316	400	431	702	445
아파트(방3개) 월세(2)	212	177	217	284	540	297
아파트 평당 가격(1)	9,656	4,028	8,533	5,434	4,884	1,591
아파트 평당 가격(2)	4,712	2,385	4,728	3,006	4,073	759

자료: Numbeo(2022년 6월), 당시 환율 적용
주: (1)은 City Center(상급지), (2)는 Outside of Center

베이징, 샌프란시스코, 댈러스)에서 거주하는 필자의 지인들로부터 현실과 유사하다는 평을 바탕으로 다루게 되었습니다.

주요 도시의 세후월급 대비 월세와 집값, 모기지 금리 대비 임대수익률을 바탕으로 특징을 정리하면 다음과 같습니다. 일단 서울과 베이징의 임대수익률이 눈에 띄게 낮은데, 모기지 금리(20년 고정)보다도 낮은 수준입니다. 베이징의 경우 평균적인 세후월급으로는 아파트 월세를 감당하기 어렵고, 서울은 평균 세후월급과 상급지 월세가 비슷한 수준입니다. 이처럼 베이징과 서울의 소득 대비 월세는 PEER(비교대상 대도시) 대비 비싼 편입니다. 그런데 월세 대비 집값은 더더욱 높아서 소득 대비 집값(Price to Income Ratio)은 여타 선진국 도시를 압도하고 있습니다.

서울과 베이징의 집값이 유독 비싼 이유

고소득 직종의 일자리 덕분에 미국에서도 집값이 비싸기로 손꼽히는 샌프란시스코의 집값이 서울보다 낮다는 것이 인상적인데요. 미국의 부동산시세 정보 플랫폼 Zillow나 Redfin에서 실제 매물들을 살펴봐도 서울 강남3구 대비 저렴해 보입니다. 현 샌프란시스코 거주민의 설명에 따르면, 개인이 다주택자인 경우는 드물고 대부분 기업형투자자(펀드)가 여러 주택을 소유하는 방식으로 임대시장이 형성된다고 합니다. 고로 개인의 경우 대부분 1주택 보유자이거나 임대주택 거주자인 것이지요. 임대수익률과 모기지 금리의 차이가 크지 않고, 주식시장의 투자매력도가 훨씬 높기 때문에 굳이 여러 주택을 소유하지 않는다는 설명입니다.

한편, 댈러스, 오스틴 등 텍사스 주 대도시의 경우 부동산 보유세가 평균 1.7% 정도로 알려져 있지만, 주택 보유세 뿐 아니라 학교, 공공재, 복지시설 등 거주지 공공시설 관련 추가 세금이 붙어 인프라가 좋은 동네일수록 보유세율이 높아지는 구조입니다. 집값이 워낙 저렴하다보니 일견 임대수익률이 매우 높아 보이지만, 부동산 보유세, 임대수익에 대한 소득세, 주택보험 등 각종 비용과 모기지 이자비용을 차감한 임대수익이 예금 이자수익보다 크게 나을게 없는 것으로 파악됩니다.

그렇다면 서울과 베이징의 집값이 유독 비싼 이유를 반대로 유추해볼 수 있습니다. 미국의 경우 주식시장이 오랜 역사와 함께 높은 수익률을 기록하여 주택시장보다 매력적인 투자처로 자리 잡았지만, 우리나라와 중국은 오히려 그 반대입니다. 주식투자로 돈을 벌기가 참 어렵지요. 소득이 높아지고 유동성이 확대될 때 개인 자금이 주식시장으로 흐르는 곳과 부동산으로 흐르는 곳의 차이로 해석됩니다.

아울러 미국 내에서도 텍사스 주의 집값이 유독 저렴하듯이, 보유세 부담이 높을수록 주택에 대한 투자매력도가 낮아진다는 것입니다. 우리나라는 다주택자 및 고가주택에 대한 보유세 부담을 높이자 민심이반으로 이어졌는데요. 중국은 아직까지 주택에 대한 보유세와 상속세가 없습니다. 시진핑정부의 정책 목표인 '공동부유(共同富裕, 분배 중심 경제정책)'를 위해 보유세와 상속세 부과가 수차례 논의된 바 있지만, 유주택자들의 강한 반대와 경기침체 우려 등으로 도입이 늦춰지는 것으로 파악됩니다.

결국 매력적인 투자처의 존재 여부와 세금부담을 감안하건대, 주택시장은 미국보다는 한국에서, 한국보다는 중국에서 부자들이 더욱 선호하는 투자처가 되고, 임대수익률이 차입금리보다 낮아질 때까지도 자금이 몰려드는 것으로 해석됩니다.

버블 붕괴의 충격이 컸던 일본과의 비교

180쪽 갭(매매가와 전세가의 차이)의 요소 중 하나로 거론한, "집을 소유함에 따른 개인적 만족감, 즉 이사 걱정 없이 내 집을 마음대로 꾸미고 살 수 있는 심리적 안정감"은 무시할 수 없는 가치임이 분명합니다. 전세가가 양분되지 않았던 '임대차2법' 시행 전(2019년 하반기~2020년 상반기), 일부 대단지 신축 아파트 34평형의 시세를 비교해 보면,

- 금천구 독산동 롯데캐슬 매매가 10억 원
- 마포구 아현동 마포래미안푸르지오 전세가 8억 원, 매매가 15억 원
- 서초구 반포동 아크로리버파크 전세가 15억 원

실거주 개념으로 접근한다면, 금천구 아파트를 살 돈이면 마포구 아파트에 임대로 거주하면서도 2억 원을 남길 수 있고, 마포구에 아파트를 살 돈이면 반포에 임대로 거주할 수 있던 것입니다. 사람들이 살고 싶은 지역의 서열은 분명한데, 소유하고 싶은 욕구가 거주의 편의성을 압도하는 것이지요. 그러한 욕구의 가치를 단순히 '이제 지긋지긋한 이사를 안 해도 된다, 내 집을 마음대로 꾸밀 수 있다' 만으로 설명하긴 어렵습니다.

일본의 경우 매년 집값이 임대료만큼 낮아지는 것을 보편적으로 받아들이고 있습니다. 즉, 5년차 아파트는 신축 아파트에 비해 4년치 임대료를 뺀 만큼 저렴합니다. 이는 집값이 극단적으로 A(현재의 사용가치)로만 구성된 것으로, 소유의 가치가 임대의 가치와 거의 동일해진 것입니다.* 일본인이 한국인보

---

* 1991년 통합·제정된 일본의 '차지차가법'은 임대인이 일방적으로 임대료를 인상하거나 계약갱신을 거부할 수 없도록 하며, 소송 발생시 계약임차인을 약자로 인식하여 임차인이 엄격하게 보호 받는 제도이다. 다만, 2000년에는 '정기차지차가법'을 제정하여 합의에 의한 계약기간이 만료되면 자동적으로 계약이 해지될 수 있도록 임대인의 법적 지위를 과거 대비 강화한 것으로 파악된다.

다 내 집을 꾸미고 싶은 욕구가 낮은 게 아닐 텐데요. 결국 이런 차이가 발생하는 가장 큰 요인은 '집값 상승(우상향)에 대한 믿음'이라 할 수 있습니다.

일본은 1990년 초 버블 붕괴 이후 주택가격이 대부분 하락세 또는 정체가 지속되었고, 이는 3대 도시인 도쿄, 오사카, 나고야도 마찬가지였습니다. 한국과 중국의 집값은 A(주거가치, 채권)＋B(성장에 대한 기대, 주식)＋C(가치저장수단, 금)인 반면, 일본의 경우 1990년대부터 고령화, 저출산, 저성장과 더불어 부동산침체가 장기화되다보니 집값은 단순하게 A(주거가치)로 수렴한 것입니다. 고령화가 투자심리를 약화시키는데 한몫했겠지만, 일본인이라 해서 일확천금과 같은 도박성 투기를 혐오하는 정서가 있는 것은 아닙니다.

파친코시장의 어마무시한 규모도 그렇고 과거 해킹사태로 유명한 'MT.GOX'라는 세계 최대 규모의 암호화폐거래소가 도쿄에 소재했을 정도로 암호화폐

1985년 플라자합의로 엔화가치가 상승하자 일본기업들의 수출경쟁력이 떨어지면서 마이너스 성장을 기록했다. 일본정부는 자구책으로 금리인하와 부동산 대출 완화 카드를 꺼내들었고, 돈이 부동산시장으로 몰리면서 집값이 크게 뛰었다. 1987~1988년 도쿄의 집값이 폭등하자, 도쿄를 팔면 미국 전체를 살 수 있다는 말이 나올 정도였다. 애플TV의 미니시리즈 〈파친코〉에서는, 1988년에 오사카에서 파친코 사업을 확장하려는 아버지를 못마땅하게 여기는 아들이 지금은 무조건 부동산에 투자해야 한다고 주장하는 장면이 나온다. 유학파인 아들은 미국계 은행의 도쿄지사 부사장으로 승진한 뒤 은행의 프로젝트 파이낸싱 사업에 사활을 건다.

_ 이미지는 드라마 〈파친코〉 중에서

투자 붐도 상당한 수준이었습니다. 하지만 일본정부에서 2018년부터 암호화폐 매각차익을 잡소득으로 간주해, 종합과세(급여소득 또는 사업소득에 암호화폐로 얻은 이익까지 합한 총량에 세금을 부과하는 방식)로 최대 55%까지 세금을 부여하자 암호화폐 투자 붐은 시들어 버리게 됩니다.

그밖에 일본은 주식 매각차익도 분리과세로 20%의 세금을 매기는 등 자본이득 관련 세금이 한·중·일 3국 중에서 가장 높습니다. 이러한 각종 세금부담이 한국, 중국에 비해 투자심리를 저해하는 것으로 판단됩니다.

생각건대 우리나라가 IMF 외환위기의 트라우마로 인해 외환 보유 및 거래에 대해 정부 차원에서 매우 엄격하게 관리하듯이, 일본은 거품 붕괴의 후유증, 자산가격의 오버슈팅(시장가격이 장기 균형 수준보다 일시적으로 폭등하는 현상)이 폭락으로 이어졌던 트라우마가 워낙 컸던 탓에, 정부 차원에서도 투기를 더욱 경계하는 데서 발생하는 차이가 아닐까 합니다.

경험의 차이가 금융의 차이로

과거 1990년대 일본, 2008년 금융위기 당시 미국과 EU의 주요 국가들은 부동산 버블 붕괴로 상당기간 반 강제적인 디레버리징 및 금융기관 부실 정리의 어려움을 겪었습니다. 또한, 상환능력을 고려하지 않은 무분별한 부동산담보대출에 대한 반성으로 개인의 소득과 담보가치를 함께 감안하여 개인의 채무불이행 가능성을 낮추는 방향으로 부채의 질적 개선을 도모하였습니다.

주요 선진국에서는 주택담보대출 관련 LTV 상한을 두는 대출규제 없이 금융기관이 자율적으로 대출한도를 정하는 경우가 많고, LTV가 80~90%에 달하는 대출도 가능하다보니 우리나라만큼 규제가 심한 나라가 없다는 불만의 목소리도 나옵니다. 하지만 막상 이들의 현실을 살펴보면 상환능력에 대한 심사기준이 높아 대출이 쉽지 않은 것으로 파악됩니다.

가령 일본은 대출금리가 매우 저렴하며 원금의 10%만 있어도 주택 구입이 가능한 것으로 알려져 있습니다. 한경 글로벌마켓의 유튜브 채널 'Tokyo Now'에서 다룬, '도쿄 핫 플레이스 나카메구로에 신축 아파트를 구입한 경험담 공유'편을 보면, 일본의 영주권을 취득하고 IT 기업에 재직 중인 사람이 주택가격의 80%에 달하는 대출의 가심사를 받고 부동산 계약을 했으나, 실제 대출심사 과정에서 6개 은행으로부터 대출이 거부되고 마지막으로 한 지방은행에서 승인을 내주어 8개월가량 입주가 지연된 경험이 소개되었습니다. 정부에서 가이드라인을 정하지 않고 금융기관의 자율에 맡겼을 때 겪을 수 있는 현실인 것이지요. 결국 선진국 주택담보대출의 속내를 살펴보면 순수담보대출이 아니라 개인의 신용도와 담보가치를 함께 살피는 하이브리드형 신용대출이며, 차주의 상환능력을 꼼꼼하게 심사한 뒤 대출이 실행되는 것으로 파악됩니다.

국내 신용평가사(한국기업평가, 나이스신용평가, 한국신용평가)의 기업 신용평가 방법론을 살펴보면, 국내 신용평가사의 경우 영업현금창출력 대비 차입금, 이자보상배율 등 커버리지 지표*뿐 아니라 차입금의존도, 부채비율 등을 통해 자산의 규모도 중요하게 고려하고 있습니다.**

반면, 글로벌 신용평가사(무디스, S&P, Fitch)는 커버리지 지표들에 대한 의존도가 매우 높아 자산가치는 거들 뿐이라는 인상을 받게 됩니다. 오랜 역사를 살펴보면 자산가치는 이따금씩 큰 변동성을 보이니 진정한 펀더멘털은 영업현금창출력(소득)이 클수록, 차입금(빚)이 적을수록 좋은 것이라는 단순한 결론에 도달하게 됩니다.

---

* 영업활동으로 창출한 현금을 통해 이자와 원금을 상환할 능력이 있는지를 확인하는 지표.
** 보유자산의 가격이 오를수록 차입금의존도, 부채비율 등 레버리지 지표가 개선됨.

Chapter 4

타이밍

그래서 언제?

: 저점Buy the Dip을 기다리며

- 공급자와 수요자 관점에서 살펴보는 저점의 시그널은? -

주택시장의 참여자는 크게 수요자(개인), 공급자(건설사 및 금융기관), 정책결정자(정부)로 나눠볼 수 있습니다. 이번 장에서는 각 참여자의 시각에서 집값 바닥의 징후와 시사점에 대해 살펴보겠습니다. 이중 어느 한가지만으로 '바닥이다'라고 성급하게 판단할 순 없지만, 언급된 조건들이 다각도로 충족되면 가격 하단에 가깝다는 식의 입체적인 접근은 매매 관련 의사결정에 도움이 될 것입니다. 무주택자 입장에서는 매수기회로, 역으로 유주택자 입장에서는 바닥이 영원할 순 없다는 심리적 안정의 근거로 활용되길 바랍니다.

"실수를 피하는 유일한 길은 투자하지 않는 것이다.
그러나 그것이 가장 큰 실수다."
The only way to avoid mistakes is not to invest
- which is the biggest mistake of all.

_존 템플턴

32

너의 미소가 나의 계좌를 녹아내리게 할 때

_ 공급자 시그널 [1] : 소비자잉여 관점에서의 건설사 실적분석

생산자잉여가 클수록 소비자는 비싸게 사주는 셈이고, 생산자잉여가 작을수록 비교적 저렴하게 구입할 수 있어서 소비자잉여가 커집니다. 부동산시장에도 토지 인·허가에서부터 아파트 완공까지 다양한 생산자가 존재하고 집을 매수하는 주체인 가계는 소비자가 됩니다. 이번 항목에서는 경제학의 소비자/생산자이론이 집값에서는 어떤 의미를 도출할 수 있는지 살펴보겠습니다.

"너의 미소는 날 한없이 녹아내리게 해."

_ 가수 Honey의 〈chimmi〉 가사 중에서

연애가 활짝 꽃피우는 시기에는 이런 노랫말만 귀에 들어오지요.
그런데, 사랑이 삐걱거리면 위 가사가 이렇게 들리기도 합니다.

"(때론) 너의 미소가 날 짜증나게 해."

경제학에서는 '소비자잉여, 생산자잉여'라는 중요한 개념이 등장합니다. 최대한 간단하게 등식으로 나타내면 다음과 같습니다.

> 소비자잉여=가치−가격
> 생산자잉여=가격−원가

김태희씨가 보이프렌드(가칭) 안마의자를 200만 원에 구입한 상황을 예시로 들어보겠습니다.

김태희씨는 사고 싶던 안마의자의 가치를 내심 300만 원(가치)이라 여겼는데, 실제로는 200만 원(가격)에 구입했으니 소비자잉여는 100만 원입니다. 제조업체 보이프렌드社(가칭)는 안마의자를 150만 원(원가)에 생산하는데, 200만 원(가격)에 팔았으니 생산자잉여는 50만 원입니다.

이러한 시장거래를 통해 김태희씨의 소비자잉여 100만 원, 제조업체의 생산자잉여 50만 원을 합쳐 총 150만 원의 '사회적잉여(social surplus)'가 발생합니다. 만약 안마의자 가격이 250만 원이 되면 김태희씨의 잉여는 50만 원, 제조사의 잉여는 100만 원이 되겠지요. 제조사가 더 욕심 부려서 가격을 350만 원으로 올리면 김태희씨는 안마의자를 구입하지 않을 것이고, 제조사도 물건을 팔지 못하게 되니 거래가 발생하지 않아 사회적잉여는 0이 됩니다.

이렇듯 가격이 가치보다 높아지면(즉, 소비자잉여가 0보다 낮아지면) 소비자는 구매를 안 할 것이고, 수요의 감소로 인해 가격은 낮아집니다. 반대로 원가가 가격보다 높아지면(즉, 생산자잉여가 0보다 낮아지면) 생산자는 생산을 안 할 것이고, 공급의 감소로 인해 가격이 높아지게 됩니다.

이를 부동산시장에 적용해보겠습니다. 건설사의 이익이 커질수록 주택 매수자의 잉여가 작아지고, 건설사의 이익이 적을수록 주택 매수자의 잉여가 커진다고도 볼 수 있습니다.

경제학 용어를 들먹이지 않더라도, 우리는 물건을 구매할 때 판매자가 너무 많이 남겨먹는 것 같으면 기분이 나쁘고, 판매자로부터 '이 가격이면 남는 게 없어요'라는 하소연을 들으면 싸게 잘 산 것 같아 뿌듯함을 느낍니다. 우리가 집의 원가를 속속들이 알 수는 없지만, 건설사가 집을 팔면서 이익이 많이 남는지, 혹은 남는 게 없는지를 공시실적을 통해 간접적으로 파악할 수는 있습니다.*

대형건설사의 전체 및 주택 사업 영업실적 분석

주택사업을 활발히 영위하는 대형건설사들의 영업실적 추이를 살펴보겠습니다. 오른쪽 그래프를 보면, 2013년 이후 전체 영업이익 규모와 영업이익률 모두 크게 개선된 추세입니다. 이를 주택/건축 사업부문과 그 외 사업부문(토목, 해외사업)으로 나눠보면 해외사업의 적자**를 국내 주택사업에서 거두는 막대한 이익으로 상쇄하면서 전체 영업이익이 확대되고 수익성도 개선된 것을 알 수 있습니다. '우리에게는 집을 비싸게 팔아서 많이 남겨먹고, 해외에는 뭔가 손해 보면서 지어주는구나! 우리가 호구인가?'라며 삐딱한 시선으로 볼 수도 있는 거지요.

---

* 과거에는 건설사가 시행 리스크(토지매입, 인·허가, 분양 등 시공 이외의 사업 진행 리스크)를 부담하면서 주택사업의 이익(손실)을 독식(전담)하는 경우가 많았으나, 2010년대 중반부터 증권사, 캐피탈사 등 제2금융권의 부동산금융사업이 확대되면서 공급자의 사업 위험과 이익(손실)의 상당부분을 제2금융권이 분담하게 되었다. 여기서는 편의상 공급자잉여의 수혜자로 건설사만 다뤘으나 실제로는 제2금융권의 비중이 높아진 상황이다.
** 국내 토목사업에서 적자를 기록하는 경우는 매우 드문 일이므로 비주택/건축 사업부문의 실적 저하는 대부분 해외사업에 기인한다고 분석된다.

대형건설사* 주택/비주택 영업이익(률)

자료: 나이스신용평가

* 대형건설사 : 현대건설, GS건설, 포스코건설, 대우건설,
DL이앤씨, SK에코플랜트 합산

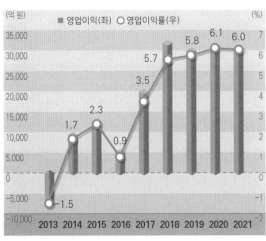

대형건설사 영업이익(률)

따라서 현 수준(2021년 기준)의 주택가격은 건설사들이 역대급 이익창출을 견인하고 있고, 이렇게 수익성이 좋은 상황에서 건설사들이 집을 짓지 않아서 공급이 줄어들 것을 걱정하는 것은 기우에 불과합니다. 특히 건설사가 분양사업의 이익을 거의 독식하던 과거와 달리 2014년 이후부터 증권사, 캐피탈사 등 제2금융권과 이익을 공유하는 대신 리스크를 낮추는 방식으로 사업을 진행 중인데도 6년 넘도록 막대한 영업이익을 창출하며 두자릿수 영업이익률을 지속한다는 것은 생산자잉여가 극대화된 상황으로 볼 수 있습니다.

당분간 견조한 집값을 바탕으로 건설사들이 이익규모를 자체 경신해나갈 가능성도 있습니다. 하지만 건설업은 전형적인 내수 시클리컬(cyclical)산업으로 글로벌 IT 플랫폼사업처럼 확장성을 바탕으로 급격한 성장이 가능한 산업이 아니라는 점을 상기하면, 현 시점에서 '더 가즈아~!'를 외치기보다는 변곡점을 논할 타이밍이라 하겠습니다. 건설업이 대표적인 시클리컬산업이라는 점에 변함없다면 저렴한 가격에 구입가능한, 소비자잉여가 극대화될 수 있는 타이밍을 기다려보는 게 어떨까요?

생산자잉여와 연동되는 건설사의 공급실적

이명박정부 시절 아파트 공급물량이 축소되고 문재인정부에서 공급이 증가한 것은 건설사들이 생산자잉여에 연동하여 공급을 조절한 결과라고 보면 되겠습니다.

'현 시세에 맞춰 분양하면 손해다' 싶으면 보유 사업장을 분양하지 않고(공급 축소), 집값이 회복되기를 기다리는데요. 이 과정에서 높은 금리의 금융비용을 부담해야 하다보니 이를 감당하지 못하고 쓰러진 건설사가 많았습니다.*

집값이 우상향한다면 이런 일이 발생하지 않지만, 달이 차면 기울 듯 상승장 후에는 어김없이 하락장이 오다보니 건설사들의 흥망성쇠도 숱하게 반복됩니다. 주택가격이 우상향한다는 것은 판매가가 계속 오른다는 것인데, 이는 제조업에게는 꿈만 같은 이야기입니다. 그런 산업에 속한 기업은 망하는 게 더 어렵지만, 역사적으로 건설업종의 부도율은 제조업보다 상당히 높은 편입니다.

---

* 건설사가 분양사업을 하려면 먼저 토지부터 확보해야 한다. 직·간접적으로 토지를 매입하는 과정에서 대규모 차입을 하게 되는데, 이때 일반적인 차입금보다 금리가 높은 편이다. 게다가 노무현정부 시절 집값 상승과 더불어 토지가격도 급등해, 건설사들이 토지를 비싸게 사면서 한층 부담이 커졌다.

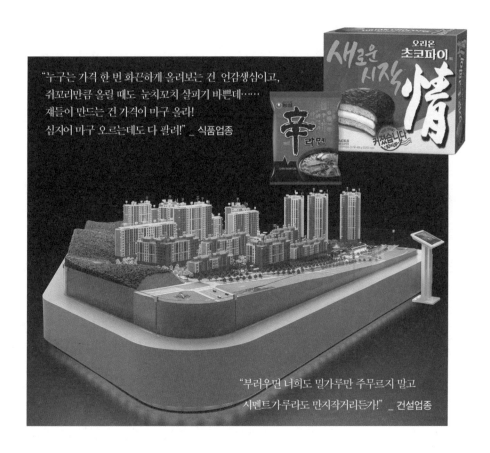

"누구는 가격 한 번 화끈하게 올려보는 건 언감생심이고, 쥐꼬리만큼 올릴 때도 눈치꼬치 살피기 바쁜데······ 쟤들이 만드는 건 가격이 마구 올라! 심지어 마구 오르는데도 다 괜레!" _ 식품업종

"부러우면 너희도 밀가루만 주무르지 말고 시멘트가루라도 만지작거리든가!" _ 건설업종

건설사 또는 제2금융권 입장에서는 상승장이 지속되는 한 최대한 차입을 많이 일으켜서 아파트 공급을 늘릴수록 이익이 확대되다보니 탐욕스러워지기 쉬운데요. 차입금이 많이 확대된 상황에서 하락장을 맞이하면 준비해온 사업들을 중단하게 되고 끝 모를 금융비용을 부담해야 합니다. 이 시기를 상승장 때 벌었던 자금으로 버텨야 하는 데, 부동산 침체기인 2009~2013년에는 취약한 건설사부터 순차적으로 쓰러지며 건설사 구조조정이 대규모로 진행된 바 있습니다. 흔히 시공능력평가 상위 100개 건설사를 1군 건설사라 하는데, 2008년 기준 1군 건설사 중 무려 45개사*가 워크아웃(기업개선작업), 법정관리(기업회생절차), 채권단 관리, 부도, 폐업 등에 이르게 됩니다.

---

* 금호산업, 쌍용건설, 경남기업, 풍림산업, 삼환기업, 벽산건설, 신동아건설, 남광토건, 한일건설 등 다수.

워크아웃과 법정관리는 자체 채무상환 능력이 없다는 것으로 사실상 '부도'를 의미합니다. 부동산가격 하락 및 침체기에 건설사를 보유한 그룹들도 상당한 어려움을 겪었는데요. 당시 삼호(대림), 진흥기업(효성), LIG건설(LIG) 등의 채무불이행 이슈는 그룹의 신인도를 손상시켰고, 이수그룹은 이수건설의 부실을 처리하느라 막대한 비용을 치러야했으며, 극동건설(웅진)과 두산건설(두산)의 부실은 그룹 전체를 휘청거리게 했습니다.

전 세계 어디서나 건설업은 시클리컬산업(경기민감업종)으로 흥망성쇠가 뚜렷합니다. 시공능력평가제도가 도입된 1961년 이래로 우리나라 건설사 중 현재 시공능력순위 100위 이내를 유지 중인 건설사는 7개 뿐이며, 그 중에서 법정관리나 워크아웃을 신청하지 않은 건설사는 대림산업(현 DL이앤씨)이 유일합니다. 이처럼 건설업이 high risk 산업인 이유는 주택가격의 변동성이 높기 때문입니다. 그 결과 건설업은 여타 산업보다 부도율이 현저히 높고, 이러한 특성이 반영되어 건설사는 대부분의 은행으로부터 신용등급 산출시 불이익을 받게 됩니다. 각종 재무지표가 유사하더라도 건설업종이라는 이유만으로 다른 업종에 비해 낮은 신용등급이 나오는 것이지요.

이렇듯 오랫동안 고초를 겪은 뒤 2015년 들어 집값 반등세가 확산되자 건설사들은 기다렸다는 듯이 한꺼번에 분양을 실시해, 역대 최고의 분양물량을 기록합니다. 건설사 입장에서는 오랜 하락장의 고통과 버티기 끝에 광명이 찾아온 순간 일제히 보유물량을 던진 것으로 볼 수 있습니다. 지난 5년 여간 주택사업 때문에 너무 많은 전우들이 쓰러지다보니 공포에 질린 건설사들은 탈출구가 열리자 '내가 먼저 탈출할거야!'라며 앞 다퉈 분양을 실시한 것이지요.

만약 2014~2015년이 상승의 초입일 뿐이고 집값이 앞으로 더 오를 거라는 믿음이 있었다면, 건설사들은 분양시기를 좀 더 늦추고 더 높은 분양가로 분양해서 수익을 확대했겠지요. 하지만 워낙 장기간 침체기를 겪다보니 '이 지긋지긋한 주택사업장들을 빨리 털어내자'는 마음이 컸을 것입니다. 건설사들

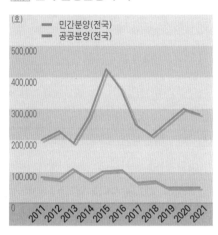

전국 분양물량 추이

(호)
— 민간분양(전국)
— 공공분양(전국)

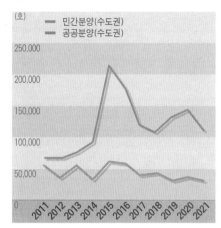

수도권 분양물량 추이

(호)
— 민간분양(수도권)
— 공공분양(수도권)

자료 : 국토교통부

조차 상승이 지속될 거라는 믿음이 약했던 것입니다.

정부도 한국토지주택공사(LH)를 통해 꾸준히 공급에 기여하고 있습니다. 위의 그래프에서 알 수 있듯이, 공공은 주택가격과 상관없이 일정 수준의 물량을 꾸준히 공급하는 반면, 민간은 주택가격 침체기에는 공급을 줄이고 주택가격이 반등하거나 높은 가격을 유지하여 수익성이 확보될 때 공급물량이 많은 양상입니다. 또한, 민간의 공급물량이 공공의 3~5배에 달하는 점을 감안하면 아파트 공급은 민간부문에 의해서 움직이고 있고, 사업을 수행하는 건설사와 자금을 지원하는 금융회사의 인센티브에 따라 공급물량의 대세가 좌우된다고 할 수 있습니다.

아파트에 대한 수요·공급이 크게 훼손되지 않는다면, 공급자잉여(건설사의 이익규모)가 감소할수록 소비자잉여가 높아진다고 판단할 수 있습니다. 부동산업 종사자들의 미소가 커질수록, 소비자들의 계좌는 녹아내릴 확률도 커지는 것이지요. 이를 뒤집어보면, 국내 건설사의 주택사업 실적저하가 장기화되는 시점에서는 2010~2013년에 그랬듯 아파트 분양물량도 지속적으로 감소하게 되고, 공급자의 시각에서 집값 바닥을 논할 수 있게 됩니다.

부동산과 제2금융권의 화양연화

과거에는 건설사가 건축 공사뿐 아니라 개발사업 리스크(토지매입, 인·허가, 분양 등 시행사업 관련 위험)도 부담하는 경우가 많았습니다. 주택시장이 호황일 때는 사업 이익을 독식하고, 불황이 닥치면 손실을 전담하게 되는 것이지요. 그러나 부동산 침체기(2009~2013년)를 겪으며 많은 건설사들이 쓰러지게 되자 건설업종의 신용도 가 저하되었고, 건설사들도 공사비 이외의 사업 위험을 회피하려는 성향이 강해 졌습니다. 그 빈자리를 2010년대 중반부터 증권사, 캐피탈사 등 제2금융권이 부 동산금융사업을 확대하면서 메꾸게 됩니다. 처음에는 소수의 증권사가 진입했다 가 점차 다수가 참여하면서 공급자의 사업위험과 이익(손실)의 상당부분을 제2금 융권이 분담하게 되었지요. 앞에서는 편의상 주택시장 공급자잉여의 수혜자로 건 설사만 다뤘으나, 실제로는 제2금융권의 비중이 매우 높아진 상황입니다.

그렇다면 증권사, 캐피탈사가 부동산사업으로 얻는 이익을 생산자잉여 관점으로 분석하는 것도 의미가 있겠지요. 그런데 이들 업종은 건설사와 달리 부동산 외에 도 주식·채권 중개 및 운용, 기업금융, 자동차할부금융 등 여러 사업을 영위하다 보니 공시자료만으로는 부동산사업에서 얻는 이익을 분별하기 어렵습니다.

다만, 대다수의 증권사가 사업보고서 및 분·반기보고서를 통해 〈보수지급금액 5억 원 이상 중 상위 5명의 개인별 보수 현황〉을 공개*함에 따라 분위기를 엿볼 수는 있습니다. 오랜 부동산 호황 덕분에 부동산금융 부문에서 엄청난 이익을 내 면서 관련 직원들이 '연봉킹'에 포진한 것이지요. 심지어 대리급 직원도 수억 원 의 성과급을 받아가며 다른 부서들의 부러움을 샀고, 자연히 보수가 높은 부동산 금융 부문에 진입하려는 증권맨이 많아졌습니다.

부동산, 그 중에서도 국내 주택사업은 제4차 산업혁명 관련 산업, 제약·바이오, 게임/엔터테인먼트처럼 성장성이 높거나 해외로 확장 가능한 부류가 아닙니다.

---

* '자본시장과 금융투자업에 관한 법률'에 따라 사업보고서 제출 대상 기업은 5억 원 이상 고액 연봉 임·직원 의 보수를 공개하고 있다.

사이클에 따라 부침이 반복되는 내수산업일 뿐이기에 건설 및 건자재 업종 주식들의 밸류에이션(실적 대비 주가)도 낮은 편입니다. 그런데 투자금융(IB)사업의 영역 중 부동산금융에서 버는 이익이 다른 부문을 압도하는 양상이 계속되고, 관련 업무 종사자의 성과급이 지나치게 높다면, 이 또한 집값의 버블을 가늠하는 지표라 하겠습니다.

33

형님이 기침을 하면
아우는 독감에 걸린다

_ 공급자 시그널 [2] : HDC현대산업개발이 적자를 기록할 때

생산자잉여가 감소하고 소비자잉여가 극대화되는 타이밍이 주택 매수의 기회라고 살펴보았습니다. 그렇다면 생산자잉여가 최소화되는 바닥 시점은 무엇으로 가늠할 수 있을까요? 아마도 장기간 침체로 인해 업계에서 큰형님과 같은 존재마저 힘들어 한다면, 생산자 모두에게 힘든 시기라고 짐작할 수 있겠지요.

"그런데 건설사들이 아파트 공사만 하는 게 아니잖아? 도로, 교량, 항만처럼 국가가 발주하는 토목공사도 하고, 얼마 전에는 이집트에서 원전 수주도 했던데…… 그러니 건설사 실적만 가지고 주택사업에서 생산자잉여가 많은지 적은지를 짐작하는 것도 어렵지 않나?"

"건설사 중에는 주로 지방에서만 활동하는 곳도 많아. 지방에 가보면 서울에선 볼 수 없는 아파트 브랜드들도 많고, 그런 건설사들의 실적은 서울·수도권 집값과는 무관하지."

"나는 서울·수도권 집값이 어떻게 될지가 궁금한데, 어떤 건설사의 실적을 봐야 하는 걸까?"

신용평가사는 건설업체로부터 주택사업장별 원가율, 주택사업 매출과 영업이익 등 구체적인 자료를 파악할 수 있지만, 일반인들은 공시자료만 접근 가능하다는 한계가 있습니다. 종합건설사의 사업포트폴리오는 공종별로 건축/토목/플랜트, 발주처별로 공공/민간/계열 등으로 구성되며, 대형건설사의 경우 해외사업 비중도 무시할 수 없는 편입니다. 이 중에서 공공/계열 물량은 비교적 안정적인 수익성을 확보하는 편이고, 주택(민간건축)사업과 해외(토목/플랜트)사업은 좋을 때는 매우 잘 벌지만 안 좋을 때는 큰 손실을 초래해 건설사의 실적변동성을 확대하는 요인입니다.

그러니 현대건설, GS건설처럼 사업포트폴리오가 다각화된 대형건설사의 실적이 저하될 경우 이게 해외사업 때문인지 주택사업 때문인지 사업보고서나 감사보고서만으로 파악하기가 쉽지 않습니다. 호반건설, 중흥건설 등 주택사업에 편중된 중견건설사들의 경우에는 비교적 최근에 급성장하다보니 장기 시계열 자료를 살펴보기가 적합하지 않습니다. 이밖에 역사가 오래된 중견건설사들의 경우, 지방 주택사업 비중이 높다보니 서울·수도권 아파트에 관심을 두는 이들에게는 레퍼런스(참고 지표)로 한계가 있습니다.

이처럼 여러 문제들을 감안하건대, 가장 단순하고 편하게 지표로 삼을 수 있는 건설사가 HDC현대산업개발입니다. 오랜 역사와 더불어 해외사업에 적극적으로 뛰어들지 않아 ① 사업구조가 국내 주택사업에 특화된 가운데, ② 서울·수도권 사업지 비중이 높고, ③ 일반 분양사업뿐 아니라 재개발·재건축 사업 수주도 활발하여 레퍼런스로서의 장점을 두루 갖췄습니다.

HDC현대산업개발은 1986년 설립 이후 단 2차례 2001년과 2013년 세전이익, 당기순이익 기준으로 적자를 기록했습니다.

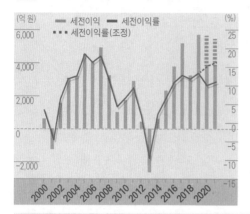

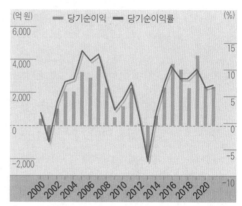

세전이익률(조정)은 아시아나항공 인수 계약금, 광주 아이파크 붕괴사고로 인한 일회성 지출이 발생하지 않았을 경우의 세전이익률을 의미한다.

공교롭게도 두 번의 해당시점 이후부터 서울·수도권 아파트가격이 상승하기 시작했으니, HDC현대산업개발이 적자를 기록한 연도는 바닥시점과 정확히 일치합니다. 이를 단순한 우연으로 치부할 게 아니라, 국내 건설사 중 HDC현대산업개발 정도로 높은 사업지위를 보유한 회사가 적자를 기록한다는 것은 다음과 같은 의미가 있음을 살펴보겠습니다.

[1] HDC현대산업개발이 적자를 기록했다?

적자를 기록한 시점의 3~4년 전부터 주택경기 침체가 지속되어 더는 집값 회복에 대한 희망이 없을 정도로 악화되었을 때, 한꺼번에 부실을 반영한다고 해석할 수 있습니다.

건설사가 주택사업에서 큰 손실을 반영하는 경우는 크게 2가지인데, ① 미분양물량이 장기간 팔리지 않아 결국 할인분양으로 손실처리를 해야 하는 경우와 ② 진행 및 예정 주택사업장의 사업성이 악화되어 원가율을 조정해야 하는 경우로, 둘 다 주택가격 하락이 장기화될 때 발생합니다.

다음은 건설사 회계 담당 직원과 건설사를 감사하는 감사법인 회계사 간의
가상대화입니다.

| 천일동안을 기다려준 회계법인의 인내심 |

〔집값 하락 1년차〕

"집값이 작년보다 하락했는데요, 이거 미분양물량은 어떻게 처리할 건가요?"
_ 감사법인 회계사

"일단 기다려보지요. 지금 하락이 일시적인 것이고 내년에 다시 오를 수도 있
는 거잖아요. 몇 년 전에도 조정 좀 받다가, 언제 그랬냐는 듯 이듬해부터 다시
오르기 시작했거든요. 그러면 미분양물량도 소진되지 않을까 싶네요."
_ 회계 담당 직원

"알겠습니다. 한번 지켜보겠습니다." _ 감사법인 회계사

〔집값 하락 2년차〕

"집값이 2년 연속 하락했네요. 미분양물량도 작년보다 늘어났고요"
_ 감사법인 회계사

"일단 최선을 다하고 있습니다. 정부에서 규제 완화도 해주고 미분양 매입을 독
려하고 있고요, 딱 1년만 더 지켜보시지요." _ 회계 담당 직원

"뭐 정부정책도 우호적이고 그런 거 감안해서 한 번만 더 지켜보겠습니다. 그런
데 내년까지 내리 3년째 회복이 안 되면 그때는 상당히 보수적인 회계처리를
해야 할 겁니다." _ 감사법인 회계사

〔집값 하락 3년차〕

"더 이상은 안 되겠습니다. 이 정도면 구조적인 하락이고, 하락한 가격을 반영
해서 장기 미분양물량은 손실처리하고, 예정 주택사업장도 계획했던 가격에는
분양이 안 될테니 주택사업장별 원가율도 조정해야겠습니다." _ 감사법인 회계사

"아아, 이렇게나 부동산 침체가 장기화될 줄이야 누가 알았겠습니까? 저희도 돈이 급하니 할인분양은 이미 검토했고 곧 시행할 예정입니다. 끝내 집값이 회복되지 못했으니 원가율도 일괄적으로 조정해야겠지요." _ 회계 담당 직원

"2년 전 집값 하락이 시작됐을 때부터 반영했다면 손실을 좀 나눠서 반영했을 텐데, 뒤늦게 한꺼번에 인식하다보니 올해는 적자를 피할 수 없네요."
_ 감사법인 회계사

"네. 기왕 부실 반영하는 거 이제라도 한방에 보수적으로 반영해서, 내년부터 는 턴어라운드(적자에서 흑자로 전환) 할 수 있도록 해야지요." _ 회계 담당 직원

[2] HDC현대산업개발이 적자를 기록했다?

HDC현대산업개발보다 사업경쟁력이 열위한 수많은 주택전문 건설사들은 퇴출 수준으로 산업 내 구조조정이 있었다고 볼 수 있습니다. 국내 건설사 는 서열이 명확하여 시공능력평가 순위가 높은 업체일수록 좋은 사업장을 보유한다고 해도 무방합니다. 서울 강남 재건축사업은 삼성물산(래미안), 현대건설(힐스테이트), GS건설(자이), DL이앤씨(옛 대림산업, 이편한세상) 등이 각축을 벌이지만, 지방에는 낯선 이름의 건설사 사업장도 볼 수 있지요. 실제로 2009~2012년 시공능력평가 100위 이내의 건설사 중 상당수가 국내 주택사업 부실로 인해 구조조정 되었습니다.

[3] HDC현대산업개발이 적자를 기록했다?

건설사는 주위 시세대로 분양가를 산정할 수밖에 없는데, 장기간 주택가격 하락으로 사업성이 악화된 결과 분양가가 건설사의 분양원가(토지비, 금융비용, 각종 공사비용 등 합산)보다 낮아진 상황을 의미합니다. 이런 상황에서는 건설사 들이 주택사업 분양을 포기 혹은 연기하면서 자연히 아파트 공급이 줄어들게 됩니다.

HDC현대산업개발의 최근 영업실적을 살펴보면 2015년 이후 이익이 급격히 확대되어 수익성도 과거 전성기(2005~2007년) 수준에 달하고 있습니다. 주택 사업에서 벌어들인 풍부한 현금을 무기로 아시아나항공 인수전에도 뛰어들 었지요. 그러나 계약 파기로 계약금 2,010억 원을 전액 대손충당금으로 설정 하였고, 2021년에는 광주 아이파크 붕괴사고(2022년 1월 11일 발생)로 인한 재 공사 추정금액 1,755억 원을 손실로 반영했습니다. 이와 같은 일회적 손실이 아니었다면 2020~2021년에도 세전이익이 5천억 원을 가뿐히 넘었을 것으로 추산됩니다. 만약 2010~2013년과 같은 침체기에 이런 일들이 발생했다면 회 사가 크게 휘청했을 텐데, 주택사업에서 워낙 많은 이익을 창출하다보니 충 분히 버틸 수 있는 여력이 생긴 것입니다.

필자가 이전 직장에서, "HDC현대산업개발이 적자를 기록할 때가 서울·수도 권 주택시장의 바닥이다"라는 얘길 꺼내면, 대체로 "HDC현대산업개발이 다 시 적자가 날 리가 있겠어?"라는 반응이었습니다. 하지만 2015년 이후 집값 이 이 정도로 오를 줄은 건설사들도 몰랐듯이, 앞으로 또 어떤 일이 벌어질지 는 그 누구도 모르는 일입니다.

건설업도 다른 산업과 마찬가지로 호황만 지속될 수는 없습니다. 너무 많은 이익을 내다가 큰 폭의 적자를 내기도 하는 등 오히려 다른 산업보다 변동성 이 큰 생태계라 할 수 있습니다. 건설업과 오랜 기간 호흡해온 애널리스트로 서 업종에 대한 애정이 깊어 건설업 고유의 리스크와 변동성이 완화되길 바라 는 마음입니다. 하지만 장기 침체의 여파로 시공능력평가기준 최상위 건설 사들의 수익성이 훼손되면, 업계 구조조정, 향후 공급 축소 등의 키워드와 맞 물려 개인은 오히려 집을 매수하기 좋은 타이밍이라는 다소 착잡한 코멘트로 마무리합니다.

개인투자자의 봄날은 간다

_ 크립토 겨울에서 겪었던 악몽의 데자뷔 분석

2017년 말에서 2018년 초 사이 우리나라를 휩쓸었던 암호화폐 광풍을 떠올려봅니다. 언론에서는 매일 관련 보도가 이어지고, 급기야 우리나라에서는 한동안 비트코인을 포함한 모든 암호화폐가 해외보다 40~50% 가량 더 높은 가격에 거래되기도 했습니다. 바로 그 시기 암호화폐 투자에 그토록 열광했던 사람들이 어느 순간 하락세가 지속되자 언제 그랬냐는 듯 철저히 외면하면서 수요가 사라졌던 2018~2019년 crypto winter를 반추해봅니다. 미국의 금리인상과 함께 crypto는 다시 겨울을 맞이하고 있는데요. 회고해보면 2012~2013년 부동산시장의 겨울과 닮은 점이 많습니다.

"한 사람을 이해한다는 건 사실 아무것도 아니다.
사람은 바뀌는 것이니까.
오늘은 파인애플을 좋아하지만
내일은 다른 것을 좋아할 수도 있다."

_ 영화 〈중경삼림〉 중에서

라면 먹고 갈래요?

흔히 조정은 없다는 근거로 열기(fever)가 거론됩니다. '고객예탁금이 역대 최고다', '분양시장 청약경쟁률이 수백 대 일이다' 등등. 과거 주식만 할 때는 잘 몰랐는데 2016년 이후 암호화폐와 호흡하다보니 그 열기라는 게 얼마나 허무한 것인지······ 리테일(개인투자자) 비중이 높을수록 시장에서의 열기란 그저 동행/후행 지표일 뿐임을 확실히 깨달았습니다.

우선 암호화폐와 관련해서 필자의 작은 에피소드를 소개할까 합니다. 어쩌다 2017년 말 블룸버그에 비트코인 관련 코멘트를 한 적이 있습니다. 그런데 기사를 보고 'Moonsung Bae'(필자의 영어 스펠링)를 찾아낸 '외쿡인들'로부터 페이스북과 링크드인을 통해 "Are you Moonsung Bae~?"라는 쪽지가 쇄도했습니다. 그들은 뉴욕, 런던 등지의 Investment Banker, 상당한 재력가로 보이는 사업가 등이었지요. 블룸버그를 보는 사람들이니 클라스가 좀 달랐던 것입니다.

아마도 코인시장의 고인물들이라면 과거 ICO(Initial Coin Offering) 정도는 해봤을 거라 짐작해 봅니다. 필자는 비트코인이 이미 고점을 찍고 내려가던 2018년 초에 NEO 코인 기반의 DApp ICO 참여를 시도해 본 적이 있는데요. 트래픽이 어찌나 몰리던지 공식 텔레그램 방은 전 세계에서 몰려든 투자자들로 인해 아수라장이 되고 말았습니다. 이처럼 전 세계적인 열기를 보면서 '으하하, 시장의 펀더멘털이 매우 강력하네! 언제든지 금방 반등하겠어!'라고 생각했습니다.

그 뒤 목도한 현실은, 340쪽 차트와 같았습니다. 비둘기냐? 매냐? 대체 무슨 조류냐? 하지만 당시 크립토시장에서 파월 의장은 조류가 아닌 타노스*였습니다. "금리인상 함 할까예~?"라고 손가락 한 번 튕겨주면 코인들 가격이 반 토막이 났지요. 2018년 초 1.5%였던 FED 금리가 2.5%까지 4번 인상되는 동안

🏢 국내 거래소의 2018년 비트코인 가격 추이

FED 금리가 2016년 0.5%에서 2017년 말 1.5%까지 오를 때는 비트코인 가격도 상승했다. 2017년 12월 비트코인 선물이 시카고상품거래소, 시카고옵션거래소에 상장되는 초유의 호재가 있었기 때문이다. 그 전까지 BITFINEX, 빗썸 같은 사설거래소에서나 거래되던 비트코인이 제도권 상품으로 격상된 역사적인 분기점이었으니, 1%대의 여전히 낮은 레벨의 금리 정도는 밟고 오를 수 있었던 것이다. 그렇게 2017년 말 호재가 현실화된 이후 추가상승 동력이 약해지자 비트코인 가격은 미국 기준금리가 인상될 때마다 처참하게 무너졌다.

비트코인은 1/6토막, 여타 알트코인들은 1/20~1/100토막이 나버렸습니다. 경험으로 체득한 '리테일 참가자가 많은 시장'은, 한마디로 영화 〈봄날은 간다〉의 이영애(은수 역)였습니다. 비트코인이 상승하던 시기에 "라면 먹고 갈래요?" "나랑 라면 먹어요 오빠~"하던 수많은 이영애들은 1분기 이상 하락세가 지속되자 썰물처럼 빠져나가더니 어느새 흔적도 없이 사라졌습니다.

---

* 마블 영화에 등장하는 악당으로 인구의 절반은 줄여야 모두가 행복해진다는 신념을 이루고자 학살행위를 지속한다.

"라면 먹고 갈래요?"

"그만 정신 차리세요!"

_ 이미지는 영화 〈봄날은 간다〉 중에서

"비트코인 공급이 제한적이어서 우상향을 믿는다며……
우리나라에는 공급이 너무 없다고, 희소하다며 미국인들보다
50%나 더 비싸게들 샀었잖아. 4차 산업혁명 블록체인 아직
시작도 안했는데 왜 이래?"

"아몰랑! 구질구질하게 더 이상 질척이지 말고 우리 헤어져."

"……… 사랑이 어떻게 변하니?"

투자는 사랑의 열병과 닮았습니다. 그 중에서도 특히 리테일 참가자가 많은 시장은 영화 속 이영애와 사랑하는 것만큼 더욱 위험하고 치명적입니다. 일정기간 가격이 하락세를 보이면 수요는 번개처럼 사라집니다. 냉철한 기관투자자들은 저마다의 판단으로 저가매수를 하겠지만, 리테일에게는 (그런 냉철함을) 기대할 수 없습니다. 일정기간 다시 올라줘야만 리테일의 가슴에 온기가 돌고 언제 그랬냐는 듯 다시 해맑은 표정으로 함께 라면 먹자고 찾아옵니다.

그만 정신 차리세요

뜨겁게 사랑에 빠져있을 때는 악재 시그널이 도처에 나타나도 가뿐히 무시해버립니다. 2018년 9.13대책으로 다주택자에게 세 부담이 기하급수적으로 늘어나도록 설계/시행되자 이전까지 강세론자였던 모 애널리스트는 '다주택자의 매물 출회로 주택가격 안정화' 논리로 선회했으나, 시장은 여전히 뜨겁기에 '그거야 1~2년 뒤 일이고~!'라며 가뿐히 즈려밟고 더 올라갑니다. 마치 새삼스럽다는 듯 고지서가 날아든 뒤에 볼멘소리가 여기저기서 터져나옵니다. 박원순 전 서울시장의 여의도-용산 통합개발론처럼 아무리 불확실한 것이라도 호재는 선반영되고, 악재는 무시됩니다.

반대로 열기가 사라진 시장에서는 확실한 호재도 무시됩니다. 과거 교통의 불모지였던 목동 한신청구아파트(1997.12 완공, 1,512가구 전 세대 30평)는 2006~2007년도 가격이 6억 원대 중반이었는데, 2009년 7월 단지 코앞 거리에 신목동역이 개통되는 초강력 호재에도 불구하고 오히려 지하철 개통 전후로 하락세, 2014년 초까지 5억 원 대에 거래되며 빌빌댔습니다. '지하철 호재에는 집값이 3번(사업 확정 이후, 착공 이후, 개통 이후) 오른다'라는 말이 무색했던 것이지요.

"사랑은 변하지 않아.
단지 사람의 마음이 변했을 뿐이지."

"부동산의 가치도 변하지 않아.
단지 사람의 마음이 변했을 뿐이지."

_ 이미지는 영화 〈봄날은 간다〉 중에서

"영애씨, 나를 봐요!
나름 신축인 대단지에 기다리던
신목동역이 개통되었다고요!
이제 여의도까진 11분,
강남까진 30분이면 간다고요~!!"

"아몰랑······ 관심 없어요.
강남 신축도 빠지는 와중에 강남까지
30분이나 걸린다는 님을 내가 왜 만나요?
그만 정신 차리세요."

그렇게 신목동역이 개통되고 12년 지난 24년차 아파트가격을 다시 보니 16억 원대를 찍었습니다. 2009~2014년간 5억 원대일 때 외면한 사람들, 그리고 2020년 이후 15억 원 이상에 산 사람들…… 같은 사랑을 두고 과거에는 너무나 냉혹했고, 이제는 너무나 뜨겁습니다.

너무 차가울 땐 어떠한 호재도, 너무 뜨거울 땐 어떠한 악재도 통하지 않는다

2009~2013년 부동산 겨울은 애널리스트로 간접경험 했었고, 2018~2019년 크립토 겨울은 직접 겪어보며 유지태(상우 역)가 되어본 필자로서는 이후 이영애의 사랑을 믿지 않습니다. 정말 다신 겪고 싶지 않은 경험이었지요. 하지만, '이영애가 변심하기 전에 내가 먼저 찰 자신이 있는가?'라고 다시 반문해 보면 역시 개운치가 않습니다. 자신의 의지만으로 그게 과연 가능할까요? 이영애가 아직 날 좋아한다고 하는데 내가 먼저 정리한다고? 물론 성공한 투자자들은 그게 가능했던 사람들이니 존경스럽습니다. 우리도 몇 번 더 차여보면 가능해질지도 모르겠습니다.

타노스는 손가락을 올렸고, 뭔가 강력한 mass adoption 호재가 없다면 당분간 비트코인은 2021년 11월에 기록한 $67k가 고점으로 기록될 것입니다. 아파트가격도 반년 이상 약세 분위기가 지속되면 수요가 설사마냥 죽죽 빠져나갈 것입니다. 하락장이 지속되면 하방을 받쳐주는 '기관'이라는 든든한 어머니의 사랑이 그리워지겠지요. 기관이 없는 시장은 몇 갑절 위험한 법입니다. 도파민 '뿜뿜'하는 리즈시절에는 전 재산 뿐 아니라 레버리지까지 일으켜서 모든 걸 갖다 바칠 수도 있겠습니다. 하지만, 잊지 말아야겠습니다. 상대는 바로 영화 〈봄날은 간다〉의 이영애라는 사실을.

머지않은 과거 크립토 월드에서 그가 주먹 살짝 불끈 쥐며
금리인상 시그널을 보내면 암호화폐 가격은
혼비백산하며 반토막이 났었다.
아파트의 금 또는 비트코인과 같은 속성(가치저장수단) 때문일까?
속도의 차이가 있을 뿐 왠지 집값에 닥칠 문제와
크게 다르지 않아 보인다.

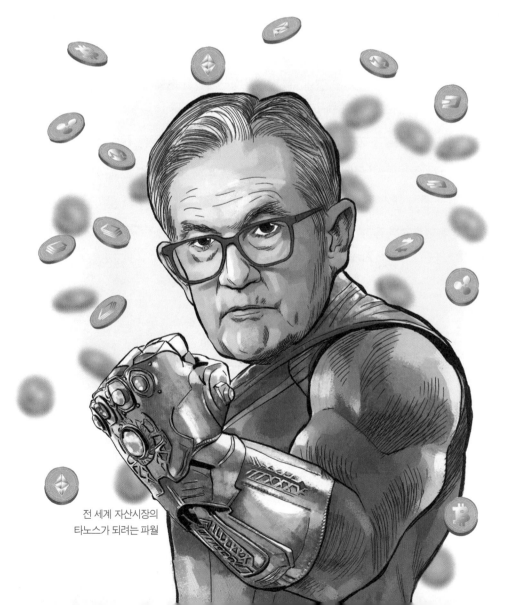

전 세계 자산시장의
타노스가 되려는 파월

사랑의 반대말은 무관심이다

35

_ 수요자 시그널 [1] : 수요자의 외면이 극에 달할 때

앞에서 개인투자자의 수요는, 영화 <봄날은 간다>에서의 이영애처럼 극단적인 변화를 보인다고 말했습니다. 그렇다면 개인들의 열기가 가득할 때보다는 관심이 싸늘하게 식었을 때가 비로소 가격이 저평가되는 구간이라고 볼 수 있겠습니다. 그런데 말이 쉽지, 수요자의 외면이 극에 달했다는 것은 무엇을 통해 파악할 수 있을까요? 주위에서 아파트 관련 얘기가 시들해질 때, 언론에서도 부동산 관련 보도가 잦아들 때 등의 시그널은 객관적으로 파악하기 어렵습니다. 이에 실제로 서울·수도권 집값의 바닥과 시기적으로 일치했던 사례를 통해 객관적 지표가 될 만한 사항을 소개합니다.

> "오늘부터 네게, 세상에서 가장 잔인한 형벌을 내리겠다."
> "무관심. 증오를 넘어선 철저한 무관심!
> 이것이, 내가 네게 내리는 형벌이다."
>
> _<사랑의 반대말은 무관심이다> (서하 지음) 중에서

소설 속 가상의 나라 서하국의 황제 휼이 사랑하는 여인에게 내렸던 형벌은 증오가 아닌 철저한 무관심이었습니다. 그것은 마치 가슴을 후벼 파는 비수(匕首)와도 같은 것이었습니다. 로맨스 소설에 나왔던 이 말이 필자의 가슴에 내리꽂힌 건 2013년경 경기도 한 신도시의 미분양 사태와 지금 그곳의 현 시세가 오버랩되었기 때문입니다. 무관심은 사업하는 사람들에게도 가장 무서운 벌이라고 할 수 있습니다.

346

2022년 초, 오랜만에 만나 뵌 대형건설사 자금/PF 담당 부장님께서는 다음과 같이 푸념하셨습니다.

"우리나라에서 건설사업하기 너무 힘들어. 살 땐 못 사서들 난리고, 안 살 땐 또 아무도 안 사!"

부장님의 말씀처럼 국내 건설사의 사업 환경은 온화하고 청명한 시기보다는 혹서기와 혹한기가 유난히 긴 우리나라의 기후와 닮은 느낌입니다. 아무리 싸고 좋은 물건이 나와도 아무도 안 사던 시기가 있었습니다.

아래 지도에 등장하는 세 아파트단지(위례롯데캐슬, 위례그린파크푸르지오, 플로리체위례)는 경기도 하남시에 속한 위례신도시로 입지를 공유하며, 분양시기도 2013년 중 순차적으로 실시되었습니다. 현 시세로는 믿겨지지 않겠지만 세 아파트단지 모두 미분양을 기록했고, 특히 위례롯데캐슬은 공공분양으로 평단가가 민간분양 아파트에 비해 훨씬 저렴했음에도 청약에서 대규모 미달사태를 기록한 뒤, 유주택자를 포함한 선착순분양까지 진행하고 나서야 미분양을 모두 소진하였습니다.

위례롯데캐슬, 위례그린파크푸르지오, 플로리체위례의 최근 (2022.9.15. 기준) 시세 및 위치도. 이 가운데 공공분양으로 분양가(34평형 기준 4.5억 원)가 인근 시세에 비해 낮았음에도 미분양이 났던 롯데캐슬의 현 시세는 12억 원에 육박한다.

🏢 하남시 위례신도시 대단지 아파트 정보

단지명	분양주체	시공사	세대수	입주시기	평당가격
플로리체위례	민간	현대엔지니어링	970	2015.10	1,680만 원
위례그린파크 푸르지오	민간	대우건설	972	2016.01	1,700만 원 내외
위례롯데캐슬	공공	롯데건설	1,673	2016.01	1,300만 원

일반적으로 위례신도시, 하남미사 등 공공택지개발사업은 한국토지주택공사(LH)가 사업지의 땅주인들로부터 토지를 매입하고 부지를 정비하는 과정으로 시작합니다. 정비된 토지는 입찰을 통해 가장 높은 가격을 써낸 건설사(또는 시행사)가 받게 되고, 토지비, 건축비, 각종 금융비용과 적정 이윤을 감안하여 분양가를 산정합니다. 반면, 공공분양은 LH가 정비한 부지에 LH 및 지역개발공사가 직접 아파트를 분양하며 건설사간 입찰을 통해 가장 낮은 가격을 써낸 건설사가 시공사로 참여하게 됩니다.

🏢 민간분양과 공공분양 비교

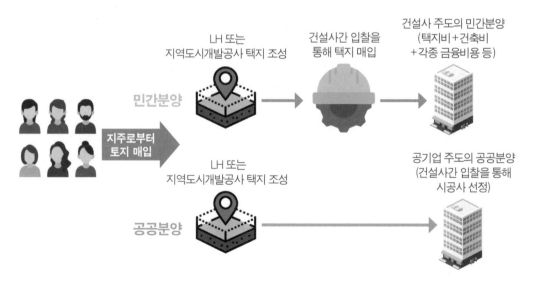

민간분양은 건설사가 LH로부터 땅을 매입하는 과정에서 원가가 높아지고, 시행 및 시공 마진(이익)을 확보할 수 있는 수준에서 분양가를 산정하지만, 공공분양은 애당초 토지원가 및 시공비용부담도 비교적 적은데다 저렴한 주택공급이라는 공공성을 추구하다보니 마진을 최소화하여 민간분양보다 훨씬 낮은 가격에 공급할 수 있습니다.

결국 공공분양가는 건설사로서는 이익이 남지 않거나 손실을 보는 수준의 분양가인 셈이고, 민간업체에서는 공급이 불가한 가격대라고 볼 수 있습니다. 그런 가격에도 미분양이 발생했다는 것은 수요자의 외면이 극에 달한 상황으로 볼 수 있습니다.

당시 하남 미사 강변신도시도 LH에서 평당 900만 원대에 분양한 아파트들의 미분양이 누적되자, 2013년 하반기 중 청약통장 유무와 상관없이 추가모집을 진행한 바 있습니다. 민간업체는 이보다 분양가가 높을 수밖에 없었는데(미사강변 푸르지오 평당 1,284만 원, 미사강변더샵리버포레 평당 1,298만 원), 당연하게도 한동안 미분양으로 고전했습니다.

🏢 미사강변도시 아파트 추가모집 물량

단지	주택형(전용 m²)	총구가수	추가모집
A2	74, 84	615	266
A5	59, 74, 84	1,164	81
A9	74, 84	712	46
A11	74, 84	763	296
A15	59, 74, 84	876	73
A28	59, 74, 84	1,541	23

자료: 토지주택공사

주택 매수시 contrarian의 관점이 필요할 때

물론 평소 관심 지역도 아닌데 공공분양이 미달되었다는 이유만으로 해당 미분양 아파트 매수를 권하는 것은 아닙니다. 다만, 시세보다 훨씬 저렴한 공공분양이 미분양이 날 정도라면 수요자의 외면이 극에 달한 시기로 감을 잡고서 무주택자라면 '추세(또는 시장) 역행적 투자자(contrarian)*'의 관점에서 매수를 고려해볼만한 시기라고 판단됩니다.

필자가 겪어본 (금융권 회사 혹은 기관) 최종면접 질문 가운데 가장 기억에 남는 것은, "contrarian 성향이 있는 것 같은데, 기관투자자로서 contrarian의 최대 리스크가 뭔지 아세요?"라는 것이었습니다. 당시 질문을 던진 사장님께서 주신 현답 또한 또렷이 기억에 남았습니다.

"contrarian의 숙명은 남들이 못 벌 때 나 혼자 잘 벌고, 남들이 잘 벌 때 나 혼자 못 버는 것이다. 전자의 상황에선 나름 돋보일 수 있겠지만, 후자의 상황이 되면 엄청난 비난과 함께 퇴출당하게 된다."

반대로 남들과 비슷한 포지션을 취하면 잘 안 풀릴 때 나만 못 번 게 아니니 퇴출 위험에서는 벗어날 수 있습니다. 그렇게 투자가 직업인 경우 contrarian이 되는 것은 직업생명 측면에서 상당히 위험해지는 것입니다. 헤지펀드 GMO의 매니저인 제레미 그랜섬(Jeremy Grantham)도 기관투자자의 세계에서 다수와는 다른 의사결정을 했다가 실패할 경우 경력이 끝장날 수 있다는 점을 '경력 리스크(career risk)'라고 표현했습니다.

---

* 주가가 조정을 받거나 좋지 않은 상황일 때 투자를 시작하는 투자자를 일컫는 말. '약세장에는 공격적으로, 강세장에는 신중하게' 투자하는 경향을 보인다.

하지만 이는 기관투자자의 일원일 때의 문제이고, 직접 자기 자산을 운용하는 개인투자자 입장에서는 다수와 반대의 포지션을 취하는 게 높은 성과로 이어질 가능성이 높습니다. 실시간으로 투자수익률을 체크 당하는 기관투자자의 경우 저점이라고 판단될 때 매수한 뒤 수익이 날 때까지 오랜 기간이 걸리면 뚝심 있게 버티기가 매우 어렵습니다. 게다가 펀드를 운용하는 자산운용사의 경우 고객이 환매 요청을 하면 상승의 빛을 보기도 전에 어쩔 수 없이 팔아야 하는 경우도 생기지요.

워런 버핏은 투자의 비법을 야구에 비유한 바 있습니다. 야구는 타석에서 제한된 기회가 있고, 기관투자자는 기한 내 실적을 보여야 하는 야구경기의 타자와 같습니다. 하지만 개인투자자에게는 무한한 기회가 있고 워런 버핏의 비유처럼 좋은 공이 들어올 때만 배트를 휘둘러도 됩니다. 간혹 '누구는 대박이 났다더라'는 소문을 듣고 부러운 마음, 혹은 '미쳤어? 지금 그걸 왜 사?' 같은 비아냥에 조급해하지 않는다면 무리하게 비싼 걸 사지 않고, 수익이 날 때까지 감내할 수 있는 여유가 있습니다.

아파트는 주거수요가 있는 한 임대수익이 발생하는 자산이기 때문에 일부 주식처럼 내재가치를 크게 하회하거나 몇몇 코인처럼 휴지조각이 되긴 어렵습니다. 따라서 앞에서 살펴본 위례신도시의 경우처럼 대중의 무관심이 극대화되는 시기에 배트를 휘두르면 시간이 걸리더라도 좋은 성과로 이어질 것입니다.

36 가장 인기 있는 것이 가장 먼저 비싸진다

_ 수요자 시그널 [2] : 서울 최선호지 신축 아파트의 반등 초입

채권업계에 종사자들은 금리하락기에 'AAA급 → AA급 → A급 회사채' 순서대로 가격이 오르는데 익숙하고, 암호화폐와 친숙한 투자자들은 '비트코인 → 이더리움 → Layer 1 알트코인 → 잡코인' 순으로 시차를 두며 거대한 자금의 이동이 있다는 것을 경험하게 됩니다. 아파트시장에도 같은 논리가 적용된다는 점을 착안해 보면, 상승의 초입은 서울 최선호지 신축 아파트의 움직임에서 시작됩니다.

"돈은 거짓말을 하지 않아!"

필자가 신용평가사 재직 시절 모 선배님께서 입버릇처럼 하시던 말씀입니다. 주로 '이유 없이 싼 건 없다'는 논거로 말씀하셨는데, 아이디어를 확장해보면 유동성(돈)이 풀릴 땐 높은데서 낮은 곳으로 기가 막히게 그 서열을 따라 흘러간다는 것을 알 수 있습니다. 가장 좋은 것이 먼저 비싸지는 원리! 돈은 거짓말을 하지 않는 것이지요.

주택시장 회복 초기, 유동성이 시장에 유입되기 시작할 때

서울·수도권 집값은 2009년부터 2013년까지 하락, 2013년을 바닥으로 2014년부터 회복하는 모습을 보였으며 이는 주택매매가격지수로도 간단하게 확인됩니다.

🏢 주택매매가격지수

[단위: %(증감률), 2021.06=100]

구분	2010	2011	2012	2013	2014	2015	2016
서울	83.5	83.8	79.8	78.7	79.6	83.2	85.0
(증감률)	-1.2	0.3	-2.9	-1.4	1.1	4.6	2.1
수도권	81.2	81.9	78.3	77.4	78.6	82.0	83.1
(증감률)	-1.7	0.5	-3.0	-1.1	1.5	4.4	1.3

자료: 한국부동산원

세부적으로는 어떤 모습이었는지, 입지가 상이한 아파트단지(34평형)의 해당 시기 가격흐름은 다음과 같습니다.

2013년 저점을 기준으로 최선호지인 반포래미안퍼스티지의 상승세가 가파른 반면, 나머지 2곳은 더 저렴한 아파트임에도 상승세가 반포에 미치지 못했다. 실제 반포래미안퍼스티지는 2015년 평균매매가가 전고점(약 15억 원)을 돌파했지만, 고덕동과 상도동 아파트는 2016년 말까지도 전고점에 도달하지 못했다.

━ 거래량 ━ 평균값

353쪽 3개의 그래프를 대략 살펴보아도 2013년 저점을 기준으로 최선호지인 반포래미안퍼스티지의 상승세가 초기부터 가파른 반면, 나머지 2곳은 더 저렴한 아파트임에도 상승세가 반포에 미치지 못한 양상입니다. 실제 반포래미안퍼스티지는 2015년 평균매매가가 전고점(약 15억 원)을 돌파하였으나, 고덕동과 상도동 아파트는 2016년 말까지 전고점에 도달하지 못했습니다.

🏢 연도별 아파트 평균 매매가 및 저점 대비 상승률 비교

(단위: 천만 원)

구분	2011	2012	2013	2014	2015	2016
반포래미안퍼스티지	149.5	134.7	132.9	140.3	150.3	158.9
(2013년 대비 상승률)			–	5.6%	13.1%	19.5%
상도더샵1차	62.7	55.2	53.2	54.3	57.2	60.5
(2013년 대비 상승률)			–	2.2%	7.6%	13.7%
고덕아이파크1차	76.0	64.7	61.7	64.9	67.7	70.5
(2013년 대비 상승률)			–	5.2%	9.6%	14.3%

여기까지만 보면 '역시 강남 아파트, 똘똘한 한 채가 최고야! 부익부 빈익빈! 다른 건 사봤자 강남의 상승세를 따라갈 수가 없네'라고 생각할 수 있겠습니다. 하지만 그 이후의 집값 추이를 살펴보겠습니다.

2016년 평균가 대비 2021년 하반기 가격 변화를 살펴보면, 반포 125%(16억 원→36억 원), 상도 133%(6억 원→14억 원), 고덕 130%(7억 원→16억 원)로 차선호 지역의 집값 상승률이 반포(최선호 지역)와 비슷하거나 오히려 더 높았습니다. 이는 예시로 든 고덕동, 상도동 외에 다른 여러 지역 사례를 통해서도 유사성을 확인할 수 있습니다. 즉, 회복기 초입에는 유동성이 최선호 지역을 중심으로 몰리지만, 상승이 지속되는 유동성 장세에서는 차선호 지역으로도 유동성이 강하게 흐르며 이들도 높은 상승세를 시현하는 것입니다.

2016년 평균가 대비 2021년 하반기 가격 변화를 살펴보면, 반포 125%(16억 → 36억), 상도 133%(6억 → 14억), 고덕 130%(7억 → 16억)로 차선호 지역의 집값 상승률이 반포(최선호 지역)와 비슷하거나 오히려 더 높았다.

채권시장에 유동성이 풍부해지면 AA급 회사채가 먼저 오르고, 점차 낮은 등급으로 수요가 옮겨가며 A급 회사채도 비싸지게 됩니다. 암호화폐시장에서 비트코인이 오르고 나면 알트코인들로 수요가 흘러 결국 시차를 두고 모두가 따라 오르는 상승장이 연출되곤 합니다. 이러한 흐름을 타는 투자방식을 모멘텀 투자*라 하는데, 성공적인 결과로 이어지려면 유동성에 우호적인 여건(금리인하, 대출규제 완화 등)이 지속되어야 합니다.

즉, 박근혜정부 시절 그랬듯 금리인하와 대출규제 완화 등 유동성이 확대되

---

* 시장심리 및 분위기에 따라 상승세 또는 하락세가 지속될 것으로 판단하며, 추격매매하는 투자방식으로, '달리는 말에 올라탄다'와 같은 개념이다.

는 국면에서 최선호지 아파트단지의 상승세가 1년 이상 펼쳐질 경우, 관심을 두던 지역의 아파트를 매수하는 것은 모멘텀 투자 관점에서 유효하다 하겠습니다.

주식시장에서 개미가 이것저것 사봐야 큰 영향력이 없지만 외국인 및 기관투자자가 들어와야 비로소 가격상승세가 펼쳐지듯이, 결국 부자의 입장에서 아파트가 매력적인 투자 대상으로 재조명되어야 집값이 오르는 것입니다. 다시 말해 부자들이 반포, 압구정 등에 소재한 아파트를 전고점 대비 더 높은 가격에 계속해서 사들여야 추가적인 상승을 모색할 수 있는 것이지요.

반포 주공의 징크스는 재현될 수 있을까?

이를 반대로 생각해보면, 반포처럼 최고 입지의 아파트를 소유한 조합원들이 재건축을 본격화하는 시기(이주시기)는 집값의 꼭지는 아닐지라도 상단 레벨일 확률이 높다고 해석할 수 있습니다. 재건축은 조합원간 끊임없는 잡음과 각종 소송으로 인해 지연되기 일쑤입니다. 그런 재건축 과정에서 관리처분인가 승인 이후 조합원들이 이주에 돌입하게 되면 커다란 고비를 넘긴 셈이지요.*

반포주공 1단지(약 3,600세대)는 2021년 하반기에 이주를 시작하여 전세난이 심화되었었고, 당시 서울의 집값과 전세가는 피크(최고가)를 기록했었습니다. 반포주공2단지(현 반포래미안퍼스티지)는 2005년 10월, 3단지(반포자이)는

---

* '도시정비법'상 이주시기에 대한 규정은 없기 때문에 재건축 과정에서 조합원이 자율적으로 이주를 개시할 수 있으나, 관리처분계획인가 이후 건축물을 철거해야 한다는 철거규정과 맞물려 통상 관리처분계획인가 이후에 이주를 하게 된다. 이주문제가 해결되면 재건축 일정과 사업비용 등에 대한 불확실성이 해소되어 이전보다는 비교적 평탄하게 입주까지 진행되는 편이다.

2005년 5월 관리처분계획 인가를 받고 2006년 초까지 이주를 완료하였으며, 이는 공교롭게도 서울 집값이 전고점을 기록한 시기와 유사합니다.

요컨대 재건축은 주식시장의 IPO(Initial Public Offering, 기업이 최초로 외부투자자에게 주식을 공개, 한국거래소에 공식 상장하는 것)와 유사한 면이 있습니다. 상장 전 주주들이 최대한 주가가 높을 때 IPO를 통해서 자금조달 및 수익실현을 하려 하듯이, 재건축조합원도 최대한 집값이 높은 레벨일 때 추진함으로써 수익극대화를 도모하는 것이지요.

단편적인 몇몇 사례를 통해 시장의 상황을 일반화할 수는 없겠지만, 최고 입지의 재건축사업장이 각종 고비를 넘기며 이주 및 철거까지 진행되는 과정은 부자들이 만족할만한 수준의 부동산 훈풍과 집값 상승 없이는 어려운 일입니다. 따라서 강남의 구축 아파트들이 이주 및 철거까지 재건축이 본격화되는 시기는 고점 부근일 가능성이 높은 것이지요.

결국 서울·수도권 집값의 상승 및 하락의 시그널을 포착하려면 최선호지인 강남의 시세를 유심히 볼 필요가 있습니다. 가장 선호하는 것의 값이 가장 먼저 올라가는 이치는 부동산시장에서도 마찬가지이기 때문입니다. 오랜 침체 후 강남 아파트들이 상승세를 보이면 여타 지역으로 확산될 가능성이 있고, 강남의 구축 아파트들이 적극적으로 재건축을 추진하면 조만간 꺾일 가능성을 예상해 보는 것입니다.

잃어버린 균형감각을 찾아서

37

_ 휘둘리지 않고 부동산 경기순환주기 이해하기

"아는 것이 힘이다", "모르는 게 약이다" 처럼 격언 중에는 뜻이 상반되는 사례가 많습니다. 투자에 대한 격언도 마찬가지입니다. "달리는 말에 올라타라", "떨어지는 칼날을 잡지 마라"는 상승장에 사고, 하락장에 잡지 말라는 말입니다. 반면, "최적의 매수 타이밍은 시장에 피가 낭자할 때다. 설령 그것이 당신의 피일지라도"(존 템플턴)처럼 역발상을 강조하는 격언도 많습니다. 따져보면 모두 맞는 말이기 때문에 균형을 잡아야만 상황에 따라 휩쓸리지 않고 판단을 내릴 수 있습니다. 역발상이 필요한 시기와 그 시그널은 무엇인지를 알아보고, 부동산시장 또한 호황과 불황의 사이클을 반복한다는 사실과 함께 '균형감각'을 되새겨 보겠습니다.

> 모두가 비슷한 생각을 한다는 것은,
> 아무도 생각하고 있지 않다는 말이다.
> When all think alike, no one thinks very much.
>
> _ 알베르트 아인슈타인

전문가들의 의견이 한 방향으로 쏠릴 때

오랜만에 남자들로만 구성된 대학동기 또는 입사동기 10명이서 저녁회식을 합니다. 통상 이런 자리는 저녁식사를 할 식당 정도만 예약해두고 진행하다가 분위기가 무르익다보면 술이 술을 부르고, 자연스레 2차·3차 등에 대한 욕구가 올라옵니다. 늦어질 대로 늦어진 시각, 식당 또는 호프집에서 나온 10명이 길거리에서 벌이는 행태는 다음과 같습니다.

-"오늘 한 번 지~대로 놀자! 우리가 언제 또 이렇게 모이냐!? 내가 좋은데 안 다! 3차 가자!!"라며 다음 장소를 재촉하는데 적극적인 2명.

-절대 안 된다고 한사코 거부하며 집에 일찍 들어가길 종용하는 2명.

나머지 6명은 딱히 줏대 없이 '뭐, 가도 좋고 안 가도 좋고'하며 머뭇머뭇 하다가 '넌 어쩔래?' '어 뭐, 이러나저러나 상관없는데' 하다가 슬슬 한쪽이 다수가 되기 시작하면 우르르 그쪽에 붙어서 'GO vs. STOP'이 '8:2'가 되거나 '2:8'로 귀결되지요. 술자리 모임에서 쉽게 그려지는 모습입니다.

투자의 세계도 이와 크게 다르지 않습니다. 경험이 풍부한 전문가 그룹도 상승과 하락 중 한쪽의 방향을 강하게 주장하는 소수의 강성이 맞붙는 와중에 다수의 전문가는 '이럴 수도 있고 저럴 수도 있다'식의 이도저도 아닌 스탠스를 취하는 경우가 많습니다. 결국 시장의 향방은 '아, 잘 모르겠는데, 어디로 붙지?'하던 대중의 쏠림에 의해 결정됩니다. 다시 말해 투자의 성패는 상승/하락으로 팽팽하게 대립하는 전문가 코멘트에 대한 분석능력보다는 '다수는 어디로 쏠릴까?'하는 '기세'에 대한 판단에 달린 것입니다.

물론 변곡점에서는 남들과는 차별화된 사고를 바탕으로 다수와는 반대의 포지션을 취해야 하지만, 전문가들의 의견이 팽팽하게 맞서는 시기에는 대중이 좀 더 쏠리는 쪽으로 모멘텀이 장기화되는 경향이 있습니다.

서울·수도권 아파트를 중심으로 부동산에 훈풍이 불기 시작한 2014년을 기점으로 2017~2018년 집값 전망 당시에는 추세적으로 계속 더 오른다는 전망 외에도 정부의 강력한 규제와 공급 증가에 대한 우려도 언급되면서 상승/하락 전망에 대한 대립이 '5 : 5' 수준으로 팽팽했었지만, 결과적으로는 상승론자가 대승을 거두게 됩니다.

<중앙일보>, 2017.1.30.

2017 부동산 투자 전망 : 서울 집값은 약보합, 지방은 하락세

2017년에는 집값이 떨어질 것이라는 전망이 우세하다. 건설산업연구원은 전국 집값은 0.8% 하락하고, 지방이 1.5% 떨어질 것으로 예상했다. 이미 주택시장은 공급과잉 우려와 부동산 대책, 잔금대출 억제로 냉기가 돌고 있다.

금리인상도 문제지만 앞으로 수요보다 공급이 더 많다는 점은 더 큰 악재다. 건설산업연구원에 따르면, 2015년과 2016년에 공급된 물량은 97만5,000여 가구다. 지난 2년 간 연간 적정 아파트 분양물량(27만~28만 가구)을 이미 넘어섰다. 건설산업연구원은 2017년 한해 동안 38만6,000가구의 입주물량이 쏟아져 나올 것으로 예상하고 있다. 입주물량이 늘어나면 미입주와 미분양도 덩달아 증가해 집값이 더 떨어질 수 있다.

<한국건설신문>, 2017.12.20.

2018 주택 부동산시장 전망

2018년 아파트시장은 부동산시장 과열을 막기 위한 정부의 전방위적 규제 영향으로 진정국면에 들어갈 것으로 예상된다. 문재인정부 출범 이후 내놓은 6.19대책, 8.2대책을 비롯해 10.24가계부채종합대책 등의 규제 영향으로 2018년은 수요시장 위축과 거래 감소가 나타날 전망이다. 2018년 1월부터 DTI제도를 개선한 신DTI가 시행되고 재건축초과이익환수제가 부활한다. 여기에 다주택자에 대한 양도소득세가 4월 강화될 예정으로 2017년 예고한 규제가 2018년 대부분 현실이 된다. 규제의 직접적인 영향권에서 주택 수요자들은 보유가치를 기반으로 선별적 장기 투자가 필요하다. 2017년 단기 급등했던 서울 등 일부 지역의 가격 상승세는 둔화될 전망이다.

전문가들이 선호할 수밖에 없는 키워드는
'추세지속' 그리고 'smoothing'

오랜 기간 한쪽 방향이 계속 맞다보면 자연히 믿음이 형성되고 추종자가 많아지면서 기세는 그쪽으로 쏠리게 됩니다. 이쯤 되면 반대 의견을 말했다가는 무시당하거나 뭇매를 맞게 되고, 급기야 전문가들도 이에 편승하여 한목소리를 내게 되는데요. 이처럼 전문가 의견마저 한 방향으로 쏠릴 때면 고점(또는 저점)인 경우가 많습니다. 이 시기는 다수의 전문가들이 보기에 상승(또는 하락)할 수밖에 없는 탄탄하고 명백한 근거들이 쌓여서 그런 게 아니라, 대중의 쏠림이 그만큼 심화되어 있기에 관성이 지속된다는 의미 부여 및 끼워맞추기 수준인 셈입니다.

〈뉴스핌〉 2021.12.28.

2022 부동산 大전망 :
대세 하락? 전문가 80% "아파트값 더 오른다"

주택 매수심리가 하락세로 돌아섰지만 부동산 전문가 80%는 2022년 아파트값이 상승할 것으로 내다봤다. 작년의 두자릿수 상승률은 아니지만 하락보단 상승장이 나타날 요소가 더 많다고 판단하고 있다.

정부는 가계부채 축소와 부동산시장 안정화를 위해 대출총량 관리에 들어가면서 다주택자뿐 아니라 무주택자도 신규 매수가 쉽지 않은 상황이다. 아파트값 상승률도 둔화되고 있다. 그럼에도 부동산 유동자금이 풍부한 데다 수도권 공급 부족 현상이 단기간에 해결하기 어렵다는 점에서 주요 지역을 중심으로 견조한 상승세가 나타날 것이란 분석이다.

종합부동산세 '폭탄' 논란에도 다주택자가 시장에 매물을 내놓기보단 일단 보유하려는 심리도 우세할 것으로 예상했다. 또 다주택자의 퇴로를 열어줘야 시장에 물량이 늘어 집값 안정화에 도움이 될 것이란 의견이 많았다. 뉴스핌이 부동산 전문가 50명을 대상으로 2022년도 아파트가격을 전망한 설문에서, 80%(40명)가 상승할 것으로 내다봤다. 보합을 예측한 비율은 18%(9명), 하락할 것이란 의견은 2%(1명)에 그쳤다.

서울·수도권 집값이 대략 8년간 큰 조정 없이 상승했음에도 2022년 부동산가격은 전문가 50명 중 40명이 상승을 전망할 정도로 쏠림이 심했습니다. 2021년 하반기부터 정부에서 가계부채 관리 강화방안을 발표하고, 무엇보다 두 차례 금리인상 실시 이후에도 추가적인 금리인상이 예정되는 등 긴축기조가 선명했음에도, 전문가의 절대다수는 "그래도 집값은 상승한다"고 전망한 것입니다. 똑같은 전문가 집단이 4~5년 전인 2017~2018년에는 정부의 규제 강화, 금리인상 가능성, 공급 증가와 같은 키워드를 하향압력 요인으로 비중 있게 다루었고 '서울권 아파트도 조정 없이 4년 이상 상승세가 지속된 적은 없었다'라며 가격 상승에 대한 피로도가 언급되기도 했습니다.

그런데 전문가들이 가격안정화의 근거로 삼았던 정부 규제 및 공급 증가를 비웃는 강력한 상승세가 펼쳐지면서 조정론이 무색해지자 오히려 정부의 규제가 미래의 공급을 위축시키고 그로 인해 집값이 계속 상승한다는 논리로 변해갔습니다. 시장에 끌려가면서 논리를 끼워 맞춘 것이고, 2020~2021년 강한 상승세가 지속되니 2022년에도 그런 추세가 지속된다고 편하게 전망하는 것입니다.

필자도 신용평가사 재직 시절 연말이면 다음 해 산업 전망, 상반기에는 하반기 산업 전망 등을 직접 작성한 경험이 있습니다. 또 직업상의 이유로 다수의 전망 자료들을 지속적으로 살펴봐왔습니다. 경험상 외부로 공시되는 전망에는 '현 추세가 당분간 지속된다'는 관성, 급격한 변화보다는 점진적인 변화를 예상하는 이른바 'smoothing' 의견이 지배적입니다. 추세가 급격히 바뀐다거나, 급등/급락이 발생할 가능성은 정규분포식 사고로는 낮은 확률의 영역이기 때문입니다. 맞고 틀리고는 어차피 신의 영역인데 최대한 눈에 덜 띄고, 틀리더라도 덜 틀리는 안전한 의견의 길을 모색하는 것이지요. 덧붙여 '차별화 된다'라는 코멘트는 이러나저러나 맞는 말이기에 자주 등장하는 마법의 공식입니다.

이런 사례를 '역'이용하건대, 상승과 하락에 대한 전망이 팽팽히 맞설 때 보다는 하락이 장기간 지속된 나머지 대다수의 전문가가 추세에 굴복하여 회의적인 전망 일색일 때를 저점/바닥이라 판단해 볼 수 있겠습니다.

Through the Cycle
- 변곡점과 하락기에는 크레딧 애널리스트*의 관점으로 -

2007년에 발간된 〈실록 부동산정책 40년〉(대한민국 국정브리핑 특별기획팀 발간)을 읽어보면 '이게 80~90년대 이야기라고? 어쩌면 이렇게 지금이랑 똑같지?' 하는 느낌을 받습니다. 집값이 폭등하던 시기의 기사들을 찾아보면 시기불문하고 Ctrl C+V한 것 같은 내용들이 펼쳐집니다. 이명박정부 시절 '하우스푸어'가 대두되고 깊고 긴 부동산침체를 겪어보니 '이렇게들 고통을 맛보았으니 노무현정부 시절과 같은 비이성적인 과열은 다신 없겠지?' 싶었으나, 문재인정부 들어 부동산 과열기의 양상이 거의 판박이 식으로 반복되었습니다.

어릴 적 읽어본 제목이 기억나지 않는 아주 오래된 투자 관련 서적에서는 아르헨티나 채권투자 사례가 예시로 등장했습니다. 아르헨티나정부는 외화(USD)로 발행한 채권에 대해 수차례 디폴트를 선언한 역사가 있습니다. 자국화폐로 발행한 채권이라면 돈을 찍어서라도 갚을 수 있겠지만, 외화가 부족해지면 달러로 발행했던 채권의 원리금을 갚을 방도가 없는 것이지요. 그렇게 디폴트를 선언한 직후에는 아르헨티나 외화채권에 대한 수요가 사라져서 채권 발행이 안 되지만, 어느 정도 세월이 흐른 뒤에는 다시 외화채권 발행에

---

* 회사채 및 기업의 신용위험을 분석하는 애널리스트를 'Credit Analyst' 또는 '신용분석가'라 하며, 개별 기업의 주가를 전망하는 주식 애널리스트(Equity Analyst)와 구별된다. 주식 애널리스트는 주가 상승과 직결되는 '성장성'에 주목하는 반면, 크레딧 애널리스트는 주로 기업의 채무상환능력과 리스크 요인을 분석하며 부도율과 관련된 '안정성'을 중시한다.

성공한다는 것입니다. 저자는 이를 두고 과거 아르헨티나 채권에 투자했다가 낭패를 봤던 투자자들은 트라우마로 인해 다시는 같은 선택을 반복하지 않지만, 이를 직접 겪어보지 않았던 투자자들은 리스크를 과소평가하고 진입하는 우를 범하는 것으로 설명했습니다.

과거에도 최고의 자산임이 분명한 강남권 아파트를 2006년경에 샀던 이들의 경우, 이후 하락장에서부터 2015년 본전 가격을 회복하기까지 장장 10여 년 이상을 기다려야 했습니다. 하물며 강남권 아파트도 이러할 진데, 당시 버블세븐(강남, 서초, 송파, 목동, 분당, 용인, 평촌)으로 거론되었던 다른 지역 대형 평수 아파트들의 경우 본전 회복까지 더욱 오랜 기간이 소요되었습니다. 예나 지금이나 그런 고가 아파트를 구입하는 이들은 분명 평균 소득 이상의 계층이라 할 수 있고, 단순히 남들보다 어리석어서 투자에 물린 거라고 비웃을 수 없습니다.

필자가 사회초년생 시절 7년간 재직한 신용평가사에서는 부동산으로 자산을 일군 직원이 많은 편인데요. 공통점은 수도권 아파트를 쌀 때(2012~2014년) 샀다는 것이었습니다. 경기순환에 따른 산업과 기업의 숱한 흥망성쇠를 함께하고, 잘 나갈 때를 경계하는 마인드가 탑재되다보니 부동산도 최소한 비싸게 사는 것은 피할 수 있었던 게 아닐까 합니다.

신용평가는 채무상환능력을 분석하는 작업인데, 통상 기업의 영업실적과 차입금을 비교하는 커버리지 지표가 우선시 됩니다. 개별기업의 영업실적은 경기순환(경기가 호황과 불황을 거듭하면서 순환적인 움직임을 반복하는 현상) 주기에 따라 크게 달라집니다. 그런데 경기순환에 발맞춰 수시로 신용등급이 변동되면 투자의 준거지표로 삼기 어렵고, 등급 변동의 자기실현*에 빠질 위험이 있습

니다. 고로 신용평가사에서는 경기저점에서 영업실적이 악화되거나 고점에서 개선된다고 해서 곧바로 신용등급을 조정하지 않습니다. 오를 때나 내릴 때나 '이 또한 지나가리'의 침착한 자세로 'Through The Cycle', 즉 '순환주기 전체'를 살펴보면서 궁극적인 펀더멘털을 찾아가려 합니다. 그런 관점에서 부동산 시장(수도권 주택시장)을 살펴보면, 2015~2021년(박근혜·문재인 정부) 기간은 경기순환의 반쪽(호황)에 그치게 되고, 2008~2021년(이명박·박근혜·문재인 정부)의 긴 흐름을 살펴봐야 비로소 'Through The Cycle'이라 할 수 있습니다.

경기순환과 신용등급 'Through The Cycle' vs. 'Point In Time'

자료: 나이스신용평가

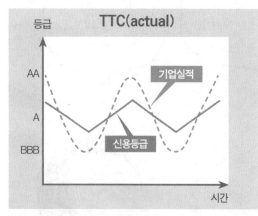

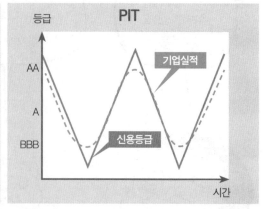

* Through The Cycle(좌) : 경기순환주기(약 3~5년) 전체를 반영하여 신용등급을 결정하는 방식.
* Point In Time(우) : 매년 기업실적 변동에 따라 신용등급을 조정하는 방식.

Through The Cycle은 이를테면 '균형에 대한 감각'입니다. 앞에서 전문가들의 견해가 대립할 때와 한 방향으로 쏠릴 때를 비교해보면, 후자는 균형을 벗어난 상황일 가능성이 높습니다. 지나친 과열 양상을 보일 때는 여기저기서 '우상향'과 '불패'가 영원할 거라는 이야기로 가득하지요. 그런 때일수록 다수의 말에 휘둘리기 보다는 호황과 불황이 반복하는 사이클 속에서 균형으로 회귀한다는 '균형감각'을 챙겨야겠습니다.

마틴 스콜세지 감독의 영화 〈울프 오브 월스트리트〉에서 주인공 조던 벨포트(레오나르도 디카프리오)가 월스트리트에 있는 증권사에 첫 출근한 날, 선배인 마크 한나(매튜 맥커너히)로부터 식당에서 한수 배우는 장면은 영화 전반의 메시지를 압축해서 담고 있습니다. 영화 속 과장된 인물처럼 모든 업계 전문가들을 냉소적으로 바라볼 필요는 없습니다. 다만, 업계 종사자들의 언어에 휘둘리지 않기 위해 중심을 잡으려는 노력은 필요하겠습니다.

"중요한 건 고객의 돈을 자네의 주머니로 옮기는 거야. 월스트리트의 제1원칙. 그 누구도, 워런 버핏이건 지미 버핏이건 주가가 오를지 내릴지 횡보할지 아무도 몰라. 평범한 증권맨들은 두말할 것도 없지……(중략)……우린 뭘 만들거나 뭔가를 짓거나 하는 게 아니라고. 주식으로 돈을 번 고객이 현금화를 하도록 놔둬선 안 돼. 특별한 아이디어를 내서 수익을 재투자할 종목을 권하는 거지. 그렇게 이 판에서 빠져나가지 못하게 해야 해."

_ 영화 〈울프 오브 월스트리트〉 중에서

38

하락장의 두 얼굴,
그 해 우리는

_ 단기 조정인가, 장기 침체인가?

여느 자산들이 그렇듯 주택가격의 하락기 또한 두 가지 얼굴로 찾아왔었습니다.
"장기 침체인가, 단기 침체인가?" 이명박정부 시기 약 5년(2009~2013년)에 걸친
서울/수도권 주택가격 하락과 문재인정부 시기 1년(2019년 상반기)이 채 안 되었
던 하락, 이 둘의 차이를 가른 것은 통화정책이었습니다. 앞으로 하락장이 2019년
처럼 단기에 그칠지, 2009~2013년처럼 오랜 기간 이어질지 또한 통화정책에 달
려있고, 대외충격에 따른 스트레스는 향후 변동성을 확대하는 요인입니다.

"역사는 그대로 반복되지 않지만,
그 흐름은 반복된다."
History doesn't repeat itself, but it often rhymes.

_ 마크 트웨인

2019년, 그해 통화정책의 양상

"집값이 벌써 많이 떨어졌네! 조만간 줍줍에 나서야겠는 걸~ 가까운 2019년에도 이럴 때 용기 냈던 사람들이 벌었다고!"
"2019년과는 양상이 많이 다를 수도 있잖아? '지금이 바닥이다!'라며 섣불리 들어갔다간 고통이 길어질지도 모르지."

앞에서 다룬 대로 부동산은 쉽게 팔기 어려운, 유동성이 낮은 자산입니다. 통상 유동성이 떨어지는 자산은 시세보다 낮게 평가되지만, 역설적으로 가치를 유지하는데 무시 못 할 장점으로도 작동합니다. 주택 외에 주식/채권, 비트코인 등에도 투자한 사람이 유동성을 마련해야할 때 환금성이 좋은 자산들부터 팔게 되고, 주택은 쉽게 처분하기 어렵다보니 그냥 보유하게 되지요. 그러다 보니 조정기간이 짧으면 상당 수준 하락한 주식, 비트코인 등에 비해 부동산의 하락 폭은 미미하게 되고, 반대로 침체가 길어지면 버티지 못한 부동산 물량들이 순차적으로 출회되면서 하락이 깊어지는 양상이 전개됩니다.

특히, '영끌'로 부동산에 올인한 사람이 많을수록 유동성 대응을 위해서는 오로지 집을 팔아야만 하니 비교적 단기에도 주택가격 하락 폭이 커질 수 있습니다. 결국 이런 시기를 버티면서 살아남는 사람만이 '부자'라고 할 수 있겠지요.

금융위기 발생 이후 0~0.25%의 기준금리를 장기간 유지해온 미 연준은 2016년 말부터 25bp씩 8차례 인상하여 2018년 말에는 기준금리가 2.25~2.50%에 달하게 됩니다. 당시 미국의 긴축 강도가 글로벌 경제에 상당한 부담으로 작동하자 약 반년 만에 파월 의장은, ① 경기둔화 전망과 ② 미미한 물가상승률을 빌미로 2019년 9월로 예정했던 양적긴축을 7월로 조기 종료, 하반기에만 세 차례(7·9·10월) 금리인하를 단행하는 등 다시 완화적인 통화정책을 실시합니다.

우리나라도 이에 발맞춰 2019년 7월과 10월 두 차례에 걸쳐 기준금리 인하를 실시하였고, 2019년 상반기 잠시 찾아들었던 서울·수도권 부동산침체기가 다시 상승장으로 전환된 데에는 이처럼 글로벌 통화정책의 완화가 결정적인 기여를 하게 되었습니다. 침체 및 대치 상태(매수와 매도 간 호가 차이가 커서 매매가 일어나지 않는 상태)가 6~9개월에 불과하였고 이후 활발한 매수세와 함께 상승장이 재개되었습니다. 대다수의 유주택자들은 버틸 수 있었고 자산가격의 하락 폭도 제한적이었지요. 이처럼 가까운 과거 사례를 반추해보면, 경기침체 이슈가 부각되면서 다시 완화적인 통화정책이 시작될 경우 집값의 조정도 제한적인 수준에 그칠 수 있습니다.

"한국의 통화정책은 정부로부터 독립했지만, 미 연준의 통화정책으로부터는 완전히 독립하지 못했다."_이창용 한은 총재

🏢 1999~2022년 한·미 기준금리

자료: 한국은행, FRED

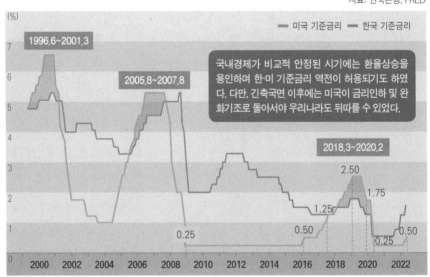

우리나라는 GDP 대비 수출·입 비중이 70%를 상회할 정도로 대외의존도가 높은 나라로서 안정적인 환율 및 외환보유고 운용을 위해 미국, 중국 등 주요 국가로부터 독립된 통화정책을 펼치기 어렵습니다. 한·미 기준금리 역전은 허용되더라도 글로벌 인플레이션과 미국의 긴축기조가 완화되기 전까지는 우리나라 독자적으로 완화적인 기조로 돌아서긴 어렵다는 점을 감안하고서 2019년과 공통점/차이점을 살펴보겠습니다.

그때는 맞고 지금은 틀리다? : 인플레이션

우리나라와 미국의 긴축으로 인해 주식, 채권 시장을 중심으로 자산가격 조정이 심화되는 2022년. 올해를 견디고 나면 2019년에 그랬듯 경기침체 우려로 인해 가까운 미래에 다시 완화적인 통화정책으로 전환될 수 있을까요? 2019년 통화정책 완화의 빌미를 제공했던 ① 경기둔화 전망과 ② 미미한 물가상승률 중에서 '물가상승률'의 경우 미미하기는커녕 대부분의 국가에서 역대 최고 수준을 기록 중입니다. 이에 2022년 상반기에는 각국 경제·금융 수장들이 경기 연착륙은 어렵더라도 물가를 안정시키는 것을 최우선 과제로 삼고 빅스텝(50bp), 자이언트스텝(75bp) 등 큰 폭의 금리인상을 단행 중입니다.

성장보다는 '물가안정' 우선, 기준금리 추가 인상 시사 _이창용(2022.4.25.)
물가안정을 최우선으로, 인플레에 다각적 대응 _추경호(2022.6.21.)
인플레 받아들일 수 없는 수준, 물가안정정책 '최우선' _재닛 옐런(2022.6.8.)
경기후퇴 우려 있지만 물가안정 실패가 더 큰 위험 _제롬 파월(2022.6.30.)

2022년 들어 미 연준에서 강력한 긴축기조를 이어가자 6월 말 기준 원유, 천

연가스, 구리, 옥수수, 면화, 목재 등 에너지, 비철금속, 곡물을 아우르는 원자재 전반의 가격이 이전 분기 대비 상당 수준 하락했습니다.* 금리인상으로 화폐가치를 높이고 재화에 대한 수요를 위축시켜서 가격 하락을 이끌어낸 것이지요. 이러한 국면에서 향후 공급문제도 해결된다면 중·장기 가격안정화를 도모하고 인플레이션 우려를 해소할 수 있게 됩니다.

하지만 현재 상황은 전쟁, 공급망 차질, 탄소배출저감 등으로 인해 과거 대비 공급이 감소한 여건에서 금리인상(유동성 축소)을 통한 수요 위축으로 대응한 것인데, 여기서 시장의 예상보다 극심한 공급 감소가 장기화되거나, 중국이 성장률을 높이기 위해 적극적인 부양책을 쓰거나, 선진국들이 재차 유동성을 확대할 경우 인플레이션 문제가 다시 불거질 수밖에 없는 국면입니다. 즉, 2019년에는 수요 대비 충분한 공급 덕분에 물가안정을 의심치 않고 경기부양을 위해 금리인하(유동성 확대) 카드를 쓸 수 있었습니다. 그러나 이제는 불안정한 공급 여건이 해소되기 전까지는 유동성 확대 시 인플레이션 문제가 재차 심화될 수 있다는 경각심을 가지게 되었습니다.

글로벌 인플레이션은, 미국 탓 혹은 러시아 탓

글로벌 인플레이션의 원인을 두고 미국과 러시아는 서로 다른 말을 하고 있습니다.

"이게 다 우크라이나를 침공한 푸틴과 러시아 때문이다."_ 미국

"이게 다 돈을 너무 많이 풀었던 미국 때문이다."_ 러시아

---

* 미국의 금리인상과 더불어 대도시 봉쇄의 여파로 중국의 2022년 2분기 GDP 성장률이 0.4%로 급락한 것도 원자재가격 하락에 기여한 것으로 분석된다.

겉으로는 우방의 편을 들어야겠지만 시장을 바라볼 때는 굳이 한쪽에 치우칠 필요가 없습니다. 유동성 확대(미국 탓)와 공급 차질 및 감소(러시아 탓)가 전방위적인 물가상승을 빚어내는 상황이니, 서로가 남의 탓을 하며 양측 모두 맞는 말을 하고 있는 것입니다. 두 가지 요인(유동성, 공급) 모두 해소될 것으로 기대된다면 이처럼 혼란스럽지 않았겠지만, 미국의 금리인상을 통해 진행 중인 유동성 축소와 달리 러시아가 심화시킨 공급 차질 문제는 복잡한 양상을 띠고 있습니다.

전쟁이 중단되더라도 러시아에 대한 서방의 제재는 장기간 지속될 것으로 예상되는데요. 러시아와 중국은 미국 주도의 일극주의를 부정하고 다극주의를 주창하는 등 지정학적 리스크가 부각되면서, 과거처럼 자유로운 교역을 기대하기 어렵습니다. 그러니 공급망 차질 또한 수시로 발생할 전망입니다.

"쟤네들(유럽) 하는 짓이 마음에 안 드네. 가스관 잠궈버려!" _ 러시아

"우리가 쓸 몫도 부족하니 몇몇 원자재는 당분간 수출 금지합니다!" _ 인도, 인도네시아 등

373

금리는 자금에 대한 수요와 공급으로 결정됩니다. 경기침체로 인해 소비와 투자가 전반적으로 부진하여 자금에 대한 수요가 위축되고 이로 인해 금리가 낮아지게 됩니다. 고로 경기침체 전망은 향후 금리가 낮아질 것으로 기대하는 것입니다.

침체는 금리인상을 멈추게 하고, 더 나아가 금리인하의 빌미를 제공합니다. 그리고 경기침체로 인해 조만간 기준금리가 인하될 거라는 센티멘트(투자심리)가 조성되면 실제로 시장금리에 신속히 반영됩니다. 2019년에는 시장금리가 기준금리보다 먼저 하락하기 시작했으며, 2022년 6월 이후의 원자재가격 및 시장금리의 하락은 향후 경기침체로 자금 및 원자재에 대한 수요가 위축될 거라는 전망을 반영했던 것으로 보입니다.

그런데 개인적으로는 소득불균형 완화 덕분에 경기침체가 예상보다 느리게 진행되거나, 경기침체로 가는 과정에서 상당한 자금수요 확대가 예상된다는 점에서 당분간 과거와 같이 빠른 금리인하는 어렵다고 판단합니다. 과거와는 다르다고 생각하는 부분을 정리하면 다음과 같습니다.

[1] 익숙치 않은 풍경 : 고소득층과 저소득층, 고성장산업과 취약산업, 선진국과 개도국 간 불균형 완화

다수의 경제/금융 관련 글을 읽다보면, '기승전-빈부격차 확대'의 결론을 흔하게 봅니다. 그리곤 당연한 진리처럼 받아들여져 많은 공감을 받습니다. 그런데 좀 이상하지 않나요? 자본주의에서 살아가는 한 모든 게 빈익빈 부익부, 양극화로 귀결된다면 대부분의 선진국은 극소수의 재벌과 대다수의 빈곤층으로 구성되어야 할 텐데 현실은 그 정도로 극단적이진 않습니다. 이에 대한 학술적인 연구결과들은 시기별로 다르겠지만, 필자는 채권과 기업을 살펴보는 업무를 직업으로 삼다보니 평균으로 회귀하는 채권의 속성처럼 빈부격차라는 것도 확대되는 시기와 완화되는 시기가 반복되는 게 아닌가 생각해봅니다. 현재 벌어지고 있는 심각한 인플레이션 이슈도 장기간 저물가에 안주하다가 판단 미스로 인해 수습이 어려워졌듯이, 빈익빈 부익부는 당연한 것이라는 관성에 젖다보면 변곡점을 놓치게 되는 것 같습니다.

취약계층의 인건비 상승

미국에서는 코로나19가 전환점이 되어 블루컬러 노동 공급이 수요를 따라가지 못해서 임금이 폭등한다는 이야기가 전해지는데요. 우리나라도 유사한 사례들이 관찰되고 있습니다. 건설업의 경우 자재가격뿐 아니라 인건비 또한 상당히 오른 것으로 전해지며, 운송인력의 임금 상승은 택시 품귀 현상으로까지 이어졌습니다. 이외에도 저숙련·저임금의 영역이었던 병원, 식당, 미용실 등의 보조업무 종사자 또한 인력 부족으로 인해 임금이 크게 오르는 등 흔히 블루컬러라 불리는 육체노동, 현장직 중심으로 인건비 상승 추세가 두드러지고 있습니다. 원자재가격은 과거에도 오르고 내리길 반복했지만, 인건비는 한번 오르면 다시 내려가기 어렵다보니 이들을 고용하는 기업 및 자영업자(의사 등 전문직 포함)의 소득이 구조적으로 취약계층에게 이전되는 것입니다.

코로나19에 대한 공포가 가득하던 시절, 화이트컬러는 재택근무, 화상회의 등 비대면을 통한 업무 진행이 나름대로 가능했습니다. 헌데 블루컬러 업무는 도저히 현장을 떠날 수 없는, 재택이 불가능한 업무입니다. 그런데 코로나19 확진에 따른 공백이 자꾸만 생겨나니 인력 버퍼에 대한 수요가 증가할 수밖에 없었을 것으로 판단됩니다. 초기 인플레이션을 촉발했던 운송비 상승도 코로나19 여파로 적정인력이 부족해지면서 적체가 심화된 것으로 풀이되고 있지요. 그렇게 촉발된 인건비 상승이 위드 코로나 이후 서비스업에 대한 수요 회복에 발맞춰 현장직 노동인력의 임금이 과거 대비 높아지는 추세입니다. 물론 서비스업에 대한 수요가 향후 크게 위축될 경우 경기침체는 불가피하겠으나, 당분간은 취약계층의 고용 호조 및 소득 증가로 인한 긍정적인 효과도 무시할 수는 없습니다.

| 취약업종의 펀더멘털 개선 |

2008년 글로벌 금융위기 이후 코로나19 이전까지 상당기간 건설, 조선, 해운업은 우리나라의 대표적인 취약산업으로 꼽혀왔습니다. 이중 건설업의 경우 2015년 전후 전국적인 집값 상승에 힘입어 사업 환경이 개선되었으나, 그 전까지 워낙 많은 업체가 도산한 탓에 부도율이 높은 3대 취약산업으로 지목되며 디스카운트를 받았습니다. 과거 대우조선해양과 한진해운의 채무불이행 사례처럼 장기 불황으로 인해 업종을 대표하는 기업마저 무너지는 것은 고용과 투자 위축, 지역경제의 불황 등 경기침체를 유발하는 요인입니다.

그러나 2020년 이후 코로나19가 촉발한 물류 대란은 해상운임 폭등으로 이어져 해운업의 대호황을 이끌었고, 순차적으로 선가 상승과 함께 조선업황 개선으로 이어졌습니다. 건설업 또한 같은 기간 초저금리에 따른 분양 호조는 펀더멘털 개선의 기회가 되었습니다. 그 결과 3대 업종에 속한 기업의 부실 발생 가능성은 과거에 비해 크게 낮아진 상황입니다.

국가경제 차원에서 보면, ① 전체 기업의 합산이익이 증가하더라도 특정산업군의 장기 불황으로 인해 자꾸만 부도가 발생하는 것과, ② 전체 기업의 합산이익은 감소하더라도 부도가 발생하지 않는 것 중에서는 후자의 부담이 덜할 수 있습니다.

즉, 삼성전자와 네이버의 이익이 증가하더라도 고용효과가 큰 중후장대산업에 속한 기업이 파산하게 되면 경제 전반에 미치는 악영향이 상당하겠지요. 하지만 코로나19 이후 이들 취약업종의 펀더멘털이 개선되었으니, 그동안 상당한 부를 축적한 반도체, 게임 업종 등에 속한 기업들의 이익이 저하된다 해도 사회 전반에 미치는 악영향은 비교적 제한적이라는 해석도 가능합니다.

| 자원을 보유한 신흥국 경제 여건의 개선 |

'미국의 금리인상이 신흥국 경제위기를 불러온다'는 보도와 함께 스리랑카에 이어 파키스탄과 이집트도 위험하다며 신흥국 연쇄 디폴트에 대한 우려가 부각됩니다. 하지만, 그간 언론에 심각하게 보도되지 않았을 뿐, 코로나19 이전에도 인도, 브라질, 베트남, 터키, 칠레 등 주요 신흥국 환율은 2010년 이후 추세적으로 무너져 내렸었고, CIS, 남미, 아프리카 국가들은 말할 것도 없었습니다. 2015~2016년경에는 저물가로 인해 자원 수출에 의존하던 국가들의 재정이 파탄 나서 일부 산유국의 구제금융 이슈가 있었으나, 개도국들의 환율 붕괴나 디폴트 이슈가 비중 있게 보도되진 않았습니다. 당시 우리나라를 비롯한 선진국들은 저금리·저물가가 지속되는 환경에서 살만했기 때문입니다.

하지만 글로벌 인플레이션이 이러한 양상을 완전히 뒤집으면서 오랜 기간 저물가로 인해 고통 받던 자원 수출국의 무역수지가 크게 개선되고, 산유국과 브라질, 인도네시아 등 여러 신흥국의 환율은 비교적 강세를 기록 중입니다. 반면 원자재 수입에 의존하는 한·중·일 및 유럽의 주요 선진국들은 미국의 금리인상과 높은 인플레이션으로 인해 환율 약세가 심화되면서 큰 곤욕을 치루고 있습니다. 한·중·일을 비롯한 이들 선진국의 경기침체는 빠르고 심각하게 다가올 가능성이 높습니다. 그러나 우리보다 형편이 나은, 자원이 풍부한 선진국(미국, 캐나다, 호주 등) 및 원자재 수출 중심의 이머징 국가들은 비교적 선방하면서 예상보다 글로벌 경기침체가 지연될 가능성도 내재합니다.

[2] 인플레이션이 유발하는 자금 수요의 험난한 길목

우리나라의 GDP는 대략 2천조 원입니다. 코로나19 이전 우리나라 GDP성장률은 대략 2~3% 정도였으니 매년 40~60조 원쯤 되겠네요. 에너지 원료가격 급

글로벌 인플레이션 영향으로 각국마다 긴축기조로 인해 자금의 공급(유동성)은 줄어드는데 여기저기서 자금에 대한 수요는 오히려 확대되고 있다.

등으로 한국전력공사의 적자가 연간 최대 30조 원 수준으로 추산*된다 하니, 이것만해도 연간 경제성장 규모의 절반 이상이 됩니다. 즉, 한전이 적자를 메꾸고 버티기 위한 자금 수요만 해도 실로 어마무시한 것입니다. 우리나라는 대부분의 원자재를 수입에 의존하는데, 전례 없는 인플레이션 때문에 한전뿐 아니라 대부분의 기업이 예전보다 더 많은 운영자금을 필요로 합니다. 게다가 인플레이션의 끝이 어디일지, 경기침체는 언제까지 이어질지, 이처럼 앞날이 흉흉하고 캄캄할 때는 기업이 유동성을 더 확보하고 싶어지는 건 당연하겠지요. 글로벌 긴축기조로 인해 자금의 공급(유동성)은 줄어드는데 여기저기서 자금에 대한 수요는 외려 과거보다 확대됩니다. 자금 공급이 줄어드는데 자금 수요는 늘어난다는 것은 금리인상으로 이어질 수밖에 없습니다. 통상 경기침체가 예상되면 소비와 투자가 감소(=자금수요 감소)하면서 금리가 하락하였으나, 현재의 상황은 미래에 침체가 예상되더라도 침체로 가는 길목까지 높은 물

---

* LNG, 석탄 등 연료가격은 급등했으나, 이를 전기요금에 전가하지 못하다보니 역대 최고 수준의 적자를 기록 중이다.

가와 불확실성으로 인해 자금수요가 확대된다는 것이 과거와는 다른 양상입니다. 과거에는 한동안 모습을 드러내지 않던 인플레이션이라는 괴물 때문에 이러한 괴리가 발생하는 것인데, 단순히 '침체=금리인하'로 연관 짓는 것은 인플레이션을 지나치게 간과하는 셈입니다.

한편, 미국의 경우 2022년 상반기 기준으로 소비, 투자, 고용 등의 지표가 견조한 상황이다 보니, 금리인상 때문에 침체가 불가피하다는 전망이 당장의 현실과는 괴리가 존재하는 상황입니다. 가령 공장가동률이 130%였다가 110%가 되면, '여전히 견조하다'는 표현을 쓰지 '침체가 임박했다, 머지않아 회사가 망할 것 같다' 등의 표현을 쓰진 않습니다. 기온이 34도를 기록하다가 30도가 되면 '어후, 최악의 폭염은 지나갔네'라고 하지 '겨울이 온다!'라고 외치지 않는 것과 같습니다. 5년 새 10억 원 오른 집값이 1억 원 떨어졌다고 '폭락이다~~!'라고 하는 것도 같은 맥락으로 이해할 수 있겠습니다. 즉, '과열이 식는 것'과 '침체'는 엄연히 다른 것입니다.

금리가 3%가 되면 1%이던 시절보다 여러모로 다수가 힘들 것은 자명합니다. 금리가 매우 낮을 때보다 경기가 침체되긴 할 텐데, 그동안 익숙했던 '침체=금리인하'의 패턴을 섣불리 기대할 수 없는 상황이지요. 침체를 강하게 주장하는 일부 전문가들은 가까운 과거에 인플레이션의 강도(금리인상 요인)는 대체로 과소평가 했었습니다. 2022년 초만 해도 인플레이션을 과소평가한 나머지 연말 기준금리 예상 레벨은 1.75% 수준이었으나, 역대급 물가상승을 확인하게 되면서 하반기 들어서는 3%대를 예상하고 있습니다. 경기침체에 대한 우려로 내년부터 통화정책 완화에 대한 기대가 높지만, 전술한 대로 단기 내 글로벌 인플레이션 문제 해결이 쉽지 않은 점, 높아지는 비용부담으로 인해 자금수요가 확대되는 점 등을 감안하면 당분간 금리인하 국면으로의 전환은 쉽지 않고, 부동산시장은 2019년보다는 2009~2013년의 흐름과 유사할 가능성이 높습니다.

39 패자의 귀환,
MEAN REVERSION을
기다리며

_ 환율은 부동산에 어떤 영향을 미칠까?

급격한 환율 변동은 자연스럽게 '거대한 위기'를 떠올리게 합니다. 우리나라 환율이 1,400원을 넘어선 적은 '아시아 외환위기'와 '글로벌 금융위기' 뿐이었으니 당연한 일입니다. 미국의 강력한 긴축은 환율 상승의 주 원인으로 거론됩니다. 그리고 수입물가 상승과 자본 유출에 대한 우려는 국내 금리인상 부담으로 이어져 가계부채와 부동산금융에 얽힌 리스크를 증폭시킵니다. 이처럼 환율이 국내경제 붕괴의 도화선이자 거대한 위기의 시그널이 될지도 모른다는 점에서, 환율의 펀더멘털 이슈를 살펴보고 우리나라 부동산시장에 시사하는 바를 짚어보겠습니다.

"환율이 오른다? 누군가에겐 좋고 누군가에겐 안 좋고 뭐 그런 거 아니겠어? 해외여행은 비싸서 못가고, 수출은 증가하고, 그러다 보면 다시 환율이 내려가고 뭐 그런 거라고 배웠는데……?"
"과거보다 해외 현지 생산비중이 높아져서 꼭 그렇지도 않아요. 삼성, 현대차, SK 등 국내 대기업이 미국 주도의 공급망 재편에 동참할수록 환율 상승의 긍정적인 효과는 반감될 수밖에 없겠지요."

급격한 변화는 누구에게나 심각하다

대체로 어떤 지표나 가격의 변화는 좋기도 하고 나쁘기도 한 양면성을 가지고 있습니다. 하지만 그건 일정 범위 이내에서 움직일 때 그렇습니다. 예를 들어 키 170cm에 몸무게 65kg인 사람이 5kg 내외로 찌거나 빠지는 것은 좋은 것과 안 좋은 것이 공존합니다. 하지만 단기간에 15kg 가까이 찌거나 빠지는 것을 가정해 보면, 어느 쪽으로도 좋을 것은 없고 그저 불길해 보입니다.

2022년 9월 20일 원/달러 환율이 1,396원이니 전년 평균(1,144원) 대비 20% 넘게 올랐습니다. 몸무게 65kg인 사람에게 단기간 ±15kg 수준의 변화가 생긴 것입니다. 달러를 순자산으로 많이 가지고 있는 사람들은 좋지 않겠냐고요? 글쎄요, 단기적으로는 원화환산 자산이 증가했다는 게 기쁘겠지만, 장기적으로는 내가 살고 있는 나라가 뭔가 위태로운 분위기에 놓이는 것이니 딱히 좋기만 한 일은 아닐 것입니다.

근원적인 질문, 화폐가치는 무엇으로 결정되는가?

채권업계에서는 'Mean Reversion(평균회귀)'이라는 용어를 즐겨 사용하는데요. 펀더멘털에 큰 변화가 없다면 시장가격은 시간이 지날수록 평균가격으로 수렴되기 마련이라는 의미입니다. 환율이 장기 평균인 1,100원대로 회귀하려면 펀더멘털의 구조적인 변화는 없는지부터 살펴봐야할 것입니다.

문제를 논하기에 앞서, 일단 원화(KRW)의 가치는 무엇으로 결정되는지 살펴보겠습니다. 우리나라에서는 법정통화인 원화로 거래하고 세금을 내야 하는데 이를 강제하는 것은 정부이니 대한민국 정부에 대한 신뢰가 관건이겠지요. 하지만 이것만으로는 부족합니다. 우리나라는 수출과 수입 없이는 작동할 수 없는 국가입니다. 기름 한 방울 나지 않으니 원자재 수입 없이 일상생활은 불가능한 와중에, 설비투자는 내수규모의 3~4배씩 하여 수출을 통해 경제대국이 될 수 있었지요.

결국 원화(KRW)의 가치는 미달러(USD)와 얼마에 교환될 수 있느냐로 결정됩니다! 만약 러시아나 이란이 겪는 것처럼 천조국(미국) 형님들께서 '이제부터 KRW는 USD와 교환할 수 없다'라면서, SWIFT망(국제은행 간 통신협정)에서 쫓아내고, KRW로 거래하는 국가들 혼쭐내고 한다면 KRW의 가치는 급락할 게 빤합니다. 그런데 이런 처지가 과연 우리만의 설움일까요?

"한국에서 먹는 호주 소고기가 더 맛있지 않나요?"

과거 필자가 호주에서 교환학생을 하던 시절, 현지 집주인이 제게 이런 질문을 한 적이 있습니다. 호주에서 제일 좋은 소고기들은 죄다 한국, 일본으로 수출되어서 정작 현지인(호주인)들은 맛없는 소고기만 먹는다는 '카더라'를 제게 확인하려던 것입니다. 그들도 USD를 벌 수 있다면 기꺼이 더 맛있는 걸 수출하고, 그보다 후진 것들이 내수용으로 남는 셈입니다. 수출과 내수의 차별, 이와 유사한 질문은 여러 가지 버전으로 가능합니다.

"미국에서 사는 한국차가 더 튼튼하고 좋지 않나요?"

우리가 영화 속에서 보는 외계인들은 영어를 씁니다. '아 장난해? 미국에서 만든 영화라 그렇잖아!?' 물론 그렇긴 한데, 외계인이 만약 지구인과 대화하고 교역하려 한다면 영어와 USD를 쓰겠지요. 그런데 잘 생각해보면, '외계인'을 어느 제3국가 사람으로 대체해도 실상은 같습니다. 각자의 언어와 화폐가 존재해도, 다른 나라와는 영어로 소통하고 USD로 교역하지요. 이렇게 보편성을 지닌 데다 아직까지 대안이 없기에 USD는 지구상에서 유일한 안전자산이기도 합니다.

이를 국가 관점으로 적용하면, 각국의 화폐가치를 지탱하는 가장 중요한 요소는 ① 매년 USD를 얼마나 잘 벌어들이는가(무역수지), ② USD를 얼마나 갖고 있는가(외환보유고) 입니다. 이 두 가지는 기업으로 치면, ① 영업현금창출능력과, ② 보유 현금성자산이며, 이는 곧 기업신용등급(credit)의 핵심 요소입니다. 유동성 위기 국면을 제외한 평상시에는 이 두 가지 중에서 ①이 ②보다 중시되며, 기업의 주가도 ②보다는 ①이 좌우합니다. 모든 기업이 성장에 목매는 이유는, 결국 EBITDA, 영업현금흐름을 확대하기 위함이지요. 국가 입장에서 보면 부국강병을 위해 'USD벌이 능력'에 집착할 수밖에 없는 것입니다. 조금 과장하면 KRW를 얼마를 벌고 쓰느냐는 그저 부차적인 것입니다. 막말로 그냥 찍어내면 되니까요.

캐나다, 호주, 뉴질랜드 주요 도시의 집값은 서울보다도 오랜 기간 미친 듯이 올랐었는데, 중국인들 투자수요 유입 탓이 컸습니다. 중국인들이 터무니없는 가격에도 계속 부동산을 사는 바람에 자국의 젊은이들은 집을 살 수가 없다며, 현지인들의 불만이 대단했습니다. 각국 정부가 그걸 몰라서 허용했었을까요? 내수활성화와 더불어 중국인들이 싸들고 오는 USD의 유혹을 떨치기 어려웠겠지요. 우리끼리는 아파트 1채 사고 팔면서 10억 원이건 20억 원이건 KRW를 주고받지만, 그들은 친히 10억 원, 20억 원에 달하는 USD를 가져와서 KRW와 바꿔준다는 큰 차이가 있습니다.

다시 말해 자급자족이 가능한 국가가 아닌 한 각국 화폐가치를 좌우하는 건 1차적으로 'USD벌이 능력'이고, 이게 취약해지면 2차로 외환보유고가 소진되다가 최후에는 국가부도(채무불이행)의 상황에 이르는 것입니다. 우리나라도 이 순서대로 터졌던 외환위기의 트라우마를 가지고 있습니다. 우리나라뿐만 아니라 각국이 수출기업에게 물심양면으로 지원을 아끼지 않는 것도 USD 확보에 사활이 걸려있기 때문이지요. USD를 버는 수단은 원자재, 관광업, 제조업, 투자유치 등 다양하지만 우리나라는 수출 제조업의 역할이 절대적입니다.

오랜 기간 소외되었던 자들의 반격

'P(판매가격)×Q(생산량)-C(비용)'은 기업 공통의 손익산식입니다. 이를 감안하고서 아래 우리나라의 수출액증감률과 무역수지를 나타낸 그래프를 살펴보겠습니다.

먼저 주목할 포인트는 과거 우리나라는 수출액이 감소할 때(2015~2016, 2019~2020)도 무역수지는 흑자를 기록했다는 것입니다. 이는 P×Q(수출액)가 감소했어도 C(원자재가격)가 더 많이 감소한 덕분입니다. 우리나라의 수출액이 감소할 정도면 글로벌 수요 부진이 너무 심한 상태라 원자재가격은 상당한 약세를 지속한 것이라는 해석이 뒤따랐습니다. 그러니 대한민국은 경기가 좋을 때나 안 좋을 때나 USD를 벌어들이는, 출중한 경쟁력을 가진 우량국가였던 것입니다.

📊 전년 동기 대비 수출액증감률 및 분기별 무역수지

자료: 관세청

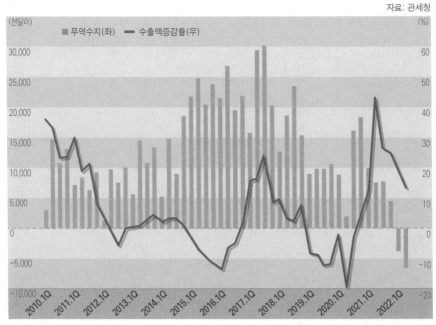

그런데 2022년 들어 수출증가율이 둔화되긴 했지만 여전히 (+)를 유지하는 와중에 무역적자가 지속되고 있습니다. 이는 가까운 과거와는 달리 심각한 인플레이션으로 인해 P×Q(수출액)가 증가하더라도 C(원자재가격)가 더 많이 올랐기 때문입니다. 우리가 소비하는 재화의 공급 과정을 단순화하면, '① 원자재 → ② 제조/판매업 → ③ 소비자'입니다. 대체로 ①에는 이머징 국가들, ②에는 한·중·일을 비롯한 선진국이 포진합니다. ②는 '소비자와의 거리'에 따라 넓은 스펙트럼을 형성하는데, 소비자와 가까울수록 진입장벽이 높고 사업안정성도 우수한 편입니다. 애플과 납품업체, 벤츠와 자동차부품업체 등의 관계를 생각해보면 되는데, 선진국일수록 상위 브랜드를 다수 보유하여 소비

🏢 2020년 브랜드 순위(Interbrand 발표)

01	02	03	04	05
(Apple)	amazon	■ Microsoft	Google	SAMSUNG
+38%	+60%	+53%	-1%	+2%
322,999 $m	200,667 $m	166,001 $m	165,444 $m	62,289 $m
06	07	08	09	10
Coca-Cola	TOYOTA	(Mercedes)	(McDonald's)	Disney
-10%	-8%	-3%	-6%	-8%
56,894 $m	51,595 $m	49,268 $m	42,816 $m	40,773 $m
11	12	13	14	15
BMW	intel.	FACEBOOK	IBM.	(Nike)
-4%	-8%	-12%	-14%	+6%
39,756 $m	36,971 $m	35,178 $m	34,885 $m	34,388 $m
16	17	18	19	20
CISCO	LOUIS VUITTON	SAP	(Instagram)	HONDA
-4%	-2%	+12%	New	-11%
34,119 $m	31,720 $m	28,011 $m	26,060 $m	21,694 $m
21	22	23	24	25
CHANEL	J.P.Morgan	AMERICAN EXPRESS	UPS	IKEA
-4%	+6%	-10%	+6%	+3%
21,203 $m	20,220 $m	19,458 $m	19,161 $m	18,870 $m

자와 가깝고, 한국/중국은 다소 멀다는 것을 알 수 있습니다(385쪽 '2020년 브랜드 순위' 참조).

필자는 국책은행에서 〈개도국은행편람〉을 만들던 2016~2017년, 개도국들 환율이 이미 상당기간 박살난 것을 보고 놀란 적이 있습니다. 당시 언론에 그다지 심각하게 보도되지 않았을 뿐, CIS, 남미, 아프리카 등의 자원부국들의 환율은 원자재가격 하락과 함께 추세적으로 처참해졌습니다. 당시 아제르바이잔 같은 산유국은 디폴트가 날 뻔 했지만, 개도국들의 환율 붕괴나 디폴트 이슈가 비중 있게 보도되진 않았습니다. 해당 기간 우리나라는 살만했고, 선진국들은 저금리·저물가가 지속되는데 안도했던 것이지요. 글로벌 수요 부진 속 한·중·일 무역흑자의 비결은, ① '원자재 수출국'의 붕괴였고, 미국의 셰일혁명이 끌어내린 유가는 구조적인 하락으로 인지되면서 이런 구조가 지속될 것만 같았습니다.

오른쪽 그래프 중 위의 것은 올해 많이 회자되는 최근 1년(2022. 9.20 기준)간 미달러화 대비 각국의 환율 변화입니다. 유로, 엔, 파운드 등 준기축통화들도 원화만큼 혹은 그 이상으로 상당히 하락했으니 '우리만의 문제는 아니다'며 위안하기도 합니다. 그런데 자원이 풍부한 국가들과 비교해보면, 자원을 수입에 의존하는 선진국들의 화폐가치 하락세가 심하다는 것은 알 수 있습니다. 대한민국의 국가신용등급이 세 번째로 높은 AA인데, 호주나 캐나다는 그렇다 치고 신용등급이 상대도 안 되는 국가들보다 화폐가치가 이렇게나 많이 떨어졌다? 단순히 미국이 금리를 올리는데 따른 달러 유동성 회수효과만 탓하기 어려워지는 대목입니다.

아래 그래프는 동일한 국가들의 2013년 평균환율 대비 2019년 평균환율의 변화를 나타낸 것입니다. 달러 대비 모두 약세를 보인 와중에 위 그래프와는 확연히 다르게 자원보유국의 화폐가치 하락이 심했고, 원화(KRW)가치는 매우 안정적이었습니다. 해당 기간은 디플레이션 우려가 높았던 시기입니다.

🏛 국가별 최근 1년간 USD 대비 화폐가치 변화

자료: 인포맥스

(괄호 안 수치는 2022년 9월 22일자 기준금리, 미국 = 3.25)

🏛 국가별 2013~2019년간 USD 대비 화폐가치 변화

자료: 인포맥스

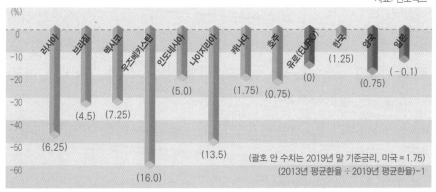

(괄호 안 수치는 2019년 말 기준금리, 미국 = 1.75)
(2013년 평균환율 ÷ 2019년 평균환율)-1

2019년 말과 2022년 9월 말 각국의 기준금리를 비교해보면, 브라질을 제외한 원자재 수출국은 큰 차이를 보이지 않는다. 원자재가격 상승으로 경상수지가 개선되니 굳이 금리를 올려가며 환율방어를 할 필요가 없는 것이다. 반면, 원자재를 수입하는 선진국들은 긴축(금리인상) 외에는 효과적인 환율방어 수단이 부족한 상황이다.

그 당시 ① '원자재 수출국'의 거시경제 지표들을 살펴보면 외환보유고 자체는 큰 문제가 없었으나 경상수지는 적자를, ② '제조/판매 선진국'은 경상수지 흑자를 지속했습니다. ①의 고통을 기반으로 ②의 상대적 안정이 펼쳐졌던 것이지요.

꽃이 진 뒤에야 봄인 줄 알았습니다

이제 다시 최근 1년 미 달러 대비 환율 변화 그래프를 보면, 마치 자원부국들이 오랜 세월 이를 갈다가 복수를 하는 듯한 형국입니다. "오랜 기간 원자재가 낮아서 좋았지? 우리만 계속 힘들어서야 되겠냐? 너도 한번 겪어봐라!" 경상/무역수지 흑자를 지속하다가 적자로 돌아섰다고 해서 갑자기 국가가 망하는 것은 아닙니다. 하지만 돈을 잘 벌던 기업이 갑자기 적자가 나면 주가가 급락하고, 적자만 내던 기업이 흑자로 턴어라운드하면 주가가 급등하는 원리가 환율에도 적용되는 것만 같습니다. 외국인 투자자들이 보기에는, 한국은 "어? 얘들이 USD를 착실히 잘 벌다가, 이젠 못 벌어? 외려 소진해?"하는 상황입니다. 더욱 고민되는 지점은 과거 자원부국들이 오랜 기간 고통을 겪었듯, 앞으로는 고물가로 인한 무역적자도 장기화될 것이냐 하는 점입니다. 이 경우 2013~2017년 자원부국들이 겪었듯 환율은 Mean Reversion이 아니라 수년 간 1,400원대가 뉴노멀이 될 수도 있고, 수입물가로 인한 국민들의 고통도 더욱 커지게 됩니다.

한은 이창용 총재의 언급대로 우리나라의 외환보유고를 감안하면 신흥국들이 겪는 외환위기를 벌써부터 염려할 필요는 없습니다. 문제는 고통의 기간입니다. 몸무게 65kg의 대한민국이 대내외적인 요인으로 인해 간혹 15kg 이상 변화한 적도 있었지만, 짧은 시간 내에 균형 몸무게로 복귀하곤 했습니다. 이번에도 큰 변화가 찾아왔는데, 근본적은 해결책은 삼성전자처럼 브랜드가치가 높은 기업이 늘어나고, 관광업, 투자유치 등 제조업 이외의 달러 수입 기반도 확대하는 것이겠지만, 이는 오랜 세월이 소요될 수밖에 없습니다.

결국 과거처럼 빠른 회복에 성공할 수 있을지는 글로벌 인플레이션의 강도와 기간에 달려있습니다. 글로벌 수요 부진 속에서도 무역흑자를 지속했던 자랑스러운 대한민국, '침체 걱정보다는 물가를 잡는 게 우선'이라는 각국 중앙은행의 코멘트는 우리에게 더욱 절실할 수밖에 없습니다. 아울러 오랜 기간 소외되었던, ① '원자재 수출국'의 반격과 이로 인한 ② '제조/판매 선진국'의 고생을 보면, 'Through-The-Cycle'의 관점에서 결국 영원한 승자도 패자도 없다는 교훈도 덤으로 챙겨 봅니다.

부동산가격이 회복·상승하려면 경기가 좋아지거나 금리가 낮아지거나 둘 중 하나라도 충족해야 합니다. 서울·수도권 집값의 상승기였던 박근혜/문재인 정부 시기에도 여느 때처럼 경제가 나쁘다, 힘들다는 얘기가 반복되었으나, 무역수지 흑자 및 안정적인 환율과 더불어 저금리가 지속되었던 기간입니다. 2022년 들어 치솟는 환율과 무역수지 적자, 금리인상의 삼중고를 겪고 있으니 완전히 다른 양상이며, '꽃이 진 뒤에야 봄인 줄 알았습니다'라면서 과거가 그리워질 만도 합니다. 삼중고 중에서도 환율 안정은 선결과제라 할 수 있고, 대내외적 여건에 의해 환율이 평균 수준으로 회귀 가능할 때 비로소 부동산 봄날에 대한 희망과 회복 가능성을 엿볼 수 있겠습니다.

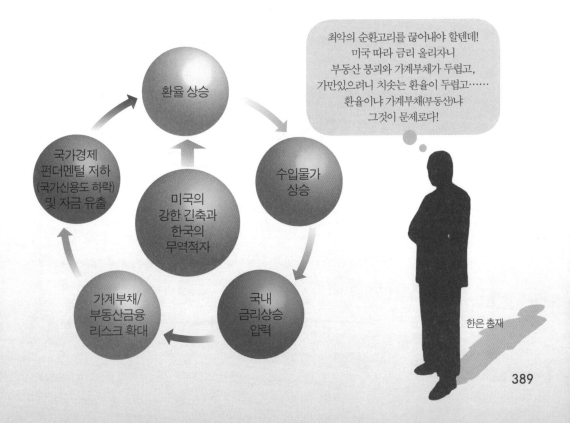

환율 상승

국가경제 펀더멘털 저하 (국가신용도 하락) 및 자금 유출

미국의 강한 긴축과 한국의 무역적자

수입물가 상승

국내 금리상승 압력

가계부채/ 부동산금융 리스크 확대

최악의 순환고리를 끊어내야 할텐데! 미국 따라 금리 올리자니 부동산 붕괴와 가계부채가 두렵고, 가만있으려니 치솟는 환율이 두렵고…… 환율이냐 가계부채(부동산)냐 그것이 문제로다!

한은 총재

국가신용도와 부동산의 물고 물리는 위기

독일, 스위스, 싱가포르 등 AAA. 한국, 프랑스 등 AA. 중국 A+……

우리가 익히 접하는 글로벌 신용평가사의 국가신용등급은 정부(sovereign) 신용도를 의미합니다. 일본은 세계 3위의 경제대국이지만 정부의 부채부담이 높기 때문에 우리나라보다 낮은 AA- 또는 A+의 신용등급을 보유하고 있습니다.

글로벌 신용평가사들은 국가신용등급을 산출할 때, GDP, 재정건전성, 리스크 민감성(susceptibility to event risk) 등을 주요 평가요소로 삼고 있는데요. 이때 은행 시스템 위험은 리스크 민감성의 중요한 요소로 고려됩니다. 아직까지 우리나라의 재정건전성 지표는 비교적 우수한 편이며, 은행 시스템 위험도 낮은 것으로 평가되기에 세 번째로 높은 AA 등급을 유지하는 것입니다.

과거 우리나라는 1997년 10월까지 AA-의 국가신용등급을 유지했으나, IMF 외환위기가 현실화되면서 2개월 사이 무려 10단계나 강등 당했던 아픈 과거가 있지요. 즉, 국가신용등급은 위기의 선행지표가 아니라 위기의 현실화 가능성이 높아지면 하향되는, 동행·후행 지표 역할을 하므로 '국가신용등급이 높으니 앞으로도 문제없다'라고 안심할 수 없는 것입니다.

앞에서 살펴본 대로 무역적자가 지속되는 것은 환율에는 큰 부담 요인이지만, 당장 국가신용등급의 강등을 염려할 정도는 아닙니다. 그보다는 2010년대에 유럽 국가들이 겪었듯이 가계부채가 은행 시스템을 위협하고 정부부채 리스크로 이전될 가능성이 관건입니다. 우리나라 가계대출의 심각성은 은행의 주택담보대출이 아니라, 실질 차주별 집계가 되지 않는 전세보증금과 개인사업자대출이 각각 '임대차2법' 시행과 제2금융권의 무분별한 집행으로 2020년 이후 크게 확대되었다는데 있습니다. 이 두 가지는 금리인상으로 인해 필연적으로 디레버리징(자산매각을 통한 채무감축) 과정을 거쳐야 합니다. 우리나라 가계대출은 약 80%가 변동금리이니, 금리인상 시 가계가 부담해야할 이자비용도 자연스럽게 증가합니다. 따라서 가계소득이 감내 가능한 이자비용 수준에 맞춰서 부채를 줄여야만 하는 것이지요.

집값이 견조할 경우 집을 팔아서 부채를 상환할 수 있지만, 집값의 하락폭이 커질수록 '부채를 감당하지 못하는' '한계차주'가 급증하게 됩니다. 기업이 일시적으로 힘들 때는 정부 주도로 혹은 자율적으로 은행이 만기연장 또는 채무재조정 등을 통해 어려움을 넘길 수도 있지만, 전세보증금은 개인 간의 채권·채무이기 때문에 이러한 조정이 불가능합니다.

'한계차주' 증가로 인한 금융기관의 부실과 경제위기를 막기 위해 정부가 나서게 되면, 가계부채가 정부부채로 이전됨에 따라 국가신용등급이 빠르게 강등되었던 과거 스페인, 아일랜드 등의 전철을 밟을 가능성도 있습니다. 이 경우 신용등급이 강등되었던 유럽 국가들이 겪었듯이 부동산가격 하락은 심화/장기화되는 부담을 안게 됩니다. 물론 이명박정부 시기에 그랬듯이 하우스푸어가 양산되고 제2금융권의 부실이 발생하더라도 은행(제1금융권) 차원으로 위기가 전이되지 않는다면 불행 중 다행이라 하겠습니다.

미국·유럽 대부분의 선진국이 2010년대에 가계부채 디레버리징과 금융기관 구조조정의 고통을 먼저 겪었으나, 우리나라는 오히려 다양한 금융기관의 부동산 대출규모가 크게 확대된 상황입니다. 당분간 글로벌 금리인상 국면에서 우리나라가 겪을 고통이 다른 선진국보다 클 수밖에 없는 것이지요. 2022년 하반기 기준 한국은행은 미국과 금리 차를 좁히는 적극적인 금리인상을 통해 환율을 방어할지, 가계부채 리스크를 염려하며 금리인상을 늦추고 환율 상승을 용인해야할지 딜레마에 처해 있습니다. 외국인투자자는 이러한 약점을 공략하면서 우리나라 금융시장의 변동성을 심화시킬 지도 모릅니다. 일부 지역 급매물을 중심으로 집값이 싸졌으니 빠른 반등을 기대하며 매수하기보다는 긴 호흡으로 리스크 관리가 필요한 시점입니다.

무엇이 그들을 전사(戰士)로
만들었을까요?

"채권시장 텐트럼(발작) 장난 아니네……"

2022년 4월 12일 오전, 시장금리가 계속해서 치솟자 채권업계에 있다가 부동산업계로 옮긴 친한 형님이 카톡으로 이렇게 말을 겁니다. 그리고 비슷한 시각 다른 친구는 주말 나들이 다녀오는 길에 '인상적이었다'며 찍은 사진(은마아파트 현수막)을 보내줍니다(서울 시내 운전하며 다니다보면 "서울시장은 자폭하라!" 같은 끔찍한 말들이 아파트 외벽에 걸려있는 걸 쉽게 볼 수 있습니다).

2022년 연초부터 채권시장참여자들을 혼비백산하게 만든 금리 상승세 그래프와 '인상적이었던' 은마아파트 현수막 사진. 그런데, 공정위 발표 기업집단 기준 '현대그룹'이 아니라 '현대차그룹'이라고 누가 말씀 좀……

곧바로 채권시장과 부동산시장 참여자들의 스타일에 대해 생각해봅니다. 이제 근 1년 가까이 깨지는 와중에 채권 매니저들은 그저 '후우……' 한숨을 내쉴 뿐, '한은 총재 코멘트가 좀 강했군요', '브레이너드(미 연준 부의장)마저 이런 말들을 해서 이렇게 되었네요' 식으로 중앙은행 관계자의 말 한마디에 따라 수익률이 박살나는 환경을 마치 대자연의 섭리인양 받아들입니다. 채권 전문가들의 화법도 '이런저런 요인들과 인플레이션 때문에 금리가 당분간 오르지만, 침체가 불가피하단 걸 생각하면 또 하향압력으로……' 식의 양비론을 펼칩니다. 부동산 전문가들의 '그런 건 영향 없다!', '오직 이것만이 해결방안이다!', '그래서 앞으로 이렇게 된다!' 식의 직설적 화법과는 결이 다릅니다. 아마도 부동산시장에서 채권시장과 같은 난리가 났다면 아파트 현수막은 이랬을 것 같습니다.

"금리인상 결사 반대! 파월은 자폭하라!"
"50bp인상이 웬 말이냐? 우린 이미 지옥 갔다! 금통위도 지옥으로 가라!"
"희대의 사기꾼 브레이너드, 우릴 감쪽같이 속였다!"

레슬링 올림픽 금메달리스트 심권호씨가 한국토지주택공사(LH) 위례사업본부 보상부장 재직 시절, 보상 문제 민원을 제기하며 행패 부리던 사람 중 하나가 심권호인지 모르고 멱살을 잡았다가 곧바로 레슬링 기술로 제압당했다는 에프소드가 기억납니다. 단적인 예시이지만 대체로 부동산 관련 민원과 다툼은 상당히 거칠기로 유명하고, 이는 투자 관련 커뮤니티에서도 유사한 양상입니다. 무엇이 이토록 그들을 전사로 만든 걸까요? 이 책은 그 원인을 찾기 위한 작은 노력의 일환이기도 합니다.
계속된 채권가격 하락(금리인상) 때문에 분위기는 침체되어도 신사들과 함께하

"Just because you are right
does not mean I am wrong."

는 채권시장에서는 평온히 지낼 수 있는데, 전사들로 가득한 부동산시장에서 공식적인 의견을 펼치는 것은 상당한 용기를 필요로 합니다. 필자의 주위는 대부분 유주택자이며 '영끌' 중인 지인들도 적지 않은데, '앞으로 한동안 집값 떨어질 것 같다' 또는 '급락할 가능성도 높아졌다'는 논지의 주장을 하는 것은, 구태여 인간관계를 훼손할 법한 일입니다. 다만, '전쟁이 일어날 것 같다'라는 분석이 '전쟁이 일어났으면 좋겠다'가 아니듯, 이 책은 유주택자 분들의 심기를 불편케 할 의도로 집필한 게 아닙니다. 어디까지나 분석에 기반한 전망을 논하는 과정에서 '생각이 다르기 때문에' 불쾌한 부분에 대해서는 양해를 구합니다.

러시아의 우크라이나 침공에 대한 충격이 유독 컸던 것은, '선진국의 시각에서 원치 않는 전쟁'이 없는 비교적 평화로운 시절에 길들여져 있다 보니, '에이 설마 전쟁까지 일어나겠어?'라는 안이함에서 비롯된 게 아닌가 싶습니다. 그런데 한국외대 러시아연구소 김선래 교수에 따르면, 러시아가 오랜 기간 침공을 준비해왔고, 미국은 이미 2021년 11월부터 각국 정부에게 전쟁 가능성을 긴밀하게 공유해왔다는 것입니다. 사실이라는 전제 하에 관련 내용을 미리 비중 있게 다뤘다면 일부 개인과 기관은 전쟁 발발 가능성을 염두에 두고 선제적으로 대응했을 지도 모릅니다. 그렇게 누군가는 회색코뿔소에 대비를 하지만, 블랙스완은 대다수가 모르다가 당하는 것이니 회색코뿔소라도 발굴해 내는 것이 피해를 줄이는 길이 아닐까요? 결국 회색코뿔소의 존재 자체는 전문가와 언론이 만들 수 있고, 언론에서 다루지 않으면 회색코뿔소도 블랙스완이 되어버립니다.

어떤 현상들을 두고서 이게 리스크인지 아닌지, 리스크라면 그 심각성은 어느 정도인지를 판별하려면 오랜 경험과 전문성을 필요로 합니다. 본질을 알지 못하면 상당히 중요한 사안이 후속적으로 다뤄지지 않거나, 반대로 별일 아닌 게 금융위기나 시스템 붕괴를 유발할 것처럼 침소봉대되기도 합니다.

그런데 중요한 역할을 담당하는 언론기자와 공무원/공공기관 직원은 단기 순환근무에 놓이다보니 전문성에서 다소 아쉬운 경우가 있고, 자문의 대상이자 실무 경험을 갖춘 외부 전문가는 해당 분야의 이해관계자라는 문제가 있습니다. 이를테면 주식 애널리스트의 경우, 전문성과 별개로 주가의 방향성에 대해 외부로 드러내는 의견이 한쪽으로 치우칠 가능성이 존재하는 것처럼, 부동산 전문가들 역시 본인 또는 조직의 희망사항을 전망에 투영하면서 의견을 제시할 가능성을 배제할 수 없습니다.

자산의 소유 여부 및 직업적인 이유로 이해관계가 깊어지면, 내가 원하지 않는 분석이나 전망, 정책에 대해서 마치 전사처럼 강한 태도를 취하게 되지요. 다행히 필자의 경우, 신용평가사와 은행에서 다뤘던 부동산/주택 시장 관련 업무를 두고 현장 전문가에 비할 순 없겠으나, 오랜 기간 호흡하면서도 해당 분야 종사자와 이해관계가 전무하다는 점에서 차별화된 시각과 이야기를 전

달할 수 있다고 판단했습니다. 용기를 내어 이 책을 집필할 수 있게 된 이유이지요.

2019년부터 페이스북을 통해 금리와 부동산에 관한 글을 간간히 포스팅 하던 중에, 2021년 하반기부터 시작된 우리나라의 금리인상과 함께 '이제 올게 왔다'는 생각에서 2022년 2~3월 초에 '아파트시장에서 경험한 인플레 오마쥬 혹은 데자뷔'라는 제목으로 4편의 글을 올린 바 있습니다. 해당 포스팅이 다수의 책을 저술한 코리아모니터 김수헌 대표의 눈에 들게 되었고, 이후 어바웃어북과 뜻밖의 인연으로 책을 쓰게 되었습니다.

가벼운 표현으로 가득한 SNS와 달리, 되도록 정제되면서도 대중에게 다가갈 수 있는 내용이면 좋겠다는 의견에 따라 쉽게 써보려 노력했습니다. 직업상 채권시장 기관투자자와 은행원을 대상으로 글을 쓰다가 일반 대중에게 다가가는 글을 쓰려다보니 설명이 빈약하거나 논리적 비약으로 보일 소지가 있습니다. 이는 전적으로 저의 글쓰기 실력 부족에 따른 것입니다.

이 책이 독자에게 의미 있게 전달될 수 있다면, 이는 건설업과 부동산 분석에 대한 내공을 다지게 해준 한국기업평가, 국책금융기관에서 글로벌 여신과 심사라는 값진 업무 경험을 선사한 한국수출입은행, 매일 채권시장을 통해 매크로를 바라볼 기회를 준 이스트스프링자산운용의 동료 및 관리자 분들의 공입니다.

직장생활에서 많은 가르침과 힘을 주신 고마운 동료들, 어느 자리에서나 꾸준히 소통해준 언론사 지인들, 출간의 길로 인도해주신 김수헌 대표 및 부족함이 많은 원고를 멋진 책으로 출간해주신 어바웃어북 관계자, 그리고 사랑하는 가족(아내 희은, 아들 지한, 아들을 함께 돌보느라 고생하시는 장모님과 양가 부모님)에게 지면을 빌어 감사의 마음을 전합니다.

30개 국면으로 본 '돈의 전쟁' 막전막후
자본시장의 문제적 사건들

| 김수헌 지음 | 402쪽 | 22,000원 |

**욕망이 들끓는 자본시장을
30개의 메스로 낱낱이 해부하다!**

돈을 향한 수많은 욕망이 들끓는 자본시장은 결코 교과서에서 설명한 대로 움직이지 않는다. 시장을 제대로 이해하는데 실제 사건만큼 생생한 교본은 없다. 이 책은 나흘 만에 시가총액 8조 원이 증발한 'SG발 주가 폭락 사태' 처럼 지난 5년간 자본시장에 큰 파장을 일으킨 실제 사건을 엄선하여 쾌도난마한다.

투자 백년지계를 세울 첫 공부
80년간의 부동산일주

| 남혁진, 박은우 지음 | 419쪽 | 28,000원 |

**일평생 거스를 수 없는 '부동산'이라는 중력!
시행착오를 줄이고 투자 승률을 높이는 방법은
오직 본질을 꿰뚫는 공부뿐이다!**

누구나 시행착오를 겪으며 성장하지만, 단 한 번의 실패가 돌이킬 수 없는 결과를 낳는 영역이 있다. 바로 '부동산'이다. 전세든 매매든 부동산에서 문제가 발생하면 우리 삶은 송두리째 흔들린다. 자산 대부분을 주거에 투자하는 대한민국에서 부동산 공부는 인생을 관통하는 생존지식을 배우는 일이다. 부동산 전반에 걸쳐 핵심 주제를 뽑아 깊이 있으면서 알기 쉽게 풀어낸 이 책은, 당신이 80년간 안정적으로 부동산을 일주할 수 있도록 돕는다.

집 한 채로 수십억 자산증식 포트폴리오
믿을 건 집밖에 없다

| 채신화, 나원식, 이상원 지음 | 423쪽 | 22,000원 |

집으로 돈 버는 시대는 아직 끝나지 않았다!

어떻게 하면 집 한 채로 수십억 자산증식을 실현할 수 있는지, 또 벼락거지의 위험을 피해 갈 수 있는지에 관한 90여 가지 알토란 투자지식을 담았다. 부동산 전문기자인 저자들은 집값이 롤러코스터를 탄 최근 몇 년 동안 재건축 재개발 지역 및 분양 현장 곳곳을 돌며 아파트 투자에서 반드시 알아둬야 할 핵심 정보들을 선별 분석했다.